지식 정보 분류론

이화학술총서

지식 정보 분류론

정연경 지음

INTRODUCTION TO KNOWLEDGE & INFORMATION CLASSIFICATION

이화여자대학교출판문화원

서문

4차 산업혁명과 기술의 시대가 도래하면서 문헌정보학의 주요 서비스 분야에서도 큰 변화가 생기고 있습니다. 도서관 장서의 개념이 소장에서 접근으로 확장되었듯이 도서관과 정보센터에서 이용 가능한 정보원에 대한 분류와 목록도 끊임없이 진화하고 있는 시점입니다.

저자가 1981년 이화여대 문리대 인문사회계열로 입학하여 당시 신학문이었던 도서관학을 전공하기 시작한 지 35년이 넘는 세월이 흘렀습니다. 학부를 졸업하자마자 미국 Indiana University의 Graduate School of Library and Information Science에서 석·박사를 마치고 1995년 모교로 돌아온 이후 계속해서 미루어왔던 전공서 집필을 마무리하여 이화여자대학교 학술총서의 한 권으로 내놓게 되었습니다.

1954년 한국 최초로 이화여자대학교에서 도서관학 강의가 시작된 이후, 지난 60여 년간 문헌정보학 교육은 끊임없이 변화해왔습니다. 지능정보 기술이 세상을 바꾸고 새로운 도전과 위기를 끊임없이 가져올 미래에는 더욱더 많은 변화가 찾아올 것입니다. 지식과 정보를 다루는 도서관이나 정보 센터는 지속 가능한 새로운 공간으로 창조되고 사서와 정보 전문가들은 기계가 대신하지 못하는, 인간만이 할 수 있는 특별한 무엇인가를 찾아야 합니다.

정보를 조직하는 데 있어서 분류는 주제로의 접근에 필수적인 도구이며 문헌정보학의 근간이 되어왔습니다. 이러한 분류의 기본 원칙이 갖는 중요성은 시대가 바뀌어도 근본적으로 달라지지 않으며 분류 이론은 정보 조직을 시작으로 정보 검색, 정보 시스템, 정보 서비스, 정보 관리까지 확장되어 활용될 수 있습니다. 그래서 디지털 환경에서의 분류는 디스커버리, 정보 아키텍처, 택소노미, 시멘틱 웹, 온톨로지로 진화하면서 새롭게 연구되고 있는 것입니다.

저자는 이 책에서 문헌정보학의 토대이며 정보 조직의 핵심 주제인 분류를 보다 쉽게 이해할 수 있도록 이론적 배경과 다양한 예시를 함께 제공하는 총 9개의 장으로 구성했습니다.

먼저 1장에서는 지식 정보 조직의 정의와 범주, 발전, 중요성과 기능을 살펴보고 지식 정보 조직의 주요한 부분을 차지하는 주제 분석인 개념 분석과 해석에 관해 다루었습니다.

2장에서는 도서관의 업무를 살펴보고 도서관에서 분류의 정의, 분류 원칙과 중요성, 분류의 활용, 도서관의 분류 유형과 분류표의 구성 요소, 기호의 조건 등을 다루었습니다.

3장은 일반 장서에 가장 많이 사용되는 대표적인 열거식 분류 체계에 관한 내용으로, 전 세계적으로 가장 많이 사용되는 듀이십진분류표, 열거식 분류 체계를 가장 잘 보여주는 미의회도서관분류표와 한국 실정에 맞게 개발된 한국십진분류표를 살펴보았습니다. 여기서는 각 분류표의 발전 과정, 범주, 구조와 사용에 관해 자세히 다루었습니다.

4장에서는 분석합성식 요소를 적용하여 준열거식 분류 체계라고도 불리는 국제십진분류표를 살펴보았고, 5장에서는 정보 검색에서 활용 가능성이 가장 높은 분석합성식 분류 체계에 관한 내용을 다뤘습니다. 3장에서 논의했던 일반분류 체계로는 특수한 장서의 분류 요구를 완전히 충족시킬 수 없기 때문에 여기서는 패싯에 근거한 분석합성식 분류 체계의 구조와 적용에 관해 자세히 다루었습니다.

6장에서는 3장, 4장과 5장에서 다루지는 않았지만 분류의 역사에 있어서 주요한 분류 체계로 언급되는 전개분류표와 주제분류표, 그리고 다양한 분야의 특수분류 체계에 관해 간단히 소개했습니다.

7장은 청구 기호의 개념과 구성을 시작으로 동일 분류 기호 안에서 각 도서의 서가상이나 목록상의 배열 순서를 결정하기 위해 개별화시키는 방법인 도서번호에 관해 다루었습니다. 도서번호의 다양한 유형과 방식을 소개하면서 수입순 도서 기호법, 연대순 도서 기호법, 저자 기호법의 원칙을 살펴보고, 각 기호법에 대한 예시를 제시했습니다.

8장은 디지털 정보원의 분류에 관한 내용으로, 시간이 지날수록 증가하는 디지털 정보원을 조직하기 위하여 분류 이론의 새로운 적용을 제시하고 있습니다. 이 분야의 많은 연구가 컴퓨터 과학 분야에서 진행되어왔지만, 대부분 문헌정보학에서 파생된 분류와 시소러스 구축의 기본 원칙을 사용하고 있습니다. 여기서는 주제 트리, 택소노미, 온톨로지, 폭소노미를 검토하면서 디지털 정보원을 위한 분류 생성에 연관된 이론적이고 실무적인 쟁점을 폭넓은 관점에서 바라보았습니다.

9장은 분류의 미래에 관한 것으로 앞에서 다룬 내용을 바탕으로 분류의 개념을 총체적으로 정리하고 분류를 도서관 장서뿐만 아니라 인터넷상의 모든 자원을 경영하기 위해 조직하며 발견하기 위한 토대로 제시했습니다. 그리고 미래 사회의 사서와 정보 전문가들이 갖추어야 할 역량과 자세, 그리고 분류가 나아가야 할 방향에 관해 논했습니다.

이 책은 문헌정보학이나 도서관, 정보 관리 분야의 전공자뿐 아니라 다양한 학문 분야에서 데이터, 정보, 지식에 대한 분류나 조직, 검색, 서비스에 관해 연구하는 연구자들에게 활용될 수 있도록 분류의 이해와 활용이라는 관점에서 준비되었습니다. 분류 체계의 구조와 독특한 특징에 대한 깊은 이해는 분류표의 실제적인 사용을 통해서 가능합니다. 분류는 탁월한 분석력과 예리한 정확성을 요구하며, 개념이나 의미를 분리하고 다시 다른 방식으로 조합하는 과정을 필요로 합니다. 그러므로 분류표에 대한 충분한 이해를 바탕으로 시간을 들여 실제 자료를 분류해보고 청구 기호를 직접 작성해보는 것이 매우 중요합니다. 이 책은 그 부분을 실습해볼 수 있는 연습문제와 기출문제를 권말에 실었으며, 분류에 관해 좀 더 연구하고자 하는 독자들은 참고문헌에서 추가 정보를 얻을 수 있을 것입니다.

첫 번째 학술서를 내놓으면서 제일 먼저 이 길로 이끌어주신 모교의 이봉순 교수님,

김세익 교수님, 노옥순 교수님, 구자영 교수님, 김봉희 교수님, Indiana University의 Dr. Kaiser, Dr. Serebnick, Dr. Harter께 진심으로 감사드립니다. 그리고 지금까지 많은 시간을 함께해준 학과와 학계 교수님들, 현장의 선후배님들께 고마운 마음을 전합니다. 마지막으로 끝없이 펼쳐지는 학문의 길을 걷게 해주신 하늘에 계신 아버님, 지금도 옆에서 끊임없이 기도해주시는 어머님과 동생들, 든든한 후원자인 남편과 아들, 딸, 그리고 자랑스러운 제자들과 나의 오랜 친구들에게 이 책을 바칩니다.

빅 데이터와 인공지능이 화두인 요즈음, 데이터의 조직인 분류가 그 시작점임을 다시 한번 밝히며, 앞으로 많은 분들이 분류에 더 많은 관심을 갖고 새로운 관점에서 다각적인 연구가 지속되길 기원합니다.

2017년 여름

이화여자대학교 중앙도서관장실에서 정연경

차례

3장 열거식 분류 체계

4장 준열거식 분류 체계

5장 분석합성식 분류 체계

6장 다양한 분류 체계

9장 분류의 미래

1장

지식 정보 조직과 주제 분석

1. 지식과 지식 정보 조직

우리는 지식 공유 사회에 살고 있다. 지식이란 인류가 보존한 사상, 감정, 믿음, 경험의 총체라 할 수 있다. 지식은 주관적 사고로서의 지식과 객관적 관점에서의 지식으로 구분할 수 있으며, 지식 조직은 지식의 생성, 학습, 그리고 배포에 있어서 가장 핵심적인 역할을 한다. 지식 조직은 자체적인 인식론적 기반을 가지면서 분류에 관한 연구, 분류 체계의 개발, 지식 지도와 밀접한 연관을 가지며, 문헌정보학의 핵심 구성 요소를 형성한다.

지식 정보 조직은 도서관, 기록관, 박물관 등에서 이루어지는 문헌의 기술, 색인, 분류를 포함하며 사서, 기록 연구사, 주제 전문가 등이 이러한 활동을 수행한다. 연구 분야로서 지식 조직은 지식 조직 과정의 본질과 지식 조직 체계에 초점을 맞추며 지식 조직 체계는 문헌과 문헌을 통한 표현, 그리고 개념들을 조직하는 데 사용된다. 또한 지식 조직은 지식과 인식, 언어, 사회 조직 등의 상이한 관점과 관련된 다양한 이론 및 역사적·철학적 접근 방식을 가진다.

그러므로 관점이나 접근 방식에 따라 '지식 조직은 무엇인가?'라는 질문에 각각 다른 답을 내릴 수 있다. 하지만 분명한 것은 지식 조직은 기본적으로 지식 이론에 따라 개념을 조직한다는 것이다. 지식 조직 체계는 지식의 조직을 용이하게 해주며 정보 조직 및 지식 관리를 도모하는 모든 유형들이 포함되는데, 분류 체계, 지명 색인, 어휘 데이터베이스, 택소노미, 시소러스, 온톨로지 등이 여기에 해당한다.

지식 조직 도구의 발달에 있어 획기적인 발견으로는 분류 원칙, 패싯 분류, 시소러스 구축에 대한 이론 및 적용, 지식 조직 도구의 설계 및 개발에 있어서 기술의 활용 등이 있다. 패싯 분류 체계의 개발 이후 시소러스 구축 및 이용에 대한 원칙이 개발되었으며, 데스크탑 컴퓨터가 출시되고 네트워크가 증가하면서 접근 가능한 자원의 양이 폭증하고 다양화되었다. 이로 인해 지식 조직 체계는 최신 정보 기술을 더욱 활발하게 이용할 수 있게 되었다. 인터넷의 발달이 검색 엔진의 성능을 신장시키면서 지식 조직 체계는 더 큰 추진력을 얻게 되었으며, 타 분야와 마찬가지로 컴퓨터와 관련 기술들이 지식 조직 도구를 고안하고 개발하는 데 더욱 박차를 가하고 있다.

1) 지식 조직의 중요성

지식 조직(knowledge organization)이나 정보 아키텍처(information architecture)는 지식의 조직과 검색에 있어서 실질적인 문제를 현대적인 방식으로 해결하는 기술이다. 일례로 이용자가 찾고자 하는 정보를 쉽게 찾을 수 있도록 웹 사이트를 설계하는 것이 여기에 포함되며 분류와 시소러스, 그리고 택소노미는 정보 구조 및 지식 조직의 생성과 검색에 활용되는 전통적인 도구들이다.

지식의 형태가 변화하고, 지식의 양이 증가하면서 보다 새로운 지식의 조직 체계가 개발되었다. 이러한 지식 조직 체계는 새로운 목적을 갖게 되었고, 현존하는 지식 조직 체계를 더욱 강건하게 만들고 있다. 다양한 지식 조직 도구가 각각의 다른 목적을 위해 고안되고 개발되었는데, 이러한 목적에는 정보와 문헌의 색인, 정보의 검색과 탐색, 의미 기반의 주제 영역 지도의 개발, 자동 분류 체계와 같은 지식 기반 시스템의 개념적 기반 제공 등이 포함된다.

2) 지식 조직의 기능

지식 조직 체계의 기본 기능은 검색과 브라우징, 더 나아가 발견이다. 이러한 기능은 상호 보완적이며, 다양한 유형의 지식 조직 도구들이 활용된다. 검색 기능을 위한 지식 조직 체계로는 주제명표목이나 통제 어휘를 이용한 색인어, 자연어 키워드 등이 있으며, 서가에 있는 문헌이나 웹에 존재하는 정보에 활용되는 일종의 택소노미나 분류 체계는 브라우징 기능을 위한 지식 조직 체계에 해당된다. 모든 지식 조직 체계는 하나의 주제 영역에 대한 근원적인 의미 구조를 모형화하면서 의미를 제공하고, 개념들의 명칭과 정의, 관계, 속성들을 기반으로 해석하게 해준다. 지식 조직 체계가 웹 서비스로 구현되는 경우, 시멘틱 로드맵의 역할로 정보 자원의 발견과 탐색을 촉진시키며, 나아가 색인자와 미래의 이용자, 또는 인간이나 기계를 상호 연결시키는 역할을 한다.

2. 주제 분석

주제 분석은 정보원의 내용을 식별하고 기술하는 일련의 과정으로 지식 정보 조직에서 가장 지적이며 도전적인 측면이다. 개별 자료에 대한 주제 분석은 이용자들이 도서관에서 소장 목록을 살펴보고, 원하는 정보원을 찾아서 필요한 정보원을 식별·선정하여 정보를 얻도록 도와준다. 주제 분석은 분류 작업의 본질이자 분류 체계와는 독립된 과정으로 주어진 문헌에 대한 구체적인 주제를 결정하는 과정이며 기계가 대신할 수 없다. 폭넓은 지식과 문헌에 근거한 직관적인 통찰력이 요구되기 때문에 별도의 기술을 익혀야 한다.

이러한 주제 분석을 통해 얻을 수 있는 장점은 다음과 같다. 첫째, 자료의 주제를 식별할 수 있다. 주제 분석을 수행함으로써 사서는 공식적으로 그 자료들이 가지고 있는 특수한 주제를 파악할 수 있다. 이 과정에서 각 자료들은 정보원의 주제를 간단하고 정확하게 표현해주는 주제명표목과 청구 번호를 부여받는데, 이렇게 부여된 주제명표목과 청구 번호는 이용자들이 그들의 요구를 가장 잘 반영하는 정보원을 평가하고 선정할 수 있도록 도움을 준다.

둘째, 주제에 따라서 자료를 찾을 수 있도록 한다. 이용자들이 언제나 그들이 필요로 하는 정보가 무엇인지, 찾고자 하는 저자가 누구인지 정확하게 알고 있는 것은 아니다. 이용자들은 대개 자신이 관심을 갖는 주제와 세부 주제들에 대해서만 알고 있는 경우가 많다. 사서는 주제 분석으로 이용자들의 검색어에 해당하는 주제명을 제공함으로써, 이용자들이 도서관 목록 내에서 개별 정보원을 검색할 수 있도록 도움을 준다.

셋째, 같은 특성을 가지는 자료를 한곳에 모아준다. 주제 분석은 자료에 주제를 부여하여, 개별 정보원뿐만 아니라 동일한 주제나 특성을 가지는 정보원 집합을 한 번에 찾을 수 있게 도와준다. 예를 들어, 도서관 이용자들이 특수한 주제를 검색하는 경우, 도서관 목록은 해당 주제명을 포함하는 모든 정보원을 검색 결과로 제공할 것이다. 그리고 이용자들이 키워드 검색과 같은 다른 방법을 이용하여 검색하는 경우, 해당 주제와 관련된 모든 다른 정보원을 찾는 데 적합한 주제 링크를 선택할 수 있다.

넷째, 유사한 정보원을 위한 논리적인 위치를 제공한다. 같은 것을 한곳에 모으는 것은 목록뿐만 아니라 서가상에서도 발생한다. 주제 분석은 분류 번호와 저자 기호에 기초한 청구 번호로 서가상에 유사한 주제를 함께 위치시키고, 관련 주제의 정보원들을 서로 참고할 수 있게 해준다.

다섯째, 이용자의 시간을 절약해준다. 주제 분석은 S. R Ranganathan(1892-1972)의 도서관 5대 법칙 중 4번째 법칙인 '이용자의 시간을 절약하라'를 실현하게 해준다. 이용자들은 정보원이 무엇에 관한 것인지를 이해하기 위해 자료의 서명, 목차에 나온 단어들, 다른 기술적인 목록 데이터에 의존하는데, 이는 매우 많은 시간을 필요로 하며, 이용 가능한 원문에만 의존해야 한다는 문제점을 야기한다. 주제 분석은 필요한 정보를 추구하기 위하여 수십, 수백만의 정보원을 이끌어내면서 좀 더 쉽고 효율적으로 정보원의 특성을 이해하고, 주어진 주제에 관한 정보를 찾을 수 있게 도와준다.

1) 주제 결정의 과정

주제 분석에 무제한으로 시간을 쓸 수 있는 사서는 없다. 사서는 입수한 자료가 서가상의 올바른 장소로 갈 수 있도록 정확하고 빠르게 결정해야 한다. 경험이 많은 사서는 복잡한 분석 과정에 대해 일일이 생각할 필요가 없지만, 아직 이러한 업무에 미숙한 사서는 개념 분석과 해석의 과정을 거쳐 자료의 주제를 결정해야 한다.

(1) 개념 분석

개념 분석은 정보원의 지적인 내용을 분석하고, 물리적 전달 매체를 검토하는 과정으로 이루어진다. 즉, 개념 분석은 해당 자료가 어떤 주제에 관한 것인지, 더불어 해당 자료의 형식이나 장르가 무엇인지를 이해하는 것이다. 시각 자료의 경우, 무엇에 대한 이미지인지, 이미지의 주된 요소가 무엇인지를 파악하는 과정이 포함된다. 자료의 주제관련성(aboutness)을 결정하기 위해서는 다양한 관점에서 정보원을 검토하는 과정을 거쳐야 한다. 모든 정보원에 공통적으로 적용할 수 있는 개념 분석 방법은 존재하지 않지만, 자료에 관련된 데이터를 확실하게 파악하기 위해서는 다음과 같은 요소들을 검토해야 한다.

① 물리적 매개체

자료 자체, 책 표지, 책 덮개, 레이블

용기, 케이스

② 시각적 정보

책 표지 예술과 다른 디자인적 요소, 그림, 사진, 인쇄

다이어그램, 표, 차트

③ 자료의 특징

표제지, 서문, 첫 장, 홈페이지, 표제 바, 페이지 정보원

목차, 표, 장제, 절제나 표목, 하이퍼링크

서론, 서문, 요약, 초록

결론, 결론 문단, 최종 부문, 최적 문단

색인, 부록, 서지, 사이트 맵, 공헌도와 같은 특징

개념 분석의 과정에는 물리적으로 정보원의 특징을 검토하는 것 외에 추가적으로 정보원의 내용을 분석하는 과정이 수반된다. 즉, 자료를 검색하는 데 도움이 될 수 있는 내용의 특성(자료의 주된 주제와 장르/형식, 전체적인 학문 분야나 지식의 분야, 인물명, 가족명, 단체명 등), 내용 안에서 중대한 역할을 하는 특성(법령상의 지리적 지역명, 지리적 특성 등), 내용과 관련된 기타 특성(요소명, 개념명, 대상명, 사건명 등), 그리고 시간적 특성(시대, 다른 연대 요소 등)을 파악해야 한다. 또한 내용에 확실하게 영향을 주는 경우, 내용을 생산한 방법, 목적과 청중, 관점, 언어, 어조 등이 내용을 분석하는 요소로 활용될 수 있다.

무엇보다 자료의 주제를 파악하기 위해서 첫 번째로 고려해야 하는 요소는 자료의 서명이다. 그런데 대부분의 저작은 서명만으로 주제를 판단할 수 없고, 서명이 정확하게 기술되지 않는 경우가 많다. 서명은 유형에 따라 단순 서명, 모호한 서명, 상상력이 필요한 서명으로 구분할 수 있다. 단순 서명은 출판물의 주제를 간결하고 간단하게 지시해 주며, 주로 교재, 연구 보고서, 정부 문서, 과학 저널 논문 등이 이러한 서명을 가진다. 그러나 출판사에서는 폭넓은 독자층을 확보하기 위해 간략하면서도 포괄적이고, 시사적이면서 기억하기 쉽지만 주제가 모호한 서명을 채택하기도 한다. 주로 단행본이나 시사적 성격의 문헌이 이와 같은 모호한 서명을 가지며, 상상력이 필요한 서명은 서명의 의미가 우의적이고, 문학적인 수사로 가득 찬 심미적인 단어로 구성된다.

예를 들어, 『심리학개론』이라는 서명을 가진 교재는 거의 대부분 심리학으로 분류될 것이다. 그러나 서명이 이렇게 분명하고 직접적으로 주제를 알려주는 경우라도 목차를 확인할 필요가 있다. 즉, 목차를 훑어보고 그 교재가 심리학이 아닌 교육심리학에 중점을 두었다고 판단되면, 교육심리학에 분류해야 할 것이다. 만약 서명이 자료의 주제에 대한 정보를 포함하지 않는다면 부서명이 주제를 결정하는 데 도움을 줄 수 있고, 그것으로도 파악이 어려우면 목차에 수록된 장 제목과 절 제목까지 훑어볼 필요가 있다. 또한 서명이나 목차로도 여전히 자료의 특성이 분명하게 파악되지 않으면, 책표지에 있는 출판사 소개 글을 참고하거나, 추가적인 정보나 확인을 위해 저자나 편집자의 서문, 서론의 장, 서평 등을 살펴봐야 한다.

(2) 해석

개념 분석을 통해 자료의 내용을 이해한 후에는 자료에 나타난 주제를 통제 어휘 리스트나 분류 체계의 기호로 해석해야 한다. 통제 어휘 리스트나 분류표를 적용하여 바로 자료의 주제관련성을 해석하기 전에 먼저 ① 저작의 주제, ② 소주제 안에서의 관계, ③ 적용 가능한 형식이나 장르, ④ 저작에 관련된 다른 핵심 개념들(유명한 이름, 지역명, 시대 등)을 식별하기 위해 자연어로 정보원에 대한 자신의 생각을 조직화하는 것이 유용하다.

예를 들어 "이 정보원은 …에 관한 것이다"라는 식의 짧은 문장이나 한두 개의 문단으로 통제 어휘로 검색될 수 있는 개념들이나 단어들을 우선순위에 따라 정리하고 요약하는 것이다. 이러한 과정은 정보원을 분류할 때 주제관련성의 개념이 분류 체계의 어느 부분에 해당하는지를 쉽게 파악할 수 있게 해주고, 접근에 필요한 기본 계층 구조를 설계할 수 있도록 학문 분야, 하위 분야, 소주제, 하위 주제, 장소(주제가 놓이는 지리적 영역), 시대, 장르/형식(소설, 역사적 입장, 사전 등)에 대한 위치를 결정하는 데 도움을 준다.

자료의 주제관련성에 관한 해석과 정보원에 대한 지적·예술적인 내용으로의 접근을 제공하기 위해 언어적 접근과 기호적 접근을 사용할 수 있다. 언어적 접근은 통제 어휘 용어집과 개념에 대해 알파벳과 같은 문자적 접근 방법을, 기호적 접근은 분류 기호를 사용한 직선상의 계층적인 접근을 제공한다. 즉, 사서는 도서관 목록에서 정보원을 위한 접근점을 활용할 수 있도록 통제 어휘집을 사용하여 주제명표목을 부여할 수 있으며, 서가상에서 자료의 위치를 결정하기 위해 특정 분류 체계의 상징적인 부호를 사용하여 분류 기호를 부여할 수 있다.

2) 주제 분석의 도전

주제 분석은 단순한 작업이 아니다. 『심리학개론』을 검토하는 것과 같이 정보원이 가지는 개념을 분석하는 것이 쉬운 경우도 있지만, 때로는 그 정보원이 무엇에 관한 것인지 결정하기 어려울 수도 있다. 일부 정보원들은 상당히 복잡하며, 그것들이 어떤 개념을 제시하고 있는지 명확하지 않다. '이 저작이 무엇에 관한 것인가?'에 대한 질문은 누가 하느냐에 따라 다양한 답변을 가져올 수 있으며, 이러한 답변은 배경, 교육 수준, 문화적 정체성 등과 같은 쟁점의 영향을 받는다. 해석의 과정에서 통제 어휘 중 주제관련성 개념과 정확하게 일치하는 것을 발견할 수도 있지만, 용어 자체가 가지는 범주나 제한 때문에 통제 어휘와 주제관련성의 개념이 완전하게 일치하지 않아 여러 가지 해석을 초래하는 경우도 발생한다.

주제관련성을 결정하는 것은 특수한 주제나 익숙하지 않은 자료를 재빨리 파악하는 능력에 달렸다. 일부 정보원은 백과사전과 같이 매우 일반적일 수 있으며, 단편소설 전집과 같이 명백하게 소주제적인 부분을 가질 수도 있다. 또한 박사학위 논문처럼 고도의 기술적이고 복잡한 주제를 다루고 있거나, 주제를 정확하게 정의내리기 어려울 수도 있다. 이러한 상황에서 사서는 그 정보원이 무엇에 관한 것인지를 반드시 해석해야만 한다. 여기서 기억해야 할 점은 주제관련성은 저작의 부분의 합인 개별 문장, 문단 또는 장을 넘어선다는 것이다.

주제관련성의 결정은 사서의 지성, 지식, 판단, 관심, 분석적 기술과 해석에 크게 의존한다. 결과적으로 이 모든 것은 '이 책이 무엇에 관한 것인가?'를 질문하고 대답하는 사람이 누구인가에 달렸다. 가장 직관적인 자료에 대한 주제 분석도 분석자의 문화적, 사회적인 배경, 교육수준, 지식, 문화, 책임, 감정 등 분석자가 가지고 있는 주관적인 관점에 영향을 받는다. 그래서 주제 분석은 고도의 관찰, 해석, 분석이라는 기술을 결합하여 객관성과 중립성을 보장하지만, 매우 주관적인 해석 과정이다. 주어진 주제의 의미를 정의내리기 어렵고, 주제관련성의 결정이 사서의 지식, 의견, 경험과 판단에 의존하기 때문에 자료의 주제를 정확하게 찾는 방법을 교육하는 것은 쉽지 않다.

2장

분류와 분류 기호

인간은 분류 능력을 타고난다. 분류는 인간의 본능적인 행위로, 인간은 세상을 이해하기 위해 사물을 단순하게 분류한다. 분류는 대부분 인간의 기본적인 인지 기능에 기초하며, 항목화는 유사성에 기초하여 개별적인 실체로 이루어진 항목 안에서 류(類)의 형성을 제공한다. 분류는 모으는(군집화하고, 항목화하고, 하나의 덩어리로 만드는) 작업과 걸러내는(구분하고, 분리하고, 찢어놓는) 작업이라는 두 가지 활동을 동반한다. 실제 업무에 있어서 이 두 가지 활동의 경계는 희미한 경향이 있지만, 뚜렷이 구분되는 기능을 수행한다. 다른 말로 하자면, 우리는 분류 체계를 바탕으로 유사한 것을 함께 한곳에 모아 집단화하고 유사한 정보 자원에 순서를 부여함으로써 상이한 것들과 분리한다.

이렇게 분류는 유사한 것을 함께 모으고 서로 다른 것은 분리하는 행위로, 사물을 인지해서 조직화하거나 사물의 위치를 파악하는 데 도움을 준다. 분류란 주제를 항목으로 배치하고 계층 구조 안에서의 위치를 결정하는 일련의 과정으로, 정보원과 그 정보원에서 파생된 것을 계층 구조의 적합한 단계와 연결된 기호를 부여하여 표현한 것이다(Taylor & Joudrey, 2009). 즉, 분류는 올바른 기호나 항목을 찾는 것을 넘어 각각의 관계를 보여주는 것이다.

하나의 예로 동물계의 분류 체계를 보면, 가장 큰 생물 분류단위인 계(界, Kingdom) 아래에는 문(門, Phylum)이 있고, 그 안에 '척삭동물문(Chordata)'이 있다. '척삭동물문' 아래에는 아문(亞門, Subphylum)으로 '척추동물문(Vertebrata)'이 있으며, 그 안에는 강(綱, class)으로 구분되는 '포유류(Mammalia)'가 있고, '포유류' 아래에는 아강(亞綱, subclass)으로 구분되는 '진수류(Eutheria)'가 있다. '진수류' 아래에는 목(目, order)으로 구분되는 '영장류(Primates)'가 있으며, '영장류' 안에는 과(科, family)로 구분되는 '사람과(Hominidae)'가 있고, 그 안에 속(屬, genus)으로 구분되는 '사람속(genus Homo)'이 있다. '사람속' 안에 종(種, genus)으로 구분되는 '호모 사피언스(Homo sapiens)'가 있으며, 여기에 현존하는 인류가 위치한다.

이는 스웨덴의 식물학자인 Carl von Linne(1707-1778)가 만든 계통 분류인데, 최고의 계에서 최저의 종까지 생물을 구분하고 있다. 여기서 계는 도서관 분류에서 주류와 같은 것이다. 문 안에 있는 동물들의 유사성과 차별성을 알 수 있으며 우리는 그러한 차이점으로 계속 구분해나갈 수 있다. 즉, 같은 수준에서도 그 속성의 공통점과 차이점에 따라 군집화가 되는 것이다. 이와 같은 계통 분류는 매우 복잡한 공식적인 분류 체계의 사례로, 우리가 이 모든 것을 이해할 필요는 없다.

우리 주변에서 쉽게 찾아볼 수 있는 단순한 분류의 예로 음반 가게에 가면 형태에 따라 CD, 카세트테이프, 비디오테이프와 DVD로 정리되어 서로 구분되어 있는 것을 들 수 있다. CD는 다시 국내 음반, 해외 음반, 최신 가요, 발라드, 댄스, 클래식 등으로 세분되어 있다. 이러한 가게에서 필요한 음반을 찾는 능력은 그 가게에서 물건을 어떻게 분류해 놓았는지를 얼마나 잘 알고 있느냐에 달렸다. 가게에서는 가능한 많은 다양한 유형의 음반을 판매하기 위해 고객의 선호도에 따라 인기 있는 것들을 위주로 진열할 수 있지만, 이러한 가게의 상업적인 감각에 따른 분류를 도서관에 적용할 수는 없다.

1. 도서관의 업무

도서관은 세상에 존재하는 다양한 정보원을 선별하여 수집하고 정리하여 이용자가 필요에 따라 이용할 수 있게 제공하는 시설이다. 그러므로 도서관에서 소장하고 있거나 도서관을 통해 접근 가능한 정보원과 서비스의 제공으로 이용자는 인류가 축적해놓은 지식을 접할 수 있다.

도서관 업무는 크게 기술봉사(technical service)와 대민봉사(public service)로 구분할 수 있다. 기술봉사는 수서(장서 개발)와 정리(분류, 목록)로 구분되며, 대민봉사는 대출(열람) 서비스와 정보 서비스로 나뉜다. 수서 업무는 도서관의 장서 개발을 목적으로 자료를 선별하여 입수하고 소장하며 도서관 장서로 관리하는 것이다. 정리 업무는 입수된 자료의 분류와 목록을 작성하고 도서관에서 이용될 수 있도록 물리적 장비를 준비해놓는 것이다. 문헌정보학에서는 이를 자료 조직 또는 정보 조직이라 부르며 전통적으로 중요한 업무로 여겨왔다. 정보 유통을 의미하는 대출 및 열람 서비스는 이용자들이 원하는 자료를 찾아보고 필요한 경우, 대출과 반납을 통해 효율적으로 활용할 수 있게 해주는 것이다. 정보 서비스는 이용자의 다양한 정보 요구를 도서관의 인적, 물적 자원을 최대한 활용하여 충족시켜주는 것이다. 이 외에도 단행본과는 다른 서지적 특성을 갖는 연속간행물 관리 업무와 도서관 업무를 총괄하는 경영(기획, 예산) 업무를 따로 두고 있는 도서관도 있다.

도서관의 기술 봉사를 담당하는 부서는 이용자들과 직접적인 소통을 하는 대민봉사와는 달리 보이지 않는 곳에서 이용자들이 도서관의 모든 정보원을 접할 수 있게 준비해주는 곳이다. 그리고 정리 업무를 통해 장서 개발과 이용자를 위해 수집한 자료들이 잘 유통될 수 있는 기반을 마련한다. 즉, 분류는 정보로의 체계적인 접근이 가능하게 하며 목록은 그러한 정보를 기술하여 검색할 수 있게 도와준다. 도서관이 제공하는 정보원에 접근하는 도구인 도서관 목록을 작성하는 업무는 크게 기술 목록(descriptive cataloging)과 주제 목록(subject cataloging)으로 구분할 수 있다. 기술 목록은 접근점, 서지기술 작성, 서지레코드의 배열로 구성되며, 주제 목록에는 주제 분석, 분류 기호의 부여, 주제명표목의 부여가 포함된다. 즉, 주제 목록에서 사서는 정보원이 무엇에 관한 것인가를 결정하기 위해 정보원을 검토한다. 많은 정보원이 하나 이상의 접근점을 필요로 하는 복합적 개념을 갖기 때문에 정보원을 분류하는 것에는 원칙과 기준에 따른 판단이 필요하며, 이러한 업무에는 현재 장서에 적합한 분류 번호의 선정과 청구 기호의 구성이 요구된다.

2. 도서관의 분류

1) 기원과 발전

음성 언어를 기록의 형태로 전환하기 시작한 초기 문명시대부터 도서관 장서를 조직하기 위하여 분류의 개념이 사용됐다. 권자본이 출현하기 전, 초기 기록물은 서명, 대주제, 연대, 저자, 입수순, 크기 등 유용한 배열의 형태로 납본되었다. 초기 분류 목록 중 하나로 기원전 3세기의 시인이었던 Callimachus(B.C. 305?–B.C. 240?)가 고대 이집트의 알렉산드리아 도서관의 장서를 관리하기 위해 편찬한 '피나크스(pinakes) 목록'이 있다. 이 목록은 현존하지 않지만, 주류를 두고, 세분된 기입어에 따라 저자명을 알파벳순으로 배열했던 것으로 알려져 있다. 초기 중세시대까지 중동과 비잔틴 제국에서는 이 피나크스 목록을 도서관의 목록과 서지의 기초 모델로 활용했다.

중세 유럽의 수도원 도서관은 대부분 규모가 작아 장서를 분류할 필요가 없었지만, 대학도서관에서는 장서를 대학에서 교육하는 7가지 주제 분야로 구분하거나, 이들을 삼분법(문법, 논리학, 수사학), 사분법(수리학, 음악, 기하학, 천문학)으로 구분하여 고정식 배가를 했다. 19세기에 들어서면서 도서관의 급속한 성장과 이용은 도서관 장서를 조직하는 데 큰 발전을 가져왔다. 이 시기에 도서관 장서를 배열하기 위한 다양한 분류 체계가 고안되었지만, 19세기 중엽까지는 고정식 배가가 대중적으로 사용되었기 때문에, 당시 사서들은 증가하는 장서량에 대응할 수 있는 더 나은 배열 방법이 필요했으며, 이용자들에게 장서의 내용을 보다 분명하게 전달할 수 있기를 원했다.

근대 도서관 분류의 역사는 자료의 배열에 이용자의 요구와 지식의 철학적 체계를 적용하기 위한 다양한 시도라고 할 수 있다. 도서관 분류에 가장 많은 영향을 준 지식의 철학적 체계로는 지식을 인간의 정신력 능력에 따라 기억(역사: 자연사, 세속사, 교회사), 이성(철학: 신학), 상상(시학: 서사시, 극시, 풍자시)으로 분류한 Francis Bacon(1561–1626)의 지식 분류를 들 수 있다. 이후, 1870년 William Torrey Harris(1835–1909)가 G. W. Fredrich Hegel(1770–1831)의 철학에 기초하여 Harris 분류 체계를 고안하면서 Francis Bacon의 지식체계를 역으로 전개했다. 이러한 역Bacon 방식의 지식 구조는 1876년 처음 발행된 Melvil Dewey(1851-1931)의 듀이십진분류법(Dewey Decimal Classification, 이하 DDC)의 기초적인 토대를 제공했다.

2) 정의 및 목적

도서관의 장서는 분류 체계에 따라 배열되는데, 일반적으로 이러한 배열을 도서관 분류라고 한다. 도서관 분류는 유사하지 않은 것들은 분리시키고, 유사한 것들은 함께 두는 방식으로 진행되며, 도서관 장서를 일반적인 주제에서 특수한 주제로, 그리고 세부 주제까지 논리적으로 배열해준다. 분류는 서가에 순차적인 접근을 제공하면서 정보 검색 도구 안에서 자료를 한곳으로 모으는 장치로서 서가와 목록 양쪽의 정보원을 브라우징할 수 있게 한다. 이것은 도서관 이용자들이 필요로 하는 자료의 소재를 파악할 수 있는 방식으로, 가장 짧은 시간에 독자와 자료를 서로 연결시키는 것이 목적이다. 즉, 도서관 분류의 목적은 분류 체계를 통해 이용자가 쉽게 관련 자료를 함께 파악하고, 그들이 필요로 하는 자료를 찾을 수 있도록 도와주는 것이다.

3) 분류 방식

도서관 분류는 다양한 방식으로 이루어질 수 있다. 첫째, 도서관 분류는 지식의 영역 간에 유사성을 인식함으로써 정보 자체를 조직화한다. 도서관 분류 체계는 지식의 주된 부분과 부수적인 분야를 다루며, 지식을 사회과학, 자연과학, 응용과학 등으로 구분하고, 지식의 분류 체계를 제공한다. 둘째, 도서관 분류는 큰 주제 아래 세부 주제들을 구분하면서 조직한다. 즉, 서가에 모든 역사 자료를 함께 두면서 그에 따른 세부 주제들을 나누어놓을 수 있다. 예를 들면, 미국사와 영국사는 각국 역사라는 큰 주제 아래 서가상 가까운 곳에 배열되지만, 그 안에서 각각 분리되어 배열되기 때문에 이러한 자료의 주제가 갖는 차이를 보여줄 수 있다. 이러한 이유로 도서관은 지식 구조의 물리적인 전형이 된다고 할 수 있다. 이러한 조직화는 특히 개가제 도서관에서 유용하다. 예컨대 미국에 관한 모든 역사, 모든 교향곡 악보를 함께 모아둠으로써 이용자들이 특정한 서명을 알고 있든, 그렇지 않든 관련된 저작들을 한곳에서 찾아서 세부 주제를 살펴볼 수 있도록 해준다.

분류는 상세한 정도에 따라 상세 분류와 대략 분류로도 나눌 수 있는데, 상세 분류는 분류표에서 이용 가능한 모든 세구분을 사용해서 아주 상세하게 자료를 분류하는 것을 의미한다. 반면 대략 분류는 큰 개념으로 자료를 나누어 분류표의 주된 구분 아래 자료들을 함께 모으는 것을 의미한다. 분류 체계에 따라 기술의 폭넓은 다양성과 번호 합성에 있어서 거의 무한한 확장이 가능하기 때문에, 대규모 도서관에서는 다양한 주제를 상세하게 분류하고, 소규모 도서관에서는 제한된 요구를 충족시키기 위해 간략하게 분류하는 것이 가능하다. 즉, 해당 주제 분야와 관련된 자료가 상대적으로 거의 없을 때는 상세한 분류로 각각의 자료를 고립시키는 것보다 소수점 아래의 적절한 자리에서 끊고, 나머지 번호를 생략하여 대략적으로 분류하는 것이 나을 수 있다.

이를 하나의 예시로 설명하면 다음과 같다. 『흰꼬리사슴 사냥 가이드』라는 저작을 분류하는 경우, 일반적으로 DDC에서 이용 가능한 가장 상세한 번호인 799.27652를 선택할 수도 있지만, 자관의 요구에 맞게 조정할 수도 있다. 이 주제에 해당하는 장서가 매우 적다면, 8개의 자리로 구성된 번호는 너무 길 수 있다. 그래서 8자리의 긴 번호 대신에 799.2라는 모든 사냥을 다루는 번호를 부여하거나 799.26이라는 대규모 사냥 시합이나 799.27이라는 특수한 유형의 대규모 사냥 시합으로 분류할 수도 있다. 또는 799.276이라는 발굽이 있는 동물 사냥에 둘 수도 있고 799.2765라는 모든 사슴 종류의 사냥에 둘 수도 있으며, 799.27652라는 흰꼬리사슴 사냥에 둘 수도 있다. 최종 결정은 장서의 규모나 주제에 따라 자관의 원칙을 세우고 분류자가 결정할 수 있다.

도서관 분류는 분류표를 표시하는 방식에 따라 열거식 분류와 패싯(분석합성식) 분류로 많이 구분되는데, 대부분의 열거식 분류 체계도 패싯의 속성을 갖고 있으며 점점 더 그 기능을 활용하고 있다. 열거식과 분석합성식 분류의 차이에 관해 좀 더 살펴보면 다음과 같다.

(1) 열거식 분류

① 개념

열거식 분류를 적용한 대표적인 분류표는 DDC, 한국십진분류법(Korean Decimal Classification, 이하 KDC), 미의회도서관분류법(Library of Congress Classification, 이하 LCC) 등을 들 수 있다.

열거식 분류표는 분류표에 모든 주제를 수록하거나 열거하기 위하여 분류표 안에 각각의 주제 개념에 대한 고유한 기호를 부여한다. 그래서 열거식 분류표를 사용하는 경우, 분류자는 주제에 관한 복잡한 리스트를 참조하여 수중에 있는 자료의 주제에 부여된 가장 적합한 기호를 간단하게 선택하면 된다. 이러한 특성 때문에 열거식 분류표에는 여러 가지 문제점들이 나타나는데, 첫째, 분류표에 모든 것을 수록한다는 것 자체가 어렵고, 출판되는 양과 별개로 모든 주제를 완전하게 수록하려면 분류표가 매우 방대해진다. 둘째, 주제는 항상 변화하기 때문에 분류표 설계 시, 새롭게 등장할 주제를 모두 예측할 수 없다. 열거식 분류표는 모든 지식을 수록하기 위하여 새로운 주제를 추가할 수 있도록 분류표에 공기호를 남겨두지만, 새로운 주제를 기존 주제들 사이의 적당한 위치에 삽입한다는 것은 현실적으로 매우 어렵다. 열거식 분류표는 넓은 주제에서 보다 상세한 항목으로 열거되기 때문에 모든 주제를 논리적인 구분 규칙에 따라 조직하는 계층적 분류와 유사하게 보인다. 그러나 계층적 분류는 전형적으로 류에서 강으로, 강에서 목으로 진행되는 나무(tree) 형식으로 지식의 구조를 보여주기 때문에 순수한 열거식 분류는 단순한 리스트 이상은 아니라는 점에서 차이가 있다.

열거식 분류를 적용한 가장 대표적인 분류표는 LCC로 미국에서 매우 폭넓게 사용되고 있다. LCC의 매력은 다른 분류표에 비해 사용이 쉽다는 것으로 깊이 있는 주제 분석을 할 필요 없이 단순히 분류표에서 해당 주제를 위한 기호를 선택하면 된다. 열거식 분류표의 다른 예로는 DDC나 KDC를 들 수 있다. 둘 다 단순하고 복잡한 주제를 분류표에 모두 수록하거나 열거하지만, 복합 주제를 표현하는 분류 기호를 생성하기 위하여 분류표의 다른 부분으로부터 기호를 가져오거나 지역 또는 언어와 같은 공통 개념을 수록하는 보조표를 이용하기 때문에 패싯 분류를 적용하는 특성을 가진다.

준열거식 분류표인 UDC는 국제십진분류표(Universal Decimal Classification, 이하 UDC)와 비슷해 보이지만, 두 분류표 사이에는 중요한 차이점이 존재한다. UDC는 패싯 분류의 더 많은 특성을 갖고 있으며, DDC보다 더 많은 번호 합성 방식을 허용하기 때문에 상세한 분류가 가능하다. UDC에서는 공통 개념을 위한 보조표와 특수 보조표, 주제 세분 보조표를 사용하는 것은 물론, 부호로 독립적인 분류 개념들을 연결하여 기호를 합성한다. UDC는 보다 더 전문적인 도서관에서 사용되도록 설계되었으며, 상세한 주제 표현을 위해 주제를 서로 연결하는 융통성 있는 방식을 제공한다. 즉, 2개 이상의 기호를 자유롭게 결합할 수 있기 때문에 분류자를 위한 명확한 지시사항이 불필요하다. 예를 들면, UDC에서 727은 '건축-교육적이고 과학적이고 문화적인 용도의 건물'이고 027.5는 '공공 기관인 도서관'이므로 도서관 건축이라는 주제는 관계 부호인 쌍점을 이용하여 027.5:727 또는 727:027.5로 해당 주제를 완벽하게 표현할 수 있다.

② 구성 요소

일반적으로 열거식 분류 체계는 본표, 기호, 색인이라는 3가지 요소로 구성된다. 본표는 분류 체계의 핵심으로, 개념들의 관계를 보여주는 주제 리스트를 분류순으로 배열한다. 분류 체계에 따라 주류 외에 10개에서 50개, 또는 수천 개에 이르는 하위류를 가진다. 모든 주요 학문 분야는 주류나 하위류의 결합으로 표현된다. 열거식 분류표는 서로 관련된 주제를 좀 더 가깝게 위치시키기 위해서 본표에 학문 분야와 주된 하위 주제를 유사성에 따라 배열한다. 분류표 안에서 특정한 분야나 주제가 차지하는 범위는 그 학문 분야의 문헌의 양을 정확하게 반영해야 하며 제한된 범위 안에서 어떻게 배분할 것인지와 같은 경제성을 가져야 한다. 대부분의 열거식 분류 체계에서는 백과사전, 사전, 일반 정기간행물과 같이 범주가 너무 넓은 자원을 수용하기 위하여 본표에 총류(Generalia)를 두고 있다.

자료를 주제에 따라 배열하려면 기준이 필요하다. '물리학'과 같은 주제명을 명시할 수도 있지만 주제명으로 자모순 배열을 한다면 '물리학'은 관련 주제인 '수학'과 서가에서

멀리 떨어지게 된다. 그래서 주제에 따라 서가에 논리적으로 배열하기 위해 주제와 주제를 나타내는 기호 체계를 사용하는 것이다. 기호란 상징적인 부호의 집합으로, 분류표에 수록된 주제를 나타내며, 물리적인 배열상 각 주제들을 정확한 지점으로 배열하는 것을 목적으로 한다(Marcella & Newton, 1994).

기호는 사용 방식에 따라 순수 기호법(pure notation)과 혼합 기호법(mixed notation)으로 구분할 수 있다. 순수 기호법은 문자, 숫자, 부호 중 한 종류의 상징 기호를 사용하는 방식으로, DDC와 같이 아라비아 숫자를 사용하여 주제에 대한 개념을 나타낸다. 혼합 기호법은 문자, 숫자, 부호 중 2가지 이상의 상징 기호를 혼합하여 사용하는 방식으로, LCC와 같이 문자와 숫자를 사용하여 주제를 표현한다. 기호의 선택은 분류 체계가 새로운 개념을 어떻게 수용하는지에 영향을 준다. 기호 0–9의 사용은 자연적으로 알파벳 A–Z나 알파벳 A–Z와 0–9를 허용하는 것보다 전개에 있어서 상대적으로 제한적이다.

색인은 분류표에 익숙하지 않은 이용자들이 분류표에 어떤 주제가 수록되었는지를 알 수 있도록 알파벳이나 자모순으로 기입어를 제공하여 그 안에서 해당 주제를 찾을 수 있게 한다. 이와 같은 색인에는 두 가지 유형이 있는데, 하나는 전조합 색인이고 다른 하나는 후조합 색인이다. 전조합 색인은 색인을 만들 때, 색인자가 조합 용어를 미리 생성하는 것이다. 후조합 색인은 색인자가 단일 개념으로 이루어진 색인어를 만들고, 검색 단계에서 이용자가 이를 조합하여 사용하는 것을 의미한다. 가장 일반적인 후조합 색인의 사례는 구글과 같은 검색 엔진에서의 불리언(boolean) 검색이나 어휘 검색이다.

색인은 분류 체계 안에서 분류 항목의 접근을 제공한다는 점에서 필수적이다. 대부분의 분류가 학문 분야를 바탕으로 하는 것처럼, 개별 주제는 분류 체계의 다양한 부분에 흩어져 있을 수 있다. 예를 들어, '소'라는 주제는 동물학, 동물사육법, 농업경제학 등과 같이 다양한 부분에서 찾을 수 있다. 즉, 색인은 주제가 출현할 수 있는 모든 장소를 찾을 수 있게 도와주고, 해당 자료에 대해 학문적인 접근에서 가장 잘 맞는 주제를 선택할 수 있도록 한다. 다문화 사회에서는 동일한 색인을 다양한 언어로 제공하여, 개념을 표현하는 단어보다 상징 부호의 사용이라는 분류 체계의 장점을 살릴 수 있어야 한다.

열거식 분류 체계는 전조합 방식을 사용하기 때문에, 분류표 자체에 조합된 용어와 개념이 포함된다. 그 결과, 열거식 분류 체계의 자모순 주제 색인은 매우 상세하며, 복합 주제와 연결된 기호가 함께 제시된다. 이러한 색인 작성에서 일관성과 참조성은 매우 중요하다. 일관성은 단어의 형태를 일관되게 사용하는 것으로, 명사의 복수형이 항상 우선하며, 용어를 결합시킬 때 일관성 있는 인용 순서를 적용해야 한다. 참조성이란 색인이 다양한 이용자에게 다양한 접근 방식을 제공하는 측면에서, 관련된 개념을 참고할 수 있도록 동의어를 제공하는 것이다.

③ 장점과 단점

열거식 분류의 첫 번째 장점은 오랫동안 전 세계적으로 많이 사용되어 보편적으로 인정된 분류표라는 것이다. 이러한 분류표들은 도서관이 폐가제에서 개가제로 바뀐 시기에 고안되어, 이용자들에게 그들이 원하는 자료를 직접 서가에서 선택할 수 있도록 도움을 주었다. 결과적으로, 도서관의 서고를 조직할 필요성이 대두되면서 주요 도서관들이 DDC와 LCC 같은 열거식 분류 체계를 받아들였고, 자연스럽게 이용자들도 열거식 분류표에 따른 자료의 배열과 기호에 익숙해졌다.

두 번째 장점은 상당히 짧고 복잡하지 않은 기호를 사용한다는 점이다. 논란의 여지가 있긴 하지만, 넓은 의미의 일반적인 주제는 항상 간결하고 단순한 기호로 표현되는데 비하여, 복합 주제는 매우 길고 복잡한 기호를 통해 표현된다. DDC의 기호는 아라비아 숫자를 사용해 최소 세 자리 숫자로 구성된다. 그러나 LCC의 기호는 로마자와 아라비아 숫자를 사용하는 혼합 기호법으로, 이 방식에 익숙하지 않은 이용자들에게는 다소 복잡하게 보일 수 있다. 여기에 커터 번호까지 추가되면 가독성은 더욱 떨어진다.

세 번째 장점은 분류 체계의 구조를 기호로 쉽게 보여준다는 점이다. 열거식 분류 체계의 기호는 표현력이 매우 강한데, 이는 기호로 주제의 계층적 관계를 보여줄 수 있기 때문이다. 일반화하기에는 무리가 있지만, 상위 주제는 간결한 기호로, 상세한 주제는 긴 기호로 나타낼 수 있다. 표현력의 측면에서 패싯 분류 체계의 기호도 유사한 기능을 하지만, LCC는 대표적인 열거식 분류 체계이지만 기호의 표현력은 낮다.

열거식 분류가 가지는 첫 번째 단점은 생각할 수 있는 모든 주제를 수록하는 것이 불가능하다는 것이다. 원칙적으로 열거식 체계는 상세한 정도와는 상관없이 모든 주제를 수록해야 한다. 예를 들어 1960년대 미국 기차 여행, 2000년대 유럽 기차 여행, 2015년 한국 기차 여행과 같은 주제를 분류표에 모두 수록해야 하는데, 모든 주제에 대한 모든 측면을 열거한다는 것은 불가능하다. 그래서 LCC는 일반 도서관을 위한 열거식 분류 체계지만, 최근 개정판에서는 공통 개념을 수록하는 보조표에 대한 의존성이 점점 증가하고 있다.

두 번째 단점은 간단한 주제에 대해서도 수용성이 부족할 수 있다는 점이다. 열거식 분류표는 모든 주제를 수용할 수 있지만, 도움이 되는 순서나 표현력을 잃을 수 있다. 예를 들면, DDC에서 언어(400대)는 문학(800대)과 분리되었고 역사(900대)는 사회과학(300대)으로부터 분리되었다. LCC에서 언어는 문학과 함께 분류되어 P–PZ에 해당하고 역사는 D–F로 사회과학 H와 상대적으로 가깝다. 그런데 언어는 문학과 밀접하게 관련되기도 하지만 모든 학문 분야에 필수적이며, 역사도 사회과학에 많은 의미를 던져주면서 모든 학문 분야와 영향을 주고받는 역사 자체가 갖는 학문적 특성이 있다고 볼 수 있다.

세 번째 단점은 분류표에 새로운 주제들을 수용하기 어렵고, 정기적인 개정을 필요로 한다는 점이다. 원래 학제적인 새로운 주제들은 패싯 체계로 수용하기 좋은데, 이는 기호를 사용하여 융통성 있는 방식으로 결합될 수 있기 때문이다. 열거식 체계는 좀 더 견고한 구조를 갖기 때문에, 새로운 주제를 위한 기호를 허용하기 어렵다. DDC와 LCC는 모두 정기적으로 분류표에 새로운 주제를 반영한 개정판을 인쇄본으로 발행하는데, 이로 인하여 도서관 장서의 일부가 재분류되어야 할 필요성이 생긴다. 분류 체계의 웹버전을 이용할 경우, 인쇄본보다 새로운 주제가 분류표에 신속하게 추가될 수 있기 때문에 새로운 자료를 좀 더 신속하고 적절하게 분류할 수는 있지만 재분류의 부담에서 자유롭지 못하다.

(2) 패싯 분류

① 개념

패싯 분류는 분류표 안에 수록된 기본 번호에 추가적인 번호를 합성하는 방식으로 기호를 생성한다. 패싯 분류를 적용한 대표적인 분류표로는 Henry Bliss(1877-1950)의 서지분류표(Bibliographic Classification, 이하 BC)와 도서관 분류 체계에 지대한 영향을 미친 Ranganathan이 개발한 콜론분류표(Colon Classification, 이하 CC)를 들 수 있다. 패싯 분류는 주제나 류가 관점, 속성, 특성과 같은 부분적 요소로 분석될 수 있다는 것을 전제로 한다. 이러한 하나의 주제 조각이나 관점을 '패싯'이라 하는데, 이 용어는 1930년대 인도의 사서였던 Ranganathan의 콜론분류법에서 처음으로 소개되었다.

콜론분류표는 자료에 나타난 개별 패싯을 정해진 규칙에 따라 가장 상세한 것에서부터 가장 일반적인 것으로 조합하여 전체 분류 기호를 구성하는 완전한 패싯 접근 방식을 사용한다. 패싯 분류는 분류표에 복합적인 주제를 수록하거나 열거하지 않는 대신, 기본 주제를 비롯한 공통 및 특수 주제 개념에 해당하는 기호로 분류표의 본표를 구성하고, 분류자에게 개념 표현을 위한 기호의 합성 원칙을 제공한다. 이러한 분류 체계 유형을 분석합성식이라고도 부르며, 패싯 분류는 일반적으로 주제를 완벽하게 표현하기 위하여 '주제 분석'과 '기호 합성'이라는 2가지 단계로 구성된다. 패싯 분류표는 분량이 상당히 적을 수 있는데, 그 이유는 분류표에 모든 주제를 수록하려고 하지 않기 때문이다.

그렇지만 패싯 분류 과정은 분류자에게 더 많은 생각을 요구한다. 열거식 체계는 선택 가능한 기호를 제공하지만, 패싯 분류표는 분류자가 필요한 기호를 선택해서 합성해야 하기 때문에 더 풍부하고 자유로운 주제 표현이 가능하며, 융통성을 제공해준다. 즉, 패싯 분류 체계는 열거식 분류표보다 훨씬 유연하고, 복잡한 주제를 훨씬 정교하게 표현할 수 있기 때문에 전문 및 특수 도서관의 장서를 분류하는 데 더 적합하다.

② 구성 요소

패싯 분류 체계도 열거식 분류 체계처럼 본표, 기호, 색인을 기본적인 요소로 가지고 있으며, 분류 기호를 구축하기 위하여 추가적으로 '기본 패싯'이라는 개념을 사용한다. Ranganathan은 콜론분류법에서 기본 패싯으로 PMEST-Personality(개성, 가장 상세한 개념이나 핵심), Matter 또는 Material(그 개념의 요소, 구성 요소, 재료), Energy(활동, 운영, 또는 과정), Space(장소 또는 위치), Time(시대적 요소)을 제안했다. 다섯 개의 기본 패싯은 너무 광범위하여, 대부분의 류와 주제 분야는 그에 맞는 맞춤형 패싯을 가지고 있지만 맞춤형 패싯도 PMEST에 기초하여 분석되기 때문에 패싯 분류 체계에서 기본 패싯은 PMEST가 된다. 패싯 분류 체계는 후조합 방식을 사용하여 분류자는 복합 주제에 대한 기호를 생성하기 위해 개별 개념을 조합한다. 패싯 분류의 알파벳순 주제 색인은 간단한 개념과 연관된 번호만을 수록하기 때문에 분류표 자체처럼 매우 간략할 수 있다.

또한, 패싯 분류 체계에서 분류 번호를 합성하기 위해서는 반드시 규정된 인용 순서에 따라 개별 패싯들을 조합해야 하며, 개별 패싯은 반드시 분명한 기호를 가지고, 패싯의 순서를 보여주는 패싯 지시자를 가져야 한다. 예를 들어, 콜론분류표에서는 패싯 지시자로 쉼표(, personality), 쌍반점(; matter), 쌍점(: energy), 마침표(. space), 외따옴표(' time)와 같은 구두점을 사용하는데, 각각의 구두점은 정확하게 어떤 패싯이 그다음에 오는지를 알려준다.

③ 장점과 단점

패싯 분류의 장점은 첫째, 복잡한 주제들이 수록되지 않아 분류 체계를 작성하기 용이하다는 점이다. 패싯 분류 체계는 모든 주제에 대해 가능한 모든 측면을 수록하지 않고, 기본 개념들만 나열하여 이들의 조합을 통해 주제의 모든 측면을 수용할 수 있다. 둘째, 분류표가 짧으면서도, 매우 간단한 주제부터 복잡한 주제까지 분류할 수 있다. 전문적인 장서를 위해 생성된 분류 체계라면 분류표가 몇 장 되지 않을 수도 있다. 예를 들어 CC는 일반 도서관을 위한 한 권의 분류표로 출판되었는데, 분류표는 간략하지만 주제를 매우 깊이 있게 표현하는 것이 가능하다. 셋째, 패싯 분류 체계에서 새로운 주제들은 기존 주제들의 결합으로 쉽게 표현될 수 있다. 즉, 패싯 체계 안에서 학제적 주제들은 기호를 사용하여 현존하는 개념들을 함께 연결함으로써 쉽게 새로운 주제를 수용할 수 있다.

패싯 분류가 가지는 단점은 첫째, 패싯 체계로 생성된 기호가 길어지거나 복잡할 수 있고, 이러한 기호는 도서관 서가의 물리적 배열에 부적합할 수 있다. 이는 열거식 체계가 더 단순하고 간결한 기호를 갖는다는 것을 기본 전제로 한다. 실제로 CC의 기호는 제7판에서 매우 길어지고 복잡하게 나타났는데, 이는 패싯 분류표가 도서관 이용자들에게 이해하기 힘들다는 비판을 받는 이유이기도 하다. 따라서 패싯 체계를 위한 기호가 제대로 잘 만들어지면 패싯 분류의 간결하고 단순하면서도 풍부한 주제 표현이 가능하다. 둘째, 인용 순서가 복잡해서 사서와 이용자들이 패싯의 인용과 배열의 순서를 혼란스럽게 느낄 수 있다. 그러나 이러한 문제는 분류 체계가 단순성을 강조하도록 설계된다면 충분히 해결될 수 있다.

4) 분류의 원칙

도서관에서 분류는 주제보다는 학문에 기초한다. 지금처럼 학문의 세분화가 이루어지기 전에는 자연과학, 사회과학, 인문학으로 학문을 단순하게 구분할 수 있었다. 그러나 지식이 발전함에 따라 신생 학문이 발생하고, 학문 분야도 세분화되고 있다. 결국 모든 주제는 다양한 학문에서 다루어질 수 있기 때문에, 학문은 곧 주제 분석을 위한 맥락을 제공한다고 할 수 있다.

주제는 일반적으로 단일 주제, 합성 주제, 복합 주제로 구분할 수 있다. 단일 주제는 경제학, 금융 경제학, 은행 등과 같이 단순한 주제를 말하며, 대부분의 주제가 여기에 속한다. 합성 주제는 여러 주제를 포괄하는 것으로 DDC에서는 각각의 분류 번호를 가질 수 있지만, 다수의 요소를 모두 포함하는 분류 번호는 찾기 어렵다. 예를 들어, *Library and Museum Management*는 020 Library Science 또는 069 Museum에 속할 수 있으나, 이 두 개의 주제를 모두 포함하는 단일 번호는 없다.

문헌이 여러 개의 주제를 독립적으로 다루거나 여러 주제 간에 관련성을 갖고 있는 경우도 있다. 또한 둘 이상의 주제가 같은 학문에 속할 수도 있고, 다른 학문에 속할 수도 있다. 그래서 모든 분류 체계는 다음과 같이 합성 및 복합 주제를 표현하기 위한 원칙을 갖는다.

첫째, 문헌 중에서는 『조선 시대 소설에서 나타난 중류층 위선에 대한 묘사』와 같이 다면적인 주제를 다루는 경우가 많다. 이와 같은 주제를 표현하려면 분류 번호가 조합되어야 한다. 둘째, 학제적 또는 다학문적 주제, 즉 둘 이상의 학문에 걸친 주제도 있는데, UDC나 Bliss의 서지분류법 같은 패싯 분류 체계는 이 주제에 적합한 번호 합성 규칙을 수록하고 있다. 셋째, 비주제적 측면에 해당되는 경우, 문헌을 정확하게 분류하려면 학문과 주제 또는 그 주제 패싯을 결정한 다음, 문헌에 대한 관점(역사적, 이론적), 형식(강의, 발표, 데이터, 표, 그림), 물리적 매체(마이크로자료, 멀티미디어)와 같은 비주제적 특성을 고려해야 한다. 여기서 저자의 관점이 제일 중요하며 주제는 다양한 관점으로 나타날 수 있다. 일례로 역사의 이론적 측면의 경우, 주제는 역사지만 이를 표현하는 관점, 즉 저자가 강조하는 이론적인 관점은 분류 과정에 반드시 고려되어야 한다. 그다음으로는 표현 형식이 중요하다. 주제는 '서지', '학술회의발표 논문', '그림', '공식' 과 같이 다양한 서지적 형식으로 표현될 수 있다. 마지막으로 자료는 인쇄본, 시청각자료, 마이크로필름, CD, DVD, 전자책, 웹문서 등과 같이 다양한 물리적 매체로도 발행될 수 있다. 이러한 매체적 특성은 분류 기호나 도서 기호를 통해 일부 표현될 수 있다.

개별 정보원을 주제에 따라 분류할 때, 자관의 필요성에 따라 특정 분류 체계를 선택한 후, 조직하려는 정보 자원에 다음과 같은 일반적인 규칙을 적용할 수 있다.

첫째, 일반적으로 주제와 주제를 표현하는 형식에 따라 자료를 분류한다. 예를 들면, DDC에서 문학의 경우, 분류는 국가/언어, 형식, 시대, 저자순으로 분류하며, LCC에서는 국가/언어, 시대, 저자, 형식순으로 분류한다.

둘째, 가장 유용하게 사용될 위치에 자료를 분류한다. 분류자는 이용자의 필요와 장서의 성격을 고려해야 한다. 예를 들어, '운동선수에 대한 전기는 스포츠로 분류되어야 하는가? 아니면 일반 전기류로 분류되어야 하는가?'와 같은 질문의 답은 스포츠 자료를 특성화한 도서관이나 대규모 공공도서관, 학교도서관에 따라 다를 수 있다.

셋째, 일반적인 주제보다 가장 상세한 주제에 자료를 분류한다. 물론 이 원칙은 상세 분류보다 오히려 대략 분류를 사용하기로 결정하는 경우, 달라질 수 있다. 대부분의 도서관은 일반적으로 자국의 역사를 모두 함께 분류하고, 자료에서 다루고 있는 지역이나 장소, 특수한 시대에 따라 자국의 역사 자료를 세분한다. 모든 것에 동일한 기호를 부여한다면 하나의 기호 아래 엄청난 양의 자료가 놓일 것이다. 그러나 장서의 규모가 작은 도서관의 경우, 특정 국가의 역사를 다룬 자료가 매우 적다면 해당 국가의 역사를 위한 일반적인 분류 번호에 모든 것을 분류할 수도 있다.

넷째, 두 개나 세 개의 주제를 다룬 자료는 가장 많이 다룬 주제에 분류한다. 이 원칙은 상당히 직관적임에도 불구하고, 약간의 설명을 필요로 한다. 가장 중요하고, 일반적으로 다루고 있는 주제는 부차적인 주제보다 우선해야 한다. 또한 자료가 두 개의 주제를 다루는데, 하나의 주제가 다른 주제에 영향을 주거나 행동을 조장하는 것으로 나타날 경우, 그러한 자료는 영향을 받거나 반응을 하게 되는 주제로 분류한다. 예를 들어, 영국 문학에 영향을 준 프랑스 사람들에 관한 자료는 영국 문학으로 분류한다. 이와 유사하게 철학의 종교적 관점을 다룬 저작의 경우 종교가 아닌 철학에 분류한다. 이와 같이 특정 주제의 특별한 관점을 다루는 것은 관점이 아닌 주제에 분류한다.

다섯째, 두 개나 세 개의 주제를 다룬 자료가 특정 주제를 집중해서 다루지 않는 경우, 가장 먼저 다룬 주제에 분류한다. 만약 두 개의 주제가 상호 동등하게 있다면, 어떤 주제든 앞에 오는 주제에 분류한다. LCC는 해당 자료의 앞부분에 먼저 오는 주제로 분류하고, DDC는 DDC 분류표 상에서 분류 번호가 앞에 오는 주제에 분류한다.

여섯째, 세 개 이상의 주제를 다룬 정보원은 그 주제를 모두 포괄하는 일반적인 류에 분류한다. 네 개 이상의 주제를 다룬 정보원은 훨씬 더 넓은 류에 분류한다. 이 원칙과 관련하여 생길 수 있는 문제점은 단행본 시리즈나 세트로 수집된 정보원을 분류할 때 발생한다. 예를 들어, Winston Churchill의 *History of the English-Speaking Peoples*를 분류하는 경우, 큰 주제인 역사의 분류 번호 아래 관련 자료들을 저자의 전집으로 분류할 수 있다. 또는 각 권의 내용에 따라 제1권은 초기의 영국에 관한 자료, 제2권은 신세계의 발견과 성장에 관한 자료와 함께 모아줄 수 있다. 예전에는 시리즈와 전집 세트를 함께 분류했지만, 최근에는 시리즈의 각권을 분리해서 분류하기도 한다. 시리즈를 모두 함께 분류하는 경우, 도서관에서는 대안으로 각 권에 해당하는 상세한 분류 기호를 추가로 제공할 수도 있다.

5) 분류의 가치

(1) 분류의 중요성

분류는 오랫동안 유용하게 사용되어왔지만, 현대적 맥락에서 분류의 유용성에 대한 의구심이 제기되기도 한다. 특히 컴퓨터 및 정보통신 기술에서 목소리를 인식하는 것과 같은 기술이 나타난 이후, 이러한 컴퓨터 기술이 자연어 텍스트에 대한 분류와 목록에 과연 적용될 수 있는지, 그리고 인간의 분류가 전산화의 강력한 검색 기능을 추월할 수 있는지, 또는 컴퓨터가 디지털 검색 기법을 얼마나 많이 채택할 수 있는지와 같은 의문이 제기되었다. 그러나 분류와 색인 원리들이 자동화된 탐색 및 검색을 현재보다 더 정확하고 이상적으로 이끌 것이다. 더 나아가 모든 지식 조직 체계는 보편화되더라도 범주화하고 분류하는 인간 지성의 역할에 대한 수요가 더욱 많아질 것이라서, 분류가 중요한 만큼 분류에서 인간의 역할 역시 중요해질 것이다(Gilchrist, 2004).

분류는 디지털 시대에도 중요한 것임에 틀림이 없으며 시멘틱 웹 환경에서는 더욱 중요하다. 책을 서가에 배열하는 것과 같은 전통적인 분류의 목적은 전자 자원의 증가로 퇴색되었지만, 분류의 다른 기능이라 할 수 있는 범주화는 분류의 역할을 주제 조직 도구로 승격시킨다는 점에서 디지털 정보원에 더 유용할 수 있다. 이렇듯 디지털 정보원 조직에 도서관 분류 체계를 활용하고자 하는 시도는 도서관 시스템과 도서관 목록 외의 영역까지 확장되고 있으며 정보학자, 데이터베이스 개발자, 정보 검색 전문가들은 브라우징과 주제 검색을 증진시키기 위해 인터넷상의 정보 조직에 문헌 분류 체계의 적용 가능성을 탐구해오고 있다. 그래서 DDC, UDC, LCC와 같은 분류 체계가 전자 자원을 기술하고, 검색하는 데 유용할 수 있음을 밝히는 연구들이 꾸준히 나오고 있다.

전자 형태로 이용 가능한 자원들이 증가하면서, 분류는 웹 지식 조직에 유용하도록 향상되고 있다. 실제로 정보 전문가나 사서는 크고 작은 다수의 프로젝트에서 인터넷 기반의 정보 서비스에 분류를 성공적으로 적용해왔다. 그러나 일반적으로 지식 도구를 개선하고, 새로운 방식으로 이를 적용하는 데 있어서 여전히 많은 도전들이 남아 있다. 일반적인 문헌 분류 체계가 인터넷 정보원의 조직과 검색에 매우 탁월한 잠재성을 가지고 있으며 특히, 포스팅의 범주나 계층, 분포의 측면에서 DDC의 계층 구조와 인터넷 디렉터리 서비스의 주제 트리 구조가 상호 적용 가능성이 높아 인터넷 자원의 브라우징 지원에 있어 DDC 기반의 브라우징 구조를 개발할 필요가 있다(Vizine-Goetz, 2002).

분류는 과거부터 디지털 시대인 현재에 이르기까지 중요한 지식 조직 도구였으며, 미래에도 그 중요성은 여전할 것이다. 분류의 중요성은 도서관이 고도로 조직화된 지식 저장고로 자리 잡을수록 강화될 수밖에 없다. 물론 분류의 개념이나 이론, 적용에 있어서도 변혁은 함께 일어날 것이다. 그러므로 새로운 분류 체계를 고안하고 개발하는 데 참여하는 다양한 분야의 연구자들은 서로 적극적으로 학문적인 소통과 공유를 해야 한다.

(2) 분류의 활용

분류는 문헌정보학의 핵심 분야로서 다양한 측면에서 활용되며, 전통적인 문헌정보학 분야나 핵심 분야에서 분류의 활용과 현대적 맥락에서의 분류의 이용으로 나눌 수 있다. 전자의 경우로 장서 개발이나 참고 서비스에서 분류의 활용을, 후자의 경우로 인터넷 검색이나 자원의 발견에 있어서 분류의 활용을 들 수 있다.

① 장서 개발

분류는 장서 개발에 매우 유용하다. 적절한 작업 계획과 인력 관리를 통해서 분류는 학제적 주제의 장서를 개발하는 데 필수적인 역할을 한다. 예를 들어, 심리학과 의학 같이 2개 이상의 학문이 통합되어 학제적 성격이 강한 주제 분야의 경우, 장서 개발에서 자료에 대한 중복 문제가 생길 수 있다. 예산 낭비를 초래하는 자료의 불필요한 중복을 없애는 것이 중요한데, 여러 학문 분야에 걸쳐 있는 다양한 분류표의 매핑을 통해 협력적 장서 개발의 지침으로 활용될 수 있다.

② 참고 서비스

참고 질문을 범주화한 분류는 효과적이고 효율적인 답변에 매우 유용하다. 온라인 참고 질의를 분류하기 위해 이러한 범주를 적용할 수 있으며 참고 서비스 개선에 도움을 줄 수 있다.

③ 정보 검색

도서관을 사람들의 정보 요구를 충족시키는 장소로 인식한다면, 문헌정보학에서 분류는 정보와 지식을 검색하기 위한 하나의 학문으로 보아야 한다. 정보 조직의 시작인 분류와 정보 검색은 서로 동적인 관계이며 정보 검색이 효율적으로 이루어지려면 올바른 분류를 통한 조직화가 선행되어야 한다.

④ 시소러스와 택소노미 개발

분류와 시소러스, 택소노미는 주제와 관련하여 구조와 범주를 생성하는 데 유용하다. 분류 체계의 깊이는 관련 주제의 거의 모든 미시적인 측면들을 구조화하고 나열한다. 계층적인 측면에서 종(speciator)의 개념은 한정자(qualifier)가 되어 의미가 풍부해지도록 개별 개념에 부가된다. 문헌정보학 분야의 전문가들은 항상 다양한 어휘 통제 도구와 원리를 통합하여 더욱 새롭고 효율적인 어휘 통제 도구를 만들어내는 데 관심을 기울여 왔는데, 그 대표적인 사례가 *Thesaurofacet*과 *Classified Chinese Thesaurus*이다.

⑤ 웹 기반 정보 자원 조직

인터넷에는 유용한 정보가 많지만 이를 효과적으로 조직하는 것은 쉽지 않다. 인터넷 자원을 조직하는 데는 분류와 색인, 그 밖의 다른 지식 조직 도구들이 활용된다. 분류는 주제 트리의 개발, 자원의 발견, 디지털 도서관 자원의 조직 및 탐색의 형태, 이용자의 내비게이션 패턴 이해에 적용될 수 있다. 그럼에도 불구하고 정보산업 분야 및 문헌정보학 분야의 커뮤니티는 인터넷 자원을 조직하는 데 있어서 분류를 활용하기 위해 충분한 노력을 기울이지 않았다. 보다 철저하고 합리적인 방식으로 분류의 원칙을 다양한 웹 기반 정보 자원 조직에 적용할 필요가 있으며 이를 위해서는 분류 원칙에 대한 보다 나은 이해가 선행되어야 한다.

분류의 새로운 역할로 인터넷 검색을 위한 주제 트리 개발을 들 수 있다. '주제 트리'는 인터넷상에서 검색 장치를 개발하는 데 활용되며, 구조화된 계층형 브라우징 인터페이스에 전통적인 서지 분류의 원칙을 변용하여 자원에 쉽게 접근할 수 있는 경로를 제공한다. 분류 체계는 다양한 유형의 웹 사이트를 색인하는 데 유용하며 웹 분류에 대한 고유한 긍정적인 기능을 가질 수 있다. 그리고 웹 정보 아키텍처에서 분류 구조를 적절하게 사용하는 것은 정보 검색에서 이용자 친화적인 인터페이스를 생성하는 데 도움을 줄 수 있다. 예를 들어, 계층형 열거식 구조는 웹 디렉터리, 주제 게이트웨이, 전자 정보원의 조직에 활용되는 반면, 패싯 구조는 다면적인 택소노미를 기반으로 웹 문서를 효과적으로 조직하고 검색하고자 하는 상용 웹 사이트에서 이용될 수 있다.

현대 검색 엔진과 관련 기술은 분류를 무의미하게 만들기보다 그 한계점을 통해 분류의 가치를 높일 수 있다. 이를 위해 웹 정보에 분류 기호를 자동으로 부여하고자 하는 다양한 프로젝트들이 수행되었다. 대표적인 사례는 Nordic Wide Area Information Server/WWW 프로젝트, German Harvest Automated Retrieval and Discovery 프로젝트, SCORPION(DDC를 이용한 자동 분류 및 색인), Web Searching Using Classification 프로젝트 등이다.

웹에서 구조화된 형태로 디지털 문헌들에 접근하려면 실질적인 지식 조직 도구들이 필요하다. 시간이 흐를수록 전 세계에 더 많은 디지털 도서관들이 만들어지고 있다. 디지털 도서관은 서지 분류 체계나 시소러스, 주제명표목표, 온톨로지 등 하나 이상의 지식 조직 체계를 적용하고 있다.

⑥ 웹 페이지 분류

웹 페이지를 위한 분류 체계에는 도서관 분류 체계보다 더 많은 항목들이 필요할 수 있다. 그리고 새로운 주제 항목을 쉽게 추가할 수 있어야 한다. 웹 페이지를 위한 동적이고 계층적인 분류 체계를 위해서 첫째, 필요한 만큼 새로운 범주들을 추가할 수 있어야 할 것, 둘째, 웹 페이지를 트리 구조로 조직할 수 있어야 할 것, 셋째, 웹 페이지들을 트리의 단 한 개의 경로를 통해 검색하여 분류할 수 있어야 할 것이 제안되었다(Choi & Peng, 2004).

인터넷이 모든 개별 검색 용어에 대하여 수백만의 웹 페이지를 제공함에 따라 웹에서 보다 적절하고 필요한 결과들을 신속하게 검색하는 일은 어려워지고 있다. 웹 페이지를 적절한 범주로 자동 분류하는 것은 검색 엔진이 적절한 결과를 산출하도록 하는 것인데, 부적절한 단어와 사용하지 않는 용어는 분류의 성능을 저해한다. 이를 조정하려면 웹 페이지로부터 대표적인 특성을 추출하고 선정하는 것이 관건이며, 이 부분에서 분류가 절대적으로 필요하다.

⑦ 이메일 분류

이메일(e-mail)은 인터넷 서비스 중 가장 활용이 높은 것으로, 주로 개인들이 사용하지만 조직에서도 신속한 소통을 위해 활용된다. 특히 스팸 메일이 급증하면서 이메일 사용에도 심각한 문제가 발생할 수 있는데, 이러한 문제를 해결하기 위해 이메일을 분류하고 스팸 메일을 파악할 수 있는 분류 체계가 활용되고 있다.

3. 분류 기호

1) 분류 기호의 조건

모든 분류 체계는 기본적으로 기호를 포함하고 있다. 문헌의 내용을 표현할 때 기호를 사용할 수 있는 방법은 다양하다. 예를 들어, 가장 피상적인 수준에서 기호는 분류표의 계층 구조와 상응하면서 문자 요소를 연결한다. 복합 개념에 대한 기호는 복합어의 구조와 구성 요소들을 표현할 수 있으며, 구성 요소들의 기능적 역할과 요소들 간의 관계를 나타내기 위해 기호를 활용한다.

분류 체계에서 개별 개념은 숫자나 문자, 다른 부호로 이루어진 하나의 기호를 부여받아야 한다. 예를 들어, DDC에서 물리학에 해당하는 기호는 530이고, LCC에서 물리학을 위한 기호는 QC이다. 기호의 기능은 자료의 정확한 주제 내용을 지시할 뿐만 아니라 서가상에 이러한 자료들의 순서를 결정하고 보여주는 것이다. 따라서 기호는 서가상에 자료를 순차적으로 배열하기 위한 정보를 알려주어야 한다. 즉, 관련 주제는 서가에 집중시키고, 관련 없는 주제는 서로 분리하는 것을 보장함으로써 장서 안에서 다양한 주제 간의 관계 정보를 제공해야 한다.

기호는 숫자와 문자로 구성될 수 있는데, 여기서 한 가지 기억해야 할 점은 기호가 그 자체로 순서의 의미를 설정할 수 있어야 한다는 것이다. 그렇지 않으면 서가상의 순서가 무엇인지를 결정하는 것이 불가능하다. 1, 2, 3이라던가 a, b, c와 같이 숫자와 문자는 그 자체적으로 분명하게 정해진 순서를 가진다. 숫자는 아라비아 숫자나 로마자를 사용할 수 있고, 문자는 대문자와 소문자를 사용할 수 있다. 숫자와 문자 이외에도 쌍점이나 온점, 반점 등 다른 부호를 사용할 수도 있다.

기호의 요건으로 단순성(simplicity)과 간결성(brevity), 조기성(memorability), 수용성(hospitality), 표현력(expressiveness), 유연성(flexibility)을 들 수 있다. 이러한 기호의 요건에 대해 자세히 살펴보면 다음과 같다.

(1) 단순성과 간결성

단순성과 간결성은 기호가 가져야 할 핵심 요건이다. 단순성과 간결성은 매우 밀접하게 연관된다. 즉, 단순한 기호는 항상 간결하다. 이용자 관점에서는 단순하고 간결한 기호가 인식하기 쉽고, 기억하기 용이하며, 사서의 관점에서도 서가에 자료를 배열하는 데 도움을 준다.

단순성을 확보하려면 적절한 기호를 사용해야 하는데, 이를 위해서는 기호 유형과 결합 방식이 중요하다. 예를 들어, DDC에서 소수점은 기호를 단순하게 만들어준다. 즉, 6168914보다는 616.8914가 훨씬 더 인지하고 기억하기 쉽다. 이는 우리가 전화번호를 보고 기억할 때, 0232773121보다 지역번호와 국번으로 나뉜 02-3277-3121로 기억하기 훨씬 쉬운 것과 같은 이치라고 할 수 있다. 이렇듯 사물을 기억하는 인간의 능력에 있어서 일곱 자리 이상의 숫자는 기억하기 어렵기 때문에 번호를 적절히 나누는 것이 유용하다(Miller, 1956).

간결성을 지키는 가장 간단한 방법은 숫자보다 문자 기호를 사용하는 것이다. 알파벳 문자를 사용하여 분류를 하면 기본적으로 26개의 기호를 부여할 수 있고, 아라비아 숫자를 사용하여 분류하면 기본적으로 10개의 기호를 부여할 수 있게 된다. 예를 들어, 아라비아 숫자를 사용하는 DDC는 10개의 주류가 있고, 10개의 기본 기호에서 분류 작업을 시작해야 한다. 그러나 숫자 대신 문자를 사용하면 최대 26개의 주류를 설정할 수 있다. 그래서 알파벳 문자 3자리를 사용하면 최대 17,576개의 주제를 수용할 수 있다. 여기에 숫자까지 추가하면 간결하지는 않지만, 확장 가능성은 더욱 커진다.

그래서 숫자나 문자와 관계없이 간결성을 보장하는 두 가지 다른 방법은 표현력이나 상세성을 포기하는 것이다. 표현력이 좋은 기호의 경우, 계층적으로 하위 단계에 있는 주제들이 좀 더 긴 기호를 갖는다. 도서관에서는 기호의 상세성에 대해 어느 정도 타협이 가능한데, DDC 분류 번호에 자릿수 제한을 둔 것을 일례로 들 수 있다. 이러한 경우에는 지리적 위치나 다른 상세한 번호를 나타내는 특성을 생략함으로써 서가의 배열 순서를 유지할 수 있다.

(2) 조기성

조기성이란 분류 전개 과정에서 주제 영역 내에 유사한 하위 집합이나 개념군을 발견하고, 다른 주제 영역의 하위 집합 조직에서 유사한 패턴을 끌어내는 것을 의미한다

(Neelameghan & Raghavan, 2006). 그래서 조기성은 등위 개념들에 대한 동일한 기호나 기호군으로 표현되는데, 이는 다른 주제에 나타나거나 다른 용어에 의해 참조될 수 있다. 또한 조기성은 체계적이고, 예상할 수 있어야 하며 앞으로의 전개에 중대한 영향을 끼칠 수 있다.

조기성을 높이려면 쉽게 기억할 수 있는 장치를 사용해야 한다. 조기성의 유형은 시스템적 조기성과 문자적 조기성으로 구분할 수 있다. 시스템적 조기성은 가장 중요한 조기성 장치로, 동일한 부호가 항상 동일한 주제 개념을 나타내는 것을 의미한다. 현존하는 주요 분류 체계는 모두 시스템적인 조기성을 채택하고 있다. 예를 들어, DDC에서 제1보조표 표준세구분 '–03'은 백과사전이나 사전을 의미하는데, 이에 따라 컴퓨터학 사전은 004.03, 심리학 사전은 150.3, 기후학 사전은 551.603이라는 분류 기호를 갖는다.

DDC에서 제1보조표의 '–09'는 역사, 지리, 인물에 관한 측면을 다루며, 제2보조표의 '–73'은 지리적 영역으로 미국을 의미한다. 만약, 어떤 주제의 대상 지역이 미국이고, 해당 주제를 의미하는 분류 기호에 별다른 지시사항이 없다면, 제1보조표의 '–09'는 지리적인 구분을 보여주는 기본 번호로 하고, 그다음에 미국을 세분화해주는 제2보조표의 '–73'을 추가하여 분류 기호를 완성할 수 있다. 즉, 미국의 외래 식물은 581.620973, 미국의 직물 생산은 677.0973, 미국의 동물학은 590.973이 된다.

또 다른 유형의 조기성 장치로는 주제를 나타내는 문자를 사용하는 문자적 조기성을 들 수 있다. 이러한 유형의 조기성 장치는 특수한 패싯 분류 체계 안에서 자주 찾을 수 있다. 예를 들면, 과학 장서를 위한 패싯 분류 체계에서 BIOL은 생물학(Biology), CHEM은 화학(Chemistry), GEOL은 지구과학(Geology), MATH는 수학(Mathematics), PHYS는 물리학(Physics)을 의미한다. 이와 같은 문자적 조기성은 기호를 기억하기 쉽게 하므로 어린이나 청소년이 이용하는 학교도서관의 장서를 위한 분류 체계에서 매우 유용하다.

그러나 문자적 조기성은 주제와 관련된 유용한 순서를 위배할 수 있다는 문제점을 야기하기도 한다. 예를 들어, 필름 전문도서관에서 ACT는 액션(Action), ADV는 모험(Adventure), ANI는 만화(Animation), COM은 코미디(Comedy), CRI는 범죄(Crime), DRA는 드라마(Drama), FAN는 판타지(Fantasy), HIS는 역사물(History), HOR은 공포(Horror),

MUS는 뮤지컬(Musical), ROM은 연애(Romance), SCI는 과학소설(Science Fiction), WAR은 전쟁(War)을 의미한다. 이를 알파벳순으로 배열하면 판타지와 과학소설은 서로 떨어져서 배가되고, 과학소설은 연애 옆에, 액션과 전쟁은 각 서가 배열의 시작점과 끝이 되면서 관련 주제의 장서가 서로 떨어진다. 즉, 문자적 조기성이 기호에 적용되면 주제에 도움이 되는 순서를 따를 수 없다. 또 다른 문제는 하나 이상의 주제가 동일한 문자로 표현될 수 있다는 것이다. 예를 들면, AUS가 오스트리아(Austria)와 호주(Australia) 중에 무엇을 의미하는지 알 수 없게 된다. 이와 같은 경우, 이용자에게 혼동을 주지 않도록 조치해야 한다.

(3) 수용성

수용성이 없는 분류 체계는 지식 세계의 변화에 대응하여 발전할 수 없다는 점에서, 수용성은 기호의 필수 불가결한 요건이다. 수용성은 분류표 안에 새로운 주제와 개념이 올바른 위치에 추가되는 능력을 말하며, 그 위치에는 기존 주제와 새로운 주제 간의 관계가 반영되어야 한다. 완벽한 수용성은 새로운 주제가 모두 분류표 안의 가장 적합한 장소에 수용될 수 있다는 것을 의미하지만, 현실적으로 항상 가능하지는 않다.

수용성을 보장하는 대안적 방법은 대부분의 주요 열거식 분류 체계에서 사용하고 있는 것처럼 분류표 안에 빈 번호나 빈 문자를 두는 것이다. 물론, 여기서의 문제는 빈 곳이 올바른 곳이 아닐 수 있다는 점이다. 새로운 주제를 예측하는 것은 매우 어려운 일이다. 일례로 DDC 제20판에서는 '컴퓨팅 일반'이 004-006으로 이동했는데, 이는 그곳이 최적의 위치였기 때문이 아니라 당시 이동할 수 있는 유일한 곳이었기 때문이다.

수용성을 높이는 또 다른 방법은 소수점을 사용하는 것이다. 기호로 정수만 사용한다면 확장하기가 어렵다. 120, 121, 125, 127 같이 빈 곳을 둘 수 있지만 확장 가능성은 제한적이다. 그러나 소수점을 사용하면 120, 120.1, 120.15, 120.152, 121처럼 어디에도 새로운 번호가 추가될 수 있다. 로마자를 사용하는 기호라면 A, B, Ba, Baa, Bab, C와 같이 동일한 방식으로 새로운 기호가 추가될 수 있다.

그러나 소수점을 사용하면 간결성은 떨어진다. 즉, 소수점 다음에 숫자가 추가된 형태로 새로운 주제들이 수용되면 기호는 더욱 더 길어진다. 예를 들어, DDC에서는 비디오 녹음기와 같은 단순한 주제가 621.38833과 같이 긴 분류 번호가 된다. 이와 같은 문제점은 특히 공학 분야에서 제기되었는데, 이는 1870년대 DDC가 처음 고안되었을 때보다 공학 분야가 엄청나게 발전했기 때문이다.

(4) 표현력

표현력이란 주제의 계층적인 관계를 보여주는 것으로, 기호가 분류표의 구조를 반영한다는 것을 의미한다. 표현하는 기호는 넓은 주제를 위해서는 간단한 기호를, 좁은 주제를 위해서는 긴 기호를 갖게 하여 계층성을 보여준다. CC 제6판의 예를 살펴보면 다음과 같다.

D	Engineering
D8	Municipal(sanitary) engineering
D85	Water supply
D856	Distribution
D8564	Pipe
D85645	House connection

위의 사례는 기호의 전개를 통해 도시공학이 공학의 하위 개념이며, 물 공급은 도시공학의 일부라는 것을 나타내면서 주제의 계층 관계를 보여준다. 또한 세부적이고 특정적인 주제들이 더 긴 기호를 갖게 됨을 알 수 있다.

표현력은 이용자가 하위 주제와 상위 주제를 빨리 파악할 수 있도록 도와준다. 분류기호는 자료의 서가상 위치를 표현하면서 주제 간의 관계를 명확하게 파악하게 해주는 도구가 되기 때문에, 자료의 브라우징을 촉진시킨다. 이때, 일관성을 유지하는 것이 중요하다. 기호의 일부만 표현하고 나머지는 표현하지 않는다면 도움이 되지 않을 것이다. 그러나 공교롭게도 표현력과 수용성은 상호 배타적이다. 새로운 주제가 추가되는 경우, 계층 관계에 위배될 수 있다. 예를 들면, DDC에서 620대의 공학은 다음과 같이 세분된다.

621	Applied physics(mechanical engineering)
622	Mining and related operations
623	Military and nautical engineering
624	Civil engineering
625	Engineering of railroads and roads
627	Hydraulic engineering
628	Sanitary and municipal engineering
629	Other branches of engineering

전기공학은 DDC 제1판에는 포함되지 않은 주제였지만, 나중에 기계공학의 세목으로 621.3에 삽입되었다. 이것이 공학에서 다른 분야와의 관계를 나타내는 것은 아니다. 전기공학이 627에 위치하는 수력학만큼 중요하다는 견해도 있지만, 전기공학의 분류 기호는 해당 학문의 중요성을 나타내지 못하고 있는 상황이다.

표현력을 강조하여, 간결성과 단순성이 감소하는 사례를 살펴보면 다음과 같다.

629	Other branches of engineering
629.1	Aerospace engineering
629.13	Aeronautics
629.134	Aircraft components and general techniques
629.1343	Parts
629.13435	Engines and fuels

629.134353	Gas-turbine and jet engines
629.1343532	Turboprop engines

위 기호들은 표현력이 매우 좋아서 주제의 계층을 명확하게 보여주지만, 기호가 너무 길어진다. 예컨대 항공기 엔진의 경우, 특별히 복잡한 주제도 아니지만 629.13435라는 8자리 기호를 갖는다.

(5) 유연성

인용 순서가 특수한 장서나 이용자의 필요성을 충족시키기 위해 변경될 수 있다면 유연성을 가진다고 할 수 있다. 유연성은 패싯 체계에서 최적으로 실현되는데, 기호를 구성하는 패싯의 순서는 도서관의 필요에 따라 변경할 수 있다. 일단 인용 순서가 한번 설정되면, 지속적으로 이를 적용해야 한다.

London Classification of Business Studies(이하 LCBS)에서는 기본 인용 순서가 알파벳순이다. 그래서 광고(Advertising)가 BK, 비용(Cost)이 ELBC, 소프트 드링크 산업(Soft drinks industries)이 KCP라는 기호를 갖는다면, 기본 인용 순서는 BK/ELBC/KCP가 된다. 그러나 소프트 드링크 산업에 관한 모든 도서를 서가의 한곳에 두고자 하는 도서관에서는 인용 순서를 KCP/BK/ELBC로 변경할 수 있다.

유연성이 모든 패싯 체계에서 실현되는 것은 아니다. DDC에서는 표준세구분표의 '-016'을 추가함으로써 서가상에 주제별 서지류를 배가하도록 하고 있다. 그러나 대안으로 016 서지류에 분류하여 모든 주제의 서지가 같은 서가에 꽂히도록 선택할 수도 있다. 예를 들면, 인지심리학 서지는 016.153이나 153.016 이라는 분류 기호를 가질 수 있다.

2) 분류 기호의 순서

분류 기호에서 인용 순서는 기호가 합성되는 과정에서 기호의 순서를 의미한다. 가장 흔하게 적용되는 규칙은 가장 상세한 개념을 제일 먼저, 그리고 가장 일반적인 것을 마지막으로 인용하는 것이다. 인용의 일관성을 적용하기 위해 처음에는 인용 순서를 실체(Concrete)에서 과정(Process)으로 설정했다(Kaiser, 1911). 그러나 이 자체로는 하나 이상의 구체적인 대상물이나 과정을 갖는 복합 주제에 대해서 명확한 순서를 제시하지 못했다. 그래서 인용 순서를 사물(Thing)-부분(Part)-재료(Material)-행동(Action)-주체(Agent)로 다시 설정했다(Coates, 1960). 모든 주제가 이 요소들을 모두 포함하지는 않지만, 주제에 나타난 요소들을 위의 정해진 순서로 인용하면 된다. 예를 들면, '양복-줄잡기-폴리에스테르-다림질'이나 '차(車)-차대(車臺)-알루미늄-제조'와 같은 순서로 인용하는 것이다.

Ranganathan은 콜론분류 체계에서 인용 순서를 개성(Personality)-재료(Matter)-에너지(Energy)-공간(Space)-시간(Time)이라는 PMEST로 설정했다. 앞서 제시된 예를 대입하면, '차-차대-알루미늄-제조-한국-1970년대'라는 인용 순서를 적용할 수 있다.

배열 순서는 서가에 놓이는 순서를 의미하는 것으로, 항상 인용 순서의 역순으로 배열된다. 즉, 한 주제의 좀 더 상세한 측면 이전에 일반적인 관점이 먼저 놓인다. 배열 순서를 통해 도서관 이용자는 하나의 주제에 관한 광범위한 관점이 먼저 등장하고, 상세한 관점이 나중에 놓이게 된다는 것을 알 수 있다. 모든 패싯 요소가 존재하지 않을 때, 배열 순서는 문제를 야기할 수 있다. 앞서 살펴본 예시를 참고하면, '차 → 차-1970년대 → 차-한국 → 차-제조 → 차-알루미늄 → 차-차대' 순으로 서가에 배열되기 때문에 여기서 차에 대해 일반적으로 다룬 문헌은 1970년대 차를 다룬 문헌보다 먼저 배열된다.

예술, 인문학, 사회과학은 위의 순서를 적용하기 힘들지만, 유사한 방식을 적용할 수 있다. 예를 들면, 주제-장소-시대라는 인용 순서를 가진 경우, '역사-한국-20세기'의 순서가 되고, 이러한 경우, 배열 순서는 '역사, 역사-20세기, 역사-한국, 역사-한국-20세기' 순으로 배열된다. 예컨대 한국영상자료원에서 필름 자료를 대상으로 인용 순서를 '장르-과정-공간-시대'로 설정한다면, '뮤지컬-안무-한국-1990년대'의 순으로 인용되고 배열 순서는 '뮤지컬 → 뮤지컬-1990년대 → 뮤지컬-한국 → 뮤지컬-한국-1990년대 → 뮤지컬-안무 → 뮤지컬-안무-1990년대 → 뮤지컬-안무-한국 → 뮤지컬-안무-한국-1990년대'가 된다.

인용 순서와 배열 순서의 문제는 패싯 분류 체계에서 가장 중요하며 개념을 조합하는 방식에서 유연성을 제공한다. 인용 순서는 대부분의 열거식 분류 체계에도 이미 반영되어 분류 항목에 제시되어 있다.

4. 분류표

분류표는 주제와 관련된 기호의 리스트이다. 분류표를 구축하는 것은 복잡하고 지적인 작업인데, 수많은 단계들을 수반하면서 다양한 이론과 원칙들을 적용해야 하기 때문이다. 다양한 원칙들이 존재하지만, 분류표 설계의 가장 중요한 원칙은 동일성과 차별성이다. 분류표는 기본적으로 장서의 주제를 조직할 수 있어야 하며, 동시에 희귀본 장서나 특수한 주제 분야나 시대에 관한 장서와 같은 특수한 상황에 사용할 수 있도록 자료의 형식, 시대, 장소, 인명, 단체명, 적용 방법 등 다른 특수한 항목을 알려주는 장치를 포함해야 한다. 효율적인 분류표의 조건은 다음과 같다(Rowley, 1992).

- 포괄성과 상세성

분류표에는 도서관의 장서에 적합한 모든 주제가 포함되어야 한다. 포괄적인 범주를 제공하기 위해서는 세세한 측면까지 모두 나열해야 하는데, 열거식 분류표의 경우, 모든 주제를 나열하기가 매우 어렵다. 패싯 분류표에서는 복합 주제 대신 단위 개념들을 모두 수록해야 한다. 미래에 출현할 가능성이 있는 모든 주제들을 예측하고 새로운 지식 영역을 포함하기 위해서는 주제의 전문성을 갖추고, 지식 변화에 기민하게 대처해야 한다.

■ 조직적인 순차성

분류표는 주제의 세분을 망라하면서, 논리적으로 분류하여 관련된 주제를 모두 집중시켜야 한다. 이용자들이 원하는 주제가 무엇이든지 이용 가능한 것을 쉽게 찾을 수 있어야 한다. 따라서 새로운 주제와 관점이 추가될 수 있도록 조직적인 방식이 필요하며, 분류 체계 내에서 한 주제에 대한 여러 관점이 고려될 수 있도록 주제를 구분하면서도 서로 연관시킬 수 있는 방식으로 배열되어야 한다. 분류의 일반적인 순서를 위배하지 않으면서 지식 영역 안에 새로운 주제나 새로운 관점을 추가할 수 있도록 구축되어야 하며, 이러한 분류표의 개정은 새로운 자료가 많이 생산되는 주제 분야에 특히 중요하다.

그러므로 분류표는 서가상의 자료에 도움이 되는 순서를 설정하기 위해 관련된 주제들을 가깝게 위치시켜야 한다. 서가상의 순서는 이용자가 주제에 관하여 다양한 관점을 살펴보고, 브라우징할 수 있도록 도와준다. 표현력 있는 기호는 일반적인 것에서 상세한 것으로 진행되기 때문에, 역으로도 훑어볼 수 있어 유용하다. 도움이 되는 순서는 주제 안에서나, 주제들을 넘나들 때도 매우 중요하다. 상호 관련된 주제들은 분류표에서 서로 근접해 있어야 한다. 예를 들어, 수학과 물리학은 별개의 주제 영역이지만, 물리학은 수학에 대한 이해를 기초로 한다. 그러므로 이러한 관련성을 반영하여 수학과 물리학은 분류표 안에서도 서로 근접한 곳에 두어야 한다.

모든 주제와 이용자의 요구를 만족시킬 수 있는 순서로 구성된 분류 체계를 정의할 수는 없다. 그러므로 분류표는 가장 폭넓게 합의된 지식의 구조를 반영해야 한다. 전문적인 장서를 위한 새로운 분류 체계를 개발하는 경우, 분류표의 주제 배열 순서에 잠재적 이용자의 요구를 반영해야 한다.

■ 유연성과 확장 가능성

분류표의 매우 중요한 요건은 수용성과 같은 맥락에서 새로운 주제를 받아들이면서 기존 주제들 사이에 변화하는 관계가 표현되는 것이다. 새롭게 나타나는 지식의 영역은 갈수록 학제적인 경향이 있어서, 분류 체계는 기존 분야에 걸쳐진 새로운 주제를 수용할 수 있어야 한다. 수용성은 패싯 분류 체계가 열거식 체계보다 높다. 앞서 언급한대로, 패싯 분류 체계에서 새로운 주제는 기존 개념의 결합으로 표현할 수 있지만, 열거식 체계에서는 새로운 주제를 표현하기 위하여 완전한 개정을 요구할 수도 있다. 또한, 패싯 분류 체계는 기호의 표현력이 떨어지기 때문에, 분류표의 전체 구조를 수정하지 않아도 새로운 주제를 추가할 수 있다.

분류표는 새로운 주제들을 수용하는 것 이외에도 지식의 현 상태를 반영해야 한다. 주제는 추가되거나 제거되며, 주제를 나타내는 용어는 반드시 현용되는 것으로 유지하기 위해 정기적인 개정이 필요하다. 분류표의 이용자와 분류자 모두 분류 항목을 구별할 수 있도록 분명하면서도 일관적인 의미를 가지고 있는 기술적인 용어를 사용해야 한다. 용어 자체가 애매모호하지 않아야 하며, 타당성과 최신성을 가지면서 자료에 내재된 개념과 특성을 올바르게 파악할 수 있어야 한다.

3장

열거식 분류 체계

1. 듀이십진분류법

1) 기원과 발전

19세기 산업혁명 이후 자본주의와 민주주의, 교육의 기회가 확대되면서 도서관은 사회 변화의 주요 기관으로 모든 계층에 개방되고 사회적 기대를 충족시키기 위해 많은 노력을 기울였다. 이용자들이 자유롭게 서가의 장서를 이용할 수 있게 되면서 도서관의 목록과 장서의 위치, 재정리에 있어 보다 과학적이고 효율적인 방법이 필요하게 되었다.

19세기 후반까지 도서관 분류 체계는 고정식 배가법(fixed location system)을 사용했기 때문에, 개별 도서는 포괄적인 주제 아래 일련번호에 따라 배열되었다. 예를 들어, Q가 물리학을 의미한다면, Q2.3.14는 물리학 서적에 관련된 2번째 서가의 3번째 선반에 위치한 14번째 책을 나타냈다. 따라서 도서가 가진 번호와 위치는 물리학 내에서의 주제적 관련성을 고려하지 않았다. 이로 인해 많은 어려움이 발생했는데, 예를 들어 물리학에 해당하는 서가에 공간이 남아 있지 않으면 새로운 도서는 주제와 상관없는 다른 곳으로 배치되었다. 새로운 서가를 배정해서 관련 주제의 책을 모으려면 결과적으로 서가의 모든 책에 대한 재분류 작업이 필요했다.

1870년 Melvil Dewey는 Amherst 대학도서관의 학생보조로 일하면서 고정식 배가에 수반되는 여러 문제점에 직면하게 되었다. 그래서 Dewey는 재분류를 필요로 하지 않는 새로운 주제 배열 방식을 고민했는데, 문제는 서가의 다른 책을 건드리지 않으면서 새로운 책을 적절한 장소에 위치시키는 시스템을 체계화시키는 것이었다. Dewey는 이에 대한 해결책을 찾기 위해 미국의 여러 도서관을 탐방하는 과정에서 많은 사람들과 의견을 나누면서 다른 방식의 기호법을 연구했다. Dewey는 인간의 지식을 분류하는 데 있어 가장 단순한 십진식 아라비아 숫자와 0을 이용하여 분류 기호의 단순함을 추구했다. 이를 보강하기 위하여 모든 표목을 알파벳순으로 색인하여 1,000개의 분류 항목을 이용하도록 하고, 이용 전에 신중하게 검토해야 하는 일반적인 30~40개의 표목을 고안했다.

1873년 5월 8일, 21세였던 Dewey는 자신의 생각을 Amherst 대학도서관 위원회에 제안했고, 이를 승인받아 대학의 직원과 학생들이 이용할 수 있는 분류 체계 개발 작업에 착수했다. 듀이는 순전히 임의적으로 고정되고 우연적인 기호법을 사용하여 내용에 따른 도서 배열이 가능한 상당히 유연한 분류 체계를 고안했고 DDC는 현대 도서관 분류 체계 중에서 전 세계적으로 가장 폭넓게 사용되는 분류표로 자리 잡았다.

1876년 DDC 초판의 서명은 *A Classification and Subject Index for Cataloguing and Arranging the Books and Pamphlets of a Library*였다. 전체 44페이지로 구성된 초판에는 색인과 서문, 000-999까지 숫자가 매겨진 1,000개의 강에 이르는 분류표가 포함되어 발행되었다. 이후 1885년에 Dewey의 이름으로 초판이 대폭 확장 개정되어 제2판이 발행되었고, 지금까지 23개의 완전판과 15개의 간략판이 발행되었다. 1958년 발행된 제16판은 546 Inorganic Chemistry와 547 Organic Chemistry의 완전 개정을 포함하여 대대적인 변화와 추가사항을 반영하여 발행되었다. 이후, 지속적인 개정 작업을 거쳐 2011년 완전판 제23판이 발행되고, 2012년에는 간략판 제15판이 발행되었다. DDC는 19세기 문헌정보학 분야의 가장 가치 있는 발명품으로 손꼽히며, 현재 30개 이상의 언어로 번역되어 전 세계 135개국 200,000개 이상의 도서관 분류 체계로 사용되고 있다. 또한, 60개 이상의 국가에서 국가 서지를 조직하는 데 DDC를 사용하고 있다.

DDC는 인쇄본과 전자본으로 이용 가능한데, 2011년에 발행된 인쇄본 제23판은 전체 4권, 1질로 발행되었다. 제1권은 서론, 매뉴얼, 보조표를 다루고 있고, 제2권은 본표 000-599를, 제3권은 본표 600-999를 다루며, 제4권은 상관색인을 수록하고 있다. DDC 본표에는 40,000개 이상의 분류 번호가 수록되어 있으며, 보조표에 12,000개 이상의 패싯이, 상관색인에는 103,000여 개 이상의 용어가 수록되어 있다. DDC의 번호들은 *LCSH, Book Industry Standards and Communications(BISAC), Sears List of Subject Headings, Medical Subject Headings(MeSH)*의 40,000개 이상의 용어와도 매핑된다. 완전판 제23판과 간략판 제15판이 영어로 발행되는 마지막 인쇄본이라고 2015년에 발표했기 때문에, 앞으로 DDC는 전자본 형태인 *WebDewey*를 통해서만 이용 가능하다. 일반적으로 DDC를 처음 배우거나 사용하는 경우 전자본보다 인쇄본을 우선적으로 사용하는데, 이는 분류 체계의 구조를 더 쉽게 파악할 수 있기 때문이다. 인쇄본 발행이 중단된 현재로서는 전자본으로 분류 체계의 구조를 파악하고, 분류 원칙을 터득할 수밖에 없다.

(1) 개정 유형과 다양한 판

분류 체계에 대한 정기적인 개정 작업은 필수적이다. DDC 제8판과 제9판처럼 2년 만에 개정된 경우도 있고 제16판과 제17판처럼 12년 만에 개정된 경우도 있지만, 대개 개정 빈도는 평균 7년이다. 제23판의 경우, 변화하는 지식 세계를 반영하기 위해 8년 만에 갱신되었는데, 일반적으로 새로운 판은 다음과 같은 사항을 고려하여 개정된다.

- 새로운 주제를 올바른 자리에 수용한다.
- 요청받은 부분에 분류 기호를 확장하고, 잘못 배치된 주제를 논리적 장소에 배치한다.
- 오래된 주제에 대한 세부 항목을 삭제하거나 줄인다.
- 열외 주제에 대해서는 적절한 지시와 배치 공간을 부여해 갱신한다.

특히, 분류표 갱신은 기독교와 미국 편향성을 제거하고, 비서구권 주제의 위치를 강화하는 것에 역점을 두고 있다. 지금까지 발행된 모든 판은 변화하는 정보 환경에 대처하고자 했으며, 이러한 노력의 일환으로 제17판 이후부터 패싯, 패싯기호, 특수표, 인용 순서 등을 이용한 번호 합성 규정이 제시되었다. 편집자의 서문은 분류 담당자 친화적이며, 본표, 보조표, 지침에 더 많은 주기가 제공되고, 색인의 일관성도 강화되었다. 상관색인에 계속 구조적인 변화가 있었으며, 간소화하면서도 망라적으로 만들기 위한 새로운 발상이 반영되었다.

DDC는 지속적으로 개정되는데, 새로운 판이 출시되면 지체 없이 다음 판을 위한 작업이 시작된다. 십진분류편집정책위원회(Decimal Classification Editorial Policy Committee, 이하 DCEPC)는 1년에 2번, LC의 듀이 부서(Dewey Section)에서 제출한 수정 및 확장에 대한 제안을 위한 오프라인 회의를 진행하고 수시로 온라인 회의를 개최한다. LC의 듀이 부서는 DDC 초안에 대한 제안서를 준비하는 집행기관으로, 제안서의 초안과 본표의 개정 작업을 준비하면서 DDC를 가장 많이 활용하는 이용자이다. 부서장의 감독하에 DDC 편집위원들은 MARC 레코드와 CIP 데이터로 이용하기 위하여 모든 주제와 언어로 매년 11만 건 이상의 표제를 DDC로 분류한다. 그리고 개정에 대한 문헌적 타당성과 현재 동향을 파악하기 위해 인터넷과 DB를 검색하고, LCSH의 주간 목록 같은 다른 지식조직 도구를 참고한다. 문헌적 타당성은 편집장에게 지식의 현재 경향을 파악할 수 있게 해주는 것으로, 문헌적 타당성이 부족한 주제는 DDC의 고유 번호를 부여하지 않는다.

새로운 판은 이전 판과 모든 개별 출판물에 대한 이해를 기반으로 이전 판에 대한 갱신 작업을 준비한다. *WebDewey*는 분기별로 갱신되지만, 오랫동안 별도로 분리된 판은 나오지 않았다. 이전 판에 대한 공식적 및 비공식적 비판은 신중하게 검토되며, 개정을 위한 주요 지침은 해당 판을 이용하는 부서로부터 얻은 경험을 바탕으로 한다. 새로운 판의 초안은 편집장의 지도 아래 도서 및 다른 출판물을 분류하는 DDC 전문가가 소속된 부서에서 준비하며, 외부 주제 전문가의 도움을 받기도 한다.

① 일반 개정

분류표의 개정 수준은 정책적 문제로, DCEPC의 동의 아래 OCLC에서 결정한다. 일반적인 개정에서 의미를 상실한 분류 번호는 동일한 분류 번호를 피하기 위해 이후 여러 판에 걸쳐 공기호로 유지되며, 이를 기아 정책(starvation policy)이라고도 부른다.

② 전면 개정

전면적인 개정을 진행하기 위한 결정은 분류표의 출판 전, 때로는 이전 판들이 발간되기 전부터 고지된다. DCEPC와 OCLC 회원들은 심사숙고하여 본표와 보조표의 개정을 결정하고, 앞으로 발간될 판에 대한 점검을 진행한다. 새로운 본표는 보통 LC의 듀이 부서에서 준비하고, 주제에 따라 외부의 전문가에게 의뢰하기도 한다. 준비 단계에서는 많은 사서들과 학자들을 대상으로 문제점에 대해 자문을 구한다. 제22판의 경우, 1983년 영국의 도서관협회 십진분류위원회(Library Association Decimal Classification Committee)는 350-354 Public Administration 본표의 개정을 위하여 지시 순서에 대한 사서들의 선호를 설문 조사로 파악했다. 이 국제적인 조사의 결과는 지리적 지역, 법, 정치 시스템, 정당, 언어, 문학, 지역 보조표와 연대 보조표를 개선시켰다. 마지막으로 주요 개정을 통합하기 전에 주제 전문가와 DDC를 사용하는 사서를 대상으로 사전 점검을 시행했다. 제22판에서 종교 200대의 변경은 홍콩과 영국의 도서관에서 점검되었으며, 수학 510의 경우 2개의 영국 대학도서관에서 검토했다. 이렇게 초안의 사전 점검과 토론의 결과는 승인을 위해 DCEPC에 제출되며, 연 2회 개최되는 회의에서 위원회가 제안에 대한 모든 측면을 깊이 있게 토론한다. 이러한 과정을 거쳐 출판과 마케팅, 행정 부문에 관여하는 OCLC가 최종적으로 분류표의 개정을 허가한다.

DDC는 새로운 주제를 추가하거나 문헌적 타당성이 없는 주제를 삭제하고 보다 적절한 위치에 주제를 재배치하며, 주류 및 하위 분류의 분류표를 전면 개정하는 방식으로 개정된다. 개정과정에 있어 가장 중요한 부분은 학문(discipline), 강(division), 목(section) 수준에 대한 전면 개정으로, 공식적으로는 '개정분류표(phoenix schedule)'라고 부른다. 즉, 이전의 분류표와 전혀 다른 전면적인 개정을 뜻한다. 제16판에서 처음 도입했으며, 강이 개정되면 하위의 모든 목과 세목은 새로운 의미를 갖는다.

현재까지 DDC를 개정하기 위한 다양한 작업이 수행되었고 지속적으로 편견을 없애기 위한 작업을 해왔다. DDC는 특정 분야나 관점으로 편중되었다는 이유로 비판을 받아왔는데, 이러한 편견의 근본적인 원인은 분류 체계가 그들이 속해 있는 시공간에 가장 일반화된 시각을 보여주는 데 있다. 그러나 전면 개정에서는 이 방식을 무시하고 빈 번호에 즉시 새로운 주제를 할당한다. 이를 통해 해당 부분에 대한 총체적인 재구조화를 가능하게 만든다. 전면 개정은 분류 기호의 무결성 원칙과는 상충되지만, 지식의 성장에 따라 조화를 이루게 하며, 더 중요하게는 이전의 실수를 바로잡고 재구조화를 돕는다는 데 의의가 있다. 하지만 DDC 제23판에서 전면 개정은 거의 없었다.

DDC가 도서 분류 체계로 전 세계적으로 가장 폭넓게 사용되고 있지만, 19세기 북미 학문 세계의 형상에 기초하고 있어서 특히 종교나 지리 구분, 언어, 문학과 같은 분야에서 편중된 현상이 나타난다. 200대 종교는 비기독교에 대한 편향성으로 많은 비판을 받아 다양한 국가들의 종교적 커뮤니티를 바탕으로 200대 종교 분야의 분류 항목이 점차 재구성되거나 확장되었다. DDC의 400대와 800대도 비서구권 언어 및 문학에 대한 항목이 매우 부족하다는 비판을 받아왔는데, 아직까지 인종이나 국가, 민족에 대한 편향성은 완전히 해소되지 못했다.

③ 새로운 판의 시행

개정은 지속적으로 이루어지며, 제안과 최종적인 변경사항이 정기적으로 고지된다. 과거에는 1959년 1월부터 출판된 비정기적 정기간행물인 *Decimal Classification Additions, Notes and Decision(DCAND, DC&)*을 통해 정기적으로 고지되었다. 그러나 OCLC 웹 사이트를 이용하면서 DDC의 개정과 뉴스는 매 분기마다 웹 사이트에 게시되었고, OCLC 뉴스레터를 통해서도 공지되었다. 이외에도 듀이 블로그(Dewey blog)를 통해 DDC 관련 뉴스와 미결된 변경에 대해 토론하며, *WebDewey*에서도 진행 상황이 갱신된다. *Dewey Decimal Classification News*는 ALA(American Library Association) 컨퍼런스에서 배포되고, 듀이 홈페이지에도 게시된다. ALA 컨퍼런스의 Dewey/OCLC 부스에서는 참석자에게 새로운 서비스와 제품을 소개하고, '*Dewey Breakfast Updates*'를 공지한다. 분기별로 발행되는 *OCLC Newsletter*도 분류 체계와 관련된 뉴스나 특성을 소개한다.

개정된 분류 체계의 실행은 사서에게 부담이 될 수 있다. 그래서 분류 담당자가 새로운 판으로 바꾸는 것을 돕기 위해 개정판에서는 이전 번호에 해당되는 새로운 번호를 비교하여 보여준다. 수작업으로 재분류를 수행해야 하는 도서관이라면 현재 출간된 책을 위주로 재분류하라는 Ranganathan의 제안에 따라 갱신된 분류 체계를 적용하는 것이 적절하다.

④ 간략판

첫 번째 간략판인 *Abridged Decimal Classification and Relative Index for Libraries, Clippings, Notes, etc.*는 북미의 작은 공공도서관이나 학교도서관을 위해 완전판 제5판에 기초하여 1884년에 출판되었다. 제2판은 1912년, 제3판은 1922년, 제4판은 1929년에 불규칙하게 개정되었지만, 간략판 개정은 점차 완전판 출판과 거의 비슷하게 이루어졌다. 초판은 당시에 출판된 DDC 완전판을 간략하게 줄였기 때문에 간략판과 완전판 사이에 호환성 문제가 발생했고, 간략판 이용자가 중앙집중식 목록 서비스 활용하는 데 어려움이 있었다. 1971년 출판된 제10판은 완전판 제18판(1971)을 기준으로 소규모 도서관의 요구를 반영했으며, 간략판 제11판(1979)은 완전판 제19판과 비교할 때 표준세구분에 부가하는 0의 사용이 다르게 적용되었지만, 간략판 제12판(1990)부터 제15판(2012)까지는 완전한 간략판을 추구하여 완전판과 간략판 간에 호환성을 확보했다.

가장 최근의 간략판인 제15판 *Abridged Dewey Decimal Classification and Relative Index*는 DDC 제23판에 기초하여 2012년에 발행되었다. 간략판은 소규모 공공도서관과 학교도서관처럼 2만 권 이하의 일반 장서를 갖고 있는 도서관을 위해 만들어진 것으로 완전판보다 기입어가 훨씬 적으며, 서론, 본표, 4개의 보조표(T1, T2, T3, T6)와 색인이 포함된 단권으로 출판되었다. 대체로 3자리 소수점 이하 2자리인 짧은 번호 체계로 구성되기 때문에 기억하기 쉽고 가격이 저렴해서 DDC의 교육 도구로 활용된다. 간략판에 사용된 번호들은 완전판과 동일한 방식으로 구성되기 때문에, 장서량의 증가에 따라 완전판으로 확장하여 적용하는 데 무리가 없다. 또한 간략판은 어린이를 위한 주제명표목뿐만 아니라 *Sears List of Subject Headings*에서도 사용된다. 간략판은 CILIP(Chartered Institute of Library and Information Professionals)과 ALA(American Library Association) 주제명표목위원회의 감독 아래 제작되며, 1996년부터 전자본으로도 출시되고 있다.

⑤ 학교판 DDC

DDC 간략판도 소규모 공공도서관이나 학교도서관에 있어서는 여전히 방대한 분류표이다. 이에 영국 소재 학교도서관의 요청으로 간략판 제8판을 기준으로 1961년 첫 학교판을 간행했다. Forest press와 영국 학교도서관연합이 주축이 되어 1968년 제2판을, 1977년 제3판을 발행했다. 이후 1986년 간행된 제4판은 국제판으로 발행되었으며 이후 이용 범위가 중등학교와 2년제 대학으로 확대되었다. 영국 편향성을 줄이고 영국 이외에 영어를 사용하는 도서관의 요구를 반영했으며, 단순성을 다소 해소했다. 그러나 이후 학교판의 개정은 없었으며, 2004년 영국의 학교도서관협회(School Library Association)에서 *Primary School Classification Scheme: Pack Containing Practical Guide, Subject Index, Poster and CD-ROM*이 나왔으나 현재는 더 이상 발행되지 않고 있다.

⑥ 웹듀이

DDC는 도서관 장서를 조직하는 데 가장 강력한 도구로서 디지털 환경에 부응하고자 1993년 *Electronic Dewey*라는 최초의 전자 분류표 형태로 등장했다. 이후 지속적인 개발을 통해 *Dewey for Windows*를 거쳐 *WebDewey*로 자리 잡았다. *WebDewey*는 2003년 7월에 OCLC에 의해 개발되었는데, DDC의 온라인 검색과 브라우징을 제공하는 일종의 도구로 *WebDewey* 이용 지침을 참고할 수 있다. *WebDewey*는 웹의 장점을 살려 DDC 분류 기호를 기준으로 *LCSH*와 *LCSH* 전거 레코드가 상호 연결된다. 이외에 *BISAC*, *Sears List of Subject Headings*, *MeSH* 표목과의 매핑도 제공된다. 또한 사서들이 번호 합성을 쉽게 할 수 있도록 화면 상단에 번호를 기재할 수 있는 입력창과 더불어 자관의 메모를 입력하고 기본 번호에 자동으로 번호를 합성할 수 있는 기능도 제공된다.

DDC 인쇄본 대신 *WebDewey*로 DDC를 배우는 것은 어렵게 느껴질 수 있다. 인쇄본에서는 2장 이상의 페이지를 동시에 볼 수 있지만 *WebDewey*에서는 한 화면에 그 내용을 다 볼 수 없기 때문이다. 그러나 *WebDewey*는 분류 경험이 있는 이용자에게 보다 개선된 검색법을 제공한다는 점에서 유용하다. 예를 들면, *WebDewey*에서는 하나 이상의 색인과 불리언 검색, 절단 검색 등을 사용할 수 있다. *WebDewey*는 상관색인과 *LCSH*의 Key Words in Context(KWIC) 색인, DDC 번호들의 훑어볼 수 있는 순차색인도 제공한다. 분류표와 보조표의 번호들은 더 넓거나 더 좁은 류와 관련된 위치를 보여주기 위해 계층적으로 제시된다. 하이퍼링크를 사용하여, 해당 번호에서 지시하고 있는 번호나 매뉴얼로도 쉽게 접근할 수 있다. *WebDewey*가 새롭게 도입한 기능을 통하여 도서관에서는 편목 대상 자료에 대해 올바른 분류 기호를 부여하는 과정에서 자관의 목록 시스템을 체크할 수 있게 되었다. 또한 이용자들도 *WebDewey*를 자관의 온라인 목록으로 직접 연결시켜, 목록 시스템을 통하지 않아도 DDC 분류 기호를 바로 검색할 수 있게 되었다.

또 다른 DDC 버전인 *DeweyBrowser*는 OCLC의 이용자 인터페이스로서 전자 환경에 더욱 적합하게 개발되었다. 이를 통해 이용자는 DDC로 도서관 소장 자원 컬렉션을 검색하고 브라우징할 수 있다. *DeweyBrowser*는 검색 결과를 DDC의 류·강·목의 세 수준에서 10개 범주를 연속된 행으로 보여준다. 각 범주들은 유색 처리가 되어 있어서 해당 레코드가 있는 곳을 나타낸다. 현재 이 시스템은 수백만 개의 레코드와 OCLC의 전자책 컬렉션을 보유하고 있는 WorldCat에서 사용되고 있다(Vizine-Goetz & Hickey, 2006).

2) 구조와 특징

(1) 학문에 의한 분류

DDC는 지식 영역에 해당하는 모든 종류의 문헌을 분류하기 위한 일반적인 분류 체계이다. DDC는 Bacon의 지식 구분에 맞추어 이성(reason) 또는 과학(science)은 100-600, 상상(imagination)은 700-800, 사건이나 상황에 대한 기록(record of events and conditions)은 900에 위치시켰다. 이 삼분법에서는 지식을 9개의 영역으로 나누고, 그 자체를 학문이나 하위 학문으로 구분했다. 지식을 9개로 나누는 구분은 19세기 후반 서구 학문세계에 만연한 교육적 합의를 반영한 결과이다. 따라서 DDC는 학문에 의해 주제가 분산되며, 주제는 학문에 종속된다. 주제(subject)는 말 그대로 소재(topic)를 의미하며, 대부분의 학문에서 찾을 수 있다. 예를 들어, 주제 '금속(metal)'은 형이상학, 종교, 사회과학, 자연과학 혹은 물리과학, 기술 또는 예술에서 나타날 수 있으며, 같은 학문에서도 여러 번 나타날 수 있다. 따라서 이론적으로 하나의 주제에 대한 단일 분류 번호는 없다.

주요 범주를 정의하기 위하여 학문이 널리 사용되었던 19세기에 DDC가 학문을 기반으로 만들어진 것은 놀랍지 않다. 이는 다양한 학문 분야를 단일 주제로 모아서 배열할 수 없다는 의미는 아니다. 학제적 주제에 대해 포괄적으로 다루는 문헌은 상관색인이나 본표에서 하나의 분류 번호를 제공하는 주기를 통해 해당 분류 기호를 찾을 수 있다. 이렇게 상관색인은 분류 과정을 반대로 진행하는 것으로 분산된 주제에 대한 관련성을 제공한다.

Dewey 이전에도 책 내용의 주제를 바탕으로 분류 체계나 십진 기호의 유형이 사용되었다. Dewey는 기존에 다양한 분류 체계의 주제 순서를 개선하기보다는 현실적인 문제에 역점을 두었다. 그는 서가 배열의 체계적인 도구이자 새로운 주제에 관한 문헌들에 대해 적절한 장소를 제공하는 도구를 발명하고자 했다. 따라서 앞서 말했듯이 DDC 순서는 주류 순서에 대한 고민 대신 당시의 학문적 합의를 반영했다. 그러므로 DDC가 나타난 시기와 국가를 고려했을 때, 현실적인 분류 체계라 할 수 있다.

일부 사람들은 DDC의 학문 간 불균형을 비판하지만, 이는 당시 일부 과학과 기술에 해당하는 학문들이 전체 분야에서 차지하는 비중이 작았기 때문이다. Dewey뿐 아니라 1870년대에는 그 누구도 세계 대전 이후로 과학과 기술이 강조되는 패러다임의 변화를 예측하지 못했을 것이다. 현재의 DDC 체계는 다양한 도구, 옵션, 개정 기술, 주제의 순서와 배열에 있어 학자들의 합의를 반영한 결정체이다.

(2) 분류 기호

DDC의 독창성은 지적 구조보다는 기호법에 있다. Dewey는 아라비아 숫자 기반의 기호법을 채택하여 분류 체계의 지적 계층 구조와 세분의 가능성을 확대시켰다. Dewey는 분기마다 도서관을 확장할 때 재분류하는 노력을 피하고 싶었고, 이에 대한 대안으로 책 내용의 주제를 바탕으로 청구 기호를 작성하고자 했다. 이러한 취지에 따라 DDC의 10개 주류에 0에서 9까지의 기호를 배정했다.

Dewey가 고안한 DDC는 기본적으로 모든 지식을 10개의 대주제로 배열하기 위한 것이다. DDC 이전의 분류 체계에서 분류 기호는 자료의 주제 내용과 연관되지 않고 단순히 서가의 위치를 알려주는 장치였다. 도서 분류 체계에서 Dewey의 가장 큰 공헌은 계층 구조적 관계를 아라비아 숫자를 사용하여 십진식으로 표현했다는 점이다. 도서관 분류에 숫자 0에서 9까지 십진법을 사용함으로써 무한정으로 세분될 수 있는 순수 기호법의 장점을 취했다.

DDC의 기호는 기본 세 자리로 구성된다. 기호의 포괄성과 단순성을 위하여 분류 번호의 기본 자리를 세 자리로 지정하여 분류 번호가 세 자리보다 짧게 끝나면 0으로 채우고, 분류 번호가 세 자리보다 길어지면 첫 세 자리 뒤에 소수점을 찍었다. 예를 들면, 700에서 7 다음에 오는 두 개의 0과 같은 것이다. 또한 특정류에서는 0이 패싯 지시자로 활용되기도 하며, 소수점 오른쪽의 숫자는 0으로 끝낼 수 없다.

DDC에서 사용하는 소수점은 수학적 관점에서의 소수점이 아니라 숫자로 이루어진 기호의 단순함을 깨기 위해 심리적으로 멈추게 기능하는 것으로, 분류 번호의 해석이나 복사를 용이하게 해준다. 이론적으로 아라비아 숫자와 소수점을 사용하면 기호는 무한으로 계속 확장될 수 있기 때문에 분류되는 저작의 주제가 상세할수록 번호가 더 길어지는 경향을 가진다. 이러한 이유 때문에 많은 도서관이 DDC에서 LCC와 같이 좀 더 경제적인 기호를 가진 것으로 분류 체계를 교체하기도 한다.

DDC의 기호법은 분류 구조의 패턴에 질서와 균형을 주면서 조기성과 수용성을 증진시켰다. 또한 숫자를 이용하기 때문에 국가적, 언어적 편견을 초월하여 보편적으로 인식된다는 점에서도 유용한 기호법이다. DDC는 기호를 쉽게 기억할 수 있도록 많은 조기성 장치를 사용하고 있다. 예를 들어, -03은 각 주제의 사전을 의미하는 기호로 대부분의 분류 번호 마지막에 추가될 수 있다. 또한 DDC는 일반적인 주제에서 상세한 주제로 논리적인 순서로 배열되기 때문에 기호를 유추하고, 추적하기 쉽다. 이는 새로운 주제를 수용하는 문제에 있어서도 철학적이고 논리적으로 기호를 삽입할 수 있어 매우 유용하다.

(3) 계층 구조

DDC의 구조는 계층적이다. 관련된 것끼리 모아줄 뿐만 아니라 주제의 전체와 부분에 대한 관계를 기호로 기술할 수 있다. Dewey가 선택한 기호법은 계층적 패턴을 정확하고 쉽게 표현할 수 있다. DDC의 계층 구조는 가장 선구적인 체계로 숫자를 길게 전개하여 주제의 특수성을 가시적으로 보여준다. 그리고 전개 과정에서 이미 나온 번호에 적어도 한 자리를 더하기 때문에 주제와의 연결성이 이루어진다. 300부터 332.1109549까지 나타나는 주제는 점진적인 종속관계로 연속적인 개념을 부여받는다. 본표에서는 단계별로 분류 번호의 길이가 증가하기 때문에, 종속관계의 용어는 들여쓰기로 표현한다.

DDC의 계층 구조는 도서관의 규모에 상관없이 적용될 수 있으며, 소규모 도서관에서는 번호를 축약해서 사용한다. 간략판은 분류 번호의 오른쪽 부분을 얼마나 절단할 것인지에 대한 개요서로, 완전판에 상응하는 짧은 번호를 제시한다. 도서관에 따라 첫 번째 분절된 분류 번호를 사용하기도 하는데, 이러한 경우에는 도서관의 환경이나 장서의 크기를 고려해야 한다. 예를 들어 621.39/814 027 2라는 분류 번호를 도서관에 따라 621.39나 전체 분류 번호 621.398140272로 쓸 수 있다. 최근에는 변경된 정책에 따라 분류 번호에 2개 이상의 분절이 들어가지 않으며, *WebDewey*에서 분류 번호를 분절하여 보여준다.

(4) 배열

배열은 동일한 기원을 가진 동일한 수준의 상호 배타적 항목 간의 순서를 의미한다. DDC의 류와 강, 목은 서로 다른 수준의 배열이며, 같은 류에 속한 같은 자릿수의 분류 번호는 동일한 배열 수준을 갖는다. 배열에서 항목의 순서가 항상 중요한 것은 아니지만, 배열 내 요소의 순서는 배열에서 무엇이 가장 중요한지와 배열이 표현하는 해당 류의 구조를 보여준다. 배열상 첫 번째 목은 일반적인 주제이며, 마지막 목은 보통 해당 주제에 대한 역사적 또는 지리적 처리, 기타를 지칭한다. 따라서 분류 항목의 9에 해당하는 기타 주제는 분류 체계 내에서 수용성이 매우 크다. DDC에서 지식을 크게 구분하는 10개의 주류에 있어서도 이러한 경향이 그대로 나타난다. 000 총류는 일반적인 주제이고, 900은 지리, 역사, 기타 주제를 의미한다. 즉, 거시적 경향이 미시적인 수준에서도 반복적으로 적용되어 320은 정치학의 일반 주제를, 320.9는 정치학의 역사적, 지리적 측면을 나타낸다.

분류에서 수용성이란 기존에 존재하는 것을 재배치하지 않고 새롭게 나타난 주제를 적절한 장소에 수용하는 능력을 의미한다. 십진식 기호는 계속 계층적으로 확장할 수 있다는 점에서 무한한 수용성을 보장한다. 현실적 제약이 있을 수 있지만, 이론적으로는 해당 주제를 분류 기호로 완전하게 표현하기 위해서 분류 번호를 전개하는 것에 제한이 없다. 새롭게 나타난 독립 주제는 분류 번호에 다른 숫자를 더하여 연속된 사슬의 끝에 위치한다.

십진식 순수 기호법의 단점은 배열에 있어 새로운 주제를 수용하는 것이 쉽지 않다는 점이다. 만약 새롭게 독립된 주제가 주제 사이에 또는 협력되어 나타나는 경우에는 적절한 위치를 할당하는 것이 불가능하다. 이러한 상황을 피하기 위하여, 일련의 과정에서 기술하는 기호에 약간의 공기호를 둔다. 예를 들어, 화학의 541–549의 경우, 544와 545는 할당되지 않은 채로 남아 있어서, 만약 화학에 새로운 주제가 개발되면 이 공기호를 사용하는 것이 가능하다. 그러나 문제는 분석화학과 무기화학 사이에 새로운 주제가 위치하는 것이 논리적으로 맞지 않을 수 있다는 것이다.

(5) 분류표의 구성

DDC는 학문 분야로 배열한 후, 각각의 주류 안에 합리적인 수준에서 세분된다. 전체적인 범주의 깊이는 일반 도서관 장서에 적합하며, 좀 더 특수한 장서를 가진 도서관에서는 DDC의 일반적인 범주와 유연성의 부족이 단점으로 작용한다. 분류 체계의 범주에는 개발자의 배경과 문화적인 개념이 반영된다. DDC 역시 서양 중심으로 분류표가 전개되어 그동안 분류 체계에 나타나는 분명한 편견을 제거하는 데 많은 작업이 이루어졌지만, 여전히 종교 분야는 기독교적인 편견을 벗어나지 못해 모든 다른 종교들이 290대에 위치하게 되었다.

DDC 제20판(1989) 이후 DDC 인쇄본은 총 4권으로 구성되었다. 일반적으로 각 권의 내용은 다음과 같이 구성된다.

- 제1권: 서문으로 시작하고, 해당 판의 특징을 설명한다. DDC 서문에는 분류 지침이 포함되며, 용어와 개념을 다룬 용어집에서는 DDC 이론과 서문에 사용된 용어에 대한 간략한 설명을 제공한다. 그리고 6개의 보조표, 이전 판과 해당 판 간에 연결되지 않는 번호와 재배치된 번호에 대한 조견표를 제공한다.
- 제2권-제3권: DDC 본표로, 2권은 000-599에, 3권은 600-999에 해당하는 분류표로 구성된다. 본표에 앞서 10개 주류, 100개 강목, 1,000개 세목에 대한 3가지 요약표가 제시된다. 이를 통해 지식 세계의 구조와 지도를 알아보고, DDC의 갈래를 파악할 수 있도록 도와준다. 본표는 001부터 999까지 순서대로 배열된다.
- 제4권 : 상관색인

① 서론, 매뉴얼

서론과 매뉴얼에서는 DDC의 기본적인 개념을 설명하고 있다. 서론은 DDC로 분류하는 사람이라면 반드시 읽어봐야 하는 부분으로, 분류표와 보조표, DDC 번호를 분류하고 합성하는 데 상세한 지침과 설명을 제공한다. 매뉴얼은 분류 번호 중 특정 번호에 포함되어야 하거나 포함되지 말아야 할 것들을 설명해주거나 본표에서 보조표를 합성하는 데 있어 어려움이 있는 부분에 대해 지적해준다. 이러한 부분은 '*See manual at~*'이라는 문구의 주기로 시작한다. 매뉴얼 주기는 2개 이상의 비교되는 번호나 번호들의 범주, 보조표 번호나 개별 분류표의 사용에 있어 매뉴얼을 참조하도록 지시한다.

② 본표

DDC 주류의 순서는 실제 사용을 위하여 Bacon과 Hegel의 철학에 장서 조직의 실제를 혼합한 것이다. 10개의 주류는 기술적으로 강(division)이라고 알려진 것으로 세분된다. 각 주류는 고유한 특성으로 세분되어, 그 자체나 다른 9개의 강목에 적용 가능한 일반 강목을 포함하여 10개의 강으로 나눌 수 있다. 따라서 10개의 류, 100개의 강을 갖게 된다. 100개의 강은 다시 10개의 목(section)으로 구분되는데, 강은 목처럼 쓰이며 일반 성격의 목(generalia section)은 다른 것들에 우선한다. 다음으로 십진식을 더 적용하면 각 목은 세목이라고 부르는 것으로 세분되어 총 4자리가 된다. 모든 목에 9개의 세목이 있는 것은 아니다. 일례로 614는 T1의 표준세구분을 사용하여 일반 세목으로 구분할 수 있지만, 9개의 세목으로 나누어지지 않는다. 세목은 문헌적 근거가 더 이상 존재하지 않을 때까지 구분할 수 있다.

제2권의 시작과 *WebDewey*에서는 3가지 요약표(summary)를 제공한다. 각 주류는 관련 학문 분야의 집단으로 구성되는데, 10개 DDC 주류의 요약표는 다음과 같다.

000	Computer science, information and general works
100	Philosophy and psychology
200	Religion
300	Social sciences
400	Language
500	Science
600	Technology
700	Arts and recreation
800	Literature
900	History and geography

각각의 주류는 10개의 강으로 세분되며, 100개의 강은 제2요약표에서 다음과 같이 제시된다.

000 **Computer science, information and general works**

000 Computer science, knowledge and systems

010 Bibliographies

020 Library and information sciences

030 Encyclopedias and books of facts

040 [Unassigned]

050 Magazines, journals and serials

060 Associations, organizations and museums

070 New media, journalism and publishing

080 Quotations

090 Manuscripts and rare books

100 **Philosophy and psychology**

100 Philosophy

110 Metaphysics

120 Epistemology

130 Parapsychology and occultism

140 Philosophical schools of thought

150 Psychology

160 Philosophical logic

170 Ethics

180 Ancient, medieval and eastern philosophy

190 Modern western philosophy

200 **Religion**

200 Religion

210 Philosophy and theory of religion

220 The Bible

230 Christianity and christian theology

240 Christian practice and observance

250 Christian pastoral practice and religious orders

270 History of christianity

280 Christian denominations

290 Other religions

300 Social sciences

300 Social sciences, sociology and anthropology

310 Statistics

320 Political Science

330 Economics

340 Law

350 Public administration and military science

360 Social problems and social services

370 Education

380 Commerce, communications and transportation

390 Customs, etiquette and folklore

400 Language

400 Language

410 Linguistics

420 English and old English languages

430 German and related language

440 French and related languages
450 Italian, Romanian and related languages
460 Spanish and Portuguese, Galician
470 Latin and Italic languages
480 Classical and modern Greek languages
490 Other languages

500 Science

500 Science
510 Mathematics
520 Astronomy
530 Physics
540 Chemistry
550 Earth science and geology
560 Fossils and prehistoric life
570 Biology
580 Plants (Botany)
590 Animals (Zoology)

600 Technology

600 Technology
610 Medicine and health
620 Engineering
630 Agriculture
640 Home and family management
650 Management and public relations

660 Chemical engineering

670 Manufacturing

680 Manufacture for specific uses

690 Construction of buildings

700 Arts and recreation

700 Arts

710 Area planning & landscape architecture

720 Architecture

730 Sculpture, ceramics and metalwork

740 Graphic arts and decorative arts

750 Painting

760 Printmaking and prints

770 Photography, computer art, film, video

780 Music

790 Sports, games and entertainment

800 Literature

800 Literature, rhetoric and criticism

810 American literature in English

820 English and old English literature

830 German and related literature

840 French and related literature

850 Italian, Romanian and related literature

860 Spanish and Portuguese, Galician literature

870 Latin and Italic literature

880	Classical and modern Greek literature
890	Other literature

900	**History and geography**
900	History
910	Geography and travel
920	Biography and genealogy
930	History and ancient world (to ca. 499)
940	History of Europe
950	History of Asia
960	History of Africa
970	History of North America
980	History of South America
990	History of other areas

각각의 강은 10개의 목으로 세분되며 1,000개의 목은 제3요약표에서 제시된다. 예를 들어 150 심리학(Psychology)은 다음과 같다.

150	Psychology
[151]	[Unassigned]
152	Sensory perception, movement, emotions, physiological drives
153	Conscious mental processes and intelligence
154	Subconscious and altered states and processes
155	Differental and developmental psychology
156	Comparative psychology
[157]	[Unassigned]

158 Applied psychology

[159] [Unassigned]

요약표의 항목들은 실제 분류표에 나타난 항목보다 축약되어 제시된다. 완전판에서 4자리 이상으로 확장되는 세구분을 가지는 DDC 번호들은 소수점 첫 번째 자리까지 표시된 요약표를 가진다. 예를 들어, 155 차이 및 발달 심리학(Differential and developmental psychology)의 요약표는 다음과 같다.

155 Differential and developmental psychology

Summary

155.2	Individual psychology
155.3	Sex psychology; psychology of people by gender or sex, by sexual orientation
155.4	Child psychology
155.5	Psychology of young people twelve to twenty
155.6	Psychology of adults
155.7	Evolutionary psychology
155.8	Ethnopsychology and national psychology
155.9	Environmental psychology

전체 분류표에서 1,000개의 목은 별도로 수록되며, 해당 목이 가질 수 있는 세구분이 더 자세하게 제시된다. 모든 주제가 그렇지는 않지만, 각 주제는 다시 10개의 그룹으로 세구분될 수 있다. 분류표에서 항목 간의 세구분 관계는 기호로 분명하게 나타난다. 다음 예시와 같이 분류 번호에 추가된 번호와 들여쓰기를 통해 각 항목의 관계를 파악할 수 있다.

612	Human physiology
612.1	Circulatory system
612.11	Blood
612.12	Blood chemistry
612.13	Blood vessels
612.14	Blood pressure
612.17	Heart
612.18	Vasomoters

위의 인체생리학에 대한 DDC 분류표의 예시는 동등한 계층의 구분을 보여주는데, 그 기호는 동일한 길이를 갖고 있다. 이와 같이 동등한 계층은 동일한 길이를 가지는 것이 일반적이지만, DDC 전체 분류표에 일괄적으로 적용되지 않는다. 모든 개념은 10개의 구성 요소로 정확하게 나눌 수 없기 때문에, 개념적인 구조와 기호적인 구조 사이의 차이가 존재한다.

〈그림 1〉처럼 가축의 대부분은 동일한 계층에 속하며, 고양이의 특별한 유형을 제외하고 모두 동일 선상에 놓인다. 그러나 순수 기호에 기초한 분류 기호는 이러한 개념 구조와 정확하게 일치하지는 않는다. 대신 모든 개념을 수용하기 위하여 기호적인 조정을 거쳐 〈그림 2〉와 같은 체계를 갖는다.

Technology → Agriculture → Animal husbandry → Swine
Chickens
Dogs
Cats → Short-haired Cats
Rabbits

〈그림 1〉 DDC에서 개념적인 계층 구조

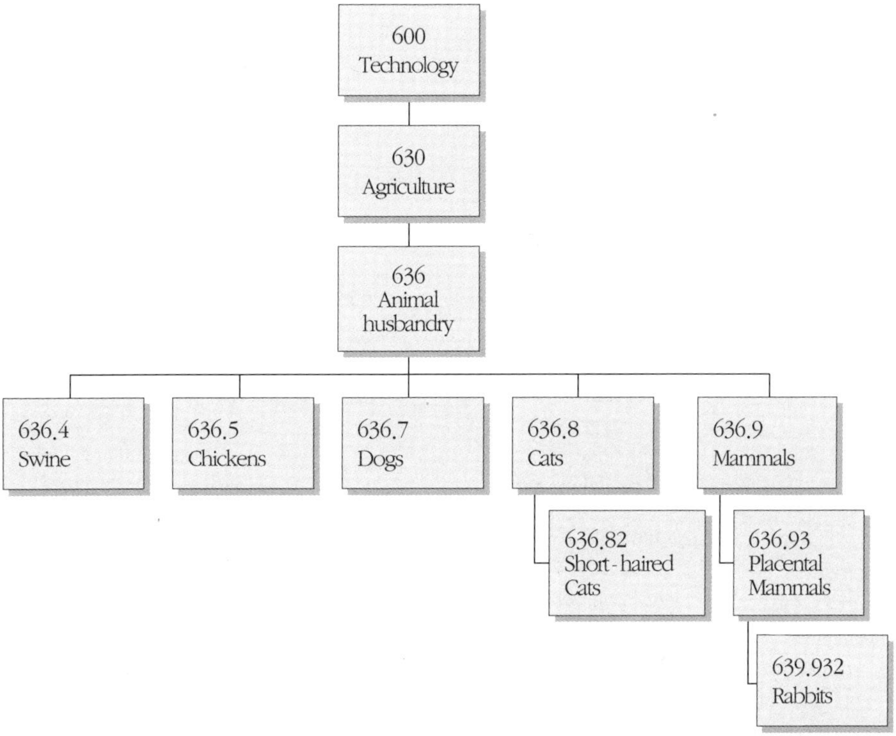

〈그림 2〉 DDC에서 기호적인 계층 구조

기본 번호에 한 자리 또는 경우에 따라 하나 이상의 자리가 연속적으로 추가되는 것은 개념이 순차적으로 전개됨을 의미한다. 이러한 피라미드 구조를 통해 주제 관계 안에서 무엇이 전체를 의미하고, 무엇이 부분을 의미하는지 파악할 수 있다. 예를 들어, DDC에서 농업은 기술의 한 분야이고, 가축은 농업의 관점 중 하나라는 것을 다음과 같이 알 수 있다.

600	Technology
630	Agriculture & related technologies
636	Animal husbandry

636.4	Swine
636.5	Chicken
636.7	Dogs
636.8	Cats
636.82	Short-haired Cats
636.9	Mammals
636.93	Placental Mammals
639.932	Rabbits

DDC 상관색인에서는 8자리나 9자리까지 번호를 확대하여 제공하지만, 분류표에서 소수점 아래 4개 이상의 숫자를 가진 기호는 거의 수록되지 않는다. 물론, 공학과 같이 분야가 급속하게 확대된 경우에는 상대적으로 단순한 개념에 대해 매우 긴 숫자를 가진 기호가 나타날 수도 있다. 일반적으로 분류 담당자에게 보다 상세한 주제를 나타낼 수 있도록 지시사항을 통해 좀 더 긴 번호를 합성하는 법을 제시해주고 있다. 예를 들면, 다음과 같다.

025.46	Classification of specific disciplines and subjects
	Add to base number 025.46 notation 001-999,
	e.g. Classification of education 025.4637

025.46 지시사항에 따라 교육학 분류표는 기본 번호 025.46에 본표의 교육학에 해당하는 주제 번호인 370을 추가해서 025.4637이 된다.

세목의 계층 구조에서 분류 기호는 해당하는 특정 표목을 가지지 않는 대신, 주기 다음에 오는 다른 분류 번호들을 고정하는 기능을 한다. 이러한 분류 번호를 훅 넘버(Hook number)라고 하는데, 여기에는 'miscellaneous', 'others', 'specific'과 같은 단어가 포함되며, 잡다한 주제들을 수용하기 위한 장치로 사용된다.

표목에 따라 단일 분류 번호 대신 줄표(–)로 두 분류 기호가 연결된 범위에 걸쳐 있는 경우가 있다. 완전히 대칭적인 확장이 유지될 수 없는 분류표 상의 특정 장소에서는 주어진 중앙저록(centered entries)을 통해 기호적인 계층 구조 안에 상세한 번호를 가지지 않는 개념을 표현한다. 중앙저록은 목 또는 세목 수준에서 나타나며, 항상 페이지 중앙에 위치하고, 본표의 왼쪽 여백에 부등호 기호(〉)를 앞세워 제시된다. 중앙저록 뒤에는 다음 예시와 같이 항상 중앙에 위치한 기입어와 관련된 주제를 다루는 복합 저작들을 분류하는 곳이 어디인지를 말해주는 지시사항이 위치한다.

〉 439.6–439.8 Specific North Germanic languages

Class comprehensive works in 439.5

또한 DDC 인쇄본은 본표에서 다양한 굵기와 크기의 글씨체를 사용하고, 제2권과 제3권의 각 페이지의 맨 위에 해당 분류 번호와 분류 항목명을 제시하며, 계층 구조를 보여주기 위해 왼쪽 여백의 들여쓰기를 사용한다. 본표에서는 각괄호를 사용하여 최근에 재배치하거나 더 이상 사용되지 않는 주제들의 번호를 알려주고, 원괄호를 사용하여 임의 조항에 해당하는 번호와 같이 대체될 수 있는 번호들을 지시해주는데, 이에 관한 예시는 다음과 같다.

355 [.6068]	Management [of Military Administration] Do not use; class in 355.6
(789)	Composers and traditions of music (Optional number and subdivisions; prefer 780 for music as a whole; prefer 781–788 for principles forms, ensembles, voices, instruments)

또한, 별표(*)나 단검(†)과 같은 활판 부호는 본표의 해당 페이지 맨 아래의 각주를 지시하는데, 이러한 각주에는 항상 중요한 번호를 합성하기 위한 지시나 제한이 포함되어 있다. 이와 같은 지시는 다양한 패싯의 지시 순서를 암시적으로 제공하며, 번호 합성력을 강화시킨다. 더불어, 분류표의 많은 부분에 보조표로부터 분류를 세분하라는 지시가 있다. 이러한 지시사항을 주의 깊게 따라야 올바른 분류 번호를 생성할 수 있다.

앞서 본표에 이러한 지시사항들을 제시하는 것은 DDC가 가지는 주된 강점이다. DDC의 분류표는 모든 것을 다 수록하려고 시도하지 않으며, 그러한 주제들은 분류표에 나타난 개념들을 합성하는 방식으로 충분히 표현될 수 있다.

③ 상관색인

DDC의 상관색인(Relative Index)은 1876년 처음 등장한 이래 각 판마다 매우 중요한 부분으로 자리 잡았다. 상관색인은 원래 DDC의 핵심인 분류표의 일부분으로 그 이용을 돕는 것이 주요한 목적이었으나, 상관색인은 각각의 특수한 주제를 하나 이상의 학문 분야와 다른 주제의 관계를 보여주며 권말 색인이 주는 유용성을 초월하는 기능을 갖는다.

상관색인의 접근법은 본표의 접근과는 반대이다. DDC는 주제가 다양한 학문 분야에 흩어져 있기 때문에 본표의 학문 분야에 분산된 관련 주제를 함께 연관시켜주는 상관색인을 통해 주제를 알파벳순으로 배열한 다음, 하위에 관련 학문을 나열하고 있다.

DDC에서 주제의 위치는 19세기 지식의 관점에 기반을 두었기 때문에 일부 주제는 잘못 배치되어 오늘날까지 남아 있는 경우도 있고, 새로운 주제를 둘 수 있는 공기호가 없어 비논리적인 곳에 놓인 경우도 있다. 그리고 분류 담당자는 분류해야 하는 도서의 주제에 대해 정확히 알지 못할 수 있고, 주제에 대해서는 이해하지만 전체적인 체계 안에서 주제의 위치를 알지 못할 수도 있다. 그래서 DDC로 분류할 때, 원하는 주제의 위치나 다른 주제들과의 관계가 의문일 경우에는 상관색인을 확인해야 한다.

그러나 상관색인이 본표의 대안이 되어서는 안 된다. 상관색인과 본표는 상호 협조적이지만, 지면 부족으로 모든 항목들을 전부 제시하지는 않는다. 상관색인은 단지 분류자

〈표 1〉 가족과 관련된 DDC 번호

DDC 기호	'가족'이라는 주제의 관점
158.24	가족 구성원과의 상호관계
173	가족 관계의 윤리학
201.762892	가족 폭력 - 사회신학
259.12	가족상담
261.8327	가족 안에서의 폭력
304.666	가족 계획 [인구학]
306.85	가족
306.859	모계 중심의 가족
346.015	국내 관계(가족법)
362.82	가족 [특수한 사회문제]
363.96	가족 계획 [인구 과잉]
392.36	거주지
591.563	가족 행태 [동물 행태]
616.89156	가족 심리 치료
796	가족 - 여가 - 실외활동
929.2	가족사

에게 일부 주제와 주어진 주제의 관점을 안내해주는 역할을 한다. 그러므로 상관색인을 사용하여 번호를 확인하고, 본표에서 다시 한번 확인한 다음, 관점이나 추가적인 지시가 있는지 확인하는 과정이 필요하다.

DDC는 주제에 대한 다양한 관점이 분류 체계 전체에 흩어져서 나타나는데, 〈표 1〉과 같이 가족에 관한 자료는 강조하는 관점에 따라 여러 가지로 나타난다. 상관색인은 주제가 가지는 다양한 관점 중 적합한 관점에 해당하는 번호를 안내해준다.

DDC의 상관색인은 본표 안의 모든 주표목을 알파벳순으로 열거하고 있으며, 본표 안에 실제로 수록되지 않은 특수한 기입어도 추가적으로 열거하고 있다. 상관색인에 수록되어 있는 용어의 범위는 다음과 같다.

- 본표, 보조표, 매뉴얼의 표목이나 주기에서 색인이 가능한 핵심 용어
- 합성된 번호(Built number)로부터 나오는 유용한 단어
- 본표나 보조표에는 나타나지 않지만, 편집자가 이용자들이 찾을 것이라는 기대를 갖고 색인의 가치가 있다고 본 용어
- 다음 범주에 해당하는 선택된 고유명사
  - 지리명 : 국가명, 주 및 주요 도시의 지방명, 미국의 카운티명, 수도명, 주요 지리적 특징에 대한 명칭
  - 인명 : 역사적 시대를 식별하는 데 사용되는 국가 원수, 종교 창시자, 사상 창시자

지리명 기입어는 항상 적합한 지역 보조표 번호와 연계하여 해당 장소에 대한 역사나 시대에 해당하는 번호를 제시한다. 예를 들면, 상관색인에서 'Massachusettes'는 974.4와 T2-744로 제시된다. 색인에는 지리적인 장소의 다양성이 반영되어 있다. 즉, 대륙과 국가와 같이 커다란 지역(Thailand T2-593), 도시나 동네와 같이 잘 알려진 장소(Halifax, Nova Scotia T2-716225), 그리고 종종 지구상에서 상당히 작고 먼 위치(Bouvet Island T2-9713) 등이 포함되어 있다. 'Medicine, see also Drugs'와 같은 '~도 보라 참조'도 포함되어 있다. 또한 'Repair 620.0046과 T1-0288, Abandoned children-arts T3C-3526945'와 같이 표준세구분과 다른 보조표로의 언급을 포함하고 있다. 그러나 표준세구분 개념이 포함된 어휘, 예를 들면 'art education' , 'medical laboratories'와 같은 어휘는 제외된다.

전형적인 색인 기입어는 〈그림 3〉과 같은데, 주표목은 단일 분류 번호이면서 학제적 번호이다. 학제적 번호는 하나의 학문 분야로 선택될 수 없을 때 폭넓은 범주로 주제를 다루는 저작을 위해 유용하기 때문에 눈에 쉽게 띌 수 있게 맨 처음에 나온다.

상관색인에서는 동의어에 대해 '보라 참조'를 포함하지 않고, 상응하는 구체적인 기호를 나열한다. 예를 들어, Television 384.55와 TV 384.55는 모두 색인에 수록된다. 반면, '도 보라 참조'는 동의어나, 상위어, 관련어를 제공한다. 예를 들어, Illumination 621.32는 'Lighting도 보라'를 통해 동의어를, Elves 398.21은 'Legendary beings도 보라'를 통해

Seasons	508.2
arts	T3C--33
astronomy	525.5
biological adaptation	578.43
effect on natural ecology	577.23
folklore	398.236
history and criticism	398.33
influence on crime	364.22
literature	808.8033
history and criticism	809.9333
specific literature	T3B--08033
history and criticism	T3B--0933
music	781.524
natural history	508.2

〈그림 3〉 DDC 상관색인의 색인 기입어 예시

상위어를, Psychiatric disorders, Medicine 616.89는 'Mental disorder도 보라'라는 주기를 통해 관련어로 안내한다.

또한 상관색인에서는 동음이의어와 애매모호한 용어, 두문자어, 약어, 한정어를 원괄호로 표현한다. 예를 들면, Planes(Geometry) 516.154와 Planes(Tools) 621.912와 같이 동음이의어를 구분해주고, Engagement(Betrothal)와 같이 설명적 용어를 제공하여 애매모호한 용어를 명확하게 해준다. WWW(World Wide Web) 004.678과 같이 두문자어와 약어에 대한 전체적인 표현을 제공하여 해당 용어의 의미를 제시해준다.

3) 주기

분류표 안의 주기는 분류자에게 정보를 주는 필수적인 정보원이다. DDC 제23판에 나타난 주기는 다음과 같이 4가지 유형으로 구분할 수 있다.

첫째, 특정 분류 기호에서 찾게 되는 것이 무엇인지를 기술해주는 주기
둘째, 입석(standing room)에 있는 주제를 파악하게 해주는 포함주기
셋째, 다른 분류 기호에서 찾게 되는 것이 무엇인지를 기술해주는 주기
넷째, 본표와 보조표에서 변화와 부정기성을 설명해주는 주기

각각의 주기 유형을 자세하게 살펴보면 다음과 같다.

(1) 특정 분류 기호에서 찾게 되는 것이 무엇인지를 기술해주는 주기

① 정의 주기

정의 주기(Definition notes)는 분류표 안에서 표목으로 제시된 용어의 의미를 명확히 하는 것을 돕는다.

641.5	Cooking Preparation of food with and without use of heat
781.62	Folk music Music indigenous to the cultural group in which it occurs, usually evolved through aural transmission

② 범위 주기

범위 주기(Scope notes)는 하나의 개념, 용어, 기호의 사용을 설명하거나 해당 분류 기호가 의미하는 범주를 구체적으로 제시한다.

070.172	Newspapers Limited to comprehensive works on newspaper journalism
155.4	Child psychology Through age eleven

③ '이전 표목' 주기

'이전 표목' 주기('Former heading' notes)는 드물게 나타나지만 자체적으로 표목을 설명해준다. 이러한 표목들은 이전 판에서 다음 판으로 개정되면서 확실하게 동일한 개념을 나타내지만, 표목 간에 유사성이 없을 정도로 변화하여 개념을 즉각적으로 인식하지 못할 수 있을 경우에만 주어진다.

362.74	Troubled young people Former heading: Maladjusted young people
687.165	Sleepwear and loungewear Former heading: Nightclothes

④ '이전명' 주기

'이전명' 주기('Former name' notes)는 자체 설명적이고, 분류표에서 매우 드물게 사용된다. 이전명 주기는 대부분 지역보조표에서 찾을 수 있으며 간단하게 용어상의 변화를 지시하는 것으로, 분류 번호와 개념이 바뀌지 않는다.

341.552	International Court of Justice Former name: Permanent Court of International Justice

⑤ '이형 표목' 주기

'이형 표목' 주기('Variant name' notes)는 표목의 동의어나 동의어에 가까운 유사한 명칭을 파악하는 데 사용된다.

305.235	Young people twelve to twenty Variant names: adolescents, teenagers, young adults, youth
621.38456	Cellular telephone systems Variant names: cellular radio, portable telephone systems

⑥ '여기에 분류하라'는 주기

'당소분류' 주기('Class-here' notes)는 범위 주기와 동일하게 무슨 주제가 해당 분류 기호에 포함되어 있는지를 알려준다. 주제의 의미가 해당 분류 기호에 설명된 표목보다 좁거나 넓을 경우, 또는 중복되는 경우에 해당 표목 아래 분류하도록 지시하는 데 사용된다.

025.524	Information search and retrieval Class here search strategy

또한, 이러한 주기는 학제적이거나 복합적인 저작을 어디에 분류해야 하는지 지시하는 데도 사용된다. 복합적인 저작은 동일한 학문적인 접근으로부터 도출된 하나의 주제에 관련하여 복수의 관점을 보여주는 정보원이다. 즉, 그 학문 분야 안에서 다루고 있는 주제 요소의 모든 것을 범주로 한다. 그래서 그 요소들은 본표나 보조표 전체에 흩어져 있거나 연속되는 번호의 범위 안에 있을 수 있다. 반면, 학제적인 자료는 복수의 학문 분야나 관점에서 도출된 주제들을 보여주는 정보원이다. 학제적 번호는 학제적 번호가

위치한 학문 분야를 포함하며 하나 이상의 관점으로부터 주제를 다루는 자료들을 위해 사용된다.

305.5	People by social and economic levels Class here class struggle, people by level of cultural development, social classes
336.2	Taxes Class here taxation, internal (inland) revenue, interdisciplinary works on taxes

(2) 포함 주기

포함 주기(Including notes)는 입석에 있는 주제를 안내하는 주기로 이러한 주기는 각각 분리된 번호를 부여하는 것이 타당하지만, 아직까지 충분한 문헌을 생산해내지 않는 주제에 대한 위치를 제공한다. 이러한 주제들은 가까운 미래에 고유한 번호를 가질 수 있다. 그래서 입석에 위치한 주제들은 번호 합성의 다른 형태를 적용하거나 표준세구분을 추가할 수 없다. 이는 입석에 위치한 주제들에 더 이상의 번호를 추가하지 않음으로써 추후 해당 주제의 새로운 번호가 필요한 경우 간단하게 한 자리만 추가할 수 있다는 실용적인 이유에 기인한다. 관련 예시를 살펴보면 다음과 같다.

025.313	Form(of catalog) Including card catalogs
025.3132	Online catalogs

위에서 025.3132 Online catalogs는 처음에는 문헌적 타당성이 부족해서 입석에 있다가 나중에 문헌적 타당성을 갖고 새로운 번호를 부여받은 것이다.

570–590에서 발견되는 포함주기는 입석의 주제들을 표시하지 않고 사실상 번호를 어떻게 합성할 것인지에 대한 명확한 지시를 제공하는 것으로, 두 가지 유형으로 구분할 수 있다. 첫 번째 유형에는 과학적인 명명법이 수록되며, 두 번째 유형에는 공통적이고 일반적인 명칭이 수록된다. 두 가지 유형의 포함주기를 모두 제시하는 분류 기호와 하나의 유형만 제시하는 분류 기호를 다음에서 살펴볼 수 있다.

579.565	Plectomycetes Including Gymnascales, Microascales, Onygenales
584.38	Iridales Including Burmannniaceae Including blackberry, lily, crocuses, freesias, gladiolus (sword lilies), saffron, tigerflowers

(3) 다른 류에서 찾을 수 있는 것을 기술하는 주기

① '다른 곳에 분류하라'는 주기

'타소분류' 주기('Class elsewhere' notes)라고도 하는 이러한 주기는 항상 'class'라는 단어로 시작하며, 분류자에게 관련된 주제를 위해 선호되는 번호와/또는 학제적인 저작을 위한 복합적인 번호로 이끌어준다. 저작을 위해 대안이 되거나 우선할 수 있는 위치를 알려주는 데 매우 유용한 도구이다.

337.1	Multilateral economic cooperation Class bilateral economic cooperation in 337.3–337.9; class interdisciplinary works on intergovernmental organizations in 341.2

② '보라' 주기

본표에서 '보라' 주기('See' notes)들은 항상 'for'와 함께 시작하고, 이탤릭체로 표시되어 있다. 이러한 주기들은 분류자가 하나의 주제에 대해 더 상세한 측면을 표현할 수 있도록 대안적인 위치로 이끌어주고, 하나의 개념이 다른 분야에 어떻게 나타나는지를 지시해준다.

792.78	Theatrical dancing *For dancing in musical plays, see 792.62*

③ '도 보라' 주기

'도 보라' 주기('See also' notes)는 항상 이탤릭체로 표시된 'see also'로 시작한다. 이러한 주기들은 분류자에게 관련된 주제들을 알려주며, 다른 분야를 참조할 수 있도록 이끌어준다.

618.242	Dietetics and nutrition for pregnant women *See also 641.56319 for Cooking for pregnant women*

본표에는 종종 '다른 곳으로 분류하라'는 주기와 '보라' 주기, '도 보라' 주기가 모두 존

재하는 경우도 있다.

004.21	Systems analysis and design ⋮ Class communications network design and architecture in 004.65 *For software systems analysis and design, see 005.12; For database design and architecture, see 005.74; See also 003 for Interdisciplinary works on systems analysis and design; See also 658.4032 for Management use of systems analysis*

(4) 본표와 보조표의 변화나 부정기성을 설명해주는 주기

① 개정 주기

개정 주기(Revision notes)는 이전 판에서 다음 판으로 가면서 이루어진 주된 개정을 설명하는 데 사용된다. DDC 제23판에는 거의 없는데, 777 Cinematography and videography에 가면 간략한 개정 주기인 "This schedule, which replace that formerly appearing at 778.5, is new."를 찾을 수 있다.

② '미사용' 주기

'미사용' 주기('Discontinued' notes)는 번호가 가지고 있던 개념이나 번호가 의미하는 내용의 일부가 더 일반적인 번호로 이동했거나 완전히 삭제되어 하나의 번호나 연속된 번호를 더 이상 완전히 사용하지 않는 경우에 사용된다. 사용되지 않는 번호는 각괄호([ ])로 표현된다.

306.874	Parent-child relationship Use of this number for youngest child discontinued; class in 306.87
547 [.79]	Nuclear acids Number discontinued; class in 547.7

③ '재배치' 주기

'재배치' 주기('Relocation' notes)는 DDC가 새로운 판으로 개정되면서 이전판과 다르게 나타난 모든 변화를 설명한다. 이전 분류 번호는 'formerly'라는 접두사를 달고, 각괄호를 사용하여 기술한다. 그러나 분류 번호가 부분적으로 재배치된 뒤에 새롭게 독립된 분류 번호가 이전의 분류 번호 자리에 제시되는 경우에는 'formerly also'라는 주기가 제시된다. 이는 재개정과 관련하여 DDC의 해당 주제 분야의 간략한 변경 이력을 제공한다. 또한 대폭적으로 개정된 분류의 개정 정도를 설명하는 데 사용된다.

306 [.735]	Cohabitation Cohabitation relocated to 306.841; menage a trois relocated to 306.8423
306.841	Cohabitation [formerly 306.735]
306.8423	Polygamy Including menage a trois [formerly 306.735]

④ '사용금지' 주기

'사용금지' 주기('Do not use' notes)는 표준세구분의 사용과 관련된다. 이러한 항목은 'Do not use; class in…'이라는 문구로 시작된다. 이러한 주기는 분류자가 좀 더 포괄적인 개념을 가지는 번호에서 표준세구분표를 사용하여 분류 기호를 확장하고자 할 때 주기에 규정된 기호나 표준세구분표의 전부 또는 일부의 사용을 금지하도록 지시한다. 분류 번호가 완전하게 이동한 경우에는 각괄호를 사용한다.

028	Reading and use of other information media
[.083]	Do not use; class in 028.5

위의 예시에서 '083'은 제1보조표에서 청소년을 나타내는 기호인데, 주기를 통해 해당 분류 번호에서 청소년을 위한 표준세구분표의 기호를 추가할 수 없다고 지시하고 있다. 이는 청소년이라는 주제가 이미 중요한 주제로 본표에 028.5라는 고유한 번호로 제시되어 있다는 것을 의미한다. 반면, 성인 노년층의 독서와 다른 정보 매체의 사용이라는 주제는 분류표 안에서 그 자체만의 번호를 갖고 있지 않기 때문에, 표준세구분표에서 노년층을 뜻하는 기호 '0849'를 분류 번호에 추가하여 최종적으로 028.0849라는 번호로 나타낼 수 있다.

⑤ 지시 주기

지시 주기(Instruction notes)는 번호 합성과 우선순위, 임의조항에 대한 지시사항이 추가적으로 포함된 주기이다.

▪ 번호 합성을 지시하는 주기

DDC는 본표에 모든 것을 수록하지 못하기 때문에, 복잡한 주제를 분류하기 위해서는 반드시 좀 더 일반적인 번호에 기호를 추가함으로써 해당 주제를 위한 기호를 생성해야 한다. 일반적으로 복잡한 주제를 위한 번호는 기본 번호에 DDC 제1권의 보조표 번호를 합성하거나, 본표의 다른 부분에 수록된 번호를 가져와서 기본 번호에 합성하여 생성한다. 여기서는 본표의 다른 부분에 수록된 번호를 기본 번호에 추가하여 번호 합성(number building)을 지시하는 주기를 살펴보고자 한다. 이러한 주기사항은 항상 'Add'

라는 단어로 시작하며, 어디서부터 번호의 합성을 시작해야 하는지 기본 번호를 제시해 주고, 기본 번호에 붙이게 되는 추가적인 번호를 위해 분류표 안의 어디로 가야 하는지를 알려준다. 이러한 주기사항은 본표의 많은 부분에서 발견할 수 있는데, 다음 예시와 같다.

155.451–455	Exceptional children Add to base number 155.45 the number following 371.9 in 371.91–371.95, e.g. Psychology of gifted children 155.455

위 예시에서 영재 아동 심리학에 해당하는 번호는 155.455인데 이 번호가 무엇을 의미하는지 알기 위해서는 교육학 분야의 분류표에서 371.95의 의미를 파악해야 한다. 본표에서 371.95가 의미하는 것은 영재(gifted students)로, 주어진 지시에 따라 371.9 뒤에 오는 번호인 5만 기본 번호에 합성하여 최종적으로 155.455라는 번호가 된 것이다. 따라서 정신적 장애를 가진 아동에 대한 심리학에 대한 번호는 기본 번호 155.45에 정신적 장애를 가진 아동을 의미하는 371.92에서 2를 가져와서 155.452가 된다.

때때로 특정 주제의 경우, 본표에서 특수한 범주를 의미하는 기호를 가져와서 추가하도록 지시하기도 한다.

025.06001–06999	Information storage and retrieval systems for specific disciplines and subjects Add to base number 025.06 notation 001–999, e.g. MEDLINE 025.0661

위의 예시에서 MEDLINE은 의학과 건강을 다루는 데이터베이스로, 여기서 기본 번호는 025.06이다. 분류자는 데이터베이스의 상세한 주제를 나타내기 위해 본표에서 제시되어 있는 번호 중 의학에 해당하는 번호인 610 중 61을 기본 번호에 부가할 수 있다. 세

자리를 넘어가는 DDC 번호는 결코 0으로 끝나지 않기 때문에, 610에서 0은 무시된다. 이러한 규칙을 적용하면 다음과 같이 여러 가지 주제별 검색 도구를 위한 기호를 생성할 수 있다.

PsycINFO ⇒ 025.0615 (기본 번호 025.06에 심리학 150을 추가)

LISA ⇒ 025.0602 (기본 번호 025.06에 도서관학 020을 추가)

▪ 우선순위를 제시하는 주기

이러한 주기는 분류 대상이 되는 자료가 여러 가지 주제를 동일하게 다루고 있을 때 자료의 어떤 주제를 우선적으로 선택할 것인지 결정하는 데 도움을 준다.

006	Special computer methods Unless other instructions are given, class a subject with aspects on two or more subdivisions of 006 in the number coming last, e.g. Natural language processing in expert systems 006.35 (not 006.33)

위의 예시를 살펴보면, 006은 다른 지시사항이 주어지지 않는 한, 세구분에서 2개 이상의 측면을 다루고 있는 주제는 006 다음의 숫자 중에서 가장 뒤에 오는 주제의 측면으로 분류하라는 주기를 따른다. 그러므로 전문가 시스템에서 자연어 처리에 관한 자료는 전문가 시스템을 의미하는 006.33이 아니라 더 나중에 오는 주제인 006.35 자연어 처리에 분류되어야 한다.

때로는 주기가 아니라 본표에 주어진 우선순위표(preference table)에 따라 분류 번호를 결정할 수도 있다.

155.9	Environmental psychology Unless other instructions are given, observe the following table of preference, e.g., the influence of family, friends and work associates upon persons coping with a loss through death 155.937 (not 155.92) Influence of specific situation 155.93 Influence of clothing 155.95 Influence of restrictive environment 155.96 Influence of injuries, diseases, physical disabilities, disfigurements 155.916 Influence of community and housing 155.94 Influence of social environment 155.92 Influence of physical environment and conditions(except 155.916) 155.91

위의 예시에서 아래 부분의 우선순위표를 통해서 해당 번호가 155.93, 155.95, 155.96, 155.916, 155.94, 155.92, 155.91의 순서로 우선순위를 가진다는 것을 알 수 있다. 즉, 제시된 예시에서는 특수한 상황(죽음을 통한 상실)에 해당하는 155.93이 사회 환경(가족, 친구와 직장 동료)에 해당하는 155.92보다 우선순위를 가진다는 것을 알 수 있다.

하나의 저작이 한 주제에 대한 복수의 측면, 예를 들어 나이, 성, 인종과 같은 측면들을 다루는 경우, 이를 기호로 표현하기 위하여 DDC에서는 본표에 이러한 측면들을 어떤 순서로 표현해야 하는지 알려주는 지시사항을 제공하고 있다. 이러한 경우, 분류자는 반드시 해당 분류 번호에서 제시한 인용 순서에 따라 한 주제에 나타난 복수의 측면을 합성해야 한다. 인용 순서가 주어지지 않는 경우에는 우선순위에 관한 지시사항에 따라서 다양한 관점 중 우선하는 측면을 선택해야만 한다. 그러므로 언제나 지시사항을 그대로 따르는 것이 중요하다. 예를 들면, 특별히 본표나 보조표에 지시사항이 없는 한, 하나의 표준세구분에 다른 표준세구분을 추가해서는 안 된다. 인용 순서는 다음과 같이 본표에서 상세하게 제시된다.

330.9	Economic situation and conditions
.93-99	Specific continents, countries, localities Add to base number 330.9 notation 3-9 from Table 2, e.g. Economic situation and conditions in France 330.944; then to the result add historical period numbers from appropriate subdivisions of 930-990, e.g. economic situation and conditions in France under Louis XIV 330.944033. In all cases use one 0 except 00 for North and South America (each continent as a whole), e.g. economic situation in the United States during reconstruction period 330.97308, in South America in 20th century 330.980033

이와 같은 지시사항은 매우 복잡한데, 여기 주어진 세 종류의 예시를 통해 분류할 수 있다. 우선, 기본 번호는 모든 경우에 330.9이고, 여기에 제2보조표로부터 지역 번호를 추가할 수 있다. 제2보조표에서 France는 '-44', United States는 '-73', South America는 '-8'이며, 이러한 기호들은 기본 번호에 직접 추가될 수 있다. 그래서 각국의 경제 상황과 상태에 대한 번호를 프랑스는 330.944, 미국은 330.973, 남미는 330.98로 나타낼 수 있다.

추가적으로 전개가 필요하다면, 제시된 지시사항에 따라 프랑스와 미국의 예시에는 하나의 0을 추가하고, 남미의 예시에는 두 개의 0을 추가한다. 여기서는 북미나 남미를 모두 포괄하는 저작만을 언급할 때만 두 개의 0을 추가한다고 되어 있으므로, 북미나 남미에 속하는 개별 국가에는 하나의 0을 추가한다. 따라서 20세기 남미의 경제 상황은

330.980033이 되지만, 재건시대의 미국의 경제 상황의 경우, 미국은 북미 안에 있지만 개별 국가이기 때문에 하나의 0만 사용하여 330.97308이 된다.

또한 시대구분을 위해 본표 930－990에 제시된 번호에서 해당 국가의 역사를 의미하는 번호는 제외하고, 나머지 역사적 시대를 나타내는 번호를 추가할 수 있다. 즉, 루이 14세 시대 프랑스의 경제 상황이라는 주제를 나타내기 위해 우선 본표에서 프랑스의 역사 중 루이 14세를 의미하는 번호를 찾은 후, 프랑스의 역사를 의미하는 번호인 944.0은 제외하고, 루이 14세라는 시대를 표현하는 번호 33을 추가하면 최종적인 분류 번호가 된다. 주기에서 제시된 예시들이 본표에서 참조한 역사적 시대를 나타내는 번호는 다음과 같다.

French history, reign of Louis XIV	⇒	944.033
US history reconstruction period	⇒	973.8
South American history, 20th century	⇒	980.033

그리고 아래 예시들은 다음과 같은 인용 순서로 조합된다.

Economic situation and conditions in France under Louis XIV

⇒ 330.9 + 44 + 0 + 33 = 330.944033

Economic situation in the United States during reconstruction period

⇒ 330.9 + 73 + 0 + 8 = 330.97308

Economic situation in South America in 20th century

⇒ 330.9 + 8 + 00 + 33 = 330.980033

▪ 임의조항을 설명하는 주기

임의조항(option)을 설명하는 주기는 항상 원괄호 안에 분명하게 표시되어 있으며, 분류자가 자료를 분류하는 방식에 유연성을 부여한다. 임의조항을 선택할지, 말지는 도서관 이용자의 필요성에 가장 적합한 것이 무엇인지를 기준으로 삼아야 하며, 선택된 임의 조항은 모든 경우에 적용되어야 한다.

016	Bibliographies and catalogs of works on specific subjects (Option: class with the specific discipline or subject, using notation 016 from Table 1, e.g. Bibliographies of medicine 610.16)

위의 예시와 같이 개별 도서관은 016에 모든 주제 서지를 분류하는 것을 선택하거나 각각의 주제에서 제1보조표의 기호 '-016'을 사용하여 서지를 분류하는 것 중에 선택할 수 있다. 또 다른 예시로 종교류 분류표에서 296.11의 경우, 번호 전체가 임의조항으로 구성되었다. 각각의 번호는 원괄호 안에 기술되고, 분류자에게 우선적으로 선택할 수 있는 번호를 제시하는 주기를 갖고 있다.

296(.1161)	psalms(sources of Judaism) (optional number; prefer 222-224)

자관의 필요성에 따라 유대교 안의 시편이나 기독교 구약성서의 시서에 해당하는 223.2에 분류할 수 있다.

4) 보조표

DDC는 본표에 수록된 번호를 확장하는 도구로, 6가지 보조표를 제공한다.

- 제1보조표 (Table 1, T1) : 표준세구분
- 제2보조표 (Table 2, T2) : 지역구분, 역사시대구분, 전기

- 제3보조표 (Table 3, T3) : 예술, 개별 문학, 특수 문학형식을 위한 세구분
  - └ 제3보조표 A (Table 3A, T3A)

    : 개별저자에 의한 또는 개별저자에 대한 작품을 위한 세구분
  - └ 제3보조표 B (Table 3B, T3B)

    : 복수의 저자에 의한 또는 복수의 저자에 대한 작품을 위한 세구분
  - └ 제3보조표 C (Table 3C,T3C)

    : T3B, 799.4, 791.4, 808-9에서 지시가 있는 곳에 추가할 수 있는 기호
- 제4보조표 (Table 4, T4) : 개별 언어와 어족의 세구분
- 제5보조표 (Table 5, T5) : 민족 및 국가군
- 제6보조표 (Table 6, T6) : 언어구분

각 보조표에 수록된 모든 번호는 절대 그 번호 자체로는 사용될 수 없다. 이를 보여주기 위해 보조표의 번호들은 번호 앞에 줄표(-)를 붙여 표시한다. 본표의 번호에 보조표의 기호를 추가하는 경우, 줄표는 포함하지 않는다. 보조표는 반드시 본표에 특수한 지시사항이 있는 경우에만 사용될 수 있지만, 지시사항을 통해 각각의 보조표가 함께 다루어질 수도 있다. 6개의 보조표 중 가장 빈번하게 사용되는 보조표는 제1보조표인 표준세구분표와 제2보조표인 지역구분표이다.

(1) 제1보조표: 표준세구분표

도서관의 분류는 내용적인 측면뿐 아니라 문헌 안에서 주제가 어떻게 취급되는지를 보여주기 위한 문헌의 특성도 고려해야 한다. 따라서 분류 체계는 주제에 표현된 서지적 형태(bibliographic form of its presentation)나 저자의 관점(author's viewpoint), 물리적 매체나 문헌의 형식(physical medium or form of the document)이 결합될 수 있어야 한다. 그러나 실제로 분류 번호에서 이러한 특성이나 패싯이 항상 표현되는 것은 아니다.

제1보조표(Table 1, T1) 표준세구분(Standard subdivisions)은 DDC 제17판 이전에 형식

구분(form division)이라고 부른 것에 기초한다. 현재의 표준세구분에는 형식 이외에 다른 개념도 포함되어 있다. 일부는 형태(사전, 전기, 연속간행물 등)를 표현하지만, 철학, 이론, 역사 등과 같은 주제의 이론적이거나 역사적인 관점을 다루는 처리 방식도 표현한다. 제1보조표의 기본 기호는 다음과 같다.

−01	Philosophy and theory
−02	Miscellany
−03	Dictionaries, encyclopedias, concordances
−04	Special topics
−05	Serial publications
−06	Organizations and management
−07	Education, research, related topics
−08	Groups of people
−09	Historical, geographic treatment, biography

표준세구분은 관점, 주제를 다룬 물리적(서지적) 형식, 패싯지시기호로 범주화할 수 있으며, 각 범주에 해당하는 기호는 〈표 2〉와 같다.

제1보조표에서 가장 빈번하게 사용되는 기호는 −09인데, 이는 −09가 다수의 보편적인 개념들을 포함하고 있기 때문이다. −09를 사용하여 역사적 시대를 구분할 수도 있고, 전기적 형태를 지시하거나, 제2보조표로부터 지역을 추가함으로써 지리적으로 세분할 수도 있다. 제1보조표 −09의 주요 세구분은 다음과 같다.

〈표 2〉 DDC 표준세구분표의 범주

1. 관점(Viewpoint)	-01, -02 일부, -07, -09
2. 주제를 다루는 물리적(서지적) 형식 (Physical/bibliographic form of the treatment of subjects)	-02 일부, -03, -05, -06
3. 새로운 측면을 나타내주는 패싯지시기호 (Facet indicators to introduce a new facet)	-04, -08, -09의 일부

−09	History, geographic treatment, biography
−0901−0905	Historical periods
−091	Areas, regions, places in general
−092	Biography
−093−099	Specific continents, countries, localities; extraterrestrial worlds

다른 지시사항이 없는 한, 표준세구분표는 본표의 어느 번호에나 사용할 수 있다. 다만 앞에서 설명했듯이 입석에 해당하는 주제는 제1보조표의 번호를 사용할 수 없다. 표준세구분표는 번호를 합성하는 과정에서 한 번만 사용해야 하지만 일부 세구분에 있어서 제1보조표의 특수한 번호 합성 지시사항에 따라 반복될 수 있다. 만약, 제1보조표의 세구분 사이에서 하나를 선택해야만 한다면 제1보조표의 시작에 위치한 우선순위표, 즉, 선택에 관한 지침을 참고해야 한다. 그래서 우선순위표의 앞에 위치한 항목이 뒤에 위치한 항목보다 선택의 우선권을 갖게 된다. 예를 들어, −072 연구는 −01 철학보다 우선하고, −01 철학은 −03 사전보다 우선한다. 우선순위표는 방법(method), 관점(viewpoint), 표현 형식(form of presentation), 물리적 매체나 형태(physical medium or form)순을 따른다.

표준세구분 중에서 하나를 선택해야 할 때 분류 담당자는 우선순위표를 이용해야 하지만, 맹목적으로 적용해서는 안 된다. '데이터 처리 기술을 이용한 고대 그리스 가구 연구'에서 고대 그리스 가구는 645.40938인데, 우선순위표에 따르면 −0285 데이터 처리가 −093−099 장소에 따른 주제보다 우선한다. 그러나 이렇게 선택하면, 분류 번호는 645.40285(가구의 데이터 처리)가 되어 그리스라는 주제를 표현할 수 없다. 따라서 T1−093−099는 자체 내부표가 있어서 기존의 표준세구분에서 수정된 표준세구분을 추가하는 조항을 가지고 있다. 즉, 표준세구분의 하나가 주제의 본질적이거나 필수적인 부분을 가진다면, 다른 항목이 우선순위표에서 앞에 온다고 하더라도 이를 선택해야 한다. 그래서 데이터 처리 기술을 통한 고대 그리스 가구에 대한 DDC 분류 번호는 645.40938이

된다.

보조표에서 각 세구분의 번호가 패싯 지시자로서 역할을 하는 하나의 0을 앞세운다 해도 종종 분류표 안에서 세구분을 위해 2개나 3개의 0을 적용해야 할 필요도 있다. 예를 들면, 어떤 경우에는 사전을 나타내기 위해 −03을 사용하는 대신에 −003이나 −0003을 필요로 할 수 있다. 이러한 경우는 이미 특수한 목적을 위해 본표 안에 0의 세구분이 들어가 있을 때만 발생한다. DDC 본표에서는 이러한 예외적인 상황임을 나타내주는 주기나 지시가 먼저 제시되며, 본표와 세목 요약 안에 2개나 3개의 0을 보여주는 형태가 열거된다.

종종 표준세구분표는 다음과 같이 본표의 번호 안에 이미 반영되어 제시되기도 한다.

500	Natural sciences and mathematics
501	Philosophy and theory
502	Miscellany
503	Dictionaries, encyclopedias, concordances
505	Serial publications
506	Organizations and management
507	Education, research, related topics
509	Historical, geographic, treatment, biography

자연과학의 기본 번호는 5지만 본표에는 500으로 나타나는데, 이는 DDC에서 기호가 세 자리 수보다 적을 수 없기 때문이다. 500에 표준세구분이 추가되면, 2개의 0은 무시되고 2개의 번호로 된 표준세구분의 번호가 기본 번호 5에 추가된다.

자료를 분류할 때 가장 많이 접하게 되는 상황은 본표에 수록되지도 않고, 보조표를 추가하라는 지시가 없는 경우이다. 이런 경우에 하나의 0은 표준세구분을 의미하는 것으로, 기본 분류 번호에 제1보조표를 추가하여 번호를 합성할 수 있다.

305.520941	the British upper classes

위의 예시에서 상위 계층을 위한 기본 번호는 305.52이고, 여기에 제1보조표로부터 역사적, 지리적 처리, 인물군을 위한 번호인 '-09'를 추가한 후, 제2보조표로부터 잉글랜드, 스코틀랜드, 웨일즈에 해당하는 번호인 '-41'을 추가한 것이다.

610.3	Medical dictionaries

위의 예시인 의학 사전의 경우, 본표에서는 610이 의학으로 나타나지만, 610의 마지막 0은 번호를 조합하면서 무시될 수 있는 번호로 의학을 위한 기본 번호는 61이 된다. 이 기본 번호에 제1보조표의 사전, 백과사전, 용어집을 의미하는 '-03'을 추가하여 분류 번호를 생성할 수 있다.

본표에는 이와 같은 규칙이 적용되지 않는 예외도 함께 제시된다. 예를 들어, 다음과 같이 표준세구분이 2개의 0으로 전개되는 경우도 있다.

652.3	Keyboarding
652.3001-.3009	Standard subdivisions

이 경우, 타자의 역사는 본표에 제시된 표준세구분의 범위에 따라 652.3009에 분류된다.

다른 예로는 공학 사전을 들 수 있다.

620	Engineering and allied operations
620.001-009	Standard subdivisions and engineering design and quality

이 경우, 공학 사전은 본표에 제시된 표준세구분의 범위에 따라 620.003에 분류된다.

946	Spain, Andorra, Gibraltar, Portugal
946.0001-946.0008	Standard subdivisions of Spain, Andorra, Gibraltar, Portugal together
946.0009	Archaeology; historical periods; areas, regions, places in general; collected biography of Spain, Andorra, Gibraltar, Portugal together
946.001-946.009	Standard subdivisions of Spain
946.01-946.08	Historical periods of Spain

위의 예시에 따르면, 946.01-946.08에서 하나의 0은 스페인의 역사적 시대를 위해 지정된 것이다. 2개의 0을 가진 946.001-946.009는 스페인의 표준세구분을 위해 지정된 번호이다. 946.0001-946.0009에서 사용된 3개의 0은 스페인, 안도라, 지브랄타, 포르투갈 모두를 다루는 자료의 표준세구분을 위해 사용되는 것이다. 따라서 이베리안 반도에 대한 백과사전은 946.0003에 분류되어야 한다.

(2) 제2보조표: 지역구분, 역사시대구분, 전기

이용자에게 해당 자료가 특수한 국가나 지역에 관해 다루고 있다는 것을 기호로 표현해야 할 경우, 지역구분, 역사시대구분, 전기(Geographic Areas, Historical Periods, Biography)를 다루는 제2보조표(Table 2, T2)를 사용한다. 제2보조표는 세계의 자연적, 지리적, 지구물리학적, 지정학적 구분에 대하여 나열하며, 보조표 중 가장 방대하다. 이 방대한 길이는 세목의 다양성이 아닌 상세성에 기인한다. 정치적, 지리적 구분에 있어 최신성을 반영하기 위하여 빈번하게 개정되었고, 지시에 대한 간략한 설명이 지역구분기호가 열거되기 전에 설명되며 세계의 모든 지역과 자연지리적 특성, 정치 및 행정적 단위, 지구물리학적 영역, 특정 지역에 살고 있는 인물들의 다양한 특성으로 구성된다. 제2보조표의 주요 기본 기호는 다음과 같다.

−01−05	Historical periods
−1	Areas, regions, places in general; oceans and seas
−2	Biography
−3	Ancient world
−4	Europe
−5	Asia
−6	Africa
−7	North America
−8	South America
−9	Australasia, Pacific Ocean islands, Atlantic Ocean islands, Arctic islands, Antarctica, extraterrestrial worlds.

제2보조표의 −1은 물리적으로 분산되어 있는 지리적 측면을 다룰 때 사용되지만, 특정 대륙이나 국가, 지역이 아니라 평원, 숲, 사막, 대양, 사회경제적 지역, 정치적 단체 등 지구물리학적 성격이나 사회적 성격으로 군집화된 지역을 의미한다. 제2보조표의 −2는 본표에서 표준세구분을 추가하는 대신 직접 지리적 기호를 추가하라는 지시가 있는 주제와 연관된 인물의 전기류(일기, 비망록, 서신 등)로 세분하기 위해 사용한다. 물리적인 지역을 구분하기 위해서는 제2보조표의 −3은 고대 세계를, −4 −9는 다양한 대륙과 국가로 구분된 현대의 세계를 의미한다. 영국은 −41−42, 한국 −519, 미국은 −73 −79, 뉴질랜드는 −93, 호주는 −94와 같이 서양 국가의 세목은 카운티나 도시 수준까지 열거되지만, 스리랑카나 네팔은 더 이상 세분되지 않는다. T2에 수록된 지역구분기호는 상관색인에도 수록되어 있다.

예를 들어, 개발도상국의 결핵에 관한 자료의 분류 번호는 다음과 같이 제2보조표를 적용할 수 있다.

Incidence of tuberculosis in the developing world	⇒	614.542091724
Incidence of tuberculosis	614.542	
Developing regions	T2–1724	

지역 보조표는 매우 상세하게 전개할 수 있다.

Incidence of tuberculosis in Europe	614.542094
Incidence of tuberculosis in Britain	614.5420941
Incidence of tuberculosis in England	614.5420942
Incidence of tuberculosis in London	614.54209421
Incidence of tuberculosis in Lambeth	614.5420942165

특수한 지시사항이 주어지지 않으면, 위의 예시와 같이 제1보조표에서 역사, 지리, 인물군에 해당하는 –09를 앞세우고, 그다음에 제2보조표에서 해당하는 지리적 기호를 추가할 수 있다. 매우 긴 번호가 생성되지만, 이와 같은 조합 방식은 매우 단순하고 기억하기 쉬운 규칙이다.

예외적으로, 다음과 같이 지리적 기호가 본표 번호에 직접 추가될 수 있다. 예를 들면, 『스코틀랜드(Scotland) 던디(Dundee)의 고등교육에 관한 일반 조약집』이라는 자료의 분류 번호를 조합하는 과정은 다음과 같다.

300	Social sciences
370	Education
378	Higher education(Tertiary education)

378.4–378.9	Higher education in specific continents, countries, localities in modern world Add to base number 378 notation 4–9 from Table 2, e.g. higher education in Mexico 378.72

T2–4–T2–9	Modern world; extraterrestrial worlds
T2–4	Europe
T2–41	British Isles
T2–412	Northeastern Scotland
T2–4127	Dundee City

위의 분류표에 의거하여 본표의 378.4–378.9에 나타난 지시사항에 따라 기본 번호 378에 T2의 –4–9에서 해당하는 번호를 추가한다. T2에서 Dundee City를 위한 번호는 4127이기 때문에 기본 번호 378에 T2–4127을 추가하여 최종적으로 378.4127이라는 번호를 생성한다.

만약 2개 지역 간에 상호작용이 있다면, 본표의 지시사항에 따라 다음과 같이 두 번호를 모두 합성할 수 있다.

Foreign relation between India and the UK (인도와 영국간의 대외관계)
⇒ 327.54041
327 (Foreign relation) + 54 (India, T2) + 0 (지시에 따라) + 41 (UK, T2)

즉, 327 기본 번호에 첫 번째 지역 번호인 인도로 세분한 다음, 0을 추가하고, 두 번째 지역번호인 영국을 더할 수 있다. 추가적인 예시를 살펴보면 다음과 같다.

일본과 미국 사이의 무역 협정 ⇒ 382.952 073

382.9 (Trade agreements) + 52 (Japan, T2) + 0 (지시에 따라) + 73 (U.S.A., T2)

(3) 제3보조표: 예술, 개별문학, 특수 문학형식을 위한 세구분

문학형식 보조표인 제3보조표(Table 3, T3)는 800 문학류의 세목(Subdivisions for the arts, for individual literatures, for specific literary forms)으로, 다음과 같은 3개의 보조표로 구성된다.

- 제3보조표 A (Table 3 A, T3A): 개별저자에 관한/의한 작품을 위한 세구분
- 제3보조표 B (Table 3 B, T3B): 복수의 저자에 관한/의한 작품을 위한 세구분
- 제3보조표 C (Table 3 C, T3C): T3B, 700.4, 791.4, 808–809에서 지시가 있는 부분에 추가할 수 있는 기호

DDC 800 문학에는 문학적 텍스트와 저작이 모두 포함된다. DDC 내에서 문학은 분류 번호 합성이 매우 활발하게 이루어지기 때문에 정확한 주제 분석과 고도화된 패싯 적용으로 여러 가지 상황에서 서로 다른 조합 순서가 요구된다. 패싯 분석의 완전한 활용과 합성의 다양성은 2인 이상의 저자에 의한 혹은 2인 이상의 저자에 관한 작품에서 확인할 수 있다. 3개로 구분된 보조표를 통하여 패싯 분석과 문학작품의 합성을 쉽게 할 수 있다.

제3보조표는 결코 단독으로 사용될 수 없고, 문학을 위한 특수한 지시사항에 따라 사용된다. 제3보조표의 기호들은 예술류에 있는 번호들 중 700.4와 791.4 아래 주어진 지시사항이 있는 곳과 본표의 810–890에만 사용할 수 있다. T3A와 T3B에서 –1에서 –8의 기호는 본표 810, 820, 830, 840, 850, 860에 이미 적용되어 해당 언어로 된 문학의 형식을 나타내는 번호를 전개한다. DDC 본표에서 문학작품을 위한 조기성 있는 형

〈표 3〉 DDC 제3보조표의 기호와 기술

기호	기술	예시	
-1	Poetry	831	German poetry
-2	Drama	839.12	Yiddish drama
-3	Fiction	839.313	Dutch fiction
-4	Essays	869.4	Portuguese essays
-5	Speeches	891.865	Czech speeches
-6	Letters	895.16	Chinese letters
-7*	Humor and satire	896.3927	Swahili humor and satire
-8	Miscellaneous writings	899.2118	Tagalog miscellaneous writings

* -7 Humor and satire는 T3A 개별 저자에는 없다.

식 구분의 예시는 〈표 3〉과 같다. 문학작품의 경우, DDC에서 지시하는 사항을 잘 따르면 올바른 인용 순서로 분류 번호를 조합할 수 있다. DDC 제1권 매뉴얼에서 제시하는 순서도를 참고하면, T3을 적용하여 문학작품의 분류 번호를 합성하는 과정을 조금 더 쉽게 이해할 수 있다.

문학작품의 분류 번호를 합성하는 방식은 T3A를 사용하는 저작과 T3B, T3C를 사용하는 저작으로 구분할 수 있다.

① T3A의 사용

제3보조표 중 가장 단순한 T3A는 개인 저자의 저작에 적용 가능하다. 개인 저자는 언어, 형식, 시대의 순서로 조합하며, 일반 세목은 추가되지 않는다. T3A의 조합 공식은 기본 번호 + 형식(T3A) + 시대(본표)이다.

기본 번호는 저자가 문학작품에 사용한 언어의 번호에 따른 문학 주류의 번호로 구성된다. 즉, 문학의 주류 번호에 해당하는 8과 해당 언어에 따른 숫자를 조합하여 구성한 복합 패싯을 기본 번호로 정의할 수 있다. 여기에 주어진 조합 순서대로 다른 패싯 번호를 추가한다. 거의 모든 언어의 기본 번호가 주어지며, 대부분의 언어는 본표에 열거되어 있다.

형식이란 시, 소설 등과 같은 문학의 장르로 T3A에 열거되어 있으며, -1~6까지는 문학적 형식을 의미하고, -8은 기타 저작 형식을 의미한다. 단, -7은 공기호이다. 모든 문학은 본표의 810-890 개별 문학 아래 자체의 시대구분표를 가지고 있다. 예를 들어, 영국 문학의 시대는 821-828 아래 다음과 같이 주어진다.

1	초기 영국 시대, 1066-1400
2	1400-
3	엘리자베스 시대, 1558-1628
⋮	
8	빅토리아 시대, 1837-1899
9	1900-
92	2000-

A collection of odes by John Keats(1795-1821) ⇒ 821.7

82(영국 문학) + 1(시, T3A) + 7(시대)

A study of plot construction in the novel of Thomas Hardy(1840-1928) ⇒ 823.8

82(영국 문학) + 3(소설, T3A) + 8(시대)

중요한 것은 T3A에서 다른 패싯은 허용되지 않는다는 것이다. Thomas Hardy의 소설이나 소설가로서의 Hardy에 대한 저작은 같은 분류 번호를 가지며, 빅토리아 시대 모든 영국 소설가들은 823.8로 분류된 후, 청구 기호상의 저자 기호로 구별된다.

예를 들어, Lanford Wilson의 *5th of July*(1978)에 대한 분류 번호는 812.54인데, 이는 다음과 같은 과정으로 생성된다.

800	Literature
810	American literature in English
812	American drama in English
812.5	1900–1999
812.54	1945–1999

위의 예시에서 해당 작품이 미국의 문학이기 때문에 기본 번호는 810이 된다. 본표에는 810의 세구분이 존재하지만, 810 아래 지시된 사항에 따라 T3을 사용하여 번호를 조합한다. 이 저작은 단일 저자에 의한 것이기 때문에 T3A를 사용하여 '희곡(drama)'이라는 문학의 특수한 형식을 구분한다. 형식을 구분한 후에는 지시사항에 따라 발행년을 기준으로 시대 번호를 추가하는데, 이는 811–818의 미국 문학에 있는 시대 분류표를 참고하여 가져올 수 있다.

Collected plays of Tennessee Williams ⇒ 812.5

81(미국 문학) + 2(희곡, T3A) + 5(시대)

② T3B와 T3C의 사용

T3B나 T3C의 경우, 형식이나 시대, 표준세구분, 주제 또는 인물과 같은 기타 패싯들의 존재나 부재에 따라 분류 번호 합성에 대한 조합식이 달라진다. 기타 패싯으로는 서지적 형식(역사, 선집), 문학적 요소(줄거리, 등장인물), 주제(사랑, 죽음), 인물(아동, 여성, 유대인, 인디언, 장애인, 동성애자) 등이 있으며 언어는 항상 첫 번째 패싯으로 조합된다. 다른 패싯의 존재나 부재의 경우에 따른 조합 공식을 살펴보면 다음과 같다.

첫 번째, 형식과 시대 패싯이 모두 존재하는 경우 조합 공식은 다음과 같다.

문학 + 형식 (T3B)

+ 시대 (810-890 본표)

+ 일반세목

+ 주제 등 (T3C)

이 공식은 문학 분류 번호 합성의 핵심으로 대부분이 이러한 공식을 따른다. 제3권의 본표 및 제1권 매뉴얼의 T3B 시작 부분에서 해당 언어의 문학에 대한 분류 번호 합성 과정에 대한 설명이 제시되어 있다. T3B가 이러한 기본 번호에 사용되는 경우, 별표(*)나 T3B를 통해 조합하라는 지시사항이 제시된다. 이와 같이 고정된 순서에 따라 다른 패싯을 더하라는 지시는 패싯 구조를 투명하게 하고, 분류 번호의 합성을 용이하게 한다.

A collection of Victorian (English) Poetry ⇒ 821.808 82(영국 문학) + 1(시, T3B) + 8(시대) + 08(T3B-08에서 전집)

그러나 규칙에 따라 하위 장르나 시대, 주제 패싯을 더할 수 있으나 두 가지를 모두 반영할 수 없는 경우도 있다. *Magic & witchcraft in English epic poetry of 20th century*는 82(영국 문학) + 1032(서사시, T3B) + 090(-0901-0909, T3B-102-T3B-107 같이 분류하라는 주기에 따라) + 9(시대)로 821.0320909가 된다. 만약 마법과 주술이라는 주제를 강조하려면 시대는 무시하고 82(영어로 된 문학) + 1032(서사시, T3B) + 09(T3B-102-T3B-107과 같이 분류하는 주기에 따라) + 377(마법, T3C)로 821.03209377이 된다.

두 번째로 T3C에 제2보조표나 제5보조표를 조합하는 경우의 예시는 다음과 같다.

Anthology of German literature written by writers resident in USA ⇒ 830.80973

830(독일 문학, 830.1–9) + 80(Anthology, T3B–8/001–T3B–08/009, T3C의 01–09에서 0 다음) + 9(T3C–9, Literature for and by groups of people with specific attributes, residents of specific areas) + 73(United States, T2)

Collection of German literature written by Jews ⇒ 830.808924

830(독일 문학, 830.1–9) + 80(Collection, T3B–08/001–T3B–08/009, T3C의 01–09에서 0 다음) + 8(T3C–8, Literature for and by ethnic and national groups) + 924(Jews, T5)

T3C는 700 예술의 일부에도 적용이 가능하다.

Surrealism in arts ⇒ 700.41163

700.41(Arts displaying specific qualities of style, mood, viewpoint) + 163(surrealism, Add to base number 700.41 the numbers following T3C–1 in notation T3C–11–T3C–18 from Table 3C, 초현실주의는 1163인데, 1 다음의 번호인 163만 부가 지시)

Art with religious theme
⇒ 700.482

700.4(Special topics in the arts) + 82(religious theme, Add to base number 700.4 the numbers following T3C–3 in notation T3C–32–T3C–39 from Table 3C, 종교적 주제는 382인데, 3 다음의 번호인 82만 부가 지시)

예를 들어, *A Collection of 20th century Indonesian humor and satire about river travel*에 대한 분류 번호는 899.21172080321693으로 다른 문학작품의 번호를 합성하는 것과 같이 언어, 문학형식, 시대순으로 번호를 조합하지만, '강 여행'이라는 작품의 주제와 '전집'이라는 저작의 형식을 표현하기 위하여 T3B에 추가적으로 T3C, 표준세구분의 적용을 포함한다. 이를 분석하면 다음과 같다.

800	Literature
890	Literature of other specific languages
899	Literature of Austronesian languages
899.2	Austronesian languages(from T6)
899.22	Malayo-Polynesian languages of Indonesia
899.221	Indonesian literature
899.2217	Humor and satire(from T3B)
899.22172	1900-1999
899.221720	Facet indicator
899.2217208	Collections of literary texts
899.21172080	Facet indicator
899.211720803	Literature with specific themes
899.2117208032	Travel(from T3C)
899.21172080321	Places in general(from T2)
899.211720803216	Air and water
899.2117208032169	Fresh and brackish waters
899.21172080321693	Rivers and streams

(4) 제4보조표: 개별 언어와 어족의 세구분

제4보조표(Table 4, T4)의 기호는 개별 언어와 어족의 세구분(Subdivisions of individual languages and language families)으로, 본표 420-490에서 개별 언어를 기본 번호로 하여 언어의 패싯이나 다양한 요소로 구분하기 위해 지시된 경우에만 사용한다. DDC

의 보조표 중 가장 양이 적고, 단순하며 구조와 적용이 간단하다. 제4보조표는 본표의 420-490 제한적 범위에 적용되며, 언어의 어원, 철자법, 음성학, 형태론과 문법을 포함한 개별 언어의 구체적 측면을 다룬다. 제4보조표는 T3에 사용된 접근 방식과 유사하게 언어를 위한 형식 구분의 조기성을 제공한다.

T4는 언어적 요소, 문제, 그리고 다른 언어적 측면이 각각 별도로 구분되어 있다. T4의 기호는 어원, 문법, 방언처럼 반복되는 측면들을 위한 것으로, 반드시 지시에 의해 본표상의 다른 언어에 지정된 기본 번호에 부가된다. 즉, 여기서 기본 번호는 언어의 주류 번호인 4와 뒤이어 나오는 특정한 언어를 위한 번호로 구성된다. 예를 들어, 독일어의 기본 번호 43에서 4는 언어를 나타내는 주류 번호이고, 3은 독일을 나타낸다. 세계의 주요한 언어에 대한 기본 번호는 이미 본표에 나열되어 있으며 별표(*)와 함께 표시된다.

400 언어류의 기본 번호는 T4의 기호와 결합하여 완전한 분류 번호가 완성되지만, * 표시가 붙은 번호 또는 허용된 번호만 T4를 적용하여 확장할 수 있다. 제4보조표의 항목을 나열하면 〈표 4〉와 같다.

앞서 언급했듯이, 제4보조표의 기호는 본표의 420-490에서 지시된 경우에만 사용한다. 즉, 420-490의 *로 식별되거나, 구문으로 지시된 개별적 언어를 위한 기본 번호에 사용된다. T4의 번호는 420-490 아래 지시에 따라 본표의 기본 번호와 조합하는데, 조합 순서는 다음과 같이 비교적 간단하고 규칙적이다.

〈표 4〉 DDC 제4보조표의 기호와 기술

기호	기술	예시	
-1	Writing systems, phonology, phonetics	431	German writing systems
-2	Etymology	439.12	Yiddish etymology
-3	Dictionaries	439.313	Dutch dictionaries
-5	Grammar	491.865	Czech grammar
-7	Historical and geographic variations, modern nongeographic variations	496.3927	Swahili dialects
-8	Applied linguistics	499.2118	Tagalog usage guides

언어 + T4의 언어 세목
+ T1의 일반 세목(표준세구분표)

예를 들어, 포르투갈어 문법에 대한 분류 번호를 조합하는 과정을 보자. 우선, 언어가 주요한 주제이기 때문에 469 포르투갈어가 기본 번호가 되고, 언어적 측면에서 문법을 표현하기 위해 T4에서 문법을 뜻하는 5를 추가하게 된다. 따라서 완전한 분류 번호는 469(포르투갈어, 기본 번호)에 5(T4, 문법)를 추가한 469.5가 된다.

Foreign words used in English language ⇒ 422.4
42(영어) + 24(T4, 외래어 요소)

Study of Russian Spelling ⇒ 491.7152
491.7(러시아어) + 152(T4, 맞춤법과 발음)

Russian dictionary of synonyms ⇒ 491.7312
491.7(러시아어) + 312(T4, 동의어와 반의어 사전)

English-Spanish phrase book(영어-스페인어 어휘집) ⇒ 468.3421
46(스페인어) + 834(T4, 어휘집) + 21(T6, 영어)

420-490에 해당하는 분류 번호 중 * 표시가 있거나 다른 지시가 없는 경우, T4를 통해 확장할 수 없다. 예를 들어, 중세 영어 문법은 427.02인데, 이는 원래 중세 영어를 위한 분류 번호이다. 그러나 중세 영어에 *가 표시되지 않았기 때문에 T4에서 문법을 위한 기호를 추가하는 것이 불가하다. 즉, 중세 영어의 어떤 언어적 측면이라도 427.02라는 번호를 받게 되는 것으로, 중세 영어의 사투리도 427.02에 분류된다.

(5) 제5보조표: 민족 및 국가군

제5보조표(Table 5, T5)의 기호는 민족 및 국가군(Ethnic and national groups)을 나타내는 것으로, 본표나 다른 보조표의 지시사항에 따라 추가되거나, 특정한 장소나 특수한 인종이나 민족군을 나타내기 위해 제1보조표의 '-089(인종과 국가군)'이라는 표준세구분을 앞세워 전개할 수 있다. 이런 기호는 제1보조표의 '-09'를 앞세워 제2보조표의 지역기호를 부가했던 것과 동일한 규칙에 따라 번호를 합성할 수 있다. 제5보조표의 주요 기본 기호는 다음과 같다.

-05	Persons of mixed ancestry with ethnic origins from more than one continent
-09	Europeans and people of European descent
-1	North Americans
-2	British, English, Anglo-Saxons
-3	Germanic peoples
-4	Modern Latin peoples
-5	Italians, Romanians, related groups
-6	Peoples who speak, or whose ancestors spoke, Spanish, Portuguese, Galician
-7	Other Italic peoples
-8	Greeks and related groups
-9	Other ethnic and national groups

제5보조표를 사용한 분류 기호의 조합 과정을 살펴보면 다음과 같다.

Chinese Americans ⇒ 305.8951073

305.8(특정한 인물과 국가, 사회적 집단) + 951 (T5, 중국인) + 0 (지시사항) + 73(T2, 미국)

Inuit death customs ⇒ 393.0899712

393(장례 관습) + 089(T1, 인종과 국가군) + 97(T5, 북미원주민) + 12(T6, 에스키모)

(6) 제6보조표: 언어

제6보조표(Table 6, T6)는 언어(Languages)에 관한 것으로, 저작의 주된 주제가 언어이거나 저작의 특정 언어로 쓰인 저작을 표현해야 할 때 사용하며, 기본적으로 조기성을 가진다. T6은 490과 890에서 특정 언어와 특정 문학의 기호를 합성하기 위한 근거를 제공하는 데 중요하다. T6은 T2의 특정 언어가 우세한 지역 -175를 확장하기 위하여 사용될 수 있으며 보조표와 본표에 분산된 다양한 번호를 결합하는 데 사용된다.

T6을 통해 주제 측면에서 언어를 표현하는 것이 가능하다. 특정 언어에 대한 일반 연속간행물, 번역본 등을 그 예로 들 수 있다. T6의 기호는 420-490의 언어에 대한 분류 번호와 820-890의 문학 분류 번호와 병렬적 구조를 가지고 있으나, 각 언어에 대한 세목은 400 언어와 800 문학과 정확하게 일치하는 것은 아니다. 제6보조표의 주요 기본 기호는 다음과 같다.

-1	Indo-European languages
-2	English and Old English(Anglo-Saxon)
-3	Germanic languages
-4	Romance languages
-5	Italian, Dalmatian, Romanian, Rhaetianm, Sardinian, Corsican

–6	Spanish, Portuguese, Galician
–7	Italic languages
–8	Hellenic languages
–9	Other languages

제6보조표의 기호는 본표의 지시사항에 따라 추가되거나, 앞서 살펴본 사례들과 같이 다른 보조표로부터 다시 추가적으로 전개할 수 있다. 예를 들어, 불어로 된 성경을 분류하는 경우, 우선 상관색인과 본표에서 주어진 기입어를 참고하여 본표의 220.5 Modern versions and translations [of Bible]에서 분류를 시작하고, 본표의 220.53–220.59 Versions in other languages의 지시사항에 따라 기본 번호 220.5에 제6보조표에서 불어를 위한 기호를 추가해서 220.541이 된다. 이를 분석하면 다음과 같다.

220	The Bible
220.5	Modern versions and translations
220.53–220.59	Versions in other languages
	Add to base number 220.5 notation T6 –3 –T6 –9 from Table 6, e.g., the Bible in German 220.531
220.54	In the Romance languages
220.541	In modern French

T6은 세계의 거의 모든 언어를 나열하기 때문에 상대적으로 길이가 길다. 특정 언어명을 잘 모른다면 상관색인이 큰 도움이 될 수 있다. 상관색인에서는 다음과 같이 T6의 모든 항목 번호 앞에 T6이라는 약어를 앞에 제시하고 있다.

Lak-Dargawa language

499.964

T6 -99964

위 예시의 의미는 Lak-Dargawa language가 주류인 400 언어 안에서 499.964뿐만 아니라 T6의 99964로도 나타난다는 것을 의미한다. 또한, 색인에서는 아래와 같이 본표에 열거되지 않은 합성된 번호를 제시하기도 한다.

Veps language

494.54

T6-9454

T6의 적용에 있어 가장 중요한 것은 490 기타 언어의 특정 언어에 대한 분류 번호와 890 기타 언어의 특정 문학에 대한 분류 번호를 합성하기 위한 기반을 제공한다는 점이다. 본표에서 400류는 어족에 대한 포괄적인 번호를 제공하고 있다. 언어 그룹에서 상대적으로 소수의 언어를 구체적으로 표현하기 위하여 본표에 주어진 번호에 T6을 통하여 확장할 수 있다. 예를 들어, 496 아프리카 언어에는 T6의 기호 961-965에서 96 다음에 오는 번호를 추가하라는 지시사항이 있다.

A linguistic study of Swazi(Bantu language family of Africa)

스와지(아프리카 반투 어족)의 언어적 연구 ⇒ 496.3987

496.39(496.397-.399의 기본 번호) + 87(T6, 963987의 9639 다음에 오는 번호)

T6은 지시사항에 따라 다른 보조표와 함께 사용할 수 있다. T6의 기호는 2개국어로 된 사전과 같이 명확한 두 가지 언어의 주제를 표현하기 위하여 T4의 기호와 결합될 수

있다. 이러한 사전에 대한 분류 번호 조합 공식은 아래와 같다.

첫 번째 언어에 대한 기본 번호 + 3(T4, 사전) + 두 번째 언어에 해당하는 분류 번호(T6)

첫 번째 언어는 사전에서 알파벳순으로 나열된 표목어를 나타내는 언어를 의미하며, 기본 번호는 본표의 420-490에서 가져온다. 두 번째 언어는 의미를 기술하는 데 사용된 언어로, T6에서 가져온다. 두 언어로 된 사전은 더 유용한 언어 쪽에 분류하고 3(T4, 사전) 다음에 두 번째 언어를 추가한다. 예를 들어, 영어권의 대부분 도서관에서 영어-스페인어와 스페인어-영어 사전은 스페인어 463.21에 분류한다. 만약 다른 언어도 동등하게 유용한 경우에는 420-490의 순서에서 뒤에 오는 언어로 분류하는 것을 선호한다. 예를 들어, 프랑스어-한국어 사전은 495.7과 한국어, 사전의 3, 프랑스어인 41을 합성하여 495.7341이 된다.

영어-프랑스어 사전의 경우, 영어는 첫 번째 언어로 기본 번호 42를 준 다음, T4에서 사전의 3을 가져오고, T6에서 프랑스어 41을 가져온다. 따라서 다른 예시와 함께 살펴보면 다음과 같다.

English-French dictionary ⇒ 423.41
42(영어) + 3(T4, 사전) + 41(T6, 프랑스어)

French-English dictionary ⇒ 443.21
44(프랑스어) + 3(T4, 사전) + 21(T6, 영어)

Ibo-English dictionary ⇒ 496.332321
496.332(이보어) + 3(T4, 사전) + 21(T6, 영어)

이보어-영어 사전은 T6이 두 번 사용된 것으로 이를 분석하면 다음과 같다.

496	아프리카어를 위한 기본분류 번호
496.33	이보어가 속한 베누에-콩고 어족
2	이보어 (T6, 96332에서 9633 다음의 번호)
3	사전(T4)
21	영어(T6)

5) 기호

(1) 기호의 합성

본표를 이용해 적절한 분류 번호를 만들기 위해서는 번호의 조합이 필요하다. 이는 더 상세하고 구체적인 분류 번호를 만들기 위해 본표나 보조표로부터 전체 또는 일부 번호를 가져와 전개할 수 있다는 것을 의미한다. DDC에서 분류 번호의 조합은 항상 'add to'라는 주기로 지시된다. 'add to'는 산술적 덧셈이 아니라 특정한 기본 번호의 오른쪽에 전체 또는 구체적인 분류 번호의 일부를 추가하는 것이다. 또한 분류 번호의 합성은 표준세구분표인 T1로부터 추가되는 것을 제외하면, 별도 지시사항 없이 절대 추가할 수 없다. 주어진 기본 번호에 분류 번호를 추가하는 것은 상위 범주인 001-999부터 381.41-381.45와 같은 상세 범위에서도 가능하다. 주기사항에서 살펴보았듯이, DDC에서는 번호 합성에 보조표를 적용하지 않고, 본표의 다른 부분에 수록된 번호를 기본 번호에 합성하도록 지시하기도 한다. 이러한 번호 합성의 과정을 자세히 살펴보면 다음과 같다.

① 기본 번호에 본표의 다른 곳에 수록된 번호 전체를 추가하는 경우

도서관 건축에 관한 서지를 분류하고자 할 때, 서지를 위한 번호인 016에 도서관의 건

축에 대한 번호 727.8을 추가해서 최종적으로 016.7278이라는 번호가 된다.

000	Computer science, information & general works
010	Bibliographies
016	Bibliographies and catalogs of works on specific subjects Add to base number 016 notation 001–999, e.g., bibliographies of computer programs and software 016.0053, of general encyclopedic works 016.03, of philosophy 016.1, of novels 016.80883, of general collected biographies 016.92

② 기본 번호에 본표의 다른 곳에 수록된 번호의 일부만을 추가하는 경우

대부분 상세한 주제 표현을 위해 본표 번호의 일부분을 기본 번호 다음에 전개한다. 이때 단일 주류부터, 강, 목 더 작은 세목에서도 가능하며 원래 숫자의 공통적인 부분을 제외하고 합성하고자 하는 번호 중 기본 번호와 겹치지 않는 자리의 숫자를 기본 번호 오른쪽에 합성하여, 구체적이지만 간결한 번호로 생성할 수 있다.

예를 들면, DDC에서 727.821–727.828은 '일반적인 도서관 건물의 종류'로 다음과 같은 주기가 있다.

> Add to base number 727.82 the numbers following 027 in 027.1–027.8, e.g., public library buildings 727.824

즉, 727.82라는 기본 번호에 027.1–027.8에서 027 다음에 오는 번호를 추가한다. 예를 들어, 공공도서관 건물은 727.824가 되는데, 이는 기본 번호 727.82에 공공도서관에 해당하는 번호인 027.4에서 027 다음의 4를 추가하여 만든 것이다. DDC에서는 이러한 방식으로 다양한 도서관 건물의 분류 번호를 합성하도록 하고 있다.

또 다른 예로 민속학에서 사슴에 관한 저작을 분류한다면, 기본 번호 398.369 다음

에 사슴에 대한 번호인 599.65 중 59 다음에 있는 번호인 965를 추가해서 최종적으로 398.369965이라는 번호로 나타낼 수 있다. 이를 풀어쓰면 다음과 같다.

390	Customs, etiquette & folklore
398	Folklore
398.3	Real phenomena as subjects of folklore
398.36	Scientific themes
398.369	Animal
	Add to base number 398.369 the numbers following 59 in 592–599, e.g., rabbits 398.369932

지시사항에 따라 본표의 592–599에서 해당 주제인 사슴 599.65에서 59 다음의 번호인 965를 추가한다.

599	Mammalia(Mammals)
599.6	Ungulates
599.65	Cervidae(Deer)

기본 번호에 본표에 수록된 다른 번호를 합성하는 경우, 지시사항이 한 번 이상 나타나기도 한다. 예를 들어, 심장암과 관련된 사망에 관한 저작의 분류 번호는 616.99412078인데, 이는 다음과 같은 번호 합성을 통해 생성된다.

600	Technology
610	Medicine
616	Diseases
616.9	Other diseases

616.99	Tumors and miscellaneous communicable diseases
616.994	Cancers
616.9941	Cancers of cardiovascular organs and blood
616.99411-99415	Cancers of cardiovascular organs Add to base number 616.9941 the numbers following 611.1 in 611.11-611.15, e.g., cancer of heart 616.99412; then add further as instructed under 618.1-618.8, e.g., therapy for cancer of heart 616.9941206

616.99411-99415의 지시사항에 따라 본표의 611.11-611.15에서 심장에 해당하는 번호 611.12에서 611.1 다음에 오는 2를 추가한다.

611.1	Cardiovascular organs
611.11	Pericardium
611.12	Heart
611.13	Arteries
611.14	Veins
611.15	Capillaries

그리고 그다음 지시사항에 따라 618.1-618.8의 내부 보조표에서 '사망'이 포함된 항목인 075-079로 간다.

618.1-618.8		Gynecology and obstetrics
	001-009	Standard subdivisions
	01-03	Microbiology, special topics, rehabilitation

04	Special classes of diseases
05	Preventive measures and surgery
052	Preventive measures
059	Surgery
06	Therapy
07	Pathology
075–079	Diagnosis, prognosis, death, immunity Add to 07 the numbers following 616.07 in 616.075–616.079, e.g., physical diagnosis 0754
08	Psychosomatic medicine
09	Case histories

그리고 075–079의 지시사항에 따라, 616.075–616.079로 가서 '사망'에 해당하는 번호인 616.078에서 616.07 다음에 오는 번호인 8을 07에 추가하여 078을 합성한다.

616.07	Pathology
616.071	Etiology
616.075	Diagnosis and prognosis
616.078	Death
616.079	Immunity

즉, 심장암과 관련된 사망에 관한 저작의 분류 번호는 가장 먼저 '심장혈관조직의 암'이라는 기본 번호 616.9941의 지시사항에 따라 '심장'에 해당하는 2와 '병리'에 해당하는 07을 추가하고, 추가적인 지사사항에 따라 내부 보조표에서 '사망'에 해당하는 8을 추가하여 616.99412078이라는 분류 번호를 생성한다. 618.1–618.8의 내부 보조표와 같은 것은 본표의 많은 부분에서 찾을 수 있으며, 이는 반드시 지시된 대로만 사용해야 한다.

③ 하나의 저작에 나이, 성별, 물리적 특성 같은 주제의 다양한 측면을 다루는 경우

항상 번호의 합성은 본표에 제시된 인용 순서와 우선순위를 따라야 한다. 인용 순서는 번호 합성에 2개 이상의 관점을 고려할 수 있도록 하며 지시사항에서 인용의 순서를 제시한다. 그러나 인용 순서가 주어지지 않으면 우선순위에 따라 두 가지 관점 중 하나를 선택해야 한다. 본표 안에 가장 먼저 오거나 가장 마지막에 오는 관점에 우선 분류하라고 지시하기도 하지만, 때로는 다음과 같이 해당 번호에만 적용되는 우선순위표를 갖는 경우도 있다.

704.942	Human figures Unless other instructions are given, observe the following table of preference, e.g., groups of children 704.9425 (not 704.9426) Erotica 704.9428 Nudes 704.9421 Specific groups of people 704.9423–704.9425 Groups of human figures 704.9426

DDC 안에 분류 번호 합성을 위한 많은 규정과 장치가 있지만, 문헌의 주제를 모두 번호로 표현할 수 없는 경우도 있다. 예를 들어, '대학도서관의 편목'이라는 주제를 표현하려면 025.3 목록과 027.7 대학도서관이 해당되기 때문에 둘 중 하나를 선택해야 한다. 도서관과 박물관의 경영, 물리학과 화학 개론, 전자와 자성 등 합성 주제를 다룬 문헌도 하나 이상의 주제를 나타낼 수 없다.

DDC는 유사한 주제를 모으도록 하는 체계로 분류 기호만으로 개별 도서를 서지적 개체로 개별화할 수 없다. 이것은 청구 기호를 통해서만 가능한 것으로 분류 기호로만 문헌의 개별화를 나타내는 것은 어렵기 때문에, DDC에서는 대안으로 주제의 단순한 요약이나 핵심 주제를 표현하는 방법을 채택했다. 따라서 주제의 어떤 측면을 채택하고,

무시할 것인지는 다음과 같은 사항을 고려해야 한다.

- 저자의 의도와 강조(신성불가침한 것)
- 도서관의 지역적인 상황(장서구성)
- 분류에 대한 도서관 정책(대략 분류 : 상세 분류)
- 목록에 대한 도서관 정책(상호참조나 주제명표목의 수)
- DDC 안의 규칙과 지시사항

(2) 분류 규정의 유형

DDC는 분류 번호 부여 과정의 표준화와 통일성을 위해 명확한 규정을 정의하고 있다. 본표의 다양한 분류 번호와 지침, 보조표에도 명시되어 있으며, 다음과 같은 유형으로 구분할 수 있다.

① 우선순위표

많은 분류 번호와 중앙저록 아래 항목 중 우선순위가 나열된 표를 제시하는 경우가 있다. 제19판(1981)에 처음 선보인 우선순위표는 2개 이상의 분류 번호 사이에서 선택해야 하는 경우에 어떤 번호를 우선해야 하는지 알려준다. 『결혼한 여성의 직무 스트레스』라는 자료의 경우, 해당 주제를 모두 포함하는 분류 번호는 존재하지 않으므로 우선순위표에 따라야 한다. 이 경우 적절한 번호는 155.6463 Women psychology가 된다.

② 지시사항

우선순위표 대신 지시사항을 통하여 주제에 대한 두 가지 측면 중 하나를 선택하도록 안내하는 경우도 있다. 예를 들어, 025 Operations in libraries 아래의 주기에서는 '특정 종류의 기관에서의 운영에 대한 포괄적인 저작은 026–027에 분류하라'고 지시한다. 이에 근거하여 대학도서관의 목록 작업은 025.3 Cataloging이 아닌 027.7 Academic libraries에 분류한다.

③ 특수성에 대한 선호

DDC의 배열 구조상 모든 강목과 요목이 일반적인 것에서 구체적인 것의 순서대로 배열되기 때문에, 나중에 오는 분류 번호가 더 구체적인 것으로 간주되어 우선한다. 이러한 방식은 주기에서도 나타난다. 예를 들어, 649.1 Child rearing에는 '다른 지시가 주어지지 않는 한 649.1 세목에 해당하는 2개 이상의 번호 중 나중에 오는 주제로 분류하라'는 지시사항이 나온다.

따라서 *Home Bringing Up of Exceptional Japanese Girls*는 649.133 Girls rearing이 아니라 649.157956 Japanese children rearing에 분류한다. 이와는 반대로 먼저 오는 번호에 분류하도록 지시하는 경우도 있다. 예를 들어, 331.3-331.6 Labour force by personal characteristics의 주기에 따라 *Immigrant Married Women as Labour Force*는 331.64 Immigrant workers가 아니라 331.43 Married women as labour force에 분류한다.

④ 2개 이상의 주제를 다룬 문헌

문헌은 하나 이상의 주제를 다룰 수 있는데, 다양한 측면이나 다중 패싯 주제와는 다른 개념이다. 이와 같은 주제의 분류 번호는 도서관의 상황에 따라 결정해야 한다. 예를 들어 『중국과 일본의 역사』의 경우, 도서관에서 중국사보다 일본사에 대한 책이 적다면, 일본사로 분류하는 것이 현명하다. 그러나 DDC에서는 표준화를 위해 다음과 같은 규칙을 제시하고 있다.

- 선행 규칙(First-of-the-two rule)

두 주제를 별개로 다루는 문헌은 분류표나 보조표상에 먼저 위치한 분류 번호로 분류한다. 예를 들어, 물리학과 화학을 소개하는 책은 540 화학이 아니라, 530 물리학으로 분류한다.

■ 삼자포괄 규칙(Rule of three)

상위 학문에서 파생된 3개 이상의 주제를 동등하게 다룬 문헌은 모든 주제를 포괄하는 상위 주제에 분류한다. 예를 들어, 산술, 대수, 기하학이라는 3가지 주제를 동등하게 다루는 책은 510 수학으로 분류한다.

■ 적용 규칙(Rule of application)

두 주제가 어떤 관계로 결합되어 있고, 한 주제가 다른 것에 영향을 주는 경우, 영향을 받은 주제에 분류한다. 예를 들어, 교량 공학에 적용된 수학은 '수학'이 아니라 '교량 건설'로 분류하지만, 공학 수학은 '수학'으로 분류한다. 즉, 2개 주제 사이 영향이나 인과 같은 상관관계가 성립하는 경우, 영향 받은 주제 또는 결과에 해당하는 주제에 분류하며 다른 어떤 규칙보다 우선 적용된다.

■ 0의 규칙(Rule of zeros)

우선적으로 명시된 구체적인 지시사항이 없는 경우, 0의 규칙을 적용한다. 이 규칙에 따르면, 주제에 대한 두 개의 가능한 분류 번호 중 같은 계층에 0이 없거나 0이 더 적은 것을 우선적으로 선택한다. 예를 들어, Team Teaching in Private Schools의 경우, 371.02 Private schools가 아닌 371.148 Team teaching에 분류한다.

■ 포괄적이고 학제적인 저작(Comprehensive and interdisciplinary works)

본표상에 전반적으로 단일 학문 분야에서 모든 측면을 포괄하는 포괄적인 저작이나 다학문적 저작은 지시사항이 명확하게 제공된다. 예를 들어, 운송에 대한 포괄적인 저작은 모두 388 Transportation에 분류되고, 아이들에 대한 다학문적(사회학, 심리학, 양육, 교육, 복지, 건강 등) 저작은 305.23으로 분류한다. 상관색인은 이러한 다학문적 저작을 분류하는 데 필요한 안내를 제공한다.

〈표 5〉 DDC의 최후수단표

① 사물의 종류(kinds) ② 사물의 부분(parts) ③ 사물, 종류, 부분을 구성하는 재료(materials) ④ 사물, 종류, 부분, 재료의 속성(properties) ⑤ 사물, 종류, 부분, 재료 내에서 이루어지는 절차(processes) ⑥ 사물, 종류, 부분, 재료의 공정(operations) ⑦ 이러한 작업을 수행하기 위한 수단(instrumentalities)

■ 최후수단표(Table of last resort)

위의 모든 규칙을 적용하기 어려운 경우, 서문에 제시된 〈표 5〉의 최후수단표를 따른다. 이러한 기초적인 우선순위표는 일반적인 패싯 인용순서인 사물(Things)-종류(Kinds)-부분(Parts)-재료(Materials)-속성(Properties)-절차(Processes)-공정(Operations)-주체(Agents)를 수용한다. 따라서 최후수단표에 따라, 유치원의 교과과정은 372.19 교과과정이 아닌 372.2218 유치원에 분류한다. 또한 동양말의 질병은 636.0896 동물의 질병이 아닌 636.11 동양말에 분류한다.

우선순위표는 다양한 보조표에도 존재하는데, 자료의 이용을 위해서는 저자의 의도나 저자가 강조하는 점, 도서관의 지역적 요구를 간과해서는 안 된다. 우선순위표, 조합순서, 다양한 주기 및 지시는 중복 분류를 피하면서 DDC 적용에 있어 최대한의 통일성과 내부 색인의 지속성을 보장하기 위한 것이다.

(3) 기호의 평가

① 순차성

DDC가 대중적으로 사용되는 이유는 기호를 이해하기 쉽기 때문이다. DDC는 아라비아 숫자를 사용하기 때문에, 누구나 152라는 기호 앞에 150이라는 기호가 온다는 것을 쉽게 인식할 수 있으며, 무엇이 먼저 인용되었는지 그 순서를 이해하기도 쉽다. 그러나 모든 사람들이 소수점을 사용하는 십진 구분을 편하다고 생각하는 것은 아니다. DDC에서 복잡한 주제를 표현하기 위해 다양한 번호 합성을 수행하는 경우, 기호는 그 순서에 따라 매우 길게 나타나기도 하는데, 이러한 경우 도서관을 이용하는 일부 이용자들은 소수점 다음에 오는 번호의 순서를 이해하는 데 어려움을 느끼기도 한다.

② 간결성과 단순성

DDC 기호의 최대 장점은 간결성과 단순성이다. 간결하고 단순한 기호는 보다 기억하기 쉽고, 빠르게 연상할 수 있으며, 서가의 흐름을 살펴보거나 자료를 재배치하는 데 용이하다. DDC의 기호는 인용의 순서를 파악할 수 있는 순수 기호를 사용하기 때문에 그 자체만으로도 단순성을 갖는다. 그러나 DDC에서 기호의 간결성은 다양한 방식으로 나타난다. 일반적으로 기호를 간결하게 지속적으로 유지하는 유일한 방법은 상세성을 포기하고, 주제를 좀 더 폭넓은 범주에 분류하는 것이다. 일부 도서관에서는 모든 기호가 12자리를 넘어서는 안 된다는 정책을 장려하여 간결성을 달성하기도 한다. 그러나 일반적으로 이러한 방식은 지역 번호의 생략을 수반하기 때문에, 일반적인 장서를 분류하기 위해서는 단순성과 간결성이 분류의 깊이보다 중요한 것인지 고려할 필요가 있다.

DDC에서 급격한 확장을 겪은 일부 주제 영역들은 기호의 간결성이 부족하다는 문제에 시달려왔다. 이와 같은 사례는 공학 분류표에서 많이 발견된다.

Television maintenance and repair ⇒ 621.38800288 Turboprop engines ⇒ 629.134532

특히, 산업경제학에 관한 자료는 긴 분류 번호를 가지게 된다. 예를 들면, DDC 번호 338.45와 338.47은 각각의 번호를 기본 번호로 두고, 본표의 특정 산업에 따라 상세하게 전개할 수 있는 기호를 추가할 수 있다.

Production efficiency in semiconductor industries ⇒ 338.4562138832

338.45(Production efficiency) + 621.38832(Semiconductor)

Teddy bear manufacturing industries ⇒ 338.476887243

338.47(Services and specific products) + 688.7243(Teddy bear manufacture)

물론 이러한 기호에 필요한 다른 측면(지역이나 시대구분)을 추가하는 것도 가능하다.

Production efficiency in semiconductor industries in the United States

⇒ 338.45621388320973

위의 예시에서는 '특정 제품의 생산'을 의미하는 기본 번호 338.45에 '반도체'를 의미하는 번호 621.38832를 추가하고, '미국' 지역을 나타내기 위하여 제1보조표에서 지리적 구분을 위한 기호 –09를 추가한 후, 제2보조표에서 –73을 추가하여 최종 분류 번호를 생성했다.

Teddy bear manufacturing industries in postwar Germany

⇒ 338.476887243094309045

위의 예시에서는 '생산 효율'에 대한 기본 번호 338.47에 '곰 인형 제조'를 의미하는 번호 688.7243을 추가하고, '독일' 지역을 나타내기 위하여 제1보조표에서 지리적 구분을 위한 기호 –09를 추가한 후, 제2보조표로부터 '독일'을 의미하는 –43, 그리고 '전후 시대'라는 시대구분을 위하여 표준세구분표에서 09 다음에 '전후 시대'를 의미하는 045를 추가하여 최종 분류 번호를 생성했다.

③ 조기성

DDC는 동일한 주제나 집단, 동일한 개념을 나타내기 위하여 동일한 기호를 부여하는 체계적인 조기성을 사용하기 때문에 쉽게 기호를 기억할 수 있다. 이와 같은 체계적 조기성의 사례는 주로 언어와 문학, 역사 분류표와 지리적 영역, 민족과 국가군을 나타내는 보조표와 국어구분을 나타내는 보조표에서 나타난다.

Italian language	450
Italian literature	850
Italian history	945
Italy	T2−45
Italian people	T5−51
Italian language	T6−5

위의 예시를 통해 알 수 있듯이 5는 이탈리아 또는 이탈리아인을 표현한다. 그러나 DDC에서 사용하는 시스템적인 조기성은 전체적인 분류표 안에서 일관성을 갖지 않는다. 예를 들면, −03은 제1보조표의 사전이나 백과사전을 나타내는 번호지만, 본표의 일부 번호는 표준세구분을 추가할 때, 2개 이상의 0을 필요로 한다.

Dictionary of biology	570.3
Dictionary of physics	530.03
Dictionary of engineering	620.003

④ 수용성

분류표는 새롭게 등장하는 주제를 받아들일 수 있어야 하며, 추가된 주제는 분류 체계 안에서 올바른 장소에 위치해야 한다. 또한, 주제가 위치한 장소는 기존의 주제들과의 관계를 보여줄 수 있어야 한다.

DDC에서는 이와 같은 수용성을 성취하기 위하여 3가지 방법을 사용하고 있다. 첫 번째 방법은 소수점 기호를 사용하는 것으로 십진식 세구분을 통해 새로운 주제가 분류표의 거의 모든 위치에 적합하게 들어갈 수 있다.

621	Applied physics
621.1	Steam engineering
621.2	Hydraulic power technology
621.3	Electrical, magnetic, optical, communications, computer engineering; Electronics, lighting
621.38	Electronics, communications engineering
621.388	Television
621.38833	Video recorders and video recordings
621.4	Prime movers and heat engineering

DDC에서 전기공학과 같은 주제는 시대의 변화에 따라 계속적으로 확장되었는데, 이러한 경우, 기존의 분류표에 새로운 번호를 추가하여 새로운 주제를 표현했다. 이와 같이 소수점을 사용하면, 십진 숫자의 번호를 한 자리씩 증가시킴으로써 기존의 분류표에 새로운 주제를 쉽게 삽입할 수는 있다는 장점이 있지만, 기호의 간결성이 떨어진다는 문제점이 있다. 또한 제시된 예시를 통해서도 알 수 있듯이, 621.2 물레방아와 같은 수력기술과 621.4 원자로를 포함하는 열공학 사이에 621.388 텔레비전이나 621.3 컴퓨터 공학 같은 주제가 놓이기 때문에 분류표에서 전개되는 번호 배열이 주제를 이해하는 데 도움이 되는 순서가 아니라는 것도 단점이다.

두 번째 방법은 분류표상에 새로운 주제가 들어갈 수 있는 공간을 남겨두는 것이다. 이렇게 공기호를 두는 접근 방식이 항상 만족스러운 것은 아닌데, 이러한 공기호의 위치가 주제를 나타내기에 적합한 위치가 아닐 수도 있기 때문이다. 그러나 새로운 주제가 나타날 것 같은 영역을 예측하는 것은 매우 어렵기 때문에 기호의 수용성을 위해 분류표상에 이와 같은 공기호를 두는 것이 바람직하다. 공기호를 통한 DDC의 수용력을 보여주는 대표적인 사례는 20세기에 새롭게 등장한 주제인 컴퓨터 분야를 들 수 있다. 1870년대 Dewey가 처음 DDC를 개발했을 때는 '컴퓨팅'이라는 주제를 예측할 수 없었다. 그러나 20세기에 '컴퓨터'라는 새로운 주제가 출현함에 따라 DDC 제16판(1958)에서는 컴퓨터를 수학 아래 510.78에 위치시키고, DDC 제17판(1965)에서는 컴퓨터를 510.78과 621.38195와 같이 수학과 공학 아래 위치시켰다. DDC 제18판(1971)에서는 컴퓨팅을 총류 아래 001.65로 이동시키고, 기술적인 측면만 공학 분류표인 621.38195에 두었다. 1970년대부터 1980년대에 컴퓨팅 분야가 급속하게 확장됨에 따라 DDC 제20판(1989)에서 컴퓨팅은 004-006으로 다시 이동했는데, 이는 당시 분류표에서 004-006이 가장 많이 비어 있는 공간이었기 때문이었다. DDC 제22판(2003)에서는 총류의 명칭을 '컴퓨터학, 정보, 총류(Computer science, information & general works)'로 변경하고, 컴퓨팅의 위치를 주류의 수준으로 격상시켰다. 이와 같이 다른 분야와의 관계를 반영하면서 주제에 도움이 되는 순서로 분류표에 새로운 주제를 위치시키는 것은 많은 시간과 노력을 필요로 하지만, 공기호의 사용은 새로운 주제를 수용하고 해당 주제 영역을 폭넓게 개발할 수 있도록 하여 DDC의 수용력을 높인다는 점에서 매우 중요하다.

세 번째 방법은 분류표가 고안되었을 때 빠져있던 주제들을 수용할 수 있도록 특별한 개념으로 정의되지 않는 '기타' 분류 항목을 생성하는 것이다. 이러한 방식은 DDC 본표 전체에 걸쳐서 나타난다.

290	Other religions
490	Other languages
629	Other branches of engineering
890	Literatures of other languages
990	History of other areas

예측하지 못했던 주제들을 수용할 수 있도록 하는 장치를 만들고, 본표 전체에 걸쳐서 '기타' 분류 항목을 따로 두고 사용하는 것은 모든 주제가 모두 정확하게 10개의 십진 구조로 세분되는 것이 불가능하기 때문이다. '공학의 기타 분야'에 대한 예시는 새로운 주제들을 수용할 때, 해당 분류 기호의 순서에 어떠한 영향을 주는지를 보여준다.

620	Engineering and allied operations
621	Applied physics
622	Mining and related operations
623	Military and nautical engineering
624	Civil engineering
625	Engineering of railroads and roads
[626]	[unassigned]
627	Hydraulic engineering
628	Sanitary engineering
629	Other branches of engineering

'공학의 기타 분야'를 의미하는 629에는 교통공학(Transportation engineering)과 자동제어공학(Automatic control engineering)이 함께 위치한다. 이 주제들은 공기호인 626에 위치하여 철도와 도로공학에 근접하게 위치하는 것이 더 논리적으로 보일 수 있다. 이처럼 '기타' 분류 항목 안에 배치되는 주제들은 그 지위를 나타내거나 공학의 다른 분야와의 관계를 표현하지 못한다는 한계점을 갖는다.

⑤ 표현력

기호의 표현력은 열거식 분류 체계가 가지는 장점이다. DDC의 견고한 구조는 주제를 표현하는 기호를 개발할 수 있는 바람직한 틀을 제공한다. 일반적으로 DDC는 주제간의 계층 구조적 관계를 상당히 잘 보여주며, 브라우징 효과를 증진시키는 서가 배열을 제공한다.

344.046	Environmental protection law
344.0462	Wastes
344.04622	Kinds of waste
344.04626	Disposal into specific environments
344.0463	Pollution and noise
344.04632	Pollution
344.04633	Pollutants
344.046332	Oil
344.046334	Pesticides
344.046335	Asbestos
344.046336	Acid rain
344.04634	Pollution of specific environments
344.046342	Air pollution
344.046343	Water pollution
344.04638	Noise
344.0464	Sanitation in places of public assembly
344.0465	Industrial sanitation and safety

위에 제시된 예시는 구조화된 계층 구조를 보여주는데, 각각의 주제는 서로 분명한 관계를 갖고 일반적인 것에서 특수한 것으로 진행되며 논리적인 순서를 기호로 표현한다.

그러나 표현력은 새로운 주제가 추가되거나 번호를 합성할 때 달성하기 어려울 수 있다. 이는 DDC의 본질적인 문제라기보다 분류표의 규모나 복잡성이 증가하면서 나타나는 계층 구조의 문제라고 할 수 있다.

354	Public administration of economy and environment
354.9	Administration of labour and professions
354.94	Labour in specific extractive, manufacturing, construction occupations
354.9422334	Administration of labour in the coal mining industry

위의 예시에서 최종적인 분류 기호는 기본 번호 354.94에 석탄 산업을 표현하기 위하여 석탄 622.334에서 6 다음에 오는 번호인 22334를 추가하여 생성한 것이다. 이러한 방식으로 분류 번호를 합성하는 것은 분류표상에 주제들의 개념이 겹치지 않게 해주는 데는 유용하나, 기호가 가지는 표현력이 상실되는 문제를 야기한다. DDC 본표에서는 기호의 계층성이 소멸된 많은 사례들이 존재한다. 이러한 문제는 주된 비판 대상이 되지만, 분류표가 새로운 주제를 수용하는 능력이 높으면 표현력은 포기할 수밖에 없다.

DDC에서는 상세성이 깊어질수록 번호는 길어지고, 표현력은 감소한다. 예를 들면, 수의학에서 방사선 상처를 위한 번호는 636.08969897인데, 이 번호와 616.9897이라는 번호 사이에 어떠한 결합이 이루어졌는지 파악하기 어렵다. 또한, 제한된 기호적 체계와 전 세계 지식과 간행물의 빠른 성장과 변화 때문에 이러한 긴 번호들은 다른 판으로 개정되면서 주제의 재배치라는 문제를 불가피하게 발생시킬 수 있다.

⑥ 유연성

DDC는 견고한 구조를 가지고 복합 주제를 표현하거나 번호를 합성하기 위해 반드시 분류표에 제시된 지시사항을 따라야 하므로 유연성이 다소 부족하다. 그러나 DDC도 다양한 관점 중에서 우선되어야 하는 순서를 제시하거나, 우선적인 관점을 선택할 수 있도록 매뉴얼을 참조하게 하고, 임의조항 규정을 두는 등 어느 정도의 유연성을 제공한다. 그 예시는 다음과 같다.

921.1–928	Biography of specific classes of persons Class here autobiographies, diaries, reminiscences, correspondence; biography as a discipline Class biography of people associated with a specific subject with the subject, plus notation T1—092 from Table 1, e.g., biography of chemists 540.92 Option A : use subdivisions identified by * Option B : class individual biography in 92 or B; class collected biography in 92 or 920 Option C: class individual biography of men in 920.71; class individual biography of women in 920.72

임의조항을 사용할 때는 반드시 일관성을 가져야 한다. 만약 전기를 분류할 때 주제 아래 세부적인 전기를 분류하는 것으로 결정했다면, 그 결정은 일관성 있게 예외 없이 적용되어야 한다.

6) 활용

DDC의 보편적인 속성은 인터넷 웹 사이트의 분류를 더욱 유용하게 한다. 이러한 유용성의 대표적인 사례로는 캐나다 국립도서관아카이브(Library and Archives Canada, LAC)가 캐나다 문화 관련 웹 콘텐트를 DDC로 분류하여 제공한 서비스가 있다(Zeeman & Turner, 2006). 또한 DDC는 전 세계적으로 가장 폭넓게 사용되는 서지 분류 체계이며 일반적인 도서 분류 체계로 가장 잘 알려져 있지만 신문을 분류하는 데도 최적으로 사용될 수 있음이 확인되었으며(Kuhn, 1999), 전문도서관이나 신문을 포함한 다른 형태의 문헌을 분류할 때도 유용한 것으로 입증되었다. 그리고 국가 서지에 가장 많이 적용되는 주제분류 체계도 바로 DDC이다. 자국의 국가 서지 접근성을 향상시키려면 분류표가 폭넓게 사용되고 다양한 언어로 번역되어야 하는데 DDC만한 분류표가 없기 때문이다. 현재의 네트워크 환경은 지역, 국가, 국제적 수준에서 연계된 정보 서비스에 대한 상호 검색 및 브라우징 가능성을 창출하고 있다. 그러나 이러한 가능성도 자체적인 문제점을 가지고 있으므로 다수의 네트워크 자원으로부터 다양한 주제분류 체계를 활용한 주제 기반 검색이 가지는 문제점을 계속해서 연구하고 주제 상호운용성의 해결 방안을 개발하는 중추로서 DDC의 기능을 탐구할 필요가 있다.

2. 미의회도서관분류법

1) 기원과 발전

LCC는 1897년부터 개발되기 시작하여 1901년 첫 번째 분류표인 'Class E-F, History: America'가 출판된 이후, 1948년까지 법학을 제외한 주제 분야의 분류표가 개발되었다. 1969년 법학분류표가 발행되면서 47개의 분야별 분류표가 완성되었다. 그러나 불행히도 전체 범위를 다루는 인쇄본 색인은 작성되지 않았고, 개별 분류표의 개정판은 분류표마다 다른 시기에 출판되었다.

LCC는 개발 당시 존재했던 학문 분야들에 기초하여 조직되었다. 그래서 학제적 주제가 분류 체계 안에 들어오는 것이 어려웠고 각각의 분류표는 분리되어 발행되었으며 자체의 내부적인 논리에 따라서 조직되었다. 주제의 순서, 분류 항목의 형태, 상세성의 정도, 주기의 형태 등은 분류되는 자료와 그 자료의 생성, 적용, 개발과 관련된 것들의 체계를 반영했다. 결과적으로 각각의 분류표는 독특한 특성을 가지게 되어 전체 분류표의 일반화가 어렵게 되었다. 미의회도서관에서는 LCC의 최신성을 유지하기 위해 매달 새로운 분류 번호를 승인하고, 여건이 되는 대로 개별 분류표를 검토한다. 분류표의 개정, 재배치, 추가는 LCC가 새로운 관점과 새로운 주제를 유연하게 수용할 수 있게 해준다.

LCC를 사용하고 싶은 도서관은 미의회도서관 웹 사이트에서 *Classification Web* (*ClassWeb*)이라는 전자본을 구독해야 한다. 매월 추가되고 변경되는 LCC에 대한 리스트는 미의회도서관의 수집과 서지접근부서(Department of Acquisitions and Bibliographic Access) 웹 사이트를 통해 이용할 수 있다. 새롭게 개정된 분류표는 물론 개정과 관련된 요약표와 임시 변경 리스트도 동일한 웹 사이트에서 제공하고 있으며, 개요표, 분류표의 PDF 파일, Cataloging Distribution Service(CDS), 정책상의 변화 등도 함께 게시되고 있다. 2014년 7월까지 모든 분류표와 개요표를 미의회도서관에서 개별적으로 구입할 수 있었지만, 현재는 무료로 제공되는 PDF 파일이나 *ClassWeb*의 구독을 통해서만 접근할 수 있다. LCC의 갱신은 동적인 인터페이스를 가진 *ClassWeb*의 경우, 매월 새로운 분류번호들이 추가된다. *ClassWeb*은 분류표와 미의회도서관 주제명표목표로의 접근을 제공하고 그 상관관계를 제공하면서 끊임없이 개정되고 갱신된다. 고급 검색과 내비게이션 도구, 많은 하이퍼텍스트 링크가 분류표 안에 포함되어 있으며, 노트 메모 파일에 개인적인 의견이나 자관의 의견을 추가할 수 있다. 분야별 인쇄본 분량이 상당하기 때문에 한 번에 파일로 저장해서 사용할 수 있는 전자본이 더 유용하다.

LCC는 다른 분류 체계와는 달리 지식의 조직이나 분류 이론에 바탕을 두지 않는다. 이는 LCC가 미국의 의회 장서를 분류하기 위한 실용적 도구로 고안되었고, 다른 도서관에서 사용할 의도로 개발한 것이 아니기 때문이다. LCC는 순수하게 실용성을 목적으로 한 분류표로, 고상하거나 논리적인 구조로 개발된 것이 아니며, 지식의 구성체라기보다는 주제를 상세하게 수록했다는 데 의의가 있다. 이것은 DDC와는 달리 LCC의 분류 체계의 구조를 학습하여 얻게 되는 혜택이 별로 없다는 의미기도 하다. 그러나 LCC가 가지는 수용성과 유연성은 특히 대규모 대학과 연구 장서에 유용하다. LCC에는 아직도 새로운 주제를 수용할 수 있는 수백 개의 미사용 기호가 존재하며, 새로운 위치로 이동하기 위해서 사용되지 않는 기호도 존재한다. 그래서 LCC는 예상하지 못한 주제의 관점과 새로운 내용을 계속해서 수용해나갈 수 있다.

2) 범주 및 개요

(1) 범주

LCC는 그 규모를 통해 상상할 수 있듯이 각 주제를 매우 상세하게 수록하고 있다. 그러나 분류표 자체가 미의회도서관 장서를 분류하기 위해 만들어졌기 때문에, 불가피하게 주제 분야의 범주가 미국에 한정되는 편향성을 가진다. 이는 LCC가 미국 이외의 국가에서 폭넓게 적용되지 못하는 이유이기도 하다. 또한 문헌적 타당성의 개념에 기초하여 개발되었기 때문에 도서관 장서 개발의 우선순위를 반영하는데, LCC는 사회과학, 정치학, 문학과 역사에 많은 의미를 부여하고 있다.

(2) 개요

A	**General works**
AC	Collections. Series. Collected works
AE	Encyclopedias
AG	Dictionaries and other general reference works
AI	Indexes
AM	Museums. Collectors and collecting
AN	Newspapers
AP	Periodicals
AS	Academies and learned societies
AY	Yearbooks. Almanacs. Directories
AZ	History of scholarship and learning. The humanities

B	**Philosophy. Psychology. Religion**
B	Philosophy(General)
BC	Logic
BD	Speculative philosophy
BF	Psychology
BH	Aesthetics
BJ	Ethics
BL	Religions. Mythology. Rationalism
BM	Judaism
BP	Islam. Bahaism. Theosophy, etc.
BQ	Buddhism
BR	Christianity
BS	The Bible
BT	Doctrinal theology
BV	Practical theology
BX	Christian Denominations

C	**Auxiliary sciences of history**
C	Auxiliary sciences of history(General)
CB	History of Civilization
CC	Archaeology
CD	Diplomatics. Archives. Seals
CE	Technical Chronology. Calendar
CJ	Numismatics
CN	Inscriptions. Epigraphy
CR	Heraldry

CS Genealogy

CT Biography

D World History and History of Europe, Asia, Africa, Australia, New Zealand, etc.

D History(General)

DA Great Britain

DAW Central Europe

DB Austria – Liechtenstein – Hungary – Czechoslovakia [sic]

DC France – Andorra – Monaco

DD Germany

DE Greco – Roman world

DF Greece

DG Italy – Malta

DH Low countries – Benelux countries

DJ Netherlands(Holland)

DJK Eastern Europe(General)

DK Russia. Soviet Union. Former Soviet Republics – Poland

DL Northern Europe. Scandinavia

DP Spain – Portugal

DQ Switzerland

DR Balkan Peninsula

DS Asia

DT Africa

DU Oceania (South Seas)

DX Romanies

E–F	History of the Americas	
E	11–143	America
E	151–909	United States
F	1–975	United States local history
F	1001–1145.2	British America (including Canada) Dutch America
F	1170	French America
F	1201–3799	Latin America. Spanish America

G	**Geography. Anthropology. Recreation**
G	Geography(General). Atlases. Maps
GA	Mathematical geography. Cartography
GB	Physical geography
GC	Oceanography
GE	Environmental sciences
GF	Human ecology. Anthropogeography
GN	Anthropology
GR	Folklore
GT	Manners and customs(General)
GV	Recreation. Leisure

H	**Social Sciences**
H	Social sciences(General)
HA	Statistics
HB	Economic theory. Demography
HC	Economic history and conditions
HD	Industries. Land use. Labour

HE Transportation and communications

HF Commerce

HG Finance

HJ Public finance

HM Sociology(General)

HN Social history and conditions. Social problems. Social reform

HQ The family. Marriage. Women

HS Societies: secret, benevolent, etc.

HT Communities. Classes. Races

HV Social pathology. Social and public welfare. Criminology

HX Socialism. Communism. Anarchism

J Political science

J General legislative and executive papers

JA Political science(General)

JC Political theory

JF Political institutions and public administration

JJ Political institutions and public administration(North America)

JK Political institutions and public administration(United States)

JL Political institutions and public administration(Canada, Latic America, etc.)

JN Political institutions and public administration(Europe)

JQ Political institutions and public administration(Asia, Africa, Australia, Pacific Area, etc.)

JS Local government. Municipal government

JV Colonies and colonization. Emigration and immigration. International migration

JX	International law, see JZ and KZ (notation obsolete)
JZ	International relations

K	**Law**
K	Law in general. Comparative and uniform law. Jurisprudence
KB	Religious law in general. Comparative religious law. Jurisprudence
KBM	Jewish law
KBP	Islamic law
KBR	History of cannon law
KBU	Law of the Roman Catholic Church. The Holy See
KD-KDK	United Kingdom and Ireland
KDZ	America. North America
KE	Canada
KF	United States
KG	Latin America – Mexico and Central America – West Indies, Caribbean Area
KH	South America
KJ-KKZ	Europe
KL-KWX	Asia and Eurasia, Africa, Pacific area and Antarctica
KZ	Law of Nations

L	**Education**
L	Education(General)
LA	History of education
LB	Theory and practice of education
LC	Special aspects of education

LD	Individual institutions – United States
LE	Individual institutions – America (except United States)
LF	Individual Institutions – Europe
LG	Individual institutions – Asia, Africa, Indian Ocean islands, Australia, New Zealand, Pacific Islands
LH	College and school magazines and papers
LJ	Student fraternities and societies, United States
LT	Textbooks

M	**Music and Books on Music**
M	Music
ML	Literature on music
MT	Instruction and study

N	**Fine Arts**
N	Visual arts
NA	Architecture
NB	Sculpture
NC	Drawing. Design. Illustration
ND	Painting
NE	Print media
NK	Decorative arts
NX	Arts in general

P	**Language and literature**
P	Philosophy. Linguistics

PA	Greek language and literature. Latin language and literature
PB	Modern language. Celtic language
PC	Romance languages
PD	Germanic languages. Scandinavian languages
PE	English languages
PF	West Germanic languages
PG	Slavic languages. Baltic languages. Albanian languages
PH	Uralic languages. Basque language
PJ	Oriental languages and literature
PK	Indo-Iranian languages and literature
PL	Languages and literatures of Eastern Asia, Africa, Oceania
PM	Hyperborean, Indian and artificial languages
PN	Literatures(General)
PQ	French literature – Italian literature – Spanish literature – Portuguese literature
PR	English literature
PS	American literature
PT	German literature – Dutch literature – Flemish literature since 1830 – Afrikaans literature – Scandinavian literature – Old Norse literature: Old Icelandic and Old Norwegian – Modern Icelandic literature – Faroese literature – Danish literature – Norwegian literature – Swedish literature
PZ	Fiction and juvenile belles letters
Q	**Science**
Q	Science(General)

QA	Mathematics
QB	Astronomy
QC	Physics
QD	Chemistry
QE	Geology
QH	Natural history – Biology
QK	Botany
QL	Zoology
QM	Human anatomy
QP	Physiology
QR	Microbiology

R	**Medicine(General)**
RA	Public aspects of medicine
RB	Pathology
RC	Internal medicine
RD	Surgery
RE	Ophthalmology
RF	Otorhinolaryngology
RG	Gynecology and obstetrics
RJ	Pediatrics
RK	Dentistry
RL	Dermatology
RM	Therapeutics. Pharmacology
RS	Pharmacy and materia medica
RT	Nursing

RV	Botanic, Thomsonian and eclectic medicine
RX	Homeopathy
RZ	Other systems of medicine

S	**Agriculture**
S	Agriculture(General)
SB	Plant culture
SD	Forestry
SF	Animal culture
SH	Aquaculture. Fisheries. Angling
SK	Hunting sports

T	**Technology**
T	Technology(General)
TA	Engineering(General). Civil engineering
TC	Hydraulic engineering. Ocean engineering
TD	Environmental technology. Sanitary engineering
TE	Highway engineering. Roads and pavements
TF	Railroad engineering and operation
TG	Bridge engineering
TH	Building Construction
TJ	Mechanical engineering and machinery
TK	Electronical engineering. Electronics. Nuclear engineering
TL	Motor vehicles. Aeronautics. Astronautics
TN	Mining engineering. Metallurgy
TP	Chemical technology

TR	Photography
TS	Manufactures
TT	Handicrafts. Arts and crafts
TX	Home economics
U	**Military science**
U	Military sciences(General)
UA	Armies: Organization, distribution, military situation
UB	Military administration
UC	Maintenance and transportation
UD	Infantry
UE	Cavalry. Armor
UF	Artillery
UG	Military engineering. Air forces
UH	Other services
V	**Naval Science**
V	Naval science(General)
VA	Navies: Organization, distribution, naval situation
VB	Naval administration
VC	Naval maintenance
VD	Naval seamen
VE	Marines
VF	Naval ordnance
VG	Minor services of navies
VK	Navigation. Merchant marine

VM	Naval architecture. Shipbuilding. Marine engineering
Z	**Bibliography, Library science, Information Resources(General)**
Z	Books(General). Writing. Paleography. Book industries and trade. Libraries. Bibliography
ZA	Information resources(General)

3) 구조와 특징

LCC는 앞서 언급했듯이 분류표 전체 주류의 순서에 체계성을 갖지 않는다. 분류 번호들의 순서는 주제나 학문 분야의 일반적인 관점이나 특별한 구분과 세부 주제로 진행된다. 연대순은 역사적 사건, 출판일, 또 다른 유용한 시대를 포함한다. 지리와 관련된 분류 항목들은 알파벳순으로 배열되지만 미국과 서반구가 우선한다. 각 주제 분야에 따라 전체적인 분류표의 구조와는 다른 예외적인 사항을 가지는 부분도 있다.

HX에 해당하는 주제들은 정치적이라기보다는 오히려 사회적으로 표현되는데, 이는 이론보다는 실용에 강조를 두었기 때문이다. 법학 분류표 안에서는 영국과 아일랜드가 유럽으로부터 분리되어 있으며, 특히 법과 관련된 주제는 EU법의 영향이 점점 더 크게 작용하고 있다. 과학 분야 분류표는 DDC, UDC, BC와 유사하게 배열되지만 미생물학은 식물, 동물, 인체 생물학이라는 주제 다음에 추가되어 생물학 안에 포함되지 않았다. 농학 분류표 안에는 낚시와 사냥이라는 주제가 포함되어 있는데, 이러한 주제가 농학 분류표에 포함된 이유는 분명히 제시되지 않고 있다. 이는 DDC에서 낚시와 사냥 스포츠를 일종의 놀이 활동으로 보고, 해당 주제들을 레크리에이션이라는 주제에서 다룬다는 점에서 차이를 보인다. 또한 LCC는 음악(Music)에 대해서는 M, 기술(Technology)은 T를 사용하지만, 이러한 조기성 장치가 분류표 전체에 적용되지는 않는다.

LCC는 예외적인 사항들과 논리적 구조의 부족이라는 한계 때문에 분류 이론자들의 강한 비판을 받을 수밖에 없지만, DDC 다음으로 널리 사용되고 있는 분류 체계라는 점에서 큰 의의를 가진다. LCC의 주된 장점은 수록된 주제들이 매우 상세하고, 큰 범주에서 기호가 구성되기 때문에 상대적으로 분류 번호를 생성하기 쉽다는 점이다. 예를 들어, DDC에서는 어떤 주제와 관련된 특정 국가를 표현하기 위해 제2보조표로부터 지리적 영역의 기호를 추가하여 세분하도록 지시하고 있지만, LCC에서는 지리적 구분을 필요로 하는 개별 국가들이 분류표의 각 주제 부분 안에서 다음과 같이 열거된다.

Railways in Namibia ⇒ HE3432.3 Railways in Angola ⇒ HE3433

또한, 개별 기업과 상거래의 경제적 적용과 관련해서도 분류표에 개별 기업이나 상거래가 다음과 같이 열거되어 있다.

Economic aspects of the urinary incontinence products industry ⇒ HD9995.U74 Economic aspects of the barbers' supplies industry ⇒ HD9999.B14

그러나 최근에는 많은 주제에 걸쳐 있는 개념들을 수록하고 있는 개별 분류표에서 보조표의 사용이 점점 늘어나고 있다. LCC의 가장 큰 단점은 수록된 주제들이 LC의 장서를 바탕으로 하기 때문에 완전히 새로운 주제에 대한 분류 번호는 나중에 반영된다는 점이다. DDC는 좀 더 일반적인 접근을 택하기 때문에 지식의 새로운 영역을 수용하면서 어느 정도 예측이 가능하다. 예를 들어, 인간 복제에 관한 자료의 경우, DDC는 그 주제명이 세분화되기 전까지는 660.65(유전공학)나 174.2(의학윤리학), 176(성과 번식의 윤리학) 등의 기호를 적용할 수 있었지만 LCC로 분류하는 경우, QH442.2가 되어 인간 복제의 기술적이고 윤리적인 측면만 수용할 수밖에 없다.

(1) 외형적인 형식

LCC의 인쇄본은 다음과 같은 특성을 가진다.

① 서문

해당 판에 대한 간략한 서론의 내용을 담은 서문(A preface or prefatory note)이 항상 표제지 다음에 제시된다.

② 간단한 개요

대부분의 본표에서 간단한 개요(Brief synopsis)를 제시하는데, 해당 권이 포함하고 있는 일차적인 세분을 보여준다. 대부분의 경우, 〈그림 4〉와 같이 간략한 2개의 문자 기호로 상세한 하위류를 제시하고 있지만, K-Law에서는 조기성을 가지고 2개의 문자로 이

SYNOPSIS	
H	Social Sciences (General)
HA	Statistics
HB	Economic Theory. Demography
HC	Economic History and Conditions
HD	Industries. Land Use. Labor
HE	Transportation and Communications
HF	Commerce
HG	Finance
HJ	Public Finance
HM	Sociology(General)
HN	Social History and Conditions. Social Problems. Social Reform
HQ	The Family. Marriage. Women
HS	Societies: Secret, Benevolent, etc.
HT	Communities. Classes. Races
HV	Social Pathology. Social and Public Welfare. Criminology
HX	Socialism. Communism. Anarchism

〈그림 4〉 LCC 사회과학 분야 개요

루어진 상세한 하위류를 제시하고 있다.

③ 개요표

개요표(An outline)는 알파벳순의 하위류, 알파벳과 숫자로 된 중요한 하위 범주로 구

OUTLINE

H	11 - 99		Social Sciences(General)
HA	1 - 4737		Statistics
		29 - 32	Theory and method of social science statistics
		36 - 37	Statistical services. Statistical bureaus
		38 - 39	Registration of vital events. Vital records
		154 - 4737	Statistical data
		154 - 155	Universal statistics
		175 - 4737	By region or country
HB	1 - 3840		Economic theory. Demography
		71 - 74	Economics as a science. Relation to other subjects
		75 - 130	History of economics. History of economic theory Including special economic schools
		131 - 147	Methodology
		135 - 147	Mathematical economics. Quantitative methods Including econometrics, input - output, analysis, game theory
		201 - 206	Value. Utility
		221 - 236	Price
		238 - 251	Competition. Production. Wealth
		501	Capital. Capitalism
		522 - 715	Income. Factor shares
		535 - 551	Interest
		601	Profit
		615 - 715	Entrepreneurship. Risk and uncertainty. Property
		801 - 843	Consumption. Demand
		846 - 846.8	Welfare theory
		848 - 3697	Demography. Population. Vital events
		3711 - 3840	Business cycles. Economic fluctuations

〈그림 5〉 LCC 개요표: 사회과학

성되며, 대부분의 분류표 안에 존재한다. 개요가 없는 주제의 분류표에서 개요표는 좀 더 넓은 세구분을 보여주고, 간단하게 제시된다. 개요가 수록된 주제의 분류표에서 개요표는 좀 더 상세하고, 길게 제시된다. 사회과학류의 첫 번째 하위류에 해당하는 개요표는 분류표 안에서 〈그림 5〉와 같이 나타난다.

④ 본표

LCC 인쇄본은 왼쪽 들여쓰기를 하는데 거의 모든 페이지에 해당 표제를 보여주고 계층 구조를 강조한다. *ClassWeb*에서는 기호를 제외하고 계층 구조의 단어만을 제시하는데, 전통적인 들여쓰기 형태를 사용하지는 않지만, 이용자가 해당 단어를 클릭하면 화면 상단에 완전한 계층 구조를 제시하는 방식을 사용한다. 본표(The schedule proper) 대부분의 상위 표목들이 하위 주제를 제공하는데, 여기에는 해당 표목이 가지는 특수한 번호들의 표목만이 제시된다. 이러한 표목들은 이에 꼭 맞는 분류 기호를 갖지 않을 수도 있다.

LB	Theory and practice of education
	Including philosophy
	Collected writings
	Including essays, monographs, papers
LB5	Several authors
LB7	Minor collections
	Including selections, extracts, etc.
	Individual authors see LB51-885

LCC로는 교육학 이론과 실무(Theory and practice of education)나 그 주제에 관한 전집을 위한 딱 맞는 분류 기호를 부여할 수 없다. 이러한 이유로 LCC는 소규모의 일반적인 장서나 장서의 일부를 분류하는 데 적용하기 어렵다. 이러한 범주들은 보통 DDC에

서 사용하는 것과 같은 내부 요약 보조표를 동반하지 않는다.

그러나 대부분의 분류표는 분류 번호나 자관에 적합한 변형을 위해 번호의 체계적인 형태를 제공할 수 있도록 내부 보조표를 포함하고 있다. LCC의 범위 주기는 경우에 따라, 번호 합성을 위한 유용한 방식을 알려주거나, 공통 보조표를 적용하도록 지시한다. 이러한 특성은 T –Technology 기술분야 분류표에 잘 나타난다(〈그림 6〉 참조).

TD	Environmental technology. Sanitary engineering Including the promotion and conservation of the public health, comfort and convenience by the control of the environment Cf. GE170+ Environmental policy Cf. GF51 Human beings and the environment Cf. RA565+ Environmental health Cf. TH6014+ Environmental engineering in buildings
	Periodicals and societies. By language of publication
1	English
2	French
3	German
4	Other languages (not A - Z)
5	Congresses
	Exhibitions. Museums
6.A1	General works
6.A2 - Z	By region or country, A - Z Subarrange each country by Table T4b
7	Collected works (nonserial)
9	Dictionaries and encyclopedias
12	Directories
	History
15	General works
16	Ancient
17	Medieval
18	Modern
19	Nineteenth century
20	Twentieth century
	Country and city subdivisions Including municipal reports of public sanitary works
	America

21	General works
	North America
	United States
23	General works
23	Eastern States. Atlantic coast
23	New England
⋮	
24.A - .W	States, A - W
25.A - Z	Cities or other special, A - Z
	Canada
26.A1	General works
26.A6 - Z	Provinces, A - Z
27.A - Z	Local (Cities, etc.), A - Z
28	Latin America
⋮	
127	Developing countries
	Biography
139	Collective
140.A - Z	Individual, A - Z
	General works
144	Early to 1850
145	1850 -
146	Elementary textbooks

〈그림 6〉 LCC 본표: TD 환경공학 분야

⑤ 공통 보조표

공통 보조표(Auxiliary tables)는 하나 이상의 특수한 기호나 범주에 사용하도록 설계된 것으로, LCC 인쇄본에서 대부분의 공통 보조표는 전체 분류표 다음에 제시되며, G, K, P–PZ류에 적용하는 보조표들은 완전히 독립적으로 발행되었다. *ClassWeb*에서는 보조표로 연결되는 버튼이 따로 제시되는데, 보조표 번호에 따라 학문 분야의 문자와 번호가 함께 제시된다. 분류표에 전체적으로 적용 가능한 일부 보조표들은 커터 번호의 형태로 된 번역, 학회, 예술가, 전기자, 지역과 국가를 위한 보조표 안에 제시된다.

보조표는 분류표에서 특별히 지시한 경우에만 사용할 수 있으며, 항상 지시사항이나

```
T            TECHNOLOGY (GENERAL)
             Technical education. Technical schools
                  Special schools
                       Including technical department of universities
                  Cf. TT167.A+ Manual training schools
                  American schools
171.A - Z              General. By name, A - Z
                       Under each school:
                           .xA1 - .xA4    Official serials
                           .xA5 - .xA7    Official monographs
                           .xA8 - .xZ     Nonofficial publications By author, A - Z
```

〈그림 7〉 LCC 공통 보조표: T – 기술과학

본표의 기입어 옆에 직접 기재된다. 〈그림 7〉과 같이 분류표의 오른편에 좀 더 세분하기 위한 지시사항들이 제시된다.

⑥ 상세 색인

각 분류표는 상세한 색인(A detailed index)을 동반하는데, 그 범위와 깊이는 다양하다. 경우에 따라서 동의어나 관련된 용어의 참조, 알파벳순으로 들여쓰기를 한 하위 주제 리스트, 다른 분류표 안에서의 관련된 자료를 찾아보기 위한 제시어들이 포함된다.

(2) 내부적인 형식

LCC는 주제와 형식 세구분을 적용함에 있어서, 자관의 배열을 주제 전문가들의 재량권으로 남겨두었지만, LCC 분류표의 계층 구조적 세구분은 7가지 요소를 공통적으로 가지고 있다.

① 일반 형식 구분

일반 형식 구분(General form division)은 DDC 제1보조표 표준세구분표의 형식 구분

보조표와 유사한 것으로, 이를 통해 도서관 자료들을 제시된 형태에 따라 효율적으로 범주화할 수 있다. 예를 들면 정기간행물, 학회 출판물, 전집, 사전류, 백과사전류, 회의록, 전시 도록이나 박물관 간행물, 연감, 백서, 인명록, 공식적인 문서들로 자료를 구분할 수 있다. 일반적인 적용을 위해서 이러한 항목들은 학문 분야나 주제 분야가 시작되는 부분과 근접한 곳에 위치하지만, 배치의 확고한 순서는 없다.

② 이론과 철학

일부 분류표 안에서 하나의 번호가 하나의 주제에 관한 이론이나 철학(Theory. Philosophy)을 위해 지정되기도 한다. 이러한 개념은 DDC의 T1-01 철학 세구분과 유사하다.

③ 역사와 전기

LCC에서 하나의 주제에 관한 역사(History)는 종종 시대에 따라 상세하게 구분된다. 일반적으로 자료에서 다루고 있는 주제의 특정한 시대에 따라 해당 주제의 역사를 구분한다. 그러나 경우에 따라 최근에 발행된 자료와 오래 전에 발행된 자료를 구분하여 세분해야 한다.

〈그림 8〉에서 볼 수 있듯, LCC에서는 자료에서 다루고 있는 시대와 자료가 출판된 시대를 함께 다루고 있다. 예를 들어, HG237은 고대 화폐사에 관한 분류 기호이다. HG241과 HG243은 중세 화폐사를 의미하지만 HG241은 현재 출판된 저작을, HG243은 근대 저작을 분류한다. 16세기와 18세기의 화폐사에 대한 저작도 이와 유사한 세구분을 사용하지만 19세기의 화폐사에 대한 저작은 세분되지 않았다. 20세기의 화폐사에 대한 저작의 경우, 20세기 화폐에 관한 역사의 일반자료는 HG255에 분류하고, 1971년부터 현재까지 화폐의 역사에 관한 자료는 HG256에 분류해야 한다.

전기(Biography)적인 관점은 대부분의 주제에서 나타난다. LCC에서는 전기적 자료를 위해 2개의 번호를 지정한다. 첫 번째 번호는 항상 전집 형식의 전기류(collective biographies)로, 이는 2명 이상의 사람들의 삶과/또는 기여한 바를 다루는 저작을 위한

HG	Finance
	Money
	History
HG231	General works
	Primitive see GN450.5
HG237	Ancient
	Medieval
HG241	Contemporary works
HG243	Modern works
	16th - 18th centuries
HG248	Contemporary works
HG249	Modern works
	19th century
	20th century
HG255	General works
HG256	1971 -

〈그림 8〉 LCC 역사의 시대구분: HG－재정학

번호이며, 두 번째 번호는 개별 전기(individual biographies)에 해당되며 개인의 삶을 다루는 저작을 위한 번호이다. 전기 번호 안에 분류되는 대부분의 개인 전기를 자세히 표현하기 위해서 커터 번호의 형태로 된 번역, 학회, 예술가, 전기자, 지역과 국가를 위한 보조표를 사용한다. D－History, N－Fine Arts, P－PZ－Literatures와 같은 일부 분류표에서는 전기 자료에 적용 가능한 독특한 보조표가 제공된다. 또한 전기류는 전기류만을 위한 곳이 아닌 번호에 분류되기도 하는데, 이러한 경우에는 일반적으로 보조표가 적용되지 않는다.

④ 총서

총서(General works)는 LCC 분류표 전반적으로 LCC 대부분의 주제와 하위 주제 아래에서 나타난다. 총서는 하나의 주제에 관한 일반적인 논총이나 복합적인 저작으로, 분류표 안에서 전기류, 사전류, 교재류와 같은 형식 그 어디에도 해당되지 않는 일반적

QE	GEOLOGY
1	Periodicals, societies, congresses, serial publications
3	Collected works (nonserial)
4	Voyages and expeditions
5	Dictionaries and encyclopedias
6	Philosophy
7	Nomenclature, terminology, notation, abbreviations
	History
11	General works
13	By region or country, A - Z
	Biography
21	Collective
22	Individual, A - Z
	e.g.
22.D25	Dana, James Dwight
22.S77	Steno, Nicolaus
23	Directories
25	Early works through 1800
	General works, treatises, and advanced textbooks
26	1801 - 1969
26.2	1970 - 2000
26.3	2001 -
	Elementary textbooks
28	General
28.2	Physical geology
28.3	Historical geology
29	Juvenile works
31	Popular works
33	Special aspects of the subject as a whole
33.2A - Z	Special topics, A - Z
33.2A3	Aerial photography in geology
33.2A7	Artificial satellites in geology
33.2B6	Borings
⋮	

〈그림 9〉 LCC의 형식 전개: QE 지질학의 하위류

인 단행본 또는 연속간행물을 지칭한다. 유사한 형태로 인기서, 청소년 도서, 연설문, 수필, 강연과 같은 것도 총서 근처에 위치하기도 한다. 이러한 저작들은 〈그림 9〉의 QE-Geology 예시와 같이 지역적으로 유용한 집단 또는 물리적 형식에 따라 구분된 번호와 함께 제시되기도 한다.

⑤ 법, 규정, 국가 관계

1969년 첫 번째 법학분류표 K-Law의 하위류가 출판되기 전까지 법, 규정, 국가 관계(Law. Regulation. State relations)에 대한 순서는 사회과학 아래 법 관련 자료를 모아주는 데 역점을 두었다. K류가 개발된 후에는 법과 관련된 저작들은 우선 법적 자료로 분류하고, 세부적으로 학문 분야에 따라 구분하게 되었다. 예를 들어, 경제적인 재원으로서 약의 통제를 위한 정부의 법령을 다루는 정보원은 원래 HD9665.7-9에 분류되지만 약의 제조, 판매, 사용을 위한 법령을 다루는 정보원들은 RA402에 분류된다. 그리고 약과 관련된 법령은 KF-Law of the United States 아래 하위류 KF3885-3895에 미국의 약 법령과 규제를 다룬 저작들에 분류한다.

⑥ 학습, 교수, 연구, 교재

LCC는 DDC와 다르게 하나의 주제에 대해 학습·교육하거나 연구하는 방법과 관련된 이론적인 저작들, 교재(Study and teaching, Research. Textbooks)에 대해 고유한 번호를 전개하는 것이 가능하다. 앞서 제시된 〈그림 9〉와 같이 QE26-26.3은 일반서, 논문집, 고급 교재를 위한 것이고 QE28-28.3은 기초 교재를 위한 것이다. LCC는 〈그림 10〉의

QH	BIOLOGY(GENERAL) Cytology
573	Periodicals. Societies. Congresses. Serial publications.
574	Collected works (nonserial)
575	Dictionaries and encyclopedias History

577	General works
578	By region or country, A - Z
	General works, treaties, and textbooks
581	Through 1969
581.2	1970 -
581.5	Addresses, essays, lectures
582	Pictorial works and atlases
582.4	Popular works
582.5	Juvenile works
	Study and teaching. Research
583	General works
583.15	Outlines, syllabi
583.2	Laboratory manuals

〈그림 10〉 일반서, 논문집, 교재: QH 생물학(일반)

QH581-QH581.2와 같이 일반서와 논문집, 모든 교재들을 한곳에 모아주기도 한다.

4) 주기

DDC와 마찬가지로, LCC 분류표에서 주기는 분류자에게 필수적인 정보를 제공한다. LCC 안에서 사용하는 주기의 유형은 '범위' 주기, '보라' 주기, '포함' 주기, '협의' 주기, '보조표' 주기라는 5가지 유형으로 구분할 수 있다. 이를 자세하게 살펴보면 다음과 같다.

(1) '범위' 주기

LCC에서 '범위' 주기('Scope' notes)는 어떤 자료가 여기에 분류되어야 하는지를 설명해 주며, 'Class here'라는 문구를 앞세워서 제시된다. 예를 들면 다음과 같다.

> Genetics (QH)
> Class here general and experimental works in genetics
>
> Children. Child development(HQ)
> Class here comprehensive works on child development which emphasize social growth of the child
>
> Inorganic chemistry : special element(QD181)
> Class here works on the origin, properties, preparation, reactions, isotopes, and analytical chemistry of individual elements and their inorganic compounds

(2) '보라' 주기

LCC에서 '보라' 주기('See' notes)는 분류자에게 해당 주제의 다른 측면을 나타내주는 기호로 인도해주는 '범위' 주기와 함께 자주 사용된다. 예를 들면 다음과 같다.

> Children. Child development(HQ)
> For works on child development which stress mainly the child's physical and psychological growth, see RJ131

'보라' 주기가 단독으로 사용될 때는 이를 설명적인 '보라' 주기라고 한다. 예를 들면 다음과 같다.

Human anatomy: vascular system(QM178) For works on the blood vessels of a particular organ or system, see the organ or system

위의 예시와 같은 유형의 '보라' 주기는 지금은 더 이상 사용하지 않는 기호에 대한 우선주기를 대체한 것이다.

또 다른 유형의 '보라' 주기는 주제의 재배치를 지시한다. 이때, 재배치되는 번호는 항상 각괄호 안에 제시된다. 예를 들면, 다음과 같다.

QA	Mathematics
[145]	Arithmetic and algebra, see QA101-107

(3) '포함' 주기

'포함' 주기('Including' notes)는 특수한 기호에 분류되어야 하는 주제들을 나열하는 데 사용된다. 예를 들면 다음과 같다.

SB	Plant culture and horticulture
481	Parks and public reservations
	Including theory, management, history

(4) '협의' 주기

'협의' 주기('Confer' notes)는 약어인 Cf.로 표현되며, 분류표에서 관련된 주제들이 어디에 위치해 있다는 것을 지시하는 '도 보라' 참조나 관련된 용어와 함께 사용된다. 예를 들면 다음과 같다.

QA	Mathematics
911	Fluid dynamics. hydrodynamics
	Cf. TC160-181, hydraulics

(5) 보조표 주기

보조표 주기(Table notes)는 주제가 완전히 열거되지 않은 분류표에 많이 나타나고 있다. 이러한 유형의 주기는 전체 분류표 중에서 동일한 부분이나 동일한 분류표 안의 보조표를 언급하는 것으로, 단순히 공간을 절약하는 장치로 사용된다. 예를 들면 다음과 같다.

TK	Electrical engineering. Electronics. Nuclear engineering
1221-1327	Power plants utilising heat energy(Table T1)
	Add country number in table to TK1200

5) 기호

LCC는 전형적인 혼합 기호로 1개에서 3개의 문자 다음에 1개에서 4개의 정수, 그리고 가능한 십진식의 확장을 포함한다. 십진수는 항상 하위 구분을 지시하는 것은 아니지만 새로운 주제나 관점을 설정된 맥락 안에 집어넣기 위해 사용된다. LCC의 기호를 확장하는 다른 방법은 커터 번호와 같이 조기성 문자와 숫자를 결합하는 것이다. 이러한 커터 번호는 주제적인 개념, 지리명, 개인명이나 단체명 또는 서명을 표현할 수 있다. 커터 번호는 'By region or country, A-Z'와 같은 지시사항을 통해 A-Z로 세분하라는 분류표 기호로 구성된다.

커터 번호는 LCC 분류 기호의 일부이기 때문에, 본표에 실제 LC에서 부여하고 있는 커터 번호나 최소한의 예시가 포함되어 제시된다. 만약 분류표의 커터 번호가 개인명,

단체명, 지리명 또는 서명을 나타내는 것이라면, 해당 리스트가 모든 것을 포함한다기보다는 자관의 필요에 의하여 추가할 수 있음을 명심해야 한다. 그러나 분류표의 커터 번호가 주제적 관점이라면, 사서가 임의대로 새로운 주제를 추가해서는 안 된다. 새로운 주제는 LC에서 제안되어야 하고, 분류 체계에서 사용되기 전에 승인을 받아야 한다. 지리적 커터 번호는 일반적으로 본표에 수록되지 않는다.

경우에 따라 분류표의 각괄호 안에 분류 기호나 기호의 연속이 나타나기도 한다. 이것들은 이전에 서가번호(shelflist numbers)라는 용어를 사용했으나, 이제는 대체분류번호(alternative class numbers) 또는 지정분류 번호(reserved class numbers), 임의분류번호(optional class numbers)라는 용어로 표현된다. 이러한 번호들은 미의회도서관이 실제 소장하고 있는 저작에는 부여되지 않은 번호지만, LCC에 열거된 '공식적인 접근'보다 '임의적인 접근'이 더 나을 수 있는 도서관들이 활용한다. 예전에 지정된 일부 번호들은 현재 분류표 안에서 적극적으로 사용되고 있으며, 대안이 되는 분류 기호들은 항상 다른 기호를 보라는 지시사항을 동반한다. 분류표에서 원괄호 안에 나타난 분류 번호는 없어진 분류 번호(obsolete class number)로 연속간행물이 계속되는 경우를 제외하고는 사용되어서는 안 된다. 이러한 번호도 항상 다른 기호들을 보라고 지시하는 주기사항을 동반한다.

(1) 커터 번호

커터 번호(Cutter number)는 전개분류법(Expansive Classification, 이하 EC)을 작성한 Charles Amni Cutter(1837-1903)의 이름에서 가져왔다. LCC 안에서 커터 번호는 개별 저자와 서명을 식별하고, 지리적 영역과 특수한 주제를 지시해주는 데 사용된다. 커터 번호는 하나의 자료에 대해 유일한 분류 번호의 생성을 도와주고, 알파벳 순서의 유지를 도와준다. 청구 번호 안에서 커터 번호는 항상 소수점을 앞세우며, 기본 표목의 첫 번째 문자 다음 단어의 두 번째나 그다음의 문자에 대응하는 숫자로 이루어진다. 커터 번호에는 10만 개 이상의 지리적 커터 번호가 수록된 특수한 보조표가 존재한다. 미의회도서관 웹 사이트에서는 이 보조표를 PDF 파일로 제공하고 있다.

커터 번호는 다음과 같은 원칙으로 생성된다.

- 첫 번째 문자가 모음이고, 두 번째 문자가 b면 2, d면 3, l-m이면 4, n이면 5, p면 6, r이면 7, s-t면 8, u-y면 9를 사용한다.
- 첫 번째 문자가 S이고 두 번째 문자가 a면 2, ch는 3, e는 4, h-i는 5, m-p는 6, t는 7, u는 8, w-z는 9를 사용한다.
- 첫 번째 문자가 Qu이고 두 번째 문자가 a면 3, e는 4, i는 5, o는 6, r은 7, t는 8, y는 9를 사용한다. 그리고 첫 번째 문자가 Qa-Qt라면 2-29 중 적당한 번호를 사용한다.
- 첫 번째 문자가 자음이고, 두 번째 문자가 a면 3, e면 4, i면 5, o면 6, r이면 7, u면 8, y면 9를 사용한다.
- 문자를 확장해야 하는 경우, 해당하는 문자가 a-d면 3, e-h는 4, i-l은 5, m-o는 6, p-s는 7, t-v는 8, w-z는 9를 사용한다.

이를 정리하면 다음과 같다.

① 첫 번째 문자가 모음인 경우

그다음 두 번째 문자	b	d	l-m	n	p	r	s-t	u-y
부여하는 기호	2	3	4	5	6	7	8	9

② 첫 번째 문자가 S인 경우

그다음 두 번째 문자	a	c	e	h-i	m-p	t	u	w-z
부여하는 기호	2	3	4	5	6	7	8	9

③ 첫 번째 문자가 Qu인 경우

그다음 두 번째 문자	a	e	i	o	r	t	y
부여하는 기호	3	4	5	6	7	8	9
첫 번째 문자가 Qa - Qt인 경우에는 2 - 29 중 적당한 번호를 사용							

④ 첫 번째 문자가 자음인 경우

그다음 두 번째 문자	a	e	i	o	r	u	y
부여하는 기호	3	4	5	6	7	8	9

⑤ 확장이 필요한 경우

해당하는 문자	a - d	e - h	i - l	m - o	p - s	t - v	w - z
부여하는 기호	3	4	5	6	7	8	9

이러한 커터 번호표를 사용해서 작성한 저자들의 커터 번호는 다음 예시와 같다.

Auden	.A93	Belloc	.B45	Chrisite	.C47
Eliot	.E45	Foskett	.F67	McGuinness	.M34
Quick	.Q53	Scott	.S36	Stewart	.S74
Twain	.T93	Unwin	.U59	White	.W55

만약, 특정 문자에 해당하는 번호가 존재하지 않는다면, 그 문자의 앞이나 뒤에 오는 번호를 사용해야 한다. Scott와 White의 사례에서 볼 수 있듯이 각 저자는 서가의 배열을 유지하기 위하여 유일한 커터 번호를 가져야 하기 때문에 번호들이 겹치는 것을 방지하기 위해 Whiter는 W557과 같이 숫자 5를 기준으로 앞이나 뒤의 번호를 추가적으로 전개할 수 있다.

▪ 2개 이상의 커터 번호

미의회도서관에서 커터 번호는 일부 분류 기호를 확장하고, 알파벳순으로 서가를 배열하기 위해 사용되는 것으로, 많은 자료들이 청구 번호 안에서 2개의 커터 번호를 가진다. 예를 들어, Niles M. Hansen의 *French Regional Planning*은 미의회도서관에서 HT395.F7 H35라는 청구 번호를 가지는데, 이는 다음과 같이 설명할 수 있다.

H	Social Science
HT	Communities. Classes. Races
101–395	Urban groups. The city. Urban sociology
390–395	By region or country
392–395	United States
395.A–Z	Other regions or countries, A–Z
.F7	France
H35	The cutter number for Hansen

두 개의 커터 번호가 사용되는 경우는 흔하지만, 세 개의 커터 번호가 사용되는 경우는 매우 드물다. G류 안에서 커터 번호들은 주제 지도의 특정한 유형을 위해 사용되는데, 여기에 특수한 부분이 추가될 수 있다. 예를 들어, Melvin I. Krasner와 New York City Division of Research, Analysis and Planning이 발행한 *New York City Community Health Atlas 1988*의 청구 기호는 G1254.N4 E55 K7 1988인데, 이를 설명하면 다음과 같다.

G	Geography. Anthropology. Recreation
1–9980	Geography(General). Atlases. Globes. Maps
1000–3122	World Atlases. Atlases of the Earth
1200–1534.24	United States

1205-1374	Eastern United States
1209.5-1277	Northeastern States
1250-1254	New York
1254	Cities, Towns, and Urban townships, etc., A-Z(Table G3803) 주제를 위한 Table G1a
.N4	New York City
E55	Public Health [from Table G1a-Subject subdivisions]
K7	Krasner를 위한 커터 번호
1988	Date of atlas publication

▪ 지정된 커터 번호

LCC 본표와 보조표에서는 특별한 목적을 위해 .A 또는 .A-Z로 시작하는 커터 번호를 따로 제시하고 있다. TD26.A1-TD27.A-Z [Environmental technology. Sanitary engineering. Country and city subdivisions. Canada]의 사례로 이를 자세하게 살펴보면 다음과 같다.

Canada

TD 26.A1 General works

TD 26.A6-Z Provinces, A-Z

TD 27.A-Z Local(Cities, etc.), A-Z

T류와 분류표 안의 내부 보조표를 통해 캐나다의 위생공학에 관한 일반적인 저작을 위해서는 분류 번호 TD26.A1을 사용한다고 추정할 수 있다. 만약, 여기서 첫 번째로 입

수되어 분류할 책이 Robbyn Gomble이 쓴 것이라면, 미의회도서관 커터 번호표를 사용해서 청구 번호를 TD26.A1 G6이나 TD26.A1 G65로 생성할 수 있다. Rachael Goode이 쓴 동일한 주제에 관한 두 번째로 입수된 저작에는 TD26.A1 G66을, Richard Goddard이 쓴 세 번째로 입수된 논집은 TD26.A1 G58이라는 청구 번호를 부여할 수 있다.

만약, 캐나다 Alberta주의 위생공학에 관한 도서를 분류하는 경우, 일상적인 커터 번호인 .A4나 .A3을 부여하지 못하는데, 이는 TD26-TD27.A-Z에 있는 내부 보조표에서 일반 저작을 위해 TD26.A1에서 TD26.A5까지의 번호를 지정해놓았기 때문이다. 예시에서는 'Provinces, A-Z는 .A6-Z를 사용하라'고 제시되어 있는데, 이는 알파벳 A로 시작되는 하나의 주를 위해 사용될 수 있는 첫 번째 커터 번호가 'A6'라는 것을 의미한다. 따라서 이 경우에는 TD26 .A65라는 분류 번호를 부여하고, 일차적인 접근점으로 적합한 커터 번호를 그다음에 부가하여 청구 번호를 생성할 수 있다. 캐나다 Alberta주 Airdrie의 위생공학에 대한 저작의 분류 번호는 TD27 .A37에 일차적인 접근점으로 활용되는 두 번째 커터 번호를 추가하면 된다.

.Z 커터 번호의 지정은 P류에서 가장 흔하게 발견되는데, 이는 이용자들이 하나의 저자에 관한 전기류와 비평류가 그 저자의 저작들 다음에 바로 배가되는 것을 선호하기 때문이다. 예를 들어, PR6045는 1900년에서 1960년 사이에 작품을 쓴 모든 영국 문학가 중 성이 'W'로 시작하는 문학가에 해당하는 번호인데, 첫 번째 커터 번호는 성의 두 번째 문자를 기반으로 부여한다. 즉, 커터 번호는 저자의 성에서 두 번째 문자로 시작되고, 세 번째 문자를 나타내는 숫자가 따라오게 된다. 예를 들면, Rebecca West를 위한 커터 번호는 E8이 된다. 두 번째 커터 번호는 지정된 번호들의 보조표에 기초하여 전집, 선집, 개별 저작의 서명, 개작, 번역, 전기와 비평에 따라 부여한다. 따라서, 2000년에 발행된 *The Selected Letters of Rebecca West*의 분류 번호는 PR6045.E8 Z48 2000이 된다.

P-PZ Language and Literature Tables의 Table 40에서 전기와 비평류의 예는 다음과 같다.

P–PZ40	Table for authors(1 Cutter no.)
⋮	
	Biography and criticism
.xZ4581–.xZ4589	Periodicals. Societies. Serials
.x459	Dictionaries, Indexes, etc. By date
.xZ46	Autobiography, journals, memoirs. By date
.xZ48	Letters(Collections). By date Including collections of letters to and from particular individuals
.xZ5–.xZ999	General works

저자나 서명으로 된 커터 번호와 발행연도를 포함하는 LC 청구 번호의 예는 다음과 같다.

Chan, L. M.(1999) A Guide to the Library of Congress Classification, 5th ed. Libraries Unlimited. ⇒ Z696.U4 C53 1999

Z	Bibliography and library science
696	Classification
U4	LCC 내부 보조표에서 United States에 해당하는 커터 번호
.C53	Chan에 해당하는 커터 번호
1999	발행연도

Hendee, W. R. and Wells, P. T. ed.(1997) *The Perception of Visual Information*, 2nd ed. Heidelberg: Springer ⇒ QP475.P47 1997

QP	Physiology

475	Vision, general works
.P47	'Perception'에 해당하는 커터 번호(편저이므로 서명이 기본 접근점)
1997	발행연도

Gupta, J. N. D. and et. al.(2004) *Creating Knowledge-Based Organizations*. Idea Group Publishing ⇒ HD53.C74 2004

HD	Management
53	Intellectual work
.C74	'Creating'에 해당하는 커터 번호(다수 저자들의 저작은 서명이 기본 접근점)
2004	발행연도

이렇듯 LCC의 청구 번호는 상당히 복잡하지만 장서 안에서 각각의 자료를 유일하게 식별할 수 있는 세련된 방식으로 구성되어 있다. 주류와 세부 분야의 이해에 도움이 되는 순서로 서가상에 배열하기 위해 분류표상에서 전개된 순서에 따라 서가에 배열해야 한다. 즉, PR509는 서가상에서 PR51 다음에 오지만 PR5018보다는 앞에 위치해야 한다. 다음으로 알파벳순 다음 숫자의 순서와 개별저자/서명을 나타내는 알파벳과 숫자로 이루어진 순서를 고려해야 한다. 문자와 숫자로 이루어진 커터 번호는 소수점을 앞세우고 십진식으로 배열해야 한다. 즉, PR4972.M33은 서가상에서 PR4972.M3 뒤에 오지만 PR4972.M5보다는 앞에 위치해야 한다. 이후, 동일한 저자나 서명의 자료를 확실하게 구분하기 위하여 발행년에 따라 연대순으로 서가에 배열해야 한다.

(2) 기호의 평가

LCC를 사용하여 자료를 분류하는 경우, 분류 기호가 갖추어야 할 요건에 따라 평가하면 다음과 같다.

① 순차성

LCC는 혼합 기호를 사용한다. 주류와 주된 세목들은 류와 목 안에서 강을 표현하는 데 사용되는 아라비아 숫자와 함께 문자로 표현된다. LCC의 기호는 그 자체적으로 알파벳과 아라비아 숫자의 순서를 가지고 있지만, 순수하게 아라비아 숫자만을 사용하는 DDC보다는 기호에 반영된 순서의 논리가 약하다.

② 간결성과 단순성

LCC는 주류와 주요 하위류를 표현하는 데 있어 아라비아 숫자 10개보다 알파벳 26개를 기본으로 한 문자를 사용하여 간결성을 보완하고 있다. LCC는 쉽게 파악이 가능한 18개의 주류와 230개의 주요 하위류를 가지고 있는데, 대부분 2개의 문자로 간결하게 표현된다. 그러나 대체로 LCC는 분류표 안에서 전개되는 상세성의 수준 때문에 단순성과 간결성이 상실된다. LCC의 완전한 구성은 앞서 살펴보았던 청구 기호의 사례와 같이 4가지로 구성되는데, 소수점 다음의 커터 번호와 숫자는 종종 복잡하고 긴 번호를 생성하여 서가의 배열과 서가 브라우징에 필요한 시간을 증가시킨다.

③ 조기성

LCC는 총류 A에서 많은 문헌적 조기성의 사례를 찾을 수 있다.

A	General works
AC	Collections. Series. Collected works
AE	Encyclopedia

AG	Dictionaries and other general reference works
AI	Indexes
AM	Museums. Collected and collecting
AN	Newspaper
AP	Periodicals
AS	Academies and learned societies
AY	Yearbooks. Almanacs. Directories
AZ	History of scholarship and learning. The humanities

문제는 이러한 장치가 분류표 전체에 일관성 있게 적용되지 않는다는 것이다. LCC 분류표에서 체계적인 조기성을 사용했다는 증거는 거의 없지만, 앞으로 분류표 전체에 완전하게 열거하기보다는 보조표 안에 더 많은 공통적인 개념을 수록하는 방식으로 사용될 가능성이 높다. 체계적인 조기성을 사용한 대표적인 사례는 국가와 주를 표현하는 데 사용되는 커터 번호표로부터 나온 번호들이다. 그러나 이러한 기호의 사용이 항상 일관성을 가지는 것은 아니다. 예를 들어, H 분류표에 나온 지역과 국가 보조표에서 스리랑카는 .S72로 표현되지만, 스리랑카의 철도를 의미하는 HE 3300.3과 같이 분류표 안에 국가를 적용하여 열거한 경우, 이 기호를 사용하지 않을 수도 있다. 최근에는 분류표의 열거 항목을 줄이고 보조표의 사용을 장려함으로써 조기성이 향상되고 있다. 또한 LCC는 각 주제 분야가 많은 권수로 발행되어, 주제나 분야를 오가며 통일성을 갖는 것이 더욱 어렵다. LCC는 커터 번호표를 통하여 저자들과 다른 이름의 대표성 안에서 체계적인 조기성을 확보한다.

④ 수용성

열거식 분류표, 특히 LCC 안에서 전개한 개념의 상세성 수준은 새로운 주제를 수용하는 데 문제를 야기할 수 있다. LCC는 이러한 문제를 해결하는 데 매우 진보적인 접근을 활용하고 있다. LCC는 계층적 구조나 주제에 도움이 되는 순서가 없기 때문에, 분류 체계의 전체 구조가 조화롭지 않더라도 새로운 주제들을 매우 쉽게 분류 체계에 추가할 수 있다.

분류 체계의 수용성을 알아보는 매우 좋은 예시는 전산 분야를 어떻게 분류 체계에 반영했는지 살펴보는 것이다. LCC의 경우, 과학분류표의 수학 QA과 기술분류표의 전기공학 TK에서 컴퓨팅을 성공적으로 수용하고 있다. DDC에서는 컴퓨팅의 주제 분야가 커지면서, 수학과 전기공학에서 총류로 번호를 이동해야만 했다. 이처럼 LCC는 해당 분야를 분류표 안에 더 큰 부분으로 이동시키지 않고, 확장할 수 있도록 허용함으로써 더 큰 수용성을 가진다.

⑤ 표현력

앞서 언급했듯이, LCC는 더 큰 간결성과 수용성을 달성하기 위해서 표현력을 희생하는 방향으로 개발되었다. 이는 LCC가 한 국가의 의회 장서를 조직하기 위해 개발된 것으로, 대부분의 장서에 공개적으로 접근할 수 없었기 때문이다. 그러나 LCC를 규모가 작은 도서관의 장서에 적용하는 경우, 브라우징을 위해서 희생된 표현력은 단점으로 작용할 수 있다.

⑥ 유연성

LCC는 유연성이 부족하다는 비판을 받을 수 있지만, 이는 상세한 열거식 분류 체계라면 피할 수 없는 부분이다. LCC는 이러한 한계점을 어느 정도 극복하기 위해 유연성을 증가시키기기 위한 노력을 해왔다. 예를 들어, 모든 주제 서지는 Z에 분류되는 것이 원칙이지만, 지금은 해당하는 주제 안에서 주제 서지로 배가하고자 하는 도서관을 위하여 대안이 되는 분류 기호를 제공하고 있다. 즉, 건축 서지의 경우 우선하는 분류 기호는 Z5943이지만, 대안으로 NA2750에 분류할 수 있다.

6) 색인

LCC 인쇄본의 경우, 전 분야를 모두 다루는 공식적인 색인은 없다. 각 권마다 자체 색인을 가지며, 다른 권(주제 분야)에 대한 항목들은 거의 언급하지 않는다. 이러한 종합적인 색인의 부족은 *ClassWeb*을 통해 충족될 수 있는데, *ClassWeb*에서는 모든 분류표의 기호와 결합된 단어들을 다양한 방법으로 검색할 수 있기 때문이다.

LCC의 인쇄본을 사용하는 경우, 한 주제에 나타날 수 있는 다양한 학문 분야를 고려해야 하며, 각 분류표의 색인을 살펴봐야 한다. 학문 분야마다 동일한 개념을 기술하는 데 사용되는 분류 항목이 다를 수 있기 때문에 관심 있는 주제에 대해 적합한 위치를 찾으려는 노력이 필요하다.

예를 들면, T –Technology의 색인에서 공중목욕탕(public baths)은 다음과 같은 기입어를 제공한다.

> Baths, Public
>
> Building construction: TH4761
>
> Plumbing: TH6518.B3

그러나, 다른 분야의 색인에서는 다음과 같은 기입어를 제공한다.

> N –Fine Arts의 색인
>
> Bath houses
>
> Architecture: NA7010
>
> R –Medicine의 색인
>
> Public baths
>
> Public health: RA605+

H –Social Sciences의 색인

Bathhouses

Gay culture: HQ76.965.B38

Baths, Public

Employees: HD8039.P86+

K –Law의 색인

Baths, Public

Islamic law: KBP184.47.P82

Bath houses

Tang and post-Tang China: KNN345.B37

Bath houses(Ancient China): KNN195.B37

*ClassWeb*을 사용하면 LCC 전체를 아우르는 분류 항목 검색, 색인어 검색, 키워드 검색, 결합 검색을 수행할 수 있다. 각각의 검색 방식은 서로 다른 결과를 가져온다. 즉, 검색어로 public baths를 검색하거나, 좀 더 나은 검색 결과를 위해 제한자나 확장자를 사용한 public bath*를 검색어로 사용할 수 있다. public bath*라는 검색어로 분류 항목을 검색하면 Public bath employees(HD), Public baths(KBP), Public baths, comfort stations, etc.(RA)와 결합된 범주나 분류 번호가 검색 결과로 도출된다. public bath*라는 검색어로 색인 검색을 하면 하나의 분류 번호, 즉, Public bath employees의 번호만 검색 결과로 표출된다. *ClassWeb*에서 public bath*라는 검색어로 전체 검색을 수행하면, 16개의 결과가 출력되며 일부는 적합하고 일부는 적합하지 않다(〈그림 11〉 참조).

인쇄본은 독자들의 맥락에 도움이 되는 설명 어휘를 각괄호로 제시하지만, *ClassWeb*에서는 그렇지 않기 때문에 각각의 분류 항목이 정확하게 무엇을 의미하는지 파악하는 것이 어려울 수 있다. 그래서 적절한 분류 항목을 결정하기 위해서는 각 번호를 검토해

KBP184.47.P82	Public baths(ablutions) [Islamic law]
KNN345.B37	Bath houses(Tang and post - Tang China) [Law]
HD8039.P86 - .P862	Public bath employees [Labor. Working class]
TH4761	Baths [Building construction]
TH6518.B3	Baths. Public [Plumbing]
[RA605 - 607]	Public baths, comfort stations, etc. [Public health]
RA605	Public baths, comfort stations, etc. - General works
RA606	Bathing beaches. Baths and swimming pools
RA607	Comfort stations
RA780	Cleanliness. Bathing [Public health]
RA794	Health resorts, spas, etc. [Medical tourism]
RA850.B3	Bath. England. Hot Springs [Medical geography]
RA969.33	Bathing facilities [Hospital services]
NA5471.B3	Bath Abbey [Architecture - Religious buildings]
NA 7010	Baths and washhouses [Architecture]
KNN195.B37	Bath houses(Ancient China) [Law]

〈그림 11〉 ClassWeb에서 'Public bath*'라는 검색어로 전체 검색한 결과

야 하는데 엄청난 양의 키워드 검색 결과가 도출된다면 부담스러울 수 있다. 다른 선택사항은 '탐색 팁과 임의조항' 아래 일부분 또는 완전한 계층 구조를 보여줄 수 있게 설정을 바꾸는 것이다. 그러나 이것도 각 기입어에 관련된 많은 용어들을 제공한다는 문제를 야기한다.

하나 이상의 학문 분야에서 기호를 찾는 또 다른 방법은 LCSH 검색을 수행하는 것이다. LCSH는 LCC에서 색인으로 기능하기 위해 설계된 것은 아니지만, LCSH의 많은 기입어와 세구분은 각괄호를 통해 LCC 분류표에서 사용된 용어를 포함하여 하나 이상의 분류 번호를 제시한다. 예를 들어, Public baths라는 표목 아래 다음과 같은 것을 찾을 수 있다.

Public baths (May Subd Geog)
  [RA60D5-RA606 (Public health)]
    UF Baths, Public [Former heading]

BT Baths

Public buildings

NT Bathhouses

Baths, Roman

하위어인 Bathhouses와 Baths, Roman은 그들과 연계된 분류 기호가 없다. 상위어인 Baths는 학교 위생, 개인위생, 치료학을 위한 기호를 갖고 있다. LCSH 안에 인쇄된 분류 번호는 복잡한 것을 의도하지는 않지만, 기호가 표목의 범주와 언어에 분명하게 일치할 때만 제공되므로 Pubic baths로는 해당 분류표의 기입어를 놓칠 수도 있다. 따라서 LCSH를 사용하더라도 정확성을 위해서는 항상 본표에서 개별 기호를 모두 확인해야만 한다.

LCC 색인에서 Hypnotism(최면술)을 찾은 결과는 다음과 같이 구성되어 있다.

B–BJ–Philosophy; Psychology

Hypnotism(Parapsychology): BG1111–1156

BL, BM, BP, BQ–Reigion: Religions, Hinduism, Judaism, Islam, Buddhism

Hypnotism: BL65.H9

H–Social Sciences

Hypnotism and crime: HV6110

KK–Law of Germany

Hypnosis(Force) – Criminal law: KK8020.F67

Hypnotism and criminal law: KK8014

Q–Science

Hypnotic conditions–Physiology: QP425–427

R–Medicine

Hypnotherapy: RJ505.H86

Hypnotic age regression: RC499.H96

Hypnotics: RM325

Hypnotism and hypnosis

Anesthesiology: RD85.H9

Dentistry: RK512.H95

Forensic medicine: RA1171

Psychiatry: RC 490–499

이와 관련된 LCSH는 다음과 같다.

Hypnotic susceptibility (May Subd Geog)

[BF1156.S83]

⋮

Hypnotics (May Subd Geog)

[RM325]

⋮

Hypnotism

[BF1111–BF1156(Parapsychology)]

[HV6110 (Hypnotism and crime)]

[RC490–RC4999(Psychiatry)]

⋮

Hypnotism and crime

[HV61110]

Hypnotism in dentistry(May Subd Geog)

[RK12.H95]

⋮

Hypnotism in surgery(May Subd Geog)

[RD85.H9]

Hypnotic age regression
    RC499.H96 Hypnotic age regression
Hypnotic conditions: Physiology
    [QP425 - 427] Sleep. Hypnotic conditions, etc.
Hypnotics
    RM325 Hypnotics. Sedatives
Hypnotism: Bibliography: Medicine
    Z667.H9 Hypnotism
Hypnotism: Criminal law
    K5028 Criminal law and hypnotism
Hypnotism: Psychiatry
    [RC490 - 499] Hypnotism and hypnosis. Suggestion therapy
Hypnotism and crime
    HV6110 Hypnotism and crime
Hypnotism and criminal law
    KK8014 Criminal law and hypnotism
Hypnotism and hypnosis: Anesthesiology
    RD85.H9 Hypnosis
Hypnotism and hypnosis: Anesthesiology: Dentistry
    RK512.H95 Hypnotism
Hypnotism and hypnosis: Forensic medicine
    RA1171 Other special
Hypnotism and religion
    BL6.H9 Hypnotism
Hypnotism in literature: General: Literary history
    PN1059.H8 Hypnotism
Hypnotism in motion pictures
    PN1995.9.H95 Hypnotism
Hypnotism(parapsychology)
    [BF1111 - 1156] Hypnotism. Animal magnetism. Odylic force.

〈그림 12〉 ClassWeb에서 'hyponotic' 검색 결과

LCC의 색인으로서 LCSH는 BL, QP, RA 등은 놓칠 수 있지만, 분류표 안에서 시작점을 찾는 데 도움을 줄 수 있다. 참고로 *ClassWeb*에서 'hypnotic'이라는 검색어로 색인을 검색하면 〈그림 12〉와 같은 결과가 도출된다.

3. 한국십진분류법

KDC는 2013년 제6판까지 발행된 한국의 표준분류표이다. DDC나 UDC가 미국 및 서양 중심의 분류 체계인 반면, KDC는 한국의 실정을 반영하여 국내 대부분의 공공 도서관과 학교도서관, 일부 대학도서관에서 사용되고 있다.

1) 기원과 발전

KDC의 초판은 1963년 구성된 한국도서관협회의 분류분과위원회에서 1964년에 발행했으며, 이후 제2판(1966), 제3판(1980), 제4판(1996), 제5판(2009), 제6판(2013)까지 나왔다. 한국의 실정에 적합한 분류표를 개발하기 위해 초판 개발 당시 접근 가능한 다양한 분류표를 참고하여 장점은 반영하고 단점은 줄이고자 노력했다. KDC 초판의 특징은 주류의 구분이 DDC의 주류를 바탕으로 하지만 언어와 문학을 근접시켰다는 것이다. 그리고 일부 강목과 상당 부분의 요목 및 세목은 일본십진분류표를, 한국과 동양 관련 주제는 박봉석의 조선십진분류표와 한화도서분류법, 성균관대학교도서관의 한적분류법을, 사회과학의 강목은 LCC를, 의학 분야는 UDC를 참고했다.

2013년 7월에 발행된 KDC 제6판이 갖는 주요 특징은 다음과 같다. 첫째, 학문의 발전과 최신 동향을 반영해서 전개했다. 둘째, 건축술 및 건물을 건축학으로 통폐합하고 일부 요목도 통폐합했다. 셋째, 분류 기호의 합성방식을 광범위하게 도입했다. 넷째, 분류 항목에 대한 상세한 주기를 추가했다. 다섯째, 기술 방식을 일원화하면서 용어를 최신화 및 현대화하고, 한자를 병기했다. 여섯째, 들여쓰기를 도입하고 상관색인을 대폭 수정했다.

KDC는 한국의 실정에 맞게 고안된 도서관 표준분류표로서 국립중앙도서관을 포함하여 여러 도서관에서 광범위하게 사용되고 있어서 실용성이 높으며 국립중앙도서관과 국회도서관에서 KDC가 포함되는 목록 정보를 제공하고 있어서 해당 자료의 KDC에 관한 정보를 참고할 수 있다. 그리고 한국도서관협회에서 유지 관리하고 개정작업을 수행하기 때문에 분류표의 최신성을 유지하는 것이 가능하다. 또한 상관색인이 있어서 본표의 여러 곳에 분산된 관련 주제를 한곳에서 쉽게 찾아볼 수 있다. 분류 기호가 아라비아 숫자로만 이루어져서 기호가 단순하고 이해하기 쉽고 다양한 주기와 해설서를 통해 분류표를 이해하고 사용하기 편하다.

그러나 KDC 역시 다음과 같이 다른 열거식 분류 체계가 갖는 한계점을 가지고 있다. 첫째, 모든 분야와 주제를 10개씩 구분해야 한다는 십진식의 한계로 인해 학문과는 주제 간 불균형이 생길 수밖에 없다. 둘째, 이미 분류 기호를 대부분 사용한 학문 분야의 경우, 새로운 주제를 적절한 위치에 넣기가 어렵고 상세한 분류를 하다 보면 분류 기호가 지나치게 길어질 수 있다. 셋째, 분류표를 개정할 때마다 전면 개정이나 재배치가 이루어지는 경우, 분류 기호의 변경을 가져오기 때문에 도서관은 재분류를 하거나 이에 대한 조치를 해야 한다. 넷째, 정기적이거나 주기적인 개정이 제대로 이루어질 수 있도록 절차를 수립해야 한다.

2) 구조와 특징

(1) 학문적 분류

KDC는 주제에 대한 관점이나 다루는 측면에 따라 해당 학문에 분류하는 학문 분류를 따른다. 다만 DDC에서 400대 언어와 800대 문학류가 분리된 것을 KDC에서는 각각 700대와 800대로 근접시켰고, 그 결과 자연과학은 400대, 기술과학은 500대, 예술은 600대로 각각 이동시켜 배열하게 되었다. 전체적으로 KDC는 학문 분류를 바탕으로 하면서 부분적으로 주제에 따른 분류로 보완하고 있다. 예를 들면, 건축과 건축술에 관련된 주제들은 DDC와 같이 각각 분리되어 있지 않고 540대에 통합되어 있으며, 컴퓨터 과학의 하드웨어와 소프트웨어도 004에 통합되어 있다.

(2) 계층적 구조

KDC는 주류, 강목, 요목, 세목으로 이어지는 구조를 갖는 계층적 분류표이다. 이는 KDC가 일반적인 것에서 구체적인 것으로 전개된다는 것이다. 다만 이러한 원칙이 분류표 전체에 걸쳐 모든 경우에 완전하게 적용되고 있는 것은 아니다. 주류의 경우, 지식의 전 영역을 10개로 나누고 있다. 제일 먼저 어디에도 속하기 어렵고 여러 분야를 망라적으로 다루는 주제들을 모아 000대 총류로 설정했다. 그리고 100대는 철학, 200대는 종교, 300대는 사회과학, 400대는 자연과학, 500대는 기술과학, 600대는 예술, 700대는 언어, 800대는 문학, 900대는 역사로 설정했다.

강목은 각 주류들을 다시 각각 10개씩 세분하여 400대 자연과학의 경우 410 수학, 420 물리학, 430 화학, 440 천문학, 450 지학, 460 광물학, 470 생명과학, 480 식물학, 490 동물학으로 구분했다. 이렇게 구분된 강목은 두 번째 자리의 기호로 나타나게 된다. 요목은 각각의 강목을 다시 10개씩 세분하여 세 번째 자리의 기호로 표현된다. 490 동물학의 경우 491은 일반동물학, 492는 무척추동물, 493은 원생동물, 해면동물, 자포동물, 선형동물, 494는 연체동물, 의연체동물, 495는 절지동물, 곤충류, 496은 척삭(척색) 동물, 497은 어류, 양서류, 파충류, 498은 조류, 499는 포유류로 세분된다. 세목은 요목을 필요할 때, 계속 세분하여 만들게 된다. DDC와 마찬가지로 세 자리가 넘는 분류 기호의 경우, 세 자리 다음에 소수점을 찍도록 하고 있어서 세목을 소수점 아래 기호로 표현된다.

이러한 특징은 KDC의 기호를 통하여 계층 구조를 파악할 수 있게 한다. 예를 들어, 400 자연과학 아래 490 동물학이 있고, 그 아래 498 조류가 있고, 그 아래 498.7 맹금류, 그 아래 498.72 맹목, 498.76 올빼미목, 498.8에는 반금류가 있게 된다. 이러한 분류 기호의 자릿수로 해당 분야의 상하 관계나 대등관계를 파악할 수 있다. 즉, 동물학은 자연과학의 하위류이고, 자연과학은 동물학의 상위류가 되는 것이다. 그리고 맹금류와 반금류는 모두 조류의 하위류이면서, 각각은 서로 동위류 또는 등위류가 된다.

(3) 십진식 전개

KDC는 모든 지식을 10개씩 주류로 구분한 후, 10개씩 강목, 요목, 세목의 단계로 10개씩 십진식으로 세분한다. 분류 기호는 최소 3자리이며, 세목을 전개하는 경우 세 번째와 네 번째 분류 기호의 사이를 소수점으로 구분한다. KDC는 십진식으로 분류 기호를 무한히 전개할 수 있다. 그러나 모든 학문 분야를 항상 10개씩 세분하는 십진식 전개는 근본적으로 불합리성을 갖고 있는데, 이는 학문의 발전 과정을 보더라도 역사가 길고 연구 분야가 광범위한 학문이 있는 반면에 상대적으로 그렇지 못한 경우가 있기 때문이다. 서가에 배열되는 순서도 KDC의 분류 기호에 따라 십진식으로 이루어진다. 즉, 490, 498.01, 498.0109, 498.026, 498.7, 499, 499.749, 499.9와 같이 분류 기호의 십진값에 따라 서가에 배열된다.

(4) 조기성

조기성은 기억을 돕거나 향상시키기 위한 기술이나 방법을 의미한다. 분류 체계에서 동일한 개념에 동일한 기호를 사용함으로써 기억을 돕거나, 반대로 분류 체계에서 동일한 기호가 동일한 개념을 표현하도록 규정하여 번호를 쉽게 기억할 수 있게 도와주는 것이다. 이러한 조기성에 따른 실질적인 장점 때문에 KDC를 포함한 현대 분류표에서는 조기성을 광범위하게 도입하고 있다.

3) 구성 요소

KDC 제6판은 총 3권, 1,719쪽으로 구성되었다. 제1권은 조기표와 본표로, 제2권은 상관색인, 제3권은 해설서로 이루어졌다. 제1권에는 서문과 분류위원회 보고, 각 판의 서문 및 위원회 보고, 서설, 조기표, 개요표, 범례, 본표가 포함되어 있다.

제6판의 특징은 제3권 해설서가 추가되었다는 점이다. 제5판까지는 해설서 없이 2권으로만 발행되었고, 제4판에 대한 해설서인『韓國十進分類法解說』이 별도로 1997년에 출판되었는데, 제6판에서는 이를 분류표에 포함시켰다.

(1) 제1권

① 서문, 분류위원회 보고, 서설

제6판의 서문에서는 2009년 제5판이 나온 지 4년 만에 나온 개정판의 발간사와 개정의 필요성, 제6판의 특징을 설명하고 개정에 참여한 분류위원들을 밝히고 있다. 제1권에서 밝히고 있는 분류위원회의 개정방침에는 다음과 같은 내용이 포함되어 있다.

- 제5판의 주류와 강목의 골격은 가능한 그대로 유지
- 개정이 필요한 주제 분야의 적극 개정
- 조기표의 개정 및 본표의 조기성에 대한 일관성 유지
- 기술방식의 통일과 용어의 최신성 반영
- 북한 관련 항목의 적절한 반영
- 제5판의 오류와 표기상의 미비점 수정 및 보완
- 분류 기호 합성 방식의 적극적인 도입과 분류 항목의 다양한 주기 기술
- 의미상의 한자 병기가 필요한 경우 원괄호 안에 병기
- 한국지역구분표와 한국시대구분표의 별도 조기표 폐지
- 별법에 대한 "별법:" 명시 및 표시
- 제6판의 간략판 및 해설서 발간과 KDC 기반 시소러스 편찬 준비 등

또한, 서설에서는 주류의 배열과 분류 기호의 조직, 조기성, 주기의 설명, 별법, 상관색인과 함께 실제 분류표를 사용한 도서 기호와 배가 등을 설명하고 있다.

② 조기표

조기표는 문헌의 일반적인 구성 형식이나 특정한 주제 안에서 공통적인 부분에 대해 동일한 번호를 부여하는 것으로, 이렇게 함으로써 쉽게 기억하고 이해할 수 있게 도와준다. KDC 제6판에는 6개의 조기표(표준구분표, 지역구분표, 국어구분표, 문학형식 구분표, 언어공통구분표, 종교공통구분표)가 포함되어 있다. 더불어 제5판까지 별도의 조기표로 유지되었던 보조표인 한국지역구분표는 제6판부터 지역구분표 −111−1199로, 한국시대구분표는 본표의 기호로 대체하여 본표 911.01−082와 같이 세분하도록 개정되었다. 제6판의 조기표를 자세하게 살펴보면 다음과 같다.

▪ 표준구분표

표준구분은 주제를 표현하는 특수한 형태에 따라 함께 모으고 표를 단순화하여 이용을 편리하게 하는 것으로, 주제의 서술 형식(01, 07, 09)과 편집 또는 출판 형식(02, 03, 04, 05, 06, 08)으로 구분할 수 있다. 전자의 경우는 철학 및 이론, 지도법, 연구법 및 교육, 역사와 같은 저작의 형식이 해당된다. 후자는 편람, 사전, 연속간행물, 총서, 전집 등 문헌의 편집 및 출판형식이다. 표준구분표의 주요 구분은 다음과 같다.

−01	철학 및 이론
−02	잡저
−03	사전(辭典), 사전(事典), 인용어사전, 약어집
−04	강연집, 수필집, 연설문집
−05	연속간행물
−06	학회, 단체, 협회, 기관, 회의
−07	지도법, 연구법 및 교육, 교육자료
−08	총서, 전집, 선집
−09	역사 및 지역구분

■ 지역구분표

특정 국가나 지역에 한정된 주제를 다루고 있는 자료는 먼저 해당 주제의 분류 기호를 부여하고, 다음에 그 특정 국가나 지역을 나타내는 지역기호를 부가할 수 있다. KDC에서 지역구분이 필요한 경우에는 대체로 분류표상에 '지역구분표에 따라 세분한다'라고 지시한다. 지역구분표 -11-79는 대개 910-969에서 9를 생략한 기호와 같은 기호를 공통적으로 사용한다. 그러나 분류표상에 특별한 지시가 없더라도 필요한 경우에는 표준세구분표의 -09를 앞세우고 지역구분표를 사용할 수 있다.

한국지역구분표는 별도의 조기표로 구분하지 않고 지역구분표로 통합되었으며, 지역구분표 -111-1199와 같이 세분한다. 한국시대구분표도 별도의 조기표로 구분하지 않고 본표의 기호로 대체되었으며, 본표 911.01-.082와 같이 구분한다. 지역구분표의 주요 구분은 다음과 같다.

-1 한국	-5 남아메리카
-2 유럽	-6 오세아니아
-3 아프리카	-7 지역구분 일반
-4 북아메리카	-8 해양

■ 국어구분표

특정 언어적 측면에서 주제를 다루고 있을 때 해당 언어를 나타내기 위해 사용한다. 국어구분표는 특히 700 언어류와 800 문학류에서 개별 언어와 개별 문학의 기호를 합성하기 위한 기초가 된다. 국어구분은 문학의 언어구분과 일치하며, 언어와 문학의 관련성을 강조하고 있다. 단, 국어구분은 분류표상에 '710-799와 같이 언어구분을 한다' 또는 '759.1-.9와 같이 세분한다' 등과 같은 지시가 있을 때만 적용할 수 있다. 국어구분표의 주요 구분은 다음과 같다.

-1 한국어	-6 프랑스어
-2 중국어	-7 스페인어
-3 일본어	-8 이탈리아어
-4 영어	-9 기타 제어
-5 독일어	

▪ 문학형식구분표

800 문학류의 특정 언어로 된 문학작품이나 문학에 관한 자료를 분류하기 위해 마련된 구분표이다. 문학작품은 원작의 국어를 기본으로 분류한 다음 문학의 형식에 따라 구분한다. 문학형식구분표의 주요 구분은 다음과 같다.

-1 시	-5 연설, 웅변
-2 희곡	-6 일기, 서간, 기행
-3 소설	-7 풍자 및 유머
-4 수필, 소품	-8 르포르타주 및 기타

▪ 언어공통구분표

700 언어류의 각국 언어에 공통적으로 적용되는 형식이나 특성을 표현하기 위하여 부여하는 구분표이다. KDC에서는 710 한국어의 요목 전개를 바탕으로 이를 720-799의 각 언어에 공통으로 적용하도록 하고 있다. 언어공통구분표의 주요 구분은 다음과 같다.

-1 음운, 음성, 문자	-5 문법
-2 어원, 어의	-6 작문
-3 사전	-7 독본, 해석, 회화
-4 어휘	-8 방언(사투리)

■ 종교공통구분표

DDC와 달리 KDC가 갖는 특수한 보조표는 종교공통구분표이다. KDC는 세계의 주요 종교를 220-230, 270-280에 배정하고, 요목의 단계에서 종교공통부문을 공통적으로 적용하고 있다. 이를 위해 211-218 비교 종교의 요목으로 전개된 구분을 각 종교의 종파나 교파에도 적용시켜 세분하고 있다. 종교공통구분표의 주요 구분은 다음과 같다.

-1 교리, 교의	-5 선교, 포교, 전도, 교화(교육) 활동
-2 종교창시자(교주) 및 제자	-6 종단, 교단
-3 경전, 성전	-7 예배형식, 의식, 전례
-4 종교신앙, 신앙록, 신앙 생활, 수도 생활	-8 종파, 교파

③ 개요표

KDC 서문에서는 3단계의 개요표를 제시하는데, 이를 통해 본표를 간단하게나마 전체적으로 살펴볼 수 있다. 주류표는 학문 전 주제를 10개 주제로 구분한 주류를 보여준다. 강목표는 10개의 주류를 10개로 다시 세분한 100개의 구분표를, 요목표는 강목을 다시 십진으로 구분한 요목까지 수록된 1,000개의 구분표를 보여준다. 이 중 100개의 강은 다음과 같다.

000	**총류(General works)**
010	도서학, 서지학(Books, bibliography)
020	문헌정보학(Library and information science)
030	백과사전(General encyclopedia)
040	강연집, 수필집, 연설문집(General collected essays)
050	일반연속간행물(General serial publications)
060	일반 학회, 단체, 협회, 기관, 연구기관(General societies)

070 신문, 저널리즘(Newspapers, journalism)

080 일반 전집, 총서(General collected works)

090 향토자료(Materials of province)

100 철학(Philosophy)

110 형이상학(Metaphysics)

120 인식록, 인과론, 인간학

130 철학의 체계(Systems of philosophy)

140 경학(Chinese classics)

150 동양철학, 동양사상(Orient philosophy and thought)

160 서양철학(Western philosophy)

170 논리학(Logic)

180 심리학(Psychology)

190 윤리학, 도덕철학(Ethics, moral philosophy)

200 종교(Religion)

210 비교종교(Comparative religion)

220 불교(Buddhism)

230 기독교(Christian religion)

240 도교

250 천도교(Chondoism)

260 [공기호]

270 힌두교, 브라만교(바라문교)(Brahamanism, Hinduism)

280 이슬람교(회교)(Islam, Mohammedanism)

290 기타 제종교(Other religion)

300 사회과학(Social Sciences)

310 통계자료(Statistics)

320 경제학(Economics)

330 사회학, 사회문제(Sociology and social problems)

340 정치학(Political sciences)

350 행정학(Pubic administration)

360 법률, 법학(Law)

370 교육학(Education)

380 풍습, 예절, 민속학(Customs, etiquette, folklore)

390 국방, 군사학(Military science)

400 자연과학(Pure sciences)

410 수학(Mathematics)

420 물리학(Physices)

430 화학(Chemistry)

440 천문학(Astronomy)

450 지학(Earth science)

460 광물학(Mineralogy)

470 생명과학(Life science)

480 식물학(Botany)

490 동물학(Zoological science)

500 기술과학(Technology)

510 의학(Medical science)

520 농업, 농학(Agriculture)

530 공학, 공업일반, 토목공학, 환경공학(Engineering, technology…)

540 건축, 건축학(Construction and architecture)

550 기계공학(Mechanical engineering)

560 전기공학, 통신공학, 전자공학(Electrical, communication and…)

570 화학공학(Chemical engineering)

580 제조업(Manufactures)

590 생활과학(Human ecology)

600 예술(Arts)

610 [공기호]

620 조각, 조형미술(Sculpture, plastic art)

630 공예(Crafts)

640 서예(Calligraphy)

650 회화, 도화, 디자인(Painting, Design)

660 사진예술(Photography)

670 음악(Music)

680 공연예술 및 매체예술(Stage performance, Medium art)

690 오락, 스포츠(Amusements, sports and physical training)

700 언어(Language)

710 한국어(Korean language)

720 중국어(Chinese language)

730 일본어 및 기타 아시아 제어(Japanese language and other…)

740 영어(English)

750 독일어(German)

760 프랑스어(French language)

770 스페인어 및 포르투갈어(Spanish and Portuguese languages)

780 이탈리아어(Italian languages)

790 기타 제어(Other languages)

800 문학(Literature)

810 한국문학(Korean literature)

820 중국문학(Chinese literature)

830 일본문학 및 기타 아시아 제문학(Japanese literature and other…)

840 영미문학(English and American literature)

850 독일문학(German literature)

860 프랑스문학(French literature)

870 스페인 및 포르투갈문학(Spanish & Portuguese literature)

880 이탈리아문학(Italian literature)

890 기타 제문학(Other literatures)

900 역사(History)

910 아시아(Asia)

920 유럽(Europe)

930 아프리카(Africa)

940 북아메리카(North America)

950 남아메리카(South America)

960 오세아니아, 양극지방(Oceania and Polar regions)

970 [공기호]

980 지리(Geography)

990 전기(Biography)

④ 범례

개요표와 본표 사이에 본표의 이용에 도움을 주기 위해 범례를 마련하여 본표에 사용된 표기법과 용어, 부호, 표시 등을 설명해주고 있다. 주요 내용을 살펴보면 다음과 같다.

한글 표기를 우선으로 하며 동음이의어, 전문용어 및 고유명사, 한글만으로 이해가 어려운 명사는 원괄호 안에 한자를 병기한다. 용어의 표기는 국립국어원의 한글맞춤법, 외래어표기법, 로마자표기법을 준용한다. 중국과 일본의 인명이나 지명은 현지 원음 표기 후 원괄호에 한자를 병기한다. 외국어 발음의 한글 표기는 대체로 그다음에 원어를 부기한다. 전문용어는 각 학회의 표준용어를 사용하고 표준용어가 아닌 경우, 영어 발음에 따라 한글 표기 후 원어를 부기한다. 분류법 본표의 주류와 강목, 요목 대부분의 항목과 자연과학, 기술과학, 역사의 주요 세목명은 양서 분류의 편의를 도모하기 위해 영어를 병기한다. 연대는 서기로 통일하며 분류법 본표의 참조는 화살표(→)를 사용한다. 공통으로 구분하고 세분할 수 있는 항목은 본표를 간소화하기 위해 많은 경우, 조기성을 활용하여 분류 항목의 전개를 생략한다. 분류 항목이 다른 분류 기호로 위치한 경우, 다른 분류 번호에서 이치된 경우, 분류 항목이 변경된 경우, 모두 이전 번호나 분류 항목을 각괄호 안에 넣고 [전 613.1] [전 가정교육]과 같이 표시한다. 도서관의 상황에 따라 별도의 방법으로 선택이 가능한 경우, '별법:'을 앞에 표시한다. 본표 상단의 분류 기호를 좌측(짝수면) 또는 우측(홀수면)에 이용상의 편의를 위해 해당 페이지의 마지막 분류 항목의 분류 기호 첫 3자리를 기재한다.

⑤ 본표

본표는 000 총류에서부터 999.99 국기, 휘장까지 나열되며, 분류 기호와 표목, 주기로 구성된다. 분류 기호는 분류표상의 맨 왼쪽에 기재되며, 최소 3자리를 유지하고 3자리가 넘으면 3자리와 4자리 사이에 소수점을 찍는다. 주류, 강목, 요목의 표목에는 영어를 함께 기재했으며, 세목의 표목은 필요한 경우에만 영어를 기재했다. 주제의 세분화에 따라 글자의 크기나 오른쪽 들여쓰기가 달라지며, 이를 통해 주제의 계층 관계를 파악할 수 있다. 주기사항에는 해당 분류 기호와 표목에 대한 부가적인 설명으로 분류 항목만으로 정확히 분류하기 어려운 항목에 대해 제시된다.

(2) 제2권: 상관색인

KDC 제6판의 상관색인은 제2권에 포함되어 있다. 상관색인은 본표의 분류 항목과 주기의 설명어 가운데 주요한 항목을 가나다순으로 배열하여 분류표 전체에 분산되어 있는 동일한 주제에 대한 모든 관점을 한곳으로 모아주는 기능을 한다. 모든 주제의 명사와 그 주제를 도치 형식으로 표현한 명사를 가나다순으로 배열하여 특정 주제의 분류 위치, 항목의 관련성과 하위 관계, 다른 입장에서 본 분류 기호를 한곳에 모두 제시하기 때문에 분류 항목과 주기를 정확하게 찾을 수 있게 되어 있다. 표목의 바로 옆에는 그 표목에 해당하는 분류 기호가 제시되어 있다. 주의할 점은 상관색인의 분류 기호를 바로 부여해서는 안 되며, 반드시 상관색인에서 찾은 주제의 분류 기호를 바탕으로 본표와 대조하여 적합한 주제인지를 검토한 후에 분류 기호로 결정해야 한다는 점이다. 제6판 상관색인의 색인어로 추출된 용어들은 다음과 같다.

- 본표와 조기표의 표목과 주기에 표기된 용어(인명, 지명, 국가명, 고유명을 포함)
- 검색의 접근점이 될 가능성이 있는 동의어
- 영어로 된 두문자어(acronym)
- 병립되어 있으나 자주 사용하는 용어(소설가의 호와 이름, 필명 등)
- 기타 분류 담당자가 분류 업무에 도움이 된다고 판단되는 용어

(3) 제3권: 해설서

KDC를 사용하는 도서관의 분류 실무와 이용자의 주제 접근을 위해 유용하게 사용할 수 있는 분류표의 매뉴얼인 해설서는 분류 기호순으로 충분한 설명과 예시를 제공한다.

4) 주기

DDC와 마찬가지로 KDC에도 분류표가 방대해지는 것을 막기 위해 조기성을 적용하여 전 주제 구분과 특수주제 구분, 지역구분 등의 보조기호를 첨가하라는 분류 주기가 설정되어 있으며, 별법(양자택일 규정)과 같이 도서관에 따라 분류 항목을 일관성 있게 선택할 수 있도록 주기가 마련되어 있다. 이외에도 KDC에는 주제가 표목의 일부는 아니지만 그 표목에 포함시키도록 명시한 포함주, 자료를 분류할 때 참조가 필요한 항목을 주의 끝에 열거하는 참조주, 주제를 특정 분류 기호에 분류할 수 없을 때 다른 주제나 기호에 분류하도록 지시하는 타분류 기호 지시주 등이 포함되어 있다.

5) 적용

(1) 기호의 합성

① 주제와 형식

자료는 먼저 주제에 의해 분류하고 그다음에 주제를 표현하는 형식으로 세분한다.

경제학 사전 ⇒ 320.03 320(경제학) + 03(사전)

② 복수주제

복수 주제를 각각 다룬 저작은 저자가 가장 역점을 둔 주제에 분류한다.

프랑스, 독일, 영국의 경제 현황(프랑스 경제를 강조한 경우) ⇒ 320.926 320(경제학) + 926(지역, 프랑스)

3개 이상의 주제가 동등하게 취급된 경우 첫 번째 주제에 분류하며, 4개 이상의 주제는 그 주제를 모두 포함하는 상위주제에 분류한다.

영국, 독일, 프랑스, 이탈리아의 사회복지 ⇒ 362.94 362(사회복지) + 94(지역, 유럽)

③ 구체적이거나 추상적인 주제

구체적인 주제와 추상적인 주제를 함께 다룬 자료는 구체적인 주제 아래 분류한다.

정보화 사회와 가족(구체적인 주제가 가족) ⇒ 332.2 332.2(가족)

④ 인과관계의 주제

원인과 결과라는 주제가 함께 다루어진 자료는 결과나 영향을 받은 쪽에, 비교나 대조를 한 경우는 저자가 주장하고자 하는 주제에 분류한다.

기독교와 한국문화(영향을 받은 주제가 한국문화) ⇒ 911 911(한국사) 민주주의와 사회주의(저자가 주장하려는 주제가 사회주의) ⇒ 340.24 340.24(사회주의)

⑤ 특정 계층을 위해 주제

일반인이 아닌 특정 이용 계층을 위해 저작된 저술은 일반적으로 주제가 아니라 목적(이용계층)에 분류한다.

물리학자를 위한 수학 ⇒ 420.15
420(물리학) + 015(표준세구분의 수학원리)

그러나 위의 자료가 특정 이용계층에 제한되지 않고 일반인도 이용할 수 있는 경우에는 410(수학) + 028(표준세구분의 특정직업) + 42(물리학)를 조합하여 410.2842에 분류할 수는 있다.

⑥ 원저작과 번역서, 주석서, 해설서, 연구서 등

원저작과 관련된 자료는 원저작과 같은 곳에 분류한다.

노인과 바다(헤밍웨이 원작의 한글 번역판) ⇒ 843
843(미국 문학)

그러나 어학용을 주목적으로 하는 대역서나 주석서 등은 학습할 언어의 독본이나 해석에 분류한다.

노인과 바다(교양영어학습총서; 영한 대역시리즈) ⇒ 747
747(영어)

⑦ 번안서나 각색된 자료

기존 문학작품을 바탕으로 줄거리를 개작한 번안서나 새롭게 각색된 작품은 원작이 아닌 번안가나 각색자의 작품으로 분류한다.

빅토르 위고의 『레 미제라블』(한국의 초등학생을 위해 줄거리를 개작한 번안서)
⇒ 813.8
813.8(한국 소설)

⑧ 별법(양자택일 규정)

별법 적용이 가능한 주제는 도서관의 필요에 따라 선택하고, 일관성 있게 분류한다.

한국문헌정보학색인: 1975-1992 ⇒ 016.02 또는 020.26
016(색인) + 020(문헌정보학)
020(문헌정보학) + 026(표준세구분의 색인, 별법 적용)

기술직 공무원 시험대비 종합문제집 ⇒ 350.3575 또는 507.7
350.357(공무원 시험문제집) + 5(기술과학)
500(기술과학) + 077(표준세구분의 각종 시험대비용 교재 및 문제집)

기록관리정책 ⇒ 028.11 또는 026.99
028(기록관리) + 11(021.1 도서관정책, 별법 적용)
(028) 기록관리(Records and archives management)
026.99에 분류한다.
별법: 도서관에 따라 기록관리를 여기에 분류할 수 있다. 기록관리의 세부영역을 전개하고자 하는 도서관은 020-025와 같이 세분할 수 있다.

⑨ 본표에서 표준세구분의 내용을 이미 반영하고 있는 주제

표준세구분을 다시 적용하면 같은 내용을 중복해서 분류하는 결과가 되기 때문에, 표준세구분을 적용하지 않아야 하는 경우도 존재한다. 예를 들어 360 법학은 이미 법령

의 의미가 포함되어 있기 때문에, 표준세구분의 법령에 해당하는 023을 추가할 수 없다. 900 역사 분야는 여기에 다시 표준세구분의 역사라는 의미를 나타내는 -09를 부가할 수 없다. 014-019 각종 서지 및 목록, 030 백과사전, 040 강연집 및 수필집, 050 일반연속간행물, 060 일반학회 및 단체, 080 총서에 이미 표준세구분의 내용이 반영되어 있으므로, 여기에 표준세구분을 부가할 수 없다. 같은 맥락에서 710-790 각 국어사전은 이미 사전이라는 형식 구분이 반영되어 있으므로 표준세구분의 -03을 부가할 수 없다. 이외에도 본표에 표준구분의 내용을 이미 반영하여 분류 항목을 전개하고 있는 경우, 표준구분의 내용을 다시 적용하지 않는다.

> 각국의 보험법 ⇒ 366.4
> 366.4(보험법) (-024 추가 불가)
>
> 중국 춘추전국시대 역사 연구 ⇒ 912.024
> 912.024(중국 춘추전국시대) (-09 추가 불가)
>
> 월간 신동아 ⇒ 051
> 051(한국 연속간행물) (-05 추가 불가)
>
> 독서지도법 ⇒ 029.8
> 029.8(독서지도) (-072 추가 불가)

⑩ 지역 및 시대구분

본표에 세분 지시가 있는 경우, 지시에 따라 지역구분을 첨가하고, 본표에 특별한 세분 지시가 없는 경우, 지역구분을 위해서 09를 앞세워 전개한다. 한국지역을 세분하기 위해서는 지역구분표에서 한국지역(-11-1199)을 적용하는 방식대로 조합하면 된다. 한국시대를 세분하기 위해서는 본표의 911.01-.082와 같이 세분하면 된다.

애국가 ⇒ 673.911

673.9(국가 및 국민가) + 11(한국)

한국의 관혼상제 ⇒ 384.0911

384(관혼상제) + 09(표준세구분 지역) + 11(한국)

설악산 관광 안내 ⇒ 981.1402

981(아시아지리) + 14(강원도) + 02(관광안내)

조선시대 의복사 ⇒ 381.3091105

381.309(각국 복장 역사) + 1105(911.05 조선시대)

⑪ 전주제 구분

특징 주제를 본표 전체의 주제 구분 순서에 따라 다시 세분하는 것을 전주제 구분이라고 하는데, 이러한 경우에는 일반적으로 분류표에서 '001-999와 같이 주제 구분한다'라고 지시한다.

026.9 전문도서관 및 정보센터

각 주제(전문) 분야의 전문도서관은 001-999와 같이 주제 구분한다.

국립농학도서관 ⇒ 026.952

026.9(전문도서관) + 52(520 농학)

⑫ 특수주제 구분

특수주제의 경우, 다른 주제 분야의 구분을 적용하여 공통적으로 다시 세목 전개를 할 수 있게 해주는 구분이며, 일반적으로 분류표에서 '~과 같이 세분한다'라고 지시한다.

326.34 철도 운송
지하철, 경전철을 포함한다.
326.341-.342는 326.31-.32와 같이 세분한다.

철도운송의 경영합리화 ⇒ 326.3415
326.34(철도운송) + 15(326.315 교통경영)

⑬ 2개국어사전

2개국어사전은 표제어에 분류하고 해설어를 국어구분의 기호를 사용하여 부가한다. 예를 들어, 한영사전은 713.4, 영한사전은 743.1로 분류할 수 있다. 별법으로 도서관에 따라 2개국어사전은 이용자의 입장에서 비교적 덜 알려진 언어에 분류하고, 상대어를 부가할 수 있도록 규정하고 있다. 즉, 이러한 경우에 한영/영한사전은 713.4(미국의 입장), 743.1(한국의 입장)이 된다.

⑭ 패싯 0의 추가

지시사항에 따라 0을 추가하여 국가 구분을 지시한다.

349.1-.7 각국외교
외교정책, 외교문서, 외교사 등을 포함한다. 지역구분표에 따라 세분한다.
2개 국가의 외교관계는 0을 첨가한 후, 대상국을 지역구분표에 따라 세분한다.

한미외교 ⇒ 349.11042
349(외교) + 11(한국) + 0 + 42(미국)

361.3 국제조약

지역구분표에 따라 세분하고 0을 부가한 후, 상대국을 지역구분표에 따라 세분한다.

한일협정 ⇒ 361.311013

361.3(국제조약) + 11(한국) + 0 + 13(일본)

6) 기호

(1) 기호의 평가

분류 기호가 갖추어야 할 요건을 바탕으로 KDC를 평가하면 다음과 같다.

① 순차성

KDC는 아라비아 숫자를 사용하기 때문에 순서를 이해하기 쉽다. 그러나 복잡한 주제를 표현하기 위해 다양한 번호 합성을 수행하는 경우, 기호가 매우 길게 나타나기도 한다.

② 간결성과 단순성

KDC의 단순하고 간결한 기호는 좀 더 기억하기 쉽고 빠르게 연상할 수 있으며, 서가의 흐름을 살펴보거나 자료를 재배치하는 데 용이하다.

③ 조기성

KDC는 동일한 주제나 집단, 동일한 개념을 나타내기 위하여 동일한 기호를 부여하는 6개의 조기표를 사용하기 때문에 쉽게 기호를 기억할 수 있다. 이와 같은 체계적 조기성의 사례는 주로 언어와 문학, 역사 분류표와 지리적 영역을 나타내는 보조표와 국어구분, 종교공통구분을 나타내는 보조표에서 나타난다.

④ 수용성

KDC는 새롭게 등장하는 주제를 받아들일 수 있도록 십진식으로 추가 전개가 가능하다. 또한 분류표상에 새로운 주제가 들어갈 수 있는 공간을 위해 공기호를 남겨두고 있다. 그러나 새로운 주제가 나타날 것 같은 영역을 예측하여 적절한 위치에 공기호를 두기는 쉽지 않다. KDC의 분류표에 빠진 주제들을 수용할 수 있도록 특별한 개념으로 정의되지 않는 본표 전체에 있는 '기타'류를 활용할 수 있다.

⑤ 표현력

KDC의 구조는 분류 기호의 계층성을 통해 주제 간의 관계를 잘 보여주는 편이며, 브라우징을 증진시키는 서가 배열을 제공한다. 또한 일반적인 것에서 특수한 것으로 진행되며 논리적인 순서를 기호로 표현한다. 그러나 새로운 주제가 추가되거나 번호를 합성할 때 이러한 표현력을 갖기 어려울 수 있다. 이는 KDC의 규모나 복잡성이 증가하면서 나타나는 계층 구조의 문제이다.

⑥ 유연성

KDC는 복합 주제를 표현하거나 번호를 합성하기 위해 분류표에 제시된 지시사항이나 예시처럼 합성해야 한다는 점에서 유연성이 부족하다. 그러나 다양한 관점 중 우선되어야 하는 순서를 제시하거나, 우선적인 관점을 선택할 수 있도록 해설서를 참조하게 하거나, 임의조항 규정을 두어 약간의 유연성을 제공한다. 임의규정을 사용할 때는 반드시 일관성을 가져야 하는데, 예를 들어 '서지'의 경우 도서관에서 특정 주제 아래 서지를 분류하기로 결정했다면 일관성 있게 예외 없이 적용되어야 한다.

4장

준열거식 분류 체계

1. 국제십진분류법

대표적인 준열거식 분류표로 열거식 분류표와 분석합성식 분류표의 방법을 절충하여 사용한다. UDC는 벨기에 변호사인 Paul Otlet과 Henri LaFontaine이 세계 서지를 조직하기 위해 DDC 제5판을 변형하고 확장하여 개발했다.

1) 기원과 발전

UDC의 초판은 1905년과 1907년 사이에 출판되었고, UDC의 모든 판과 번역본은 국제십진분류컨소시엄(Universal Decimal Classification Consortium)에서 관리하고 있다. UDC는 간략판, 표준판, 확장판 등 분류 체계의 다양한 판을 이용할 수 있으나, 대규모의 장서를 가진 도서관에서는 Master Reference File(MRF)이라는 매년 갱신되는 데이터베이스 이용 라이센스를 구입해야만 한다.

개정이나 확장에 대한 제안은 일반적으로 UDC 이용자로부터 시작된다. 국가위원회 또는 개별 이용자의 제안은 국제십진분류 컨소시엄과 편집위원회에서 우선적으로 검토한 후, 개정이나 확장에 대해 다른 제안이 진행 중인 본표 또는 이미 존재하는 본표와 충돌하는 부분이 없는지의 여부 등을 고려한다. 제안이 받아들여지는 경우 P-note를 출판하고, 이러한 제안된 변경은 이용자의 의견을 수렴하기 위하여 4개월 동안 표의 형식으로 대중에게 공표된다. 이 기간 동안 제시된 변경에 대한 다른 의견이 없다면 변경을 유지하는 것으로 받아들여져 UDC 본표의 일부분으로 수용된다.

UDC는 유럽에서 독보적으로 사용도가 높다. 11만 개 도서관에서 이용하며, 서유럽에서 시작되었지만 이제는 동유럽에서도 널리 쓰이고 있다. 남미와 일본에서도 사용되며,

프랑스, 이태리, 스페인, 포르투갈에서도 기술 전문도서관이나 대학도서관에서 UDC를 사용한다. 서유럽과 북유럽의 영어권 국가에서 UDC 간략판 사용이 늘고 있으며, 아시아와 아프리카의 개발도상국에서도 UDC에 대한 관심이 높아지고 있다. UDC의 전체나 일부는 40개국의 언어로 출판되고 있으며, 중·소규모 도서관의 필요를 충족시키고자 간략판도 간행되고 있다. 여기에 본표를 최신으로 개정하려는 노력까지 더해져 UDC의 이용을 촉진시키고 있다.

UDC는 DDC 제5판을 기준으로 제작되었기 때문에, DDC의 단점이나 편향성을 모두 물려받았다. UDC의 서구 편향성을 중화시키려는 노력이 많이 있었지만, 이를 해결하기에는 역부족이었다. UDC의 가장 대표적인 편향성은 종교에서 나타나는데, 기독교에 할당된 번호가 22-28로 지나치게 치우쳐 있는 반면 타종교는 29에 몰아놓았다. 이러한 점은 종교뿐만이 아니라 철학 분야에도 나타나고 있는데, 국제적인 사용을 목적으로 개발된 만큼 이런 편향성은 앞으로 개선되어야 한다.

2) 범주 및 개요

(1) 범주

DDC와 유사하게 UDC는 열거식, 계층 구조식, 패싯 요소로 구성된다. 계층 구조는 아래 제시된 예시와 같이 본표에서 직접적으로 구성되며, 이러한 계층 구조의 각 요소를 식별하기 위해 열거식으로 제시된다.

5	Mathematics. Natural sciences
59	Zoology
599	Mammalia(mammals)
599.7	Ungulata(ungulates/hoofed mammals)

599.73	Artiodactyla(even-toed ungulates)
599.731	Suiformes/ nonruminantia
599.731.1	Suidae
599.731.11	Sus(genus)
599.731.111	Wild boars

UDC의 주류는 DDC와 거의 동일하지만, UDC는 분류표에 의미 없는 0을 사용하지 않고, 가독성을 위해 3자리마다 소수점을 두었다. 또한, 4(DDC 400대 어학)를 공기호로 두고, 8(DDC 800대 문학)에 어학과 문학을 함께 두었다.

그러나 두 분류 체계의 가장 중요한 차이점은 UDC가 분석합성식을 적용하여 DDC보다 훨씬 더 상세한 분류를 가능하게 한다는 점이다. DDC는 일반 장서에는 완벽하게 적용될 수 있지만, 특수한 전문 주제를 깊이 있게 다루기에는 적합하지 않다. 반면, UDC는 복합적인 주제를 표현하기 위하여 가능한 많은 합성을 통해 기호를 생성하는 패싯 분류의 특성을 가지고 있기 때문에 주제 전문 장서를 조직하는 데 적합하다.

UDC는 복합적인 번호를 구축하기 위하여, 상호 관련된 주제의 번호들을 연결시켜주는 상징 부호와 공통 및 특수 보조표라는 2가지 유형의 장치를 포함하고 있다. 또한, 개념들 사이의 관계를 나타내기 위해 다양한 패싯 기호를 사용한다. UDC는 DDC와 LCC 같이 모든 지식 분야를 다루며, 표준판에서는 주제에 대해 더 상세한 분류 항목들을 제공하고 있다.

UDC는 8가지 원칙을 기반으로 한다. 첫째, 문헌의 내용 분석에 따른 분류 체계로, 관련 개념과 개념군을 함께 모으며 자모순 배열에서 나타난 문제를 해결한다. 둘째, 지식의 전 영역을 포함하는 국제적인 분류 체계로, 고립된 특수한 개념들을 범주화한 조각이 아니라 상호 관련된 주제들을 통합하는 방식으로 구성한다. 셋째, 전 세계적인 십진분류 체계로 인간의 지식을 10개로 구분하고, 일반적인 주제가 특수한 주제보다 선행한다. 넷째, 정보 검색을 위한 실용적인 시스템으로, 세구분 규정이 주제의 배열보다 더 중요하다. 다섯째, 분류 항목 간에 상호 배타성, 관련 주제의 결합, 접근의 일관성과 같은 원칙을 수용한다. 여섯째, 국가 및 인종에 대한 편향성을 제거하기 위해 공통 패싯을 설정한다. 일곱째, 기호법은 십진식의 아라비아 숫자를 사용하여 하위류에 대한 무한한 수용력을 제공한다. 여덟째, 특정한 기호법을 채용하여 특정 주류를 단순히 다른 주류와 연결하거나 장소, 시간 등 공통으로 사용되는 항목들을 보조표로 연결할 수 있다.

(2) 개요

0	**Generalities. Science and knowledge. Organization. Information. Documentation. Librarianship. Institutions. Publications**
00	Prolegomena. Fundamentals of knowledge and culture [Including] Computer Science. Management
01	Bibliography and bibliographies. Catalogues
02	Librarianship
03	General reference works. [Including] Encyclopedias, dictionaries
05	Serial publications. Periodicals(their function, business and editorial management)
06	Organzations and other types of cooperation. [Including] Associations. Congresses. Exhibitions. Museums
07	Newspapers. The Press [Including] Journalism
08	Polygraphies. Collected works
09	Manuscripts. Rare and remarkable works
1	**Philosophy. Psychology**
101	Nature and role of philosophy. [Including] Scope. Limits. Methods
11	Metaphysics
112/9	Special metaphysics

13 Philosophy of mind and spirit. Metaphysics of spiritual life

14 Philosophical systems and points of view

159.9 Psychology

16 Logic. Epistemology. Theory of knowledge. Methodology of logic

17 Moral philosophy. Practical philosophy

2 **Religion. Theology**

21 Prehistoric and primitive religions

22 Religions originating in the Far East. [Including] Taoism. Confucianism. Shinto

23 Religions originating in Indian Sub-continent. [Including] Vedism. Brahmanism. Hinduism. Jainism. Sikhism

24 Buddhism

25 Religions of antiquity. Minor cults and religions. [Including] Zoroastrianism. Avesta. Parseeism

26 Judaism

27 Christianity

28 Islam

29 Modern spiritual movements

3 **Social science. Statistics. Politics. Economics. Trade. Law. Government. Military affairs. Welfare. Insurance. Education. Folklore**

30 Theories, methodology and methods in social sciences in general. Sociography

31 Demography. Sociology. Statistics

32 Politics

33 Economics. Economic science

34 Law. Jurisprudence

35 Public administration. Government . Military affairs

36 Safeguarding the mental and material necessities of life. Social work. Social aid. Housing. Insurance

37 Education. Teaching. Training. Leisure

39 Ethnology. Ethnography. Customs. Manners. Traditions. Way of life. Folklore

5 Mathematics and natural sciences

502/04 Evironmental science. Conservation of natural resources. Threats and protection

51 Mathematics

52 Astronomy. Astrophysics. Space research. Geodesy

53 Physics

54 Chemistry. Crystallography. Mineralogy

55 Earth sciences. Geology, meteorology, etc.

56 Paleontology

57 Biological sciences in general

58 Botany

59 Zoology

6 Applied sciences. Medicine. Technology

60 Brotechnology

61 Medical sciences

62 Engineering. Technology in general

63 Agriculture and related sciences and techniques. Forestry. Farming. Wildlife exploitation

64 Home economics. Domestic science. Housekeeping

654/59 Communication industries. Business administration and related activities

66 Chemical technology. Chemical and related industries

67 Various industries, trade and crafts

68 Industries, crafts and trades for finished or assembled articles

69 Building(construction) trade. Building materials. Building practice and procedure

7 **The arts. Recreation. Entertainment. Sport**

71 Physical planning. Regional, town and country planning. Landscapes, parks, gardens

72 Architecture

73 Plastic arts

74 Drawing. Design. Applied arts and crafts

75 Painting

76 Graphic arts. Graphics

77 Photography and similar processes

78 Music

79 Recreation. Entertainment. Games. Sport

8 **Language. Linguistics. Literature**

80 General questions [Including] Philology. Rhetoric

81 Linguistics and languages

82 Literature

9	**Geography. Biography. History**
902/08	Archeology. Prehistory. Cultural remains. Area studies
91	Geography. Exploration
929	Biographical and related studies
93/94	History
930	Science of history. Ancillary sciences
94	General history

원래 UDC는 기독교에 강조점을 둔 DDC 구조를 따랐는데 최근 종교류에 편향성을 없애기 위한 주된 변경이 이루어졌다. 이러한 새로운 접근 방식을 적용하여 강 수준의 주제는 다양한 종교에 공통적인 관점(이론, 경전, 실천, 전례 등)을 다루는 특수 보조표로 보충될 수 있다.

DDC에 익숙한 분류자들에게 UDC 본표의 범위와 체계가 매우 익숙할 것이다. UDC의 장점은 서로 다른 주제 개념을 결합하는 유연성을 가진다는 것이다. 이와 같은 유연성은 UDC로 하여금 폭넓고 깊이 있는 범주를 다룰 수 있게 하고, 복합적이고 학제적인 주제에 대하여 깊이 있는 분류를 가능하게 한다.

3) 구조와 특징

UDC는 분류표와 자모순 색인으로 구성되며, 분류표는 다시 본표와 공통 및 특수 보조표로 나눌 수 있다. 보조표는 본표를 보조하는 역할을 하고, 다양한 주류를 위한 분류표는 열거식 분류 체계의 특성을 반영한다. 즉, UDC의 구조는 열거식 요소와 패싯 요소가 결합된 하이브리드 구조이다(〈그림 13〉 참조).

UDC는 10개의 주류, 100개의 하위류와 강으로 배열되어 있다. 10개 주류는 다음과 같다.

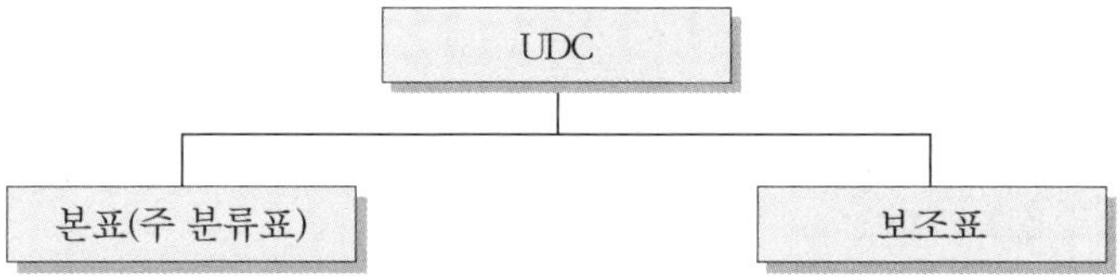

〈그림 13〉 UDC의 구조

0	Generalities. Science and knowledge. Organisation. Information. Documentation. Librarianship. Institutions. Publications
1	Philosophy. Psychology
2	Religion. Theology
3	Social sciences. Statistics. Politics. Economics. Trade. Law. Government. Military affairs. Welfare. Insurance. Education. Folklore
4	[공기호]
5	Mathematics and natural sciences
6	Applied sciences. Medicine. Technology
7	The arts. Recreation. Entertainment. Sport
8	Language. Linguistics. Literature
9	Geography. Biography. History

각 주류는 10개의 하위류로 세분되는데, 예를 들어 예술, 레크리에이션, 엔터테인먼트, 스포츠에 대한 주제를 다루는 주류 7은 다음과 같이 구분된다.

7	The arts. Recreation. Entertainment. Sport
71	Physical planning. Regional, town and country planning. Landscape, parks, gardens
72	Architecture

73	Plastic arts
74	Drawing. Design. Applied arts and crafts
75	Painting
76	Graphic arts. Graphics
77	Photography and similar processes
78	Music
79	Recreation. Entertainment. Games, Sport

각각의 하위류는 좀 더 세분될 수 있는데, 예를 들어, 레크리에이션, 엔터테인먼트, 게임, 스포츠에 대한 주제를 다루는 79는 다음과 같이 구분된다.

79	Recreation. Entertainment. Game. Sport
791	Cinema, Films(motion picture)
792	Theatre. Stagecrafts. Dramatic performances
793	Social entertainments and recreations. Art of movement. Dance. Party games
794	Board and table games(of thought, skill and chance)
795	[공기호]
796	Sport. Games. Physical exercises
797	Water sports. Aerial sports
798	Riding and driving. Horse and other animal sports
799	Fishing. Hunting. Shooting and target sports.

이렇게 세분된 하위류에는 관련 주제들이 논리적으로 전개된다. 예를 들어, 794 보드와 테이블 게임의 경우, 다음과 같이 전개된다.

794.1	Chess
794.2	Minor board games not dependent on chance. [Including] Draughts (checkers)
794.3	Table games with pieces or counters and an element of chance. [Including] Backgammon. Ludo. Dominoes. Mah-Jong. Snakes and ladders
794.4	Card games
794.41	Partner card games. [Including] Bridges. Whist
794.5	Pattern games or puzzles requiring patience or dexterity. [Including] Solitaire. Abacus-type puzzles. Manipulative puzzles. Jigsaw puzzles
794.8	Minor aiming games. Children's miniature games. [Including] Shovelboard (shuffle board). Quoites. Pinball
794.9	Games of pure chance. [Including] Dice. Roulette. Lotto(bingo)

UDC 간략판에서는 다이아몬드 기호로 식별되는 합성번호를 제외하고는, 세구분이 소수점 다음 세 자리 이상으로 전개되는 경우가 거의 없다. UDC 기호는 항상 세 자리로 구분한다. 즉, 쌍점(:), 덧셈 부호(+), 등호(=) 등과 같은 부호가 나타나지 않는다면, 분류 번호에 소수점을 사용하기 때문에 불어의 분류 번호는 1331이 아닌 133.1이 된다.

4) 보조표

(1) 개요

DDC와 마찬가지로 UDC의 보조표에는 주제에 공통적으로 적용할 수 있는 개념들이 수록되어 있다.

- 보조표 1a (Table 1a) : 조합, 확장
- 보조표 1b (Table 1b) : 관계
- 보조표 1c (Table 1c) : 언어
- 보조표 1d (Table 1d) : 형식
- 보조표 1e (Table 1e) : 장소
- 보조표 1f (Table 1f) : 인종, 민족 및 국가군
- 보조표 1g (Table 1g) : 시간
- 보조표 1h (Table 1h) : 비UDC 출처 기호에 의한 주제 세분
- 보조표 1k (Table 1k) : 일반적 특성 - 속성, 재료와 인물

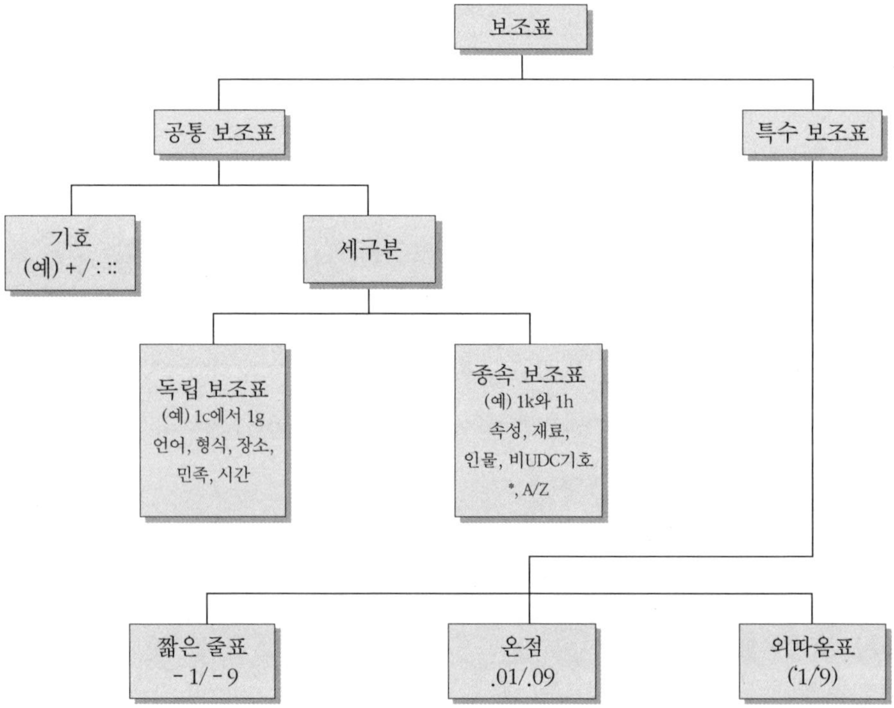

〈그림 14〉 UDC 보조표의 구분과 기호

UDC에서 가장 중요하고 혁신적인 기능은 기호와 세구분으로 이루어진 보조표로, 합성 및 복합 분류 번호를 구성하는 데 도움을 준다. 〈그림 14〉는 UDC에서 사용하는 다양한 보조표 유형을 도식화한 것이다. 공통 보조표는 반복되는 사상이나 개념, 특성들을 나타내며, 분류표 어디에나 적용될 수 있다. 특수 보조표는 제한적으로 사용되며 본표의 여러 곳에 있고, 반복되지만 좀 더 한정적인 주제 범위에 적용되는 개념을 표현한다. 특수 보조표는 본표에 정확한 지시사항이나 예시에 따라서만 적용된다.

(2) 적용

UDC는 기호와 세구분으로 구성된 다양한 보조표를 통해 합성 또는 복합적인 분류번호를 구성할 수 있다. 체계적인 조기표 역할을 하는 공통 및 특수 보조 세구분은 가장 강력한 합성 장치이다. 특수 보조표도 기호와 함께 사용되어 UDC의 본표 기호와 보조표 기호에 연결될 수 있다.

UDC의 간략판에서는 다이아몬드 기호로 합성된 번호라는 것을 식별할 수 있다. 그러나 UDC가 가진 잠재력을 활용하기 위해서는 완전한 패싯 분류 체계를 사용할 때와 동일한 방식으로 분석과 합성의 과정을 거쳐야 한다. 분석에는 자료에 대한 개별적인 주제 요소를 식별하는 것이 포함된다. 합성에는 자료의 완전한 주제를 표현하는 기호를 생성하기 위하여 개별 주제 요소들을 결합하는 것이 포함된다. 기호의 합성은 공통 보조표의 사용을 지시하는 기호와 함께 연결 기호인 덧셈 부호(+), 빗금(/), 쌍점(:)을 사용하여 완성할 수 있다.

공통 보조표에서 사용하는 기호의 역할과 그 적용을 자세히 살펴보면 〈표 6〉과 같다.

① 공통 보조표의 기호

UDC의 연결부호는 주제가 특화된 장서를 조직하기 위한 핵심적인 장치라 할 수 있다. 이러한 연결부호는 분류자에게 주제를 아주 상세하게 기술할 수 있도록 해준다. 열거식 분류 체계에서 패싯 분류 체계로 이어지는 분류의 연속성이라는 측면에서 연결부

〈표 6〉 UDC 공통 보조표 기호(Common auxiliary signs)와 세분: 1a－1k

- 연결부호	+ / :	(보조표 1a와 1b)
- 언어	= ...	(보조표 1c)
- 형식	(0/09)	(보조표 1d)
- 장소	(1 - 9)	(보조표 1e)
- 인종, 민족 및 국가군	(= ...)	(보조표 1f)
- 시간	"..."	(보조표 1g)
- 비 UDC 기호 등	#, A/Z	(보조표 1h)
- 일반적 특성	- 0...	(보조표 1k)
ㄴ속성	- 02...	
ㄴ재료	- 03...	
ㄴ인물	- 05...	

호는 UDC가 패싯 분류 체계의 장점을 갖도록 한다.

▪ 보조표 1a: 조합과 확장

보조표 1a의 기호는 분류 번호의 의미를 확장하고, 넓은 주제 범주를 제공해야 하는 자료들을 표현해주는 데 사용된다. 종종 자료를 기술하는 데 있어서 가능한 포괄적인 주제를 제시해야 하는 경우, DDC는 자료의 주제 범위를 완전하게 표현하지 못할 수 있지만, UDC는 기호 안에서 연결부호를 사용하여 해당 자료의 완전한 범위를 표현할 수 있다.

조합을 나타내는 덧셈 기호(+)는 2개 이상의 비연속적인 UDC 번호를 연결하여 복합적 주제를 표현하고자 할 때 사용한다. 예를 들면 다음과 같다.

시리얼과 과일	663.1+634.1
광물학과 야금학	549+669
이란과 이라크	(55+567)

확장을 나타내는 사선 기호(/)는 포괄적 주제의 범주를 나타내기 위하여 연속된 UDC 번호의 시작 번호와 마지막 번호를 연결할 때 사용한다. 예를 들면 다음과 같다.

물리학과 화학	53/54
유대교와 이슬람	296/297
집중력, 학습, 창조력	159.952/.954
북극과 남극	(98/99)

이러한 기호들은 주 분류표에 수록된 개념들과 보조표에 수록된 개념들을 연결시키는 데도 사용될 수 있다.

■ 보조표 1b: 관계

관계 기호인 쌍점(:)은 분류 번호가 가지고 있는 의미를 좁히는 데 사용된다. 주제 개념들 간에는 상호작용 관계나 소전제의 관계 같은 다양한 유형의 관계가 존재한다. 이러한 부호는 관계의 유형을 상세하게 다루기보다 단순히 그러한 관계가 있다는 것을 지시하는 데 사용된다. 만약, 하나의 작품이 2개 이상의 특별한 주제를 다루고 있다면, 이들을 연결시키기 위하여 덧셈 기호(+)를 사용할 수 있다. 그러나 하나의 주제가 다른 맥락에서도 검토될 수 있는 경우와 같이 주제들 간에 동일한 관계를 식별할 수 없는 경우에는 쌍점(:)을 사용하여 분류 기호를 연결해야 한다. 예를 들면 다음과 같다.

직원 채용을 위한 적성 검사	159.98:658.3

이러한 경우에는 두 가지 주제 개념이 모두 우선순위를 가질 수 있다. 즉, 경영학 관련 장서를 전문적으로 다루는 경우, 우선하는 순서는 658.3:159.98이 될 것이다.

UDC에서 하위 관계와 같은 관계 유형은 이중 쌍점(::)을 사용하여 표현할 수 있다. 이는 이중 쌍점 다음에 오는 주제가 앞에 놓인 주제보다 덜 중요하다는 것을 의미한다.

대부분의 경우에는 쌍점으로 관계 유형을 적절하게 나타낼 수 있다.

UDC의 연결 기호는 복합적 주제를 완전하게 표현하는 데 있어서 DDC를 능가한다. DDC를 사용하여 복합적 자료를 분류하는 경우, 여러 가지 주제 중 어떤 주제에 분류할지를 선택해야 하고, 선택된 주제의 분류 번호 안에 속하는 하나의 주제 개념으로만 자료를 표현해야 한다. 그래서 일부 도서관에서는 다양한 이용자의 필요에 대응하기 위하여 동일한 자료의 복사본에 서로 다른 분류 번호를 부여하기도 한다. 이는 DDC의 유연성 부족이라는 문제를 극복하기 위한 하나의 대안이지만, 바람직한 방법은 아니다.

UDC는 합성 기호를 사용하여 DDC보다 더 높은 유연성을 제공한다. 이러한 이유로 UDC는 더 상세한 분류를 필요로 하는 전문적인 장서의 분류 체계로 적합하다. 이러한 사항은 다음과 같이 각 분류 체계를 비교함으로써 잘 파악할 수 있다.

시리얼과 과일에 관한 자료의 경우, UDC의 분류 기호는 633.1+634.1이지만 DDC는 633.1이나 634 중 하나를 선택해야 한다. DDC 농업 분류표에서 여러 가지 개념을 수용할 수 있는 유일한 번호는 630(농업과 관련 기술)인데, 이는 자료에 표현된 주제 개념보다 매우 넓은 주제 범주를 가지기 때문에, 시리얼이나 과일 중에서 하나를 선택하여 분류해야 한다.

광물학과 금속공학에 관한 자료의 경우, UDC의 분류 번호는 549+669이지만, DDC의 분류 번호는 549나 669.9 중 하나를 선택해야 한다. DDC에서 669.9는 물리적, 화학적 금속공학을 위한 기호로 해당 자료가 광물학과 금속공학을 얼마나 다루냐에 따라서 분류 번호를 선택해야 한다.

이란과 이라크의 경우, UDC에서는 (55+567)으로 표현되고, DDC에서는 '–095509567'로 표현된다. DDC에서는 표준세구분 09를 사용하여 지리적인 지역기호에 특수한 지리적 지역기호를 추가하는 것을 허용하고 있는데, 첫 번째 지역기호는 본래 지역을 구체적으로 표현하는 데 사용되고, 두 번째 지역기호는 어떤 주제가 발견되거나 실제로 적용되는 지역을 상세하게 표현하고자 할 때 사용된다. 따라서 위에서 제시된 DDC 기호는 이라크에 살고 있는 이란인을 다루는 자료에만 사용할 수 있다.

물리학과 화학의 경우, UDC에서는 53/54로 표현되고, DDC에서는 530이나 540으로 표현된다. 즉, DDC를 사용하는 경우에는 물리학이나 화학 중 어디에 분류할 것인지를 결정해야 한다.

유대교와 이슬람교의 경우, UDC에서는 296/297로 표현되고, DDC에서는 296.397로 표현된다. DDC의 번호는 본표에 수록되어 있으며, 이에 대안이 되는 번호는 이슬람교와 유대교를 의미하는 297.282가 될 수 있다.

관심, 학습, 창조의 경우, UDC에서는 159.952/954로 표현되고, DDC에서는 153으로 표현된다. 이런 경우에는 주제를 가장 폭넓게 포함할 수 있는 DDC 번호가 적합할 것이다. 북극과 남극의 경우, UDC에서는 (98/99)로, DDC에서는 98로 표현된다. DDC에서 98은 북극과 남극에 해당한다.

직원 채용을 위한 적성검사의 경우, UDC에서는 658.3:159.98로 표현되고, DDC에서는 658.31125로 분류한다. 이는 해당 자료를 경영적인 관점에서 강조하는 자료로 보는 것이다. 심리적인 검사를 강조하는 경우, UDC는 번호를 역순으로 인용할 수 있다. DDC에서 적성검사를 위한 심리학에 해당하는 번호는 153.94인데, 그 아래에 특정 주제 분야를 표현하기 위해서 본표로부터 번호를 추가하라는 지시사항에 따라 주제를 추가할 수 있다. 예를 들어, 해당 자료를 경영학적인 측면보다 심리학 안에서 비서직을 위한 적성검사에 관한 자료로 분류해야 할 필요가 있는 경우, DDC의 번호는 153.94651374가 된다.

스포츠와 관련된 물리치료는 UDC에서 615.8:796, DDC에서 615.82로 분류된다. 여기서 DDC 번호는 일반적인 물리치료를 위한 분류 번호이다. 스포츠 의학을 위한 번호는 617.1027이지만, 그 아래 물리치료와 같은 주제는 일반적인 물리치료에 분류하라는 지시사항에 따라 615.82에 분류한다.

이란과 이라크 전쟁(1980-1988)은 UDC에서는 94:(55:567) "1980/1988"로 표현되고, DDC에서는 955.0542로 표현된다. DDC에서는 해당 주제에 대하여 이란의 역사 안에 두는 것을 선호하지만, 임의조항에 따라서 956.70441 이라크의 역사 안에 위치시킬 수도 있다.

이상과 같은 예시를 통해 복합적 주제를 가진 자료를 DDC로 분류하는 경우, 특별히 복합 주제를 다루는 번호나 주제를 나타낼 수 있는 기호를 합성하라는 지시사항을 포함하지 않는다면, 여러 가지 주제 중 하나의 주제를 선택하여 분류하거나 배가해야 함을 알 수 있다. 선택되지 않은 주제는 표현되지 않기 때문에 어떤 주제를 선택해야 하는지 결정하는 것은 때론 어려울 수도 있고, 쉽게 이루어질 수도 있다. 즉, 하나의 주제를 좀 더 깊이 있게 다루는 번호에 분류하거나, 이용자들이 그 자료를 이용할 것이라고 생각되는 분야에 자료를 배가하는 것이다. UDC를 사용하는 경우, 자료에 나타나는 주제 요소 중 무엇을 첫 번째로 인용할 것인지, 그래서 서가 위치를 어디로 결정할 것인지에 대해 고민해야 완전한 주제 범주의 표현이 가능하다.

▪ 보조표 1c: 언어

언어 공통 보조표인 보조표 1c는 절대 단독으로 사용될 수 없으며, 주제나 내용에 대한 UDC 본표 번호 다음에 자료의 언어나 언어적 형식을 표현하기 위하여 사용된다. 항상 분류 기호 앞에 등호(=)를 앞세워 사용한다.

=...'0	Origins and periods of language. Phrases of development
=00/=03	General concepts
=1/=2	Indo-European languages
=3	Caucasian and other languages. Basque
=4	Afro-Asiatic, Nilo-Saharan, Congo-Kordofanian, Khoisan
=5	Ural-Altaic, Japanese, Korean, Ainu, Palaeo-Siberian, Eskimo-Aleut, Dravidian, Sino-Tibetan
=6	Austro-Asiatic, Austronesian
=7	Indo-Pacific, Australian
=8	American Indian(Amerindian) languages
=9	Artificial languages

불어판 성경	⇒ 27=133.1
성경	27
Table 1c, 불어	= 133.1
독일어로 된 하이네 시집	⇒ 821.112.2-1HEINE
언어에 따른 문학	821
Table 1c, 독일어 (기호변형)	.112.2 (소수점이 동등 부호를 대체)
시를 위한 특수 보조	-1
저자명(또는 약어)	HEINE
농업 화학 산업 : 스웨덴어로 된 참고서	⇒ 338.45:661.15(03)=113.6
제조업	338.45
농업 화학	661.15(앞에 :을 추가)
참고서	(03)
Table 1c, 스웨덴어	= 113.6

▪ 보조표 1d: 형식

형식 공통 보조표인 보조표 1d는 항상 주제 기호 다음에 오지만, 동일한 형식을 함께 서가에 두기로 결정한 경우에는 제일 먼저 인용될 수 있다. 형식 보조표는 항상 0을 포함하는 원괄호로 시작된다.

(0.0...)	Physical features etc.
(01)	Bibliographies
(02)	Books in general
(03)	Reference works
(04)	Non-serial separates. Separate

(05)	Serial publications. Periodicals
(06)	Documents relating to societies, associations, organizations
(07)	Documents for instruction, teaching, study, training
(08)	Collected and polygraphic works. Forms. Lists. Illustrations. Business publications
(09)	Presentation in historical form. Legal and historical sources

과학 사전	⇒	5(038)
과학		5
Table 1d, 사전		(038)
옥스퍼드 대학출판사의 문고판 가격 리스트	⇒	655.41OUP(085.6.027.5)
출판		655.41
옥스퍼드 대학 출판사		OUP(Oxford Univ. Press)
Table 1d, 가격 리스트		(085.6)
Table 1d, 문고판		(0.027.5)
식물의 삶(비디오 레코딩)	⇒	(086.8)581
Table 1d, 비디오 레코딩		(086.8)
식물학		581

위에서 제시된 세 번째 예시의 경우, 식물학 아래 모든 비디오 레코딩은 함께 모아준다고 가정하면, 자료의 주제로 배가하기 위하여 581(086.8)처럼 인용 순서를 역순으로 줄 수 있다.

▪ 보조표 1e: 장소

장소 공통 보조표인 보조표 1e는 항상 주제 기호 다음에 오지만, 장소를 기준으로 서가를 배열하기로 결정한 경우에는 제일 먼저 인용될 수 있다. 장소 공통 보조표는 항상 1-9까지의 번호가 포함된 원괄호로 시작된다.

(1)	Place and space in general. Localization. Orientation
(2)	Physiographic designation
(3)	Places of the ancient and mediaeval world
(4/9)	Countries and places of the modern world
(4)	Europe
(5)	Asia
(6)	Africa
(7/8)	America, North and South. The Americas
(7)	North and Central America
(8)	South America
(9)	States and regions of the South Pacific and Australia. Arctic. Antarctic

개발도상국 세계의 대학	⇒	378(1-773)
대학		378
Table 1e, 개발도상국		(1-773)
중국의 농촌 고용 보장	⇒	331.532(510-22)
고용 서비스		331.532
중국		(510)
농촌 지역		(1-22)
미국의 가족법	⇒	(73)347.6
Table 1e, 미국		(73)
가족법		347.6

위 예시에서 미국의 가족법은 국가 아래 일차적인 배열을 한다고 가정한 것이다.

▪ 보조표 1f: 인종, 민족 및 국가군

인종, 민족 및 국가군을 위한 공통 보조표인 보조표 1f는 항상 주제 기호 다음에 오지만, 민족이나 국가군을 바탕으로 배열하기로 결정했다면 제일 먼저 인용될 수 있다. 인종, 민족 및 국가군을 위한 공통 보조표는 항상 등호를 포함한 원괄호로 시작된다. 보조표에서 사용되는 기호는 보조표 1e와 보조표 1c의 기호에서 파생되기 때문에 시스템적 조기성을 가지고 효율적으로 사용된다.

(=081/ =088)	Degree of development etc.
(=1-5/-86)	Various racial affinities
(=1.2/.9)	Peoples of particular areas and countries (Table 1e와 조기성)
(=11/ =8)	Various races, peoples, linguistic-cultural groups (Table 1c와 조기성)

중국 사람들의 사회심리학	⇒	316.6(=1.510)
사회심리학		316.6
Table 1f, 1e, 중국인		(=1.510)
제2차 세계대전 독일의 유태인 박해	⇒	323.14(=411.16)(430):940.53 또는 323.14(=411.16)(430) "1939/1945"
인종 차별주의		323.14
Table 1f, 유태인		(=411.16)
Table 1e, 독일		(430)
제2차 세계대전(1939/1945)		940.53 또는 "1939/1945"

에스키모인 에뉴이트의 장례 관습	⇒	393(=562)
장례 관습		393
Table 1f, 1c, 에스키모인 에뉴이트인		(=562)

■ 보조표 1g: 시간

시간 공통 보조표인 보조표 1g는 항상 주제 기호 다음에 오지만, 날짜를 기준으로 서가를 배열하기로 결정한 경우 제일 먼저 인용될 수 있다. 시간 공통 보조표는 항상 큰 따옴표 안에 포함된다. 시간 공통 보조표에는 날짜, 시간, 시대와 더불어 영속성과 같은 추상적 개념도 포함되어 있다. 시간 공통 보조표는 문학적 조기성을 가지고 효율적으로 사용되며, 매우 상세하게 전개할 수 있다.

"0/2"	Dates and ranges of time(CE or AD) in conventional Christian(Gregorian) reckoning
"3"	Conventional time divisions and subdivisions: numbered, named, etc.
"4"	Duration. Time-span. Period. Term. Ages and age-groups
"5"	Periodicity. Frequency. Recurrence at specified intervals.
"6"	Geological, archaeological and cultural time divisions
"7"	Phenomena in time. Phenomenology of time

중생대의 지질학	⇒	55 "615"
지질학		55
Table 1g, 중생대		"615"
샤프빌 학살 사건	⇒	94(680) "1960"
역사		94
Table 1e, 남아프리카		(680)
Table 1g, 1960		"1960"

2006년 여름, 망고 수확	⇒	634.441.8.07 "2006.322"
망고		634.441
수확		634.8.07
		(주기:4.8.0 아래 기재된 .0 특수 보조표를 "634" 전체에 적용)
Table 1g, 2006		"2006"
Table 1g, 여름		"322"

- 보조표 1h: 비 UDC 기호 등

보조표 1h의 주기는 UDC 정보원이 아닌 기호로 주제를 상세하게 나타내고자 할 때 지침을 제공한다. 이러한 기호는 UDC 번호와 구분할 수 있도록 반드시 문자나 다른 기호를 사용해야 하며, 간략판에서는 해시기호(#)를 사용한다. UDC에서는 이때 사용된 기호의 정보원을 반드시 명시하도록 제안하고 있다. 고유명사, 약어와 축약어 사용에도 지침이 주어지는데, 이러한 것들은 모두 UDC 번호에 추가될 수 있다.

Hally 혜성	⇒	523.6#81P
혜성		523.6
Table 1h, Hally 혜성의 번호		#81P
University of Durham	⇒	378.4(410)#Durham
대학교		378.4
Table 1e, 영국		(410)
Table 1h, 대학명을 추가		#Durham
500km 국토 횡단 오토바이 경주	⇒	796.72.093.55#KM500
오토바이 타기		796.72

국토 횡단	796.093.55
Table 1h, 500kms	#KM500

▪ 보조표 1k: 일반 특성

일반 특성 공통 보조표인 보조표 1k는 반드시 본표 분류 번호 다음에 사용할 수 있다. 일반 특성 공통 보조표에는 속성 공동 보조표, 재료 공통 보조표와 인물 공통 보조표가 포함되어 있다.

속성 공통 보조표는 다음과 같이 -02를 항상 앞세운다.

-021	Properties of existence
-022	Properties of magnitude, degree, duration, dimension
-023	Properties of shape
-024	Properties of structure
-025	Properties of arrangement
-026	Properties of action and movement
-027	Operational properties
-028	Properties of style and presentation
-029	Properties derived from main classes

민간 설화와 구술 전통	⇒	398.2-028.16
민간 설화	⇒	398.2
Table 1k, 구술	⇒	-028.16

속성 공통 보조표를 형식적인 속성과 혼돈해서는 안된다. 여기서 민간 설화는 구술로 전달된 속성을 갖는다. 민간 설화의 오디오 전집은 음성 단어 행태(spoken word form)로 398(086.7)에 분류된다.

재료 공통 보조표는 다음과 같이 항상 −03으로 시작한다.

−032	Naturally occurring mineral materials
−033	Manufactured mineral−based materials
−034	Metals
−035	Materials of mainly organic origin
−036	Macromolecular materials. Rubbers and plastics
−037	Textiles. Fibres. Yarns. Fabrics. Cloth
−039	Other materials

대나무 줄기로 만든 가구 제조	⇒	684.4−035.2
가구 제조		684.4
Table 1k, 대나무 줄기		−035.2
자수정 보석	⇒	671.1−032.38
보석 가공		671.1
Table 1k, 자수정		−032.38

인물 공통 보조표는 다음과 같이 항상 −05로 시작한다.

−051	Persons as agents, doers, practitioners(studying, making, serving etc.)
−052	Persons as targets, clients, users(studied, served etc.)

−053	Persons according to age or age−groups
−054	Persons according to ethnic characteristics, nationality, citizenship etc.
−055	Persons according to gender and kinship
−056	Persons according to constitution, health, disposition, hereditary or other traits
−057	Persons according to occupation, work, livelihood, education
−058	Persons according to social class, civil status

공공도서관 이용자	⇒	027.5−052
공공도서관		027.5
Table 1k, 이용자		−052
영국의 성인을 위한 NHS	⇒	614.39(410)−053.9
국가건강서비스(NHS)		614.39
Table 1e, 영국		(410)
Table 1k, 성인		−053.9

5) 주기

UDC에 나타나는 주기는 다음과 같이 4가지 유형으로 구분할 수 있다.

첫째, 해당 분류 기호 안에서 찾게 되는 것이 무엇인지를 기술해주는 주기
둘째, 다른 분류 기호에서 찾게 되는 것이 무엇인지를 기술해주는 주기
셋째, 특수한 보조표의 사용을 설명해주는 주기
넷째, 공통 보조표와 특수 보조표의 변화와 변칙을 설명해주는 주기

UDC의 주기에는 특수 기호가 자주 사용되는데, 이는 주기의 명칭을 의미하는 것이 아니라 그 유형을 지시하는 것이다. UDC는 DDC와 같이 본표의 여러 곳에 상세한 주기가 나타나지 않는다. UDC는 DDC와 같이 반드시 따라야 하는 규칙에 구속되지 않기 때문에 분류 번호를 생성하는 데 더 유연성을 제공하기 때문이다. 각각의 주기 유형을 자세하게 살펴보면 다음과 같다.

(1) 해당 분류 기호에서 찾을 수 있는 것을 기술해주는 주기

① '범위' 주기

UDC에서 제시되는 '범위' 주기('Scope' notes)는 두 가지 유형으로 나타난다. 첫 번째 유형은 항상 이탤릭체로 제시되며 해당 표목에 대한 정의와 명료한 설명을 제공한다. 예를 들면, 다음과 같다.

81	Linguistics and languages *Philology in the sense of linguistics, especially historical*

'범위' 주기의 두 번째 유형은 주로 단일 분류 기호의 내용을 상세화하기 위해 사용된다. 이러한 주기들은 자체 설명력을 가지며, 특수 기호(□) 다음에 나온다. 예를 들면 다음과 같다.

794.9	Games of pure chance □ *Dice. Roulette. Lotto(bingo)*
577.1	Molecular bases of life. Biochemistry and bio-organic chemistry generally. □ *Biopolymers. Proteins. Amino acids. Carbohydrates. Lipids. Enzymes. Vitamins. Hormones. Biosynthesis*

일부 분류 기호에서는 두 가지 '범위' 주기 유형을 모두 가지고 있다. 예를 들면 다음과 같다.

> 232.9 Life of Christ.
> □ *Passion. Crucifixion. Resurrection*
> *General accounts of the life of Christ, his person, teaching, works, influence*

② '여기에 분류하라' 주기

'여기에 분류하라' 주기('Class here' notes)는 '범위' 주기처럼 하나의 분류 기호 안에 포함되는 개념이 무엇인지를 알려준다. 예를 들면 다음과 같다.

> 004 Computer science and technology. Computing
> *Class here information technology(computing and telecommunications)*
> 504 Environmental science. Environmentology
> *Class here matters concerning the environment and its components as affected by human activities*

③ '포함' 주기

'포함' 주기('Includes' notes)는 해당 표목에 대한 정의와 설명을 제공하며, 간략판에만 나타난다. 예를 들면 다음과 같다.

> 64 Home economics. Domestic science. Housekeeping
> *Includes the household and household articles from the point of view of their use; also housekeeping operations and domestic work on a commercial scale(e.g. hotel-keeping)*

(2) 다른 분류 기호에서 찾을 수 있는 것이 무엇인지 기술해주는 주기

① '보라' 주기

'보라' 주기('See' notes)는 분류자에게 보다 좁은 측면에서 주제의 대안이 되는 위치를 제시하며, 하나의 개념이 다른 학문 분야에서 어떻게 표현되는지를 지시해줄 수 있다. 이러한 유형의 주기들은 분류자에게 보조표의 개념을 제시하는 데 사용되기도 한다. 예를 들면 다음과 같다.

624	Civil and structural engineering in general *For building materials, trades and construction see 69* *For architectural design and purpose see 72*
050	Serial publications. Periodicals(their function, business and editorial management) *For serials as form of document, see Table 1d(05)*

② '다른 곳에 분류하라' 주기

'다른 곳에 분류하라' 주기('Class elsewhere' notes)는 DDC에서와 같이 항상 '분류하라(Class)'라는 단어로 시작하며, 분류자들에게 관련된 주제에 대해 우선시되는 번호를 제시하거나 학제적 작품을 위한 복합적 번호를 제시하는 데 사용된다. 예를 들면 다음과 같다.

621	Mechanical engineering in general. Nuclear technology. Electrical engineering. Machinery *Class information about particular kinds of machinery at the number for the subject(e.g. Class mining equipment with mining in 622)*

533	Mechanics of gases. Aeromechanics. Plasma physics	
	Class information about both liquids and gases in 532	

③ 연관 개념 주기

연관 개념 주기(Related concept notes)는 '~도 보라' 주기도 포함되지만, 주로 특수 기호(⇨)를 앞세워 소개되며, 분류표 안에서 연관된 개념을 지시하는 데 사용된다. 예를 들면 다음과 같다.

659.4	Public relations (PR)
	⇨ 354.36

위의 예시는 경영 분류표 안의 '공적 관계(PR)'와 연관된 개념으로 정부 행정에서 공적 관계를 나타내는 번호를 제시하고 있다. 이와 같은 연관 개념 주기는 아래 예시와 같이 더 넓은 주제를 가지는 분류 기호를 참조하라는 지시를 제공하기도 한다. 즉, 아래 예시에서 참조하도록 제시된 번호 621.1은 증기 엔진을 포함하면서 일반적인 열기관을 모두 포괄하는 번호이다.

621.4	Heat engines(except steam engines)
	⇨ 621.1

(3) 공통 보조표와 특수 보조표의 사용을 설명하는 주기

UDC에서 공통 보조표는 앞부분에서 개요로 제시되고, 보조표에서 자세하게 다루어진다. 공통 보조표는 반복되는 사상이나 개념, 특성들을 나타내며, 분류표 어디에나 적용할 수 있다. 특수 보조표는 분류표 전반에 걸쳐 나타나며, 반복적이지만 좀 더 특정한 주제 범위에 적용되는 개념을 표현하며 제한적으로 적용된다.

821	Literature of individual languages *The subdivisions of 821 can be derived from =1/=9 (Table 1c Languages) by substituting a point for the equals sign.*

위의 예시에 나타나는 주기는 언어 공통 보조표의 기호를 사용하여 특정 언어로 된 문학을 상세하게 표현하도록 지시하는 내용이다. 따라서 UDC에서 러시아어로 된 문학에 대한 번호는 러시아어를 위한 기본 번호인 821에 언어 공통 보조표(보조표1c)의 기호 =161.1을 추가하고, 등호를 소수점으로 대체한 821.161.1이 된다.

UDC의 특수 보조표는 항상 수직선으로 식별된다.

52	Astronomy. Astrophysics. Space research. Geodesy.
|52-1/-8	Properties, processes, parts, etc. *These auxiliaries are applicable only at 52/524*

위의 예시에서 특수분류표는 천문학 분류표 안의 범주에만 적용된다는 점을 명시하고 있다. 따라서 UDC로 해왕성의 위성에 대한 자료를 분류하는 경우, 다음과 같이 특수 보조표를 사용하여 최종적으로 523.481-87이라는 번호를 생성하게 된다.

523.481	Neptune
|52-87	Satellites. Companion

(4) 본표와 본조표의 변화와 변칙을 설명해주는 주기

① '개정' 주기

'개정' 주기(Revision notes)는 분류표의 주된 개정을 설명하는 데 사용된다. UDC의 종교류는 큰 변화가 있었고 공통 보조표에서 속성 (-02)에 관한 개발이 이루어졌다. 경영(005), 바이오기술(60), 영화(791)가 새롭게 생겼고 사회(314/361), 사회복지(364)와 환경과학(502/504)은 개정된 분야이다.

② '번호 삭제' 주기

'번호 삭제' 주기(Number cancelled notes)는 그 자체가 설명이며 해당 부분에 회색 음영을 주어 구분하고 UDC 이전판 이후 이루어진 변화를 설명해준다.

314.3/.4	Natality, mortality [cancelled] see 314.1...
314.5/.6	Nutality, marriage, families [cancelled] see 316.811/.812
314.7	Migration [cancelled] see 314.15
314.8/.9	Population change, growth, decline, composition [cancelled] see 314.1

6) 배열 순서 및 인용 순서

DDC와 LCC와 같은 열거식 분류 체계에서 인용 순서는 보조표로부터 개념을 추가하기 위한 규칙이나, 어떤 개념을 수록하는지에 대한 리스트를 통해 결정된다. UDC는 분류에 있어 더 많은 패싯 접근 방식을 가지며, 하나의 분류 번호를 생성하는 데 있어 개념을 결합시키는 데 더 많은 유용성을 허용하고 있기 때문에, 반드시 기호적인 요소의 인용 순서와 배열 순서가 고려되어야 한다.

(1) 배열 순서

UDC 안에서 배열 순서의 원칙은 기억하기는 쉬워 보여도, 실제로는 다소 복잡하다. 일반적으로 배열 순서는 일반적인 것에서 상세한 것으로 진행되는 본표와 보조표를 따른다. UDC의 배열 순서는 자료의 서가 배열을 결정하는데, 그 순서는 다음과 같다.

가장 먼저 배열되는 공통 보조표는 독립적으로 사용되거나 다음과 같은 기호로 시작된다.

언어	=	= 131.1	이탈리아어
형식	(0...)	(086.8)	비디오 레코딩
장소	(1/9)	(450)	이탈리아
인종 등	(= ...)	(= 1.375)	에트루리아인
시대	"..."	"199"	1990s

공통 보조표 간에 기호의 배열 순서는 보조표 1c에서 보조표 1g에 이르는 순서에 따른다.

다음으로, 조합과 확장을 상징하는 기호를 사용한다. 조합은 덧셈 기호(+)를 사용하며, 확장은 사선(/)을 사용한다.

634.3+634.8	오렌지 과수원과 포도밭
632.3/632.4	식물의 박테리아와 곰팡이

다음에는 분류표에 할당된 단순 번호를 배열한다. 더 간결한 기호가 좀 더 일반적인 주제를 의미하는 DDC에 익숙한 분류자들에게는 상호 직관적인 것으로 보일 수 있지만 UDC에서 조합과 확장 기호의 사용은 분류 번호의 의미를 확장해준다.

634.8	포도밭

그다음에는 관계를 상징하는 쌍점(:) 기호를 사용한다. 이는 할당된 번호로 분류 번호의 의미를 축소하는 것이다.

634.8:658.8	포도밭과 관련된 마케팅과 판매

그다음은 독립적으로 사용되지 못하는 보조표의 기호를 사용한다. 그리고 다음과 같이 보조표 1c에서 보조표 1k로 이어진 순서에 따른다(〈표 7〉 참조).

이와 같은 배열 순서는 반드시 지켜야 한다. 이는 브라우징을 위하여 주제 중 특별히 도움이 되는 순서를 설정해놓은 것으로 가장 폭넓은 주제를 첫 번째로 다루는 원칙을 준수하는 것이다. UDC의 경우, 비교적 유연한 인용 순서를 가지기 때문에 이러한 배열 순서가 오히려 잘 적용될 수 있다. 예를 들어, 앞에 제시된 것과 같이 모든 자료가 포도밭을 다루고 있다면, 포도밭에 관련된 자료를 국가로 먼저 구분해준 다음 장소로 구분해야 한다. 언어와 형식의 경우, 분류 번호는 다른 공통 보조표 앞에 다음과 같이 인용

〈표 7〉 UDC의 배열 순서 예시

언어	=	634.8=131.1	이탈리아어로 된 포도밭에 관한 자료
형식	(0...)	634.8(086.8)	포도밭에 관한 비디오 레코딩
장소	(1/9)	634.8(450)	이탈리아에 있는 포도밭
인종 등	(= ...)	634.8(=1.375)	포도밭과 에트루리아인
시대	"..."	634.8"199"	1990년대의 포도밭
비UDC 기호		634.8C40	포도밭과 섭씨 40도의 기온
A-Z 상세화		634.8Colorado	콜로라도 포도를 가진 포도밭
재료/사람	-03 -05	634.8-057.117	포도밭과 일용직 근로자
특수 보조표		634.8-759	포도밭과 보안 장치

되어야 한다.

이탈리아어로 된 이탈리아에 있는 포도밭에 관한 자료	634.8(450)=131.1
이탈리아에 있는 포도밭에 관한 비디오 레코딩	634.8(450)(086.8)

(2) 인용 순서

합성 또는 복합 주제는 다양한 측면이나 관점들이 분류 번호에 표현될 수 있어야 한다. 이러한 합성 및 복합 분류 기호를 만들기 위해서는 측면과 관점의 순서, 즉 인용 순서가 제시되어야 한다. UDC에서 인용 순서는 합성 번호를 작성하기 위한 요소의 조합 순서이자 패싯 공식으로 알려져 있다.

UDC는 인용 순서에서도 일반적인 원칙을 따르며 인용 순서에 상당한 유연성을 허용하고 있다. 개별 도서관에서는 도서관 이용자의 요구 충족 등과 같은 자관의 필요성에 따라 인용 순서를 변형할 수도 있다. 이러한 경우에는 반드시 인용 순서를 일관성 있게 적용해야 한다.

UDC에서 우선시되는 인용 순서는 상세한 주제에서부터 좀 더 일반적인 관점으로 진행된다. 일반적인 것에서 특수한 것의 순서를 보장하려면 배열 순서가 인용 순서의 역순이 되어야 한다. 즉, 인용 순서는 배열 순서의 역순으로, 본표의 번호, 특수 보조표, 공통 보조표순으로 인용하는 것이다. 합성 또는 복합 분류 번호의 요소들은 특수한 것에서 일반적인 것으로 전개된다.

UDC에서 조합을 나타내는 덧셈 부호(+)와 관계를 상징하는 쌍점 기호(:)를 사용할 때는 앞 번호부터 인용한다. 따라서 오렌지 과수원과 포도밭은 634.8+634.3이 아닌 634.3+634.8이 되며, 포도밭과 관련된 마케팅과 판매는 658.8:634.8이 아닌 634.8:658.8이 된다.

연속된 번호에 적용되는 확장 부호 사선(/)을 사용할 때도 번호가 커지는 순서대로 인용한다. 그다음에는 특수 보조표를 추가한다. 따라서 오렌지 과수원과 포도밭의 보안 장치는 634.3+634.8-759가 된다.

본표의 번호 다음에는 공통 보조표를 배열 순서의 역순으로 인용한다. UDC에서 표준 인용 순서는 〈표 8〉과 같다. 예를 들어, 이탈리아어로 된 1990년대 이탈리아의 포도밭에 고용된 일용직 근로자에 대한 비디오 레코딩을 UDC로 분류하면 634.8-057.117 "199"(450)(086.8)=131.1이 된다. 이를 분석하면 다음과 같이 본표의 번호, 인물, 시대, 장소, 형식, 언어 공통 보조표의 순서로 인용되었음을 확인할 수 있다.

1. 본표의 번호	포도 밭	634.8
2. 인물	Table 1k에서 일용직 근로자	-057.117
3. 시대	Table 1g에서 1990년대	"199"
4. 장소	Table 1e에서 이탈리아	(450)
5. 형식	Table 1d에서 비디오 레코딩	(086.8)
6. 언어	Table 1c에서 이탈리아어	= 133.1

⇒ 634.8-057.117 "199" (450)(086.8)=131.1

이탈리아의 오렌지 과수원과 포도밭의 보안 장치에 대한 자료를 UDC로 분류하면 634.3+634.8-759(450)이 된다. 이를 분석하면 다음과 같이 본표의 번호, 특수 보조표, 장소, 공통 보조표의 순서로 인용되었음을 확인할 수 있다.

〈표 8〉 UDC의 인용 순서

본표 기호	사람 & 재료	비UDC 기호	기타 공통 보조표				
			시간	인종 & 국적	장소	형식	언어
0/9	-05 -03	A/Z, *	"…"	(= …)	(1/9)	(0…)	= …

1. 본표의 번호	오렌지 과수원과 포도 밭	634.3+634.8
2. 특수 보조표	보안 장치	-759
3. 장소	Table 1e에서 이탈리아	(450)

⇒ 634.3+634.8-759(450)

만약, PDF 형태로 된 1970년대 New Hampshire, Grafton County의 관광객 지도를 UDC로 분류하는 경우, 분류 번호는 338.48(734.211.4) "197" (084.3)(0.034.2PDF)이 된다. 이를 분석하면 다음과 같다.

3	Social Sciences
33	Economics
338	Economic situation. Production. Services. Prices
338.4	Production and services according to economics sectors
338.48	Tourism
338.48(7	Place-North America
338.48(73	United States of America(USA)
338.48(734	States of the north-eastern USA
338.48(734.2	New Hampshire
338.48(734.211.4	Grafton County
338.48(734.211.4"	Second millennium CE
338.48(734.211.4"19	Twentieth century CE
338.48(734.211.4)"197"	1970s
338.48(734.211.4)"197"(0	Common auxiliary of form
338.48(734.211.4)"197"(08	Illustrations

338.48(734.211.4)"197"(084	Images. Graphic documents
338.48(734.211.4)"197"(084.3)	Cartographic images
338.48(734.211.4)"197"(084.3)(0.0	Special auxiliaries
338.48(734.211.4)"197"(084.3)(0.03	Documents according to production
338.48(734.211.4)"197"(084.3)(0.034	Machine-readable documents
338.48(734.211.4)"197"(084.3)(0.034.2	Digital documents
338.48(734.211.4)"197"(084.3)(0.034.2PDF)	Special document type, A-Z

7) 기호

UDC로 자료를 분류하는 경우, 분류 기호가 갖추어야 할 요건을 평가하면 다음과 같다.

(1) 순차성

UDC 본표의 번호는 숫자로 구성되기 때문에 자체적인 순서를 가지고 있다. 그러나 기호가 인용되고, 배열되는 순서는 그 자체만으로는 순서를 가지지 않기 때문에 반드시 숙지해야 한다. 특히, 알파벳과 숫자로 된 특징을 나타내기 위하여 사용되는 특수 기호 때문에 기호에 반영된 순서를 파악하고 UDC 번호를 이해하는 데 어려움이 있을 수 있다.

(2) 간결성과 단순성

UDC 기호는 종종 길고 복잡해질 수 있지만, 사실 UDC는 분류 번호의 길이를 한 자리 숫자로 표현할 수 있다. 그래서 DDC와 같은 분류 체계보다 더 간결성을 가질 수 있다. 그러나 간결성과 단순성을 강조하는 경우, 주제에 대한 상세한 분류가 어려워지기 때문에 장서의 조직에 UDC를 선택하는 의미가 퇴색된다. UDC의 장점은 학제적이면서 학문 분야 안의 모든 복합적 주제들을 표현하고 구현하는 능력이다.

전문도서관의 장서를 조직하기 위하여 DDC를 사용하는 경우, 복합적 주제를 상세하게 표현하기 어렵지만 동일한 번호로 표현된 자료는 다시 저자명/서명으로 이루어진 도서번호와 함께 서가상에 배열되어 전체 장서를 구성하도록 할 수 있다. 반면, UDC를 사용하는 경우, 복합적인 주제에 대한 완전하고 유연한 표현이 가능하지만, 간결하고 단순한 기호로는 이를 달성할 수 없다.

(3) 조기성

UDC 안에서 체계적인 조기성은 기호를 쉽게 기억할 수 있도록 하는 주된 장치로서 일관성을 가지고 효과적으로 사용된다. 예를 들어, DDC에서 체계적 조기성은 표준세구분을 나타내기 위한 숫자 0의 사용과 같이 비연속적으로 나타나지만, UDC에서 (450)는 항상 이탈리아를 의미하고, (038)은 항상 사전을 의미하며, =111은 항상 영어를 의미하기 때문에 비연속적 조기성은 나타나지 않는다.

더 나은 조기성은 항상 UDC의 문헌적 조기성을 통해 만들어진다. 시간 공통 보조표는 기호에 즉각적으로 인식할 수 있는 날짜의 표현을 허용한다. 예를 들어, 20세기는 "19"로, 1960년대는 "196", 1966년은 "1966"으로, 1966년 2월 15일은 "1966.02.15."로 표현된다. 또한 A/Z가 표시된 항목에 대해 비 UDC 기호와 고유명서, 표준 코드, 약어, 고유명을 특별히 사용할 수 있도록 허용한다.

(4) 수용성

앞서 DDC와 LCC 관련해서 살펴보았듯이, 새로운 주제를 분류표 안의 올바른 장소에 두는 것은 매우 중요하다. UDC는 이러한 수용성을 달성하기 위하여 세 가지 방법을 사용하고 있다. 첫째, 십진식 기호를 사용한다. UDC는 십진식 세구분을 사용함으로써 분류표의 거의 모든 위치에 새로운 주제를 삽입할 수 있도록 하고 있다. 둘째, 미사용 기호를 둔다. DDC와 LCC와 마찬가지로 UDC는 기존의 주제 리스트에 새로운 주제들이 들어갈 수 있는 공간을 남겨두고 있다. 셋째, 패싯 구조를 사용한다. UDC는 기호를 사용하여 이전에는 연관되지 않았던 주제를 서로 연결시켜 새로운 주제들을 나타낼 수 있다. 즉, 학제적 분야가 출현하면 현재의 사용하고 있는 분류표의 주제를 기호로 결합하여 새로운 주제를 나타내는 것이 가능하다. 이는 전문적 주제에 대해 패싯 분류를 이용하는 주된 이유로, 분류자는 분류표가 개정될 때까지 기다리지 않아도 된다.

(5) 표현력

기호의 표현력은 열거식 분류 체계에서 나타나는 특징으로, 어떤 측면에서는 UDC의 표현력이 DDC보다 더 좋다고 여겨지기도 한다. 최소 세 자리로 표현되는 DDC의 기호와는 대조적으로 UDC의 기호는 다음과 같이 최소 한 자리로도 표현될 수 있다.

5	Mathematics and natural sciences
53	Physics
539	Physical nature of matter
539.1	Nuclear, atomic, molecular physics
539.12	Elementary and simple particles
539.122	Photons

UDC 기호는 표현력이 높아 일반적인 것에서 상세한 것으로의 전개를 명확하게 보여준다. 이러한 표현력은 분류 번호와 공통 보조표에 연결부호를 추가하여 사용할 때 줄어든다. 그래서 번호의 길이가 긴 경우, 상세한 주제를 의미하기보다는 오히려 넓은 주제를 의미할 수 있다. 예를 들어, 53/54는 53보다 더 넓은 주제를 의미한다.

(6) 유연성

UDC는 기호의 유연성이 매우 뛰어나다. 우선적인 인용 순서는 개별 도서관의 필요에 따라 다음 예시들과 같이 유연하게 변형될 수 있다.

19세기 영국의 딸에 대한 상속법 ⇒ 347.6-055.62-055.2"18"(410.1)

- 우선하는 인용 순서
  본표의 번호, 인물, 시대, 장소, 언어

- 대안적 순서
  장소에 기초하여 배가하는 경우 ⇒ (410.1)347.6-055.62-055.2"18"
  시대에 기초하여 배가하는 경우 ⇒ "18"347.6-055.62-055.2(410.1)

러시아어로 된 2003년 동물행태 회의록 ⇒ 591.5"2003"(063) = 161.1

- 우선하는 인용 순서
  본표 번호, 시대, 형식, 언어

- 대안적 순서
  시대에 기초하여 배가하는 경우 ⇒ "2003"591.5(063) = 161.1
  형식에 기초하여 배가하는 경우 ⇒ (063)591.5"2003" = 161.1
  언어에 기초하여 배가하는 경우 ⇒ = 161.1:591.5"2003"(063)

이와 같은 유연성은 UDC가 자관의 필요에 따른 기호 변형을 용이하게 한다. 즉, 특정 자료에 대해 중요한 요소가 되는 관점으로 장서를 적합하게 조직하는 것이 가능하다.

5장

분석합성식 분류 체계

1. 패싯 분류 체계

패싯 분류 체계(Faceted classification schemes)는 20세기 중반에 개발된 것으로 열거식 분류표보다 역사가 짧다. 패싯 분류표는 합성에 기초하며, 주제를 상세화하기 위한 기호적 요소를 함께 갖추고 있다. 함께 조합된 주제 요소들을 패싯이라 부르기 때문에 '패싯 분류표' 또는 '합성 분류표'라고 하며, 기술적인 용어로는 '분석합성식 분류 체계'라고도 한다. '분석합성식'이라는 기술적 용어에는 패싯 분류를 적용하는 데 수반되는 두 개의 주된 활동, 즉, 주제를 패싯으로 분석하는 것과 기호로 만들기 위해 패싯을 합성하는 것이 반영되어 있다.

분석합성 또는 패싯 분류표 개발의 모든 공헌은 1933년 콜론분류표의 첫 번째 판을 발행한 Ranganathan에게 있다. 콜론분류표의 근본적인 목적은 분류표를 위한 특정한 언어와 이론을 제공하는 것으로, 서가상에서 도움이 되는 배열 순서를 달성하고, 기호 안에 개별 저작의 상세한 주제를 완전하게 표현할 수 있는 기회의 제공을 목적으로 한다.

그러나 패싯 분류 체계는 서양의 일반 도서관에 폭넓게 적용되지 못했다. 여기에는 두 가지 이유를 들 수 있는데, 첫째, 이미 DDC와 LCC가 일반 장서에 적용 가능한 분류 체계로서 자료를 쉽게 이용할 수 있도록 장서를 조직하는 데 상세한 범주를 가지며, 가장 폭넓게 사용되고 있었기 때문이다. 둘째, 패싯 분류표는 도서관의 장서를 조직하는 데 DDC와 LCC가 적용된 다음에 나왔고 대부분 도서관에서 장서를 재분류하는 업무를 원하지 않았기 때문이다. 현재 대부분의 도서관에서 DDC와 같은 열거식 분류표를 사용하고 있는 반면, 패싯 분류표의 대표적 분류 체계라고 할 수 있는 콜론분류법은 주로 Ranganathan의 조국인 인도의 일부 도서관에서 사용되고 있다.

1) 개념

Ranganathan의 이론은 모든 주제를 상세히 수록하지 않는 대신 분류표상에서 주류나 주된 분야를 식별할 수 있어야 하며, 분류표의 각 주류나 분야는 기본 개념을 열거하거나 수록할 필요가 있다는 점을 기초로 한다. 대부분의 주제는 복합적인 요소로 2개 이상의 패싯으로 구성되어 있다. 패싯 분류 체계에서 각 패싯이나 주제 요소는 모든 주제에 공통적이거나 특수한 것이 될 수 있다. 앞서 DDC와 UDC의 분류표에서 모든 주제에 적용되는 공통 패싯들을 파악해 보았듯이, 여기에는 장소, 시간, 표현 형식 등이 포함된다. 패싯 분류 체계에는 공통 패싯과 함께 사용되는 재료나 활동, 과정으로 표현되는 디자인 등과 같은 개념이 모든 주제에 적용되는 것은 아니지만, 주제에 적용할 수 있는 일반적인 개념들이 존재한다.

패싯 체계를 사용하는 분류자는 다양한 패싯으로 한 저작의 주제를 분석하고, 기호를 합성하는 과정을 거친다. 기호 합성에는 특수한 순서와 방식이 적용되며, 패싯 안에서 저작의 주제를 나타내는 상징 부호를 함께 연결하는 것을 포함한다. 예를 들어, 열거식 체계를 사용하여 '20세기 미국의 잠수함 설계'를 분류하는 경우, 분류자는 제일 먼저 상관색인을 확인할 것이다. DDC 상관색인에는 '잠수함' 아래 다수의 색인 기입어를 제시하고 있는데, 여기에 '설계(623.81257)'가 포함되어 있다. 다음 단계는 본표에서 623.81257을 찾아서 '미국'과 '20세기'의 개념을 추가하는 지시사항이 나타나 있는지를 살펴보는 것이다. DDC는 본표 623.8121-.8129에서 기술적인 특수한 형태의 설계를 상세하게 나타낼 수 있도록 623.812를 기본 번호로 두고, 합성하라는 지시를 제공하고 있지만, 기본 번호에 어떻게 장소와 시간의 표준세구분을 추가하는지에 대해서는 상세하게 알려주지 않는다. 여기서는 본표와 함께 제공된 예시를 바탕으로 기본 번호에 장소(0973)와 시간(0904)을 추가하여, 최종적으로 623.8125709730904이라는 분류 번호를 생성할 수 있게 된다.

패싯 체계를 사용하여 분류하는 경우, 분류자는 먼저 해당 주제를 구분 가능한 요소로 분석해야 한다. 즉, '20세기 미국의 잠수함 설계'라는 자료를 '잠수함(중심 요소)' , '설계(과정)', '미국(장소)', '20세기(시간)'이라는 요소로 구분하는 것이다. 다음 단계에서는 색인과 본표에서 이러한 각각의 개념을 위한 기호가 존재하는지 살펴본 후, 완전한 기호를 형성하기 위하여 각각의 기호적 요소를 결합시켜야 한다. 콜론분류표 제6판에서 '잠수함'은 D5254(D는 주류인 공학, 5254는 잠수함)이고, '설계'는 4(공학 D4), '미국'은 73, '20세기'는 N으로 표현된다. 그래서 각각의 기호를 연결부호로 조합하여 최종적으로 D5254:4.73'N이라는 번호를 생성할 수 있다.

완전한 패싯 분류표는 열거식 분류표처럼 주제를 상세하게 수록하기보다는 어떤 주제도 조합할 수 있는 틀을 제공한다. 즉, 패싯 분류표에서는 각 주제의 상세한 구조를 형성하기 위하여 기호가 조합될 수 있다. 패싯 분류법의 장점은 상세함과 정확성을 제공하는 가장 좋은 방식으로, 지식의 발전 속도를 맞출 수 있는 분류 체계라는 점이다. 열거식 분류 체계는 분류 체계가 발행되었을 당시 지식의 상태로 주제가 미리 합성되어 열거되기 때문에 분류 체계에 노후화가 발생하여, 새로운 주제를 수용하기 위해서는 분류표를 빈번하게 개정해야 한다. 반면 패싯 분류표는 현존하는 개념들을 기호로 결합함으로써 새로운 주제를 수용하는 것이 가능하다. 물론, 새로운 주제들이 패싯 분류 체계의 분류표에 추가되어야 하지만, 열거식 분류 체계보다는 개정 요구가 상대적으로 적다. 즉, 패싯 체계는 열거식 체계와 같은 견고한 구조를 갖지 않기 때문에 완전히 새로운 주제를 분류표에 단순하게 확장시켜 최신성을 충족시킬 수 있다.

패싯 분류 체계에서 주제에 도움이 되는 순서는 주류와 세부 주제의 순서, 패싯을 결합한 순서를 통해 달성할 수 있다. Ranganathan은 콜론분류표에서 인용 순서를 위한 규칙을 제시했지만, 필요에 따라 특정 장서에 대해 도움이 되는 순서를 분류자들이 구축할 수 있도록 허용하는 유연성을 제공하고 있다. 콜론분류표의 기본 규칙은 이미 인용 순서에서 살펴본 바와 같이 가장 확실하고 중요한 패싯을 맨 처음에 두고, 중요도가 낮은 순서대로 나머지 패싯을 인용하는 것이다. 첫 번째로 인용되는 패싯은 해당 자료가 어디에 배가될 것인지를 결정해준다. Ranganathan은 개성, 재료, 에너지, 공간, 시간의 순서로 PMEST라는 인용 순서를 고안했다. 여기서의 '개성'은 정확하게 정의내리기 어렵지만 중심 개념으로 기술할 수 있다. 위에 제시된 예시에서 '잠수함'은 중심적인 개념으로 콜론분류표에서 개성 패싯에 해당한다고 할 수 있다.

UDC에서 보조표의 개념을 파악하기 위해 서로 다른 구두점을 사용하는 것과 마찬가지로, 패싯 분류를 적용하는 경우 패싯 체계 안에서 다른 패싯으로 변화되었음을 나타낼 필요가 있다. 하나의 패싯이 끝나고 다른 패싯이 시작하는 것을 기호로 구분하는데, 일반적으로 각 패싯을 연결하는 방식으로 구두점을 사용한다.

2. 콜론분류법

1) 기원과 발전

콜론분류법(Colon Classification, 이하 CC)은 인도의 Ranganathan이 창안한 분류표로 1933년에 초판이 발행되었다. 가장 최신판은 1987년 출판된 제7판으로 인도의 일부 도서관에서만 사용되고 있다. 정기적으로 개정판이 나오지 않고, 분류표의 관리가 제대로 이루어지지 않는다는 단점 때문에 새롭게 개관하는 인도의 도서관조차도 CC를 이용하지 않고 있다. 그럼에도 불구하고 문헌정보학 전문가들은 CC에 지속적인 관심을 두고 있는데, 이는 CC가 정보 검색에서 활용할 수 있는 이론적 측면을 매우 많이 가지고 있기 때문이다.

CC의 가장 중요한 특징은 '패싯'이라는 강한 이론적 원칙에 기초하며, '기본 범주(fundamental category)'를 이용한다는 것이다. Ranganathan은 기본 범주를 개성, 재료, 에너지, 공간, 시간이라는 5가지 요소로 정의했다. 기본 범주 이외에 공통 고립개념(isolates)도 CC의 주요 특징 중 하나라고 할 수 있다. 공통 고립개념은 보조표에 해당하는 세목(구분지)을 의미한다.

일반적으로 CC는 사람들에게 이해하기 어렵다고 알려져 있다. 이는 Ranganathan이 분류표를 기술함에 있어 자신만의 스타일을 사용하여 체계를 분석했고, 수많은 기술적 용어를 사용했기 때문이다. 그래도 CC 제6판까지는 매우 잘 구조화되어 있으며, 상당히 단순해 많은 부분에 있어서 DDC보다 사용이나 이해가 용이했다. CC에 대한 이해와 연구를 바탕으로 하나의 주제를 분석하고, 분류 기호를 인용하기 위하여 구성 요소들의 순서를 결정하는 과정은 그 자체로 가치가 있다.

2) 기본 패싯

CC의 창시자인 Ranganathan은 모든 주제를 5개의 기본 패싯 중 하나 이상의 패싯으로 표현할 수 있다고 주장하면서, CC에서 '개성(Personality, P)', '재료(Matter, M)', '에너지(Energy, E)', '공간(Space, S)', '시간(Time, T)'이라는 5가지 기본 패싯을 정의했다.

'개성' 패싯은 주제를 구분하는 본질적인 속성으로 농업에서는 작물, 의학은 신체 기관, 문학에서는 언어와 같이 기본 주제에 따라 다르게 설정되어 있다. '재료' 패싯은 인간 생활에서 사용되거나 필요로 하는 모든 재료나 물질, 소재를 의미하며, 물질 자체와 물질이 지닌 특성이나 방법, 물질의 원재료를 모두 포함한다. '에너지' 패싯은 우주의 모든 활동이나 작동, 과정 등이 포함되며, '공간' 패싯은 우주의 공간, 국가, 지역과 같은 지리적 특성, '시간' 패싯은 연도, 월, 일과 같은 시대구분이나 시대적 특성을 지칭한다(Satija & Singh, 2013).

Ranganathan은 5가지 기본 패싯 중에서 '시간' 패싯이 가장 쉽게 분류되며, '공간' 패싯은 일반적으로 지역으로 표현되기 때문에 비교적 식별이 쉬운 편이라고 평가했다. '에너지' 패싯은 일종의 행동을 내포하며, 구조나 기능, 기능 부전이나 질병, 환경적인 행동 등도 포함하고, '재료' 패싯은 그 자체로 재료이거나 그와 동급인 것으로 일반적인 단행본에서 다루는 주제에서 나타나지는 않지만, 쉽게 구분할 수 있다고 했다. 반면 '개성' 패싯은 주제의 핵심 속성이긴 하지만 현실적으로 판단하기가 가장 어려운 개념으로, 때로는 소거(elimination)의 방법으로 인지될 수 있다고 했다. 그래서 주제의 패싯을 분석하기 위하여 '시간', '공간', '에너지', '재료' 패싯으로 먼저 정의한 다음, 남은 요소를 '개성' 패싯으로 간주하는 방식을 제안했다.

CC는 기본 패싯 이외에도 기본 주제별로 특수한 패싯과 개체 개념을 제시하고 있는

데, 예를 들어 문학류의 기본 패싯은 '언어', '형식', '저자', '저작'으로 정의했으며, '형식' 패싯에는 '시', '드라마', '소설'과 같이 개체 개념들을 나열하고 있다. 한편, 기본 주제 이외에 언어, 시대, 지리 등을 나타내는 보조표가 있으며, 공통 보조표의 역할을 하는 공통 개체 개념을 마련하여 서지, 지도, 정기간행물 등과 같은 문헌의 표현 형식과 시, 소설, 희곡과 같은 문학의 형식, 언어 등을 나타낼 수 있도록 했다(Satija & Singh, 2013).

3) 기호

CC 제6판은 공통 보조표, 주 분류표, 세구분표, 색인이 포함된 작은 한 권으로 구성되었다. CC의 주류 개요는 01 Generalia, 1 Universe of subjects, 2 Library, 3 Book Science, 4 Mass communication, 8 Management, B Mathematics, C Physics, D Engineering, E Chemistry, F Technology, G Biology, H Geology, I Botany, J Agriculture, K Zoology, L Medicine, M Useful Arts Mysticism, N Fine Arts, O Literature, P Linguistics, Q Religion, R Philosophy, S Psychology, T Education, U Geography, V History, W Political science, X Economics, Y Sociology, Z Law이다. CC는 로마자, 그리스 문자와 아라비아 숫자를 사용하는 혼합 기호법으로, 인용 순서는 PMEST 패싯 공식으로 통제된다. CC 제6판에서는 각각의 패싯을 구별하기 위하여 〈표 9〉와 같은 구두점을 사용한다.

〈표 9〉 CC의 부호

개성 (P)	재료 (M)	에너지 (E)	공간 (S)	시간 (T)
, (쉼표)	; (쌍반점)	: (쌍점)	. (온점)	' (외따옴표)

CC에서 동일한 상징 부호(특히, 동일한 번호)는 다른 패싯의 다른 개념을 의미할 수 있다. 예를 들어 ;4는 공학의 에너지 패싯 안에서의 설계를 의미하지만 .4는 장소 패싯 안에서의 아시아를 의미한다. 그러나 다섯 가지 패싯을 모두 사용하는 경우는 극히 드물다. 종종 특성 패싯에서 2개 이상의 수준을 전개할 때도 있다. 예를 들면, '20세기

미국의 디젤 엔진 잠수함 디자인'의 경우, '디젤 엔진'과 '잠수함'은 모두 쉼표에 의해 개성 패싯에서 핵심 개념으로 적용하여 D5254,6466:4.73' 'N이라는 최종적인 분류 번호를 갖는다.

이 번호를 생성하기 위해서 분류자는 우선 색인 안에서 개념을 살펴봐야 한다. 색인은 주 분류표에 있는 개념을 보여주고, 해당 개념에 어떤 패싯들이 적용되는지를 나타내 준다.

색인에서 '잠수함' 아래 나타난 기호는 다음과 같다.

> D[P]. 5254
>
> D는 주분류표 (공학)
>
> [P]는 개성 패싯
>
> 5254는 잠수함

색인에서 '디젤 엔진' 아래 나타난 기호는 다음과 같다.

> D[P]. 6466
>
> D는 주분류표 (공학)
>
> [P]는 개성 패싯
>
> 6466은 디젤 엔진

주류 D(공학) 안에서 디젤 엔진은 개성 패싯에 속하는데, 디젤 아래 나타난 기호는 D[E]. 4. N4. Z [P2], 2673이다. 이는 D(공학) 안에서 '디자인'은 에너지 패싯[E] 안의 숫자 4이고 '디자인'은 주분류표 N(예술)의 숫자 4이며, Z(법학)에서 '디자인'은 P2 패싯(개성 패싯의 2번째 단계) 안의 2673으로 표현된다는 의미이다.

색인에서 지리적인 구분을 나타내는 '미국'은 73으로 표현된다. 시간을 나타내는 '20세기'는 N 1900-99 AD로 표현된다.

그다음 단계에서 각 개념들에 대한 기호적 요소를 PMEST 공식을 사용해서 결합시키는데, 다양한 패싯을 나타내기 위하여 적합한 구두점을 사용해야 한다. 장서의 필요성과 저작의 강조점에 따라 기호를 사용할 수 있다.

한편, CC 제6판의 문학 분류표(O class)에서는 언어, 형식, 저자, 작품이라는 4가지 패싯을 따로 설정하고 있다. 각 패싯은 작품의 개성이라는 기본 항목을 대표하는 것으로, 문학에는 재료, 에너지, 공간, 시간이라는 패싯이 적합하지 않기 때문에 문학의 주요한 관점으로 패싯을 따로 설정했다.

문학작품을 위해 CC 제6판에 설정된 패싯 공식은 O [P], [P2], [P3], [P4]순으로 인용하는데 여기서 [P]는 언어, [P2]는 형식, [P3]은 저자, [P4]는 작품을 의미한다. 문학작품을 위한 분류 번호를 생성하기 위해서는 설정된 공식에 따라 적합한 고립 개념과 패싯 지시자를 표현하는 4개의 개별 기호를 모두 함께 조립해야 하며, 분류표에서 제공하는 추가적인 지시사항을 따라야 한다.

예를 들어, Lanford Wilson(1937-)의 *The 5th of July*를 분류하는 경우, 분류 번호는 주류 O로 시작된다. 첫 번째 2개의 패싯은 상당히 직접적인 것으로, [P]는 111(영어), [P2]는 2(소설)로 표현할 수 있다. 그러나 그 뒤에 오는 2개의 패싯은 추가적인 지시사항을 수반하는데, 이는 각본이나 개별 서명이 분류표 안에 수록되지 않기 때문이다. 일반적으로 분류자에게 저자의 생년에 근거하여 시대적인 표현을 사용하도록 지시하고 있는데 이 경우에는 [P3]은 N37(N은 20세기이고 37은 저자의 생년)이 된다. 그리고 [P4]를 위해서 모든 저자의 작품이 연대순으로 배열될 수 있도록 저작의 번호를 제시한다. 얼마나 많은 저작들이 그 저자에 의해 생산되었는지에 기초하기 때문에 지시사항이 다소 복잡하다. Wilson의 25번째 희곡인 *The 5th of July*는 8개 희곡 중 4번째 그룹에서 첫 번째 희곡이기 때문에 숫자 41로 표현된다. 따라서 이 작품의 분류 번호는 모든 패싯을 조합하여 O111,2,N37,41이 된다. 문학류는 각 패싯을 연결하기 위하여 쉼표를 사용하며, [P] 패싯 안에서 사용되기 때문에 첫 번째 [P] 앞의 쉼표는 생략한다.

3. 서지분류법

일반 도서관의 장서에 적용하기 위한 또 다른 패싯 분류 체계로는 서지분류법(Bibliographic Classification, 이하 BC)이 있다. BC는 Henry Evelyn Bliss(1870-1955)가 도서관 자료 중에서도 인쇄 형태의 문헌적 자료를 조직화하기 위해 고안한 것이다. 1940년부터 1953년까지 BC1로 총 4권이 발행되었고, BC2는 1976년부터 발행되기 시작했다. Bliss의 BC는 지식의 기본적인 구조로 해석되는 주제에 중심을 두기보다는 오히려 학문 분야를 중심으로 전개된다. Bliss는 분류하는 데 있어서 그 책이 해당하는 주류가 무엇인지 결정하는 것이 중요하다고 했지만, BC의 분류표상에서는 벌(Bee)과 같이 구체적인 주제에 대한 문헌은 DDC와 마찬가지로 해당 주제를 보는 측면에 따라 여기저기 흩어져 있다. 예를 들면, BC1에서 과학적인 관점의 벌에 대한 책은 G-Zoology에 분류되고, 양봉에 관한 책은 U-Useful Arts에 분류된다.

1967년에 BC의 영국위원회는 위원회의 이름을 Bliss Classification Association(BCA)으로 변경하고, 새롭고 완전한 개정판을 위한 논의하기 시작했다. BC2는 Bliss가 개발한 넓은 개요에 기초하지만, 새로운 시스템으로 좀 더 정확하게 기술될 수 있도록 근본적으로 개정되었다. BC2의 이론과 실무는 다른 분류 체계와 충분히 비교할 수 있을 만한 인지도와 장점을 가지기 때문에 BC의 미래는 갱신과 개발을 통해 적시에 새로운 판을 발행하여, 얼마나 많은 도서관에서 BC를 사용하는가에 달려 있다.

1) 구조와 특징

Bliss는 주류의 순서가 분류 체계에서 가장 중요하다고 믿었다. Bliss 분류표 안에서 모든 주류는 철학, 과학, 역사학, 기술과 예술이라는 4개의 주된 영역으로 집단화될 수 있다. 주분류표 안에서 패싯은 열거식 분류 체계 안에서 찾을 수 있는 구체성을 넘어서 보다 상세하게 파악되고 수록될 수 있다. BC2의 주류 개요는 〈표 10〉과 같다.

Bliss는 주제에 가장 도움이 되는 순서를 달성하기 위하여, 일부 주제에 대해 분류 위

〈표 10〉 BC2의 주류 개요

기호	주류
1	Introduction & Auxiliary schedule
2/9	Generalia, Phenomena, Knowledge, Information science & technology
A/AL	Philosophy & Logic
AM/AX	Mathematics, Probability, Statistics
AY/B	General science, Physics
C	Chemistry, Chemical Engineering
D/DF	Astronomy
DG/DY	Earth sciences, including geography and geology
E/GQ	Biological sciences, including Biology, Genetics, Virology, Botany and Zoology
GR/GZ	Applied biological sciences; Agriculture and Ecology
H	Physical anthropology, Human biology, Health sciences
I	Psychology and Psychiatry
J	Education (Rev. Ed.)
K	Society (includes social sciences, sociology, and social anthropology)
L/O	History (including area studies, travel and topography, and biography)
LA	Archaeology
P	Religion, Occult, Morals, and ethics
Q	Social welfare & Criminology (Rev. Ed.)
R	Politics and Public administration
S	Law
T	Economics & Management of economic enterprises
U/V	Technology , Engineering
W	The Arts
WV/WX	Music
X/Y	Language, Literature
ZA/ZW	Museology

치를 선택할 수 있도록 했다. 예를 들면, 경제학사는 '일반적인 역사'나 '경제학'이라는 주제 중 어디에나 위치할 수 있다. 따라서 BC를 이용하는 분류자는 어떤 위치가 도서관의 요구를 가장 잘 충족시킬 수 있는지를 결정해야 한다. 또한 Bliss는 간결한 기호를 주장했지만, 복잡한 주제를 나타낼 때는 분류 기호가 매우 길게 표현되기도 한다.

BC는 두 가지 원칙에 기초하여 개발되었다. 첫째, 효율적인 분류표는 교육적이고 과학적인 합의를 반영해야 하며, 전문가들이 그들의 지식을 조직화할 것이라고 예상되는 방식에 기초하여 조직되어야 한다. 둘째, 서로 관련된 주제를 같은 장소에 모으고(collocation), 세분화하는 것이 중요하다. 이렇게 주제를 함께 모아서 세분하는 것은 단순히 주제를 일반적인 것에서 상세한 것으로 전개하는 것보다 더 큰 의미를 가지며, Bliss는 특수성에 따른 단계적 차이의 측면에서 세분화를 사용했다.

이러한 방식에 따라 주제를 나타낸 다음에는 그 주제에 관한 세부 주제들이 따라나와야 한다. 이러한 측면에서 BC 본표의 전개는 매우 논리적인 것으로 평가된다. 예를 들면, 물리학은 수학에 기초하고 있으므로 본표 안에서 반드시 순서를 따라야 한다. 이와 유사하게, 화학은 물리학에 대한 이해를 기초로 하고, 천문학은 물리학과 화학 모두에서 파생된 사상에 의존한다. BC는 이처럼 분류 이론으로서 장점을 가지지만, 학문 분야나 주제의 직접적인 표현을 지속하기가 매우 어렵다는 한계점을 가진다.

2) 기호와 패싯

BC 제2판(BC2)의 기호는 대문자와 숫자로 구성되며, 문자 O와 구별하기 위하여 숫자 0은 제외되었다. 분류 번호는 주제의 다양한 관점을 완전하게 표현하고, 일관성을 가지면서 가능한 간결하게 부여한다. BC2에서 개별류와 개별 하위류는 완전히 패싯화되어 있으며, 분류표 전체에 상세하고 일관성 있는 인용 순서가 적용된다. 만약 그 순서가 특수한 지역 상황에 부적절하다면, 다른 순서를 적용될 수 있도록 하고 있다. 기호는 완전 패싯화되어 있기 때문에, 계층 구조를 반영하지는 않는다. 기호는 문자들과 숫자들을 3개의 덩어리로 나누어 사용한다. 첫 번째 문자는 정보원의 학문 분야를 지시하며, 그다음 문자는 학문 분야의 폭넓은 영역에서 주제를 상세하게 구분해준다. 해당 주제는 더 상세하게 세구분될 수 있다. 하위류를 결합할 때는 주류의 첫 번째 문자를 생략할 수 있다. 예를 들어, 암에 걸린 아동의 간호에 대한 분류 기호는 HXO QEM Y인데, 이는 다음과 같은 기호를 합성한 결과이다.

HXO	Pediatrics
HQE	Cancer
HMY	Nursing

BC2에서 기본 패싯은 공정(operation)과 언어(linguistic)라는 두 기능적 측면에서 범주화되었다. '공정'이라는 기능 측면에서는 특정 학문 분야에서 생산 또는 수행되는 것이 무엇인지, 그것이 부분인지 속성인지, 누구에 의해서, 어디서, 언제 이루어지는지를 분석하는 과정을 토대로 패싯을 도출했다. 동시에 '언어'라는 기능 측면에서 개체와 이들의 유형 및 부분은 명사로 기술되고, 속성은 형용사로, 과정은 동사로, 작동은 타동사 등으로 표현되는 언어의 구문적 속성을 고려하여 패싯을 구성했다(Broughton, 2015).

기본 패싯은 '사물(thing) 및 개체(entity)', '종류(kind)', '부분(part)', '속성(property)', '재료(material)', '과정(process)', '공정(operation)', '피동작주(patient)', '산물(product)', '부산물(by-product)', '주체(agent)', '공간(space)', '시간(time)'의 총 13개로 구성되었다. 이외에도 문학과 같은 특정 학문에서는 '형식'이나 '장르' 등의 특수 패싯을 추가적으로 정의했다.

'사물 및 개체' 패싯은 물체나 사람, 기관, 문서 등을 지칭하며, '종류' 패싯은 사물과 개체의 종류를, '부분' 패싯은 사물과 개체의 부분이나 구성 요소를, '속성' 패싯은 사물과 개체가 가진 속성을 지칭한다. 즉, '종류', '부분', '속성'은 '사물 및 개체'를 세분화하는 특성이 되며, '사물 및 개체' 패싯이 주개념이라면, 주개념의 특성을 나타내는 3개 패싯은 부개념을 구성한다. '재료' 패싯은 사물이나 개체를 구성하는 소재로 CC의 '재료' 패싯과 동일한 의미를 나타낸다.

다음으로 '과정' 패싯은 노화나 성숙과 같은 일반적으로 자연 발생적인 과정과 개체가 일반적으로 겪는 경험을 의미한다. '공정' 패싯은 일반적으로 특정 주체에 의해 수행되는 타동적인 행동으로, 행동의 대상이나 사건도 여기에 포함된다. '과정'과 '공정' 패싯은 동사의 유형인 자동사와 타동사를 식별하기 위해 구분된 패싯이다. 다음으로 '피동작주' 패싯은 수행된 작업이 목적하는 대상을, '산물' 패싯은 공정에 의한 의도적인 결과물, '부산물' 패싯은 의도치 않은 부정적인 결과물이며, '주체' 패싯은 사람, 장비, 도구와 같은 공정의 주체를 의미한다. 즉, '피동작주', '산물', '부산물', '주체'는 '공정' 패싯에 딸린 패싯으로, 행동의 목적과 결과, 주체를 표현하기 위해 설정된 것이다. 마지막으로 '공간' 패싯은 장소, '시간' 패싯은 시대와 관련된 특성을 지칭한다(Anderson & Hofmann, 2006).

BC2의 패싯 조합 순서는 구체적인 것에서 추상적인 것, 특수한 것에서 일반적인 것의 순서로 진행되며, 기본적인 조합 순서는 사물 및 개체, 종류, 부분, 속성, 재료, 과정, 공정, 피동작주, 산물, 부산물, 주체, 공간, 시간으로 제시되어 있으나 개별 주제별로도 패싯 조합 순서가 기재된다. 또한 보조표의 패싯은 기본 주제의 패싯이 모두 조합된 다음의 맨 마지막에 조합된다.

3) 보조표

BC2는 주제에 대한 패싯 구분 이외에도 보조표를 이용해 주제의 부차적인 측면을 세분하여 표현할 수 있다. 보조표 1과 2는 분류표 전체에, 보조표 3부터 7까지는 좀 더 넓은 범주의 류(class)에 걸쳐 적용하며, 보조표 8부터 22까지는 특정류나 하위류에서만 제한적으로 적용할 수 있다. 이 중 적용 범위가 넓은 7개 보조표를 살펴보면, 제1보조표는 형태 구분이고, 제2보조표는 주제의 지역적 세분이 필요할 때 장소명을 표현하며, 제3보조표는 언어 구분으로 예술이나 현대 철학, 과학사 등에 적용할 수 있다. 제4보조표는 역사적 기간을 표현하는 것으로 국가, 지방, 도시, 전쟁 등의 시대구분이 필요할 때 사용된다. 제5보조표와 제6보조표는 언어와 문학에 사용되며 전자는 언어학과 관련되어 하위 구분할 때, 후자는 저자와 사상가의 저작을 표현할 때 적용된다. 제5보조표는 하위로 5a, 5b, 5c의 3가지 보조표로 나뉘며, 5a는 문학적 언어로 된 문헌의 언어학 구분을 위해 사용되며 사전, 서지, 어형론 등의 항목이 있다. 5b는 문학의 역사와 비평을 위해 사용되었으며, 5c는 문학의 형식, 특히 전집에 사용된다. 제6보조표는 다작의 저자 문헌을 위한 것으로 사전, 서지, 전기, 비평, 주요 작품, 번역 등의 항목으로 구성되며, 제7보조표는 저자나 사상가를 제외한 모든 인물에 관한 특성을 표현하는 항목으로 구성된다.

4. 전문적인 패싯 분류 체계

여기서는 지식의 전문적인 영역에 집중하여, 보다 좁은 관점을 가지는 분류 체계에 대해서 살펴보고자 한다. 이러한 전문적인 분류 체계는 전문도서관에서 사용하기 위해 생성된다. 장서량이 적고, 전문적인 도서를 다루는 도서관에서는 일반적인 분류 체계, 즉, 모든 자료를 동일한 분류표나 동일한 번호로 분류하는 체계로는 장서를 제대로 분류할 수 없기 때문에 분류에 있어 매우 특수한 요구를 하는 경향이 있다. 이처럼 특수한 요구에 기초한 특수분류 체계는 패싯 원칙에 기초하는 경향이 있기 때문에 여기서 함께 다루고자 한다.

전문도서관에 일반적인 분류표를 적용함에 있어 자주 문제가 발생하는데, 이는 일반적인 분류표가 전문적인 문헌을 위해 상세한 분류를 제공하더라도 분류 기호의 길이가 쉽게 길어지기 때문이다. 또한, 전문도서관은 새로운 지식이 반영된 전문 장서를 바로 바로 입수하는 경향이 있는데, 일반적인 분류표의 개정은 매우 느려서 분류표에 새로운 지식을 수용하기 위해서는 개정작업에 수개월이 소요되기도 한다. 즉, 전문도서관에 필요한 분류표는 특정 주제에 대해 상세하게 다루면서 나머지는 좀 더 포괄적으로 다루는 분류표라고 할 수 있다. 예를 들면, 제약회사의 전문도서관은 약품과 의학에 관한 자료를 위해 매우 상세한 분류를 필요로 하지만 법학, 윤리학, 유전학, 생리학, 식물학 등과 같은 주제에 관한 자료들도 분류하여 배가할 필요성이 있다.

특수한 분류 체계는 전문적인 장서를 다루기 위해서 개발된 것이지만, 특수한 이용자의 필요성을 반영하여 개발되기도 한다. 예를 들면, 학교도서관에서 슬라이드나 사진과 같은 자료의 특별한 형태를 다루기 위해서도 특수한 분류 체계가 적용된다.

1) 경영학을 위한 런던 분류표

전문 분류표의 훌륭한 사례 중 하나는 경영학을 위한 런던 분류표(London Classification of Business Studies, 이하 LCBS)로 런던경영대학원에서 개발하여 사용되고 있다. LCBS는 패싯으로 이루어져 있으며, 분석합성식의 원칙에 따라 설계되었다. LCBS는 26개의 주분류표와 보조표 세트로 구성되어 있다.

(1) 본표

A	Management
AY	Administrative management
AZ	The enterprise
B	Marketing
BZ	Physical distribution management
C	Operational management
D	Research and development
E	Finance and accounting
F	Human resource management
G	Industrial relations
J	Economics
JZ	Transport and transport planning
K	Industries
L	Behavioral sciences

M	Communication
N	Education
P	Law
Q	Political science
R	Philosophies, science and technology
S	Management
T	Operational research
U	Statistics
V	Mathematics
W	Computers and Information technology
X	O & M and work study
Y	Information science

(2) 보조표

1	People and occupational role
2	Industry product and service
3/4	Standard subject subdivision
5	Geographical subdivision
6	Time
7	Form subdivision

LCBS는 기업 안에서의 경영책임(A-G), 기업의 환경(J-R), 기본 분석 기술(S-X)이라는 3가지 주요 항목과 추가적으로 Classification Research Group(CRG)의 Classification of Library & Information Science에 기반을 둔 정보학(Y)으로 구성되며 주분류표에 알파벳 문자 I와 O를 사용하지 않는다. 이는 로마자를 기호로 사용하는 분류 체계에

공통적으로 적용되는 것으로, 두 문자가 1과 0이라는 아라비아 숫자와 혼동될 수 있기 때문이다.

LCBS는 주제에 대한 매우 상세한 범주와 순서를 제공하고, 기호가 단순하고 간단하며, 새로운 주제를 추가하는 데 수용적이라는 특성을 가진다. 본표는 로마자로 표현되며 보조표는 아라비아 숫자로 표현되기 때문에 쉽게 구별할 수 있다. 본표 안의 개념들은 사선으로 간단하게 결합시킬 수 있으며, 빈 칸은 보조표를 나타내는 데 사용할 수 있다.

기호의 복잡성은 UDC와 CC에서 언급되는 주요한 단점 중 하나라는 점에서 LCBS가 가지는 단순성은 분류자가 적용하기 쉽고, 이용자들이 추상적인 부호 체계를 배울 필요가 없다는 장점을 가진다. 분류 체계에서 기호는 문헌적 대표성보다는 오히려 상징적인 것으로 부호가 적게 사용되는 만큼 인식의 복잡성은 감소한다.

LCBS에서 우선시되는 인용 순서와 배열 순서는 알파벳순이지만 분류자들은 어떤 순서로든 변형하여 기호의 요소를 인용할 수 있다. 다음 예시와 같이 LCBS는 상당히 복합적인 주제를 간결하고 단순한 기호로 생성하는 단순성과 유연성을 가지고 있다.

자동차 산업에서 노동조합 ⇒	GC/KHB
노동조합	GC
자동차산업	KHB
영국에서 공적부문 기관의 채용 ⇒	AZE/FB 511
공적 기관	AZE
채용	FB
영국	511
시장 조사에서 면접의 사용 ⇒	BD 4171
시장 조사	BD
면접	4171

2) 패싯 분류표의 개발

특정 주제에 집중된 장서를 가진 도서관에서는 현존하는 분류 체계로 자료에 도움이 되는 서가 배열이나 적절한 주제분류를 제공하기 어렵다. 이러한 문제는 전체 장서가 모두 전문적인 도서관에만 국한되는 것이 아니다. 대부분의 도서관은 전체 장서를 분류하거나 재분류할 필요가 없지만, 여전히 많은 도서관은 주제가 완전히 파악되지 않거나 재조직을 해도 큰 혜택을 보지 못하는 특수한 장서를 소장하고 있다. 이러한 경우, 자관의 요구를 충족시켜주는 새로운 분류 체계를 생성하는 것이 해결책이 될 수 있다. 분류 체계의 생성은 상대적으로 빠르고 간단한 과정이 될 수 있지만, 새로운 분류표를 실제로 적용하는 것은 새로운 색인, 재편목, 재항목화, 자료의 재배가나 재배치를 포함하는 자원 집중적인 과정으로, 상당히 많은 비용이 요구된다.

만약에 현존하는 분류 체계가 적합한 범주를 제공하지 않아 특수분류표를 개발해야 하는 경우, 도서관에서 먼저 담당해야 할 역할에 대하여 명확한 관점을 제시할 수 있어야 한다. 즉, '새로운 분류 체계를 왜 만들어야 하는가?' 그리고 '왜 현존하는 분류 체계를 사용할 수 없는가?'라는 질문에 명확하게 대답할 수 있어야 한다. 중요한 것은 이미 수많은 분류 체계가 존재하지만, 대부분 도서관 환경과 연계되지 못한다는 사실을 인지하는 것이다. 음악 CD나 영화 비디오 자료를 조직해야 하는 경우, '왜 음반 가게나 비디오 가게에서 사용하고 있는 분류를 적용하지 않을까?'라는 질문은 새로운 분류 체계를 개발하는 근거가 될 수 있다. 분류 체계 개발의 목적은 장서의 접근을 증진시키는 것이지, 지적 훈련을 위한 것은 아니다. 그러므로 분류 체계를 사용할 것 같은 이용자에 대한 이해가 근본적으로 중요하다. 즉, '그들이 어떻게 정보에 접근하느냐?', '주제에 대한 이해를 어떻게 가장 잘 표현할 수 있는가?'를 고민해야 한다. 이용자들은 자료의 논리적인 배열보다는 오히려 자모순을 더 선호할 수 있기 때문이다.

또한 상대적으로 특정 분야에 집중된 분류 체계의 범주를 실제로 모든 비주류 주제에 적용시키면 상당히 폭넓게 분류할 수 있다. 새로운 분류 체계의 필요성을 결정하는 첫 번째 과정은 핵심 주제를 정의하고, 분류 체계에 포함되어야 하는 지엽적인 주제의 범주를 고려하는 것이다. 주제에 대한 상세한 전개는 필수적인데, 복잡한 주제 항목을 생성하기 위하여 하향식(위에서 아래로) 또는 상향식(밑에서 위로)의 접근 방식을 사용할 수 있다. 하향식 접근법은 연관된 개념을 전개하여 그 안에서 주류를 파악하는 것으로, 문제로 접근하는 자연스러운 방식이 될 수 있다. 그러나 그 주제를 어떻게 조직해야만 하는지에 대한 판단을 내리기 전에는 상향식으로 상세한 주제부터 포괄적인 주제로 전개하는 방법이 더 나을 수 있다.

(1) 구조

대부분의 주제는 별개의 요소나 패싯으로 나눌 수 있다. 분류 체계 안에 나타난 패싯의 순서를 결정하는 데 도움을 주는 다양한 공식이 개발되어 제안되었다. 패싯 공식의 다양한 예를 들면 다음과 같다.

Kaiser(1911): 실체(Concrete) → 질차(Process)

Coates(1960): 사물(Thing) → 부분(Part) → 재료(Material) → 행동(Action) → 주체(Agent)

Ranganathan(1960): 개성(Personality) → 재료(Matter) → 에너지(Energy) → 공간(Space) → 시간(Time)

Vickery(1960): 실체, 산물, 유기체(Substance, product, organism) → 부분, 기관, 구조 (Part, organ, structure) → 구성 요소(Constituent) → 속성과 척도(Property and measure) → 행동 대상, 소재(Object of action, raw material) → 행동, 공정, 절차, 행태(Action,operation, process, behavior) → 주체, 도구(Agent, tool) → 일반 속성, 절차, 공정(General property, process, operation) → 공간(Space) → 시간(Time)

Mcllwaine(2000): 사물(Thing) → 종류(Kind) → 부분(Part) → 재료(Material) → 속성(Property) → 절차(Process) → 공정(Operation) → 주체(Agent) → 공간(Space) → 시간(Time)

일부 공식은 다른 공식보다 좀 더 복잡할 수 있지만, 모두 세부적인 것에서부터 일반적인 것의 순서로 이동한다. 위에서 제시된 인용 순서는 모두 이용자 집단이나 특수한 장서의 요구를 충족시킬 수 있도록 변경될 수 있다.

또한 자료에서 파악된 다양한 패싯을 표현하면서 각 패싯에 개별 주제 개념들이 부여될 수 있다. 패싯 자체는 본표와 보조표가 될 수 있는데, 이는 주류와 하위류의 단계를 파악하는 것을 가능하게 해준다. 이미 언급했지만, 분류표를 이용해서 복합 주제를 전개할 수 있다. 더불어 현재 장서에는 나타나지 않았지만 미래에 가능할 수 있는 주제도 다룰 수 있다. 이를 가장 잘 나타내는 사례는 시간 패싯 안에 미래의 날짜를 표현하는 것이다.

주류 안의 개념은 반드시 인식할 수 있는 순서로 전개되어야 하며 일반적으로 다음과 같은 배열을 적용할 수 있다.

- 논리적인 배열: 개념 관계를 보여줄 때 사용한다.
  수학 → 물리학 → 화학 (특수성에 따라 점진적으로 전개)
- 과정적인 배열: 진행되는 것을 보여줄 때 사용한다.
  이력서 작성 → 취업 원서 작성 → 면접 기술
- 연대적 배열: 시간에 따른 움직임을 보여줄 때 사용한다.
  캠브리어기 이전 → 캠브리어기 → 오르도비스기 → 실루리아기
- 알파벳 배열: 아무런 관계를 파악할 수 없거나, 장서의 이용자에게 알파벳 배열이 가장 유용한 경우에 사용한다.

(2) 기호의 조건

패싯 분류로 자료를 분류하는 경우, 기호가 갖추어야 할 기본적인 원칙은 다음과 같다.

① 순차성

패싯 분류에서 기호는 서가의 순서를 결정하기 때문에, 기호가 애매모호해서는 안 된다. 영어권 국가에서 패싯 분류표를 적용하는 경우에는 자체적으로 순서를 가지고 있는 로마자나 아라비아 숫자를 사용하는 것이 가장 친숙할 것이다. 혼합 기호를 사용할 경우에는 반드시 심사숙고해야 한다. 즉, 12AB와 AB12 중 어떤 것이 선행할지를 결정해야 한다.

② 간결성과 단순성

아라비아 숫자(기본 10개의 숫자)보다 문자(26개 알파벳)를 사용하면 기호는 간결해진다. 간결성은 반복되는 정보를 제거하는 것으로도 확보될 수 있다. 예를 들어, 도서관 장서로 영화에 대한 저작만을 소장하고 있다면, 기호에 '영화'의 개념을 굳이 나타낼 필요가 없다. 간결성은 단순성을 증가시키고, 단순성은 사용된 부호의 범주를 제한하면 된다. 예를 들어 동일 특성이나 특성 군이 다른 패싯에서 다른 개념을 나타내지 않는다는 점을 명시하면, 각 패싯을 조합할 때 서로 다른 부호를 사용하여 식별하지 않아도 된다.

③ 조기성

문헌적이고 시스템적 조기성은 적절하게 사용되어야 한다. 그러나 어린이 도서관과 같이 조기성의 적용이 유용하지 않다면 문헌적 조기성의 사용을 삼가야 한다. 문헌적 조기성은 UDC에서 살펴보았던 것처럼 시대 패싯에서 긍정적으로 사용될 수 있다. 시스템적 조기성은 쉽게 기억될 수 있는 곳에서만 사용되어야 하는 것으로 이는 전체 구조에 반영되지 않는다.

④ 수용성

새로운 주제를 수용하면서, 이를 분류표상에 적절하게 삽입하는 것이 중요하다. 이는 미사용 기호를 두어 기호 간의 간격을 두고, 새로운 주제를 수용할 수 있도록 분류표를 확장하는 방식으로 확보할 수 있다.

⑤ 표현력

기호의 표현력은 열거식 분류 체계에서 나타나는 주된 특징으로, 패싯 분류표와 연관되는 특징은 아니다.

⑥ 유연성

우선적으로 선호하는 인용 순서를 상세하게 제시해야 하지만, LCBS에서 살펴보았듯이 실제 적용해보면 뛰어난 유연성을 가진다.

(3) 사진도서관을 위한 패싯 분류 체계와 기호

Batley(2005)는 패싯 분류 체계가 제한된 범주 안에서 얼마나 상세하게 주제 범주를 다룰 수 있는지 보여주기 위하여, 사진도서관의 전문 장서를 분류하기 위하여 간단하게 개발된 분류 체계를 구축했다. 이 사진도서관에는 1840년대부터 현재까지 런던의 사진을 장서로 소장하고 있으며, 이 장서를 이용하는 이용자들은 사진의 내용, 사진에 담긴 사회적 역사에 관한 것에 주된 관심을 가지고 있다고 보았다.

사진전문관을 위한 패싯 분류표는 다음과 같다.

A	Institution
Aa	Church
Ab	Education
Ac	Finance

Ad	Government
Ae	Health
Af	Home and family
Ag	Law
Ah	Royalty
B	Industry and commerce
Ba	Industry
Bb	Docks
Bc	Factories
Bd	Workshops
Bh	Commerce
Bj	Business
Bk	Retail(shops and stores)
Bl	Markets
Bm	Street trade
C	Transport
Ca	Private
Cb	Cars
Cc	Cycles
Cd	Motorcycles
Ch	Public
Cj	Buses
Ck	Taxis
Cl	Trains

Cm	Trams
Cn	Underground
Cs	Commercial
Ct	Road(carts, vans, trucks)
Cu	Water (barges, boats, ships)
D	Sports and entertainments
Da	Sports
Db	Games
Dd	Entertainments and leisure activities
De	Exhibitions and galleries
Df	Fairs and circuses
Dg	Leisure and relaxation
Dh	Parties
Dj	Street entertainment
Dk	Theatre and cinema
H	Events
Ha	Celebration
Hb	Ceremony
Hc	Conflict
Hd	Protest
[Life cycle]	
Hj	Birth
Hk	Marriage
Hl	Illness

Hm	Death
[Special occasion]	
Hr	Birthday
Hs	Christmas
Ht	Easter
Hu	Feast days
J	Materials and products
Ja	Inorganic and synthetic
Jb	Organic
Jc	Fabrics and textiles
Jf	Goods and products
Jg	Clothing
Jh	Household goods
Ji	Natural produce and foodstuffs
Jl	Bread and cereals
Jm	Fruits and vegetables
Jn	Meat and fish
Jr	Luxury products
K	People
[By gender]	
Ka	Male
Kb	Female
[By age]	
Kc	Children

Kd	Youth
Ke	Adults
Kf	Elderly
[By race]	
Kg	European
Kh	African(black people)
Kj	Arabic
Kk	Hebraic
Kl	Indic
Km	Oriental
Kn	Romany
[By disability]	
Ks	Physical disabilities
Kt	Mental disabilities
[By status]	
Ku	Upper-classes
Kv	Middle-classes
Kw	Lower-classes(class here the poor)
Kx	Underclasses(class here the homeless)

L	Space
La	Buildings
Lb	Private
Lc	Public
Ld	Streets and squares
Le	Parks and gardens

Lf	Rivers and bridges
[Areas]	
Lj	City
Ll	East End
Lm	West End
Ln	Other areas and suburbs

[Specify name as appropriate Aa La St. Paul, Ld Piccadilly]

R	Time
Of day	
Ra	Morning
Rb	Afternoon
Rc	Evening
Rd	Night
Of year	
Re	Spring
Rf	Summer
Rg	Autumn
Rh	Winter

1–2 Individual years and decades

Abbreviate as appropriate

1853

185: 1850s

196/7: 1960s and 1970s

제시된 사진 전문도서관 패싯 분류표로 분류 기호를 부여한 예시를 살펴보면 다음과 같다.

Barges on the Thames, 1862

⇒ Cu 1862 (필요하다면 Lf Thames로 더 세분할 수 있다)

Dockers, 1900s

⇒ Bb Kw 190

Matchgirl 1860s

⇒ Bm Kb/c 186

Car salesman, East End, 1960s

⇒ Bh Cb Ka Ll 196

Funeral of Queen Victoria, 1901

⇒ Ah Hm 1901

Buses on Oxford Street, 1959

⇒ Cj Ld Oxford St 1959

Street party, 1945

⇒ Dh Ld 1945

Sunbathers in Hyde Park, 1976

⇒ Dg Le Rf 1976

Children's street games, 1920s

⇒ Db Kc 192

Billingsgate market, 2001

⇒ Bl Jn 2001

Family watching television, 1950s

⇒ Af Dg Lb 195

State opening of Parliament, 1990

⇒ Ad Hb 1990

Olympic Games opening ceremony, 2012

⇒ Da Hb 2012

Christening of Prince George, 2013

⇒ Ah Hj 2013

위의 예시와 같이 매우 상세한 주제도 상대적으로 간결하고 단순한 기호로 표현할 수 있다. 모든 분류 체계는 완전하고 확실하거나 완벽하여 오류가 전혀 없는 것을 목적으로 하지 않는다. 그리고 실제로 이러한 패싯 분류 체계를 활용하기 위해서는 장서의 내용을 분석하고, 가장 적절하고 가능한 구조를 고안하는 데 훨씬 많은 시간이 필요하다. 그러나 앞서 제시된 사진 전문도서관을 위한 패싯 분류 체계는 패싯의 과정을 명확하게 이해할 수 있게 하고, 전문 장서를 위한 분류 체계가 생성 방법을 잘 보여준다.

이 패싯 분류 체계의 기호를 평가해보면 다음과 같다. 첫째, 자체적인 순서를 가지고 로마자와 아라비아 숫자를 사용해서 기호의 순서를 보여주고 있다. 둘째, 시대 패싯을 세외하고, 번호보다는 오히려 문자를 사용함으로써 간결성을 추구하고 있다. 단순성은 상징 부호의 범주를 제한함으로써 달성할 수 있다. 기호적인 요소는 공간으로 분리한다. 동일한 분류 항목으로부터 하나 이상의 개념을 나타낼 때, 예를 들어 남자와 여자를 Ka/b로 표현하는 것과 같이 첫 번째 문자는 무시하고 사선으로 개념을 연결하기 때문에 기호는 간결하고 단순해진다. 셋째, 기억을 돕기 위해 시간 패싯에서 문헌적 조기성을 사용하고 있다. 넷째, 새로운 주제는 현존하는 리스트에 추가하여 수용하고 있다. 예를 들면, 알파벳 배열 순서를 놓치게 되지만 운송수단인 훼리는 Cp로 추가하고, 크리켓은 Daa, 축구는 Dab 등으로 표현함으로써 기호의 수용성을 확보한다. 다섯째, 기호의 간결성을 유지하기 위해 기호의 표현력이나 계층 구조를 보여주지는 못하고 있다. 여섯째, 선호하는 인용 순서는 알파벳순이지만, 특별하게 다루어지는 주제의 경우, 해당 패싯을 첫 번째로 인용할 수 있다. 만약 시대적인 순서가 필요하다면 개별연도나 세기를 첫 번째로 인용할 수 있도록 하고 있기 때문에 기호의 유연성을 가진다.

6장

다양한 분류 체계

1. 전개분류법

Charles Ammi Cutter(1837-1903)는 장서를 조직화하려는 실용적인 노력의 일환으로 전개분류법(Expansive Classification, 이하 EC)을 고안했다. 그는 DDC 10개의 대분류가 대규모 장서를 분류하기에는 너무 좁은 범위를 가진다고 보고, 작은 도서관을 위한 매우 단순한 항목부터 수백만 권 이상 소장한 대규모 도서관의 상세한 세구분을 가능하게 하는 분류의 순서나 확장을 강조했다. EC는 26개의 쉽게 기억할 수 있는 알파벳을 대분류로 사용하는데, 초판에서 7개의 문자와 8번째 하위류로 2개 문자를 사용했다.

A	Works of Reference and general works
B	Philosophy and Religion
E	Biography
F	History and Geography and Travels
H	Social sciences
L	Natural sciences and Arts
Y	Language and Literature
YF	Fiction

그러나 도서관 장서를 분류하기 위해 좀 더 자세하고 상세한 분류를 필요했기 때문에 제2판에서는 알파벳과 숫자가 혼합된 기호를 도입했다. 기존의 F-History and Geography and Travels를 F-History와 G-Geography로 구분하고, 각각의 분류 항목에서 구별되는 지리적인 영역을 표시해주기 위해 2개의 아라비아 숫자를 문자 뒤에 추가

〈표 11〉 EC와 LCC 비교

EC 제3판		LCC	
A	General works	A	General works
B	Philosophy	B	Philosophy. Religion
BR	Non - Judaeo - Christian religion		
C	Judaism and Christianity	C	History. Auxiliary sciences
D	Ecclesiastical history	D	History(except America)
E	Biography	E - F	History of the Americas
F	History		
G	Geography	G	Geography. Anthropology
H	Social science	H	Social science
I	Sociology		
J	Political science	J	Political science
K	Law	K	Law
L	Natural sciences	L	Education
M	Natural history	M	Music
N	Botany	N	Fine arts
O	Zoology		
P	Language and literature		
Q	Medicine	Q	Science
R	Technology	R	Medicine
S	Engineering	S	Agriculture
T	Manufactures and Handcrafts	T	Technology
U	Defensive and preservative arts	U	Military science
V	Athletic and recreative arts	V	Naval science
W	Fine arts		
X	Languages		
Y	Literature		
YF	Fiction		
Z	Book arts	Z	Bibliography and Library science

하여 세분하도록 했다. 예를 들어, F30은 유럽의 역사를 의미하는 반면, G30은 유럽의 지리를 의미한다. 두 번째 개정은 주류가 14개로 확장되고, 기존의 7개류를 재정의하고 지리적인 경계선을 함께 제시했다는 점에서 이전 판과의 큰 차이를 보여준다.

제3판은 일차적으로 26개의 구분을 사용하고, 철학으로부터 종교를 분리하여 2개의 문자를 가지는 하위류로 이동시켰다. LCC는 커터의 EC를 기초로 고안되었는데, 이는 〈표 11〉을 통해 쉽게 파악할 수 있다.

제4판에서는 일차적으로 12개의 주류로 구분하고, 2개의 문자로 된 하위류를 50개로 증가시켰다. 또한 F와 G 분류표에서 장소나 지역 리스트에서 두 자리의 지리적 번호를 확장하는 광범위한 보충적인 표를 제시했다. 제5판 개정은 26개의 단일 문자를 제시하고, 3개 문자로 된 분류 항목과 4개 문자로 된 분류 항목을 사용하여, 구분되지 않았던 주류를 세구분했다. 제6판에서는 기존에 존재하던 주류와 하위류에 새롭게 항목을 추가했으며 공통세목은 1 이론(Theory of Subject), 2 서지(Bibliography of Subject), 3 전기(Biography of Subject), 4 역사(History), 5 사전(Dictionaries), 6 핸드북(Handbook, etc.), 7 정기간행물(Periodicals), 8 학회(Societies), 9 전집(Collections)으로 구성되었다. 제7판은 18개의 부분으로 발행되었는데, Cutter의 아들인 William Parker Cutter가 작성하고 편집했다. 모든 개정은 좀 더 단순한 형태로 진행하면서 부분적인 불일치는 있었지만, 도서관 장서를 완전히 재분류하지 않게 하는 원칙으로 준비되었다.

EC는 비록 폭넓게 사용되고 있지는 않지만, 미국, 캐나다, 영국의 일부 도서관에서 사용하고 있으며, 무엇보다 LCC의 개발에 큰 영향을 주었다.

2. 주제분류법

James Duff Brown(1864-1914)은 1894년 영국 도서관에서 자료 조직이 부실함을 인식하고, 'Classification of Books for Libraries in Which Readers Are Allowed Access to Shelves'라는 기사를 통해 개가제 접근이 가능한 분류 체계를 제안했다. 이후 1898

년 Brown은 필요할 때마다 새로운 구분과 주제들을 삽입할 수 있는 분류표를 고안했는데, 색인이 상세하지 않아서 결과적으로 잘 사용되지 않았다. 그러나 이후, 이를 확장하여 1906년 주제분류법(Subject Classification, 이하 SC)의 첫 번째 판을 발행했다. 두 번째 판은 Brown이 죽은 다음 해인 1914년에 발행되었으며, 제3판은 1939년 James Douglas Steward가 개정하고 확장하여 발행했다.

SC의 기본적인 틀은 11개의 주류가 순서에 따라 4가지 폭넓은 개념들을 표현한다는 것이다(〈표 12〉 참조). 이것은 일소(one-place) 접근 방식으로 알려져 있다. 쉽게 풀어 설명하면, 각각의 주제는 서로 다른 학문 분야 안에 수많은 장소를 갖기보다는 오히려 분류표 안에서 하나의 논리적인 장소를 가진다는 의미이다.

SC에서 모든 주제는 수많은 패싯이나 관점으로 다루어질 수 있다. 예를 들어, '장미'라는 주제는 생물학적, 식물학적, 원예학적, 역사적, 지리적, 윤리적, 장식적, 법적, 상징적, 서지적, 시적, 음악적, 사회학적 입장에서 다룰 수 있다. 장미에 관한 저작은 사전, 정기간행물, 학회, 목록 등의 형식을 가질 수 있는 반면, 화장품, 향수, 치료학과 같은 주제들과

〈표 12〉 SC의 기호와 항목명

기호	주류	강
A	Generalia	Matter and Force
BCD	Physical Science	Matter and Force
EF	Biological Science	Life
GH	Ethological and Medical Science	Life
I	Economic Biology and Domestic Arts	Life
JK	Philosophy and Religion	Mind
L	Social and Political Science	Mind
M	Language and Literature	Record
N	Literary forms	Record
O - W	History, Geography	Record
X	Biography	

연관될 수도 있다. 이러한 모든 관점을 모두 한곳에 가져오는 방식은 장미를 연구하는 학생에게 매우 편리하고 실용적이다.

SC에서 일차적인 기호는 알파벳순이며, 각각의 첫 번째 문자 뒤에는 3개의 아라비아 숫자가 따라온다. SC에서는 숫자의 길이보다 그 순서가 계층 구조를 나타낸다.

D600	METALLURGY
D601	Smelling
D602	Blast Furnaces
D603	Open Hearth Furnaces
D604	Ores

이러한 방식을 사용하는 분류표는 새로운 주제의 삽입이 필요할 때, 소수점 없이도 십진식 확장이 가능하다. SC에서는 번호를 합성하는 것이 허용되는데, 일례로 O-W류의 시리직 번호는 필요한 경우 주제를 나타내는 번호에 합성될 수 있다. SC는 주제의 상세 구분을 위해 '항목, 형식 등'이 포함된 항목표와 색인을 제공한다. 이러한 표에서 나온 번호들은 온점 다음에 조합하는데, 여기서의 온점은 소수점이 아니다. 덧셈 부호는 동일한 분류 항목에서 나오는 2개의 패싯을 연결하는 데 쓰인다. 주제로서의 장미는 E류의 E600에서 찾을 수 있으며 다양한 관점, 형태 등의 추가적인 기호를 통해 세부 주제를 표현할 수 있다.

E600	Rose, General
E600.1	Rose-Bibliography
E600.2	Rose-Encyclopedias
E600.7	Rose-Periodicals
E600.10	Rose-History
E600.124	Rose-Engravings

SC는 EC처럼 폭넓게 사용되지 못했지만 EC가 미국의 다른 분류표에 영향을 주었듯이 SC는 영국 분류 이론에 대한 연구와 개발을 자극시키는 역할을 했다.

3. 특수분류법

DDC나 LCC, UDC, CC와 같이 포괄적이고 표준화된 일반분류 체계가 있음에도 불구하고 우리는 특수한 주제 기반의 분류 체계를 만들어 사용하고 있다. 이는 도서관에 따라 표준화된 분류 체계를 따르는 것이 비합리적이기 때문이다. 결국 이러한 접근 방식은 전 주제 분야에서부터 특허에 이르기까지 특수한 주제를 위한 다수의 특수분류 체계의 개발을 이끌었다. 이러한 분류 체계들은 전문적인 영역을 위한 것으로 대부분 주제 전문가들에 의해 고안되며, 특수분류 체계는 특수 주제에 대한 미시적인 측면까지 분류기호를 제공한다는 점에서 깊이 있는 분류 체계로 간주된다.

특수분류 체계는 일차적으로 일반분류 체계보다 좀 더 상세성과 최신성을 갖지만, 불행히도 이러한 체계들은 한번 고안되면 더 이상 개발되지 않아서 시간이 지나면 쓸모없게 되어, 결과적으로는 상세성의 부족을 가져올 수 있다. 그러므로 특수분류 체계를 적용할 때는 더 개발되고 갱신될 수 있는 분류 체계를 선택해야 한다. 즉, 특수 장서에 대한 분류 체계는 지속 가능한 유관기관에서 유지되고 관리되어야 한다. 그리고 특수분류 체계의 설계는 주제 배경과 분류 이론 및 원칙에 친숙한 전문가에게 맡기는 것이 가장 좋다. 성급하고 부적절하게 설계된 특수분류 체계는 도서관이나 조직, 이용자들에게 불편하고 쓸모없는 체계로 인식되어 교체되거나 버려질 수밖에 없다.

특수분류 체계는 주로 두 가지 유형으로 구분된다. 하나는 특별한 분야나 주제를 포괄적으로 분류하는 것으로, 이때 지엽적이고 중요하지 않은 주제들은 매우 일반적인 분류표만을 제공한다. 또 다른 하나는 해당 분야의 특수성만을 매우 상세하게 다루면서 다른 주제들을 일반분류 체계의 하나로 남겨두는 것이다. 두 가지 유형을 혼합한 유형은 일반적인 체계에 존재하는 류 하나를 확장하거나, 상세하게 개발된 특수한 주제 분야 아래에서 사용되지 않은 기호를 사용하는 분류 체계를 의미한다.

1) 의학 분야

1940년대 초, US Army Medical Library(National Library of Medicine, NLM의 전신)는 도서관 장서를 위한 특수분류표의 필요성을 지적하고 1948년에 초안을 마련했다. 1951년에 Army Medical Library Classification을 발행했고 1958년에 국립의학도서관 분류표(The National Library of Medicine Classification, 이하 NLMC)라는 표제로 제2판을 발행했다. 가장 최근의 인쇄본은 제5판으로 1999년에 나왔는데 2002년부터는 전자본으로만 발행하며, 2006년부터는 PDF 형식으로 이용 가능하다. NLMC는 의학도서관, 병원도서관, 건강·보건 관련 도서관에서 폭넓게 사용되고 있는 분류표이다.

NLMC에서는 LCC의 공기호인 W–WZ와 QS–QZ류 전체를 생의학 분야를 위해 사용한다. W에는 26개의 하위류가 존재하는데, 숫자 1과 0을 혼동하지 않기 위해 사용하지 않았던 알파벳 I와 O를 포함하여 모든 문자로 세분된다. 그다음 3자리까지 열거식으로 사용하고, 경우에 따라서 4자리가 십진식으로 사용되며, 커터 번호를 사용하여 좀 더 상세한 세구분을 전개한다. LCC의 분류 체재와 일반적인 기호 형식을 그대로 따랐고 의학과 관련된 주제를 위한 전문 분류표로 개발되었다. NLM의 분류 기호가 NLM에 의해 배포되어 LC뿐만 아니라 다른 서지 레코드에도 나타나기 때문에, 대부분의 의학도서관에서는 W 특수분류표를 사용하고 있다. NLMC 기호는 다음과 같다.

PRECLINICAL SCIENCES(임상 이전 과학)

QS	Human Anatomy(인체해부학)
QT	Physiology(생리학)
QU	Biochemistry, Cell Biology and Genetics(생화학, 세포생물학, 유전학)
QV	Pharmacology(약리학)
QW	Microbiology and immunology(미생물학과 면역학)

QX Parasitology(기생충학)

QY Clinical Pathology(임상병리학)

QZ Pathology(병리학)

MEDICINE AND RELATED SUBJECTS(의학 관련 주제)

W General Medicine. Health Profesions(일반의학, 보건전문직)

WA Public Health(공중 위생)

WB Practice of Medicine(임상의학)

WC Communicable Diseases(전염병)

WD Disorders of Systemic, Metabolic or Environmental Origin, etc. (전신질환, 대사성질환, 환경질환)

WE Musculoskeletal System(근골격계)

WF Respiratory System(호흡기계)

WG Cardiovascular System(심장혈관계)

WH Hemic and Lymphatic Systems(혈액계와 림프계)

WI Digestive System(소화기계)

WJ Urogenital System(비뇨생식기계)

WK Endocrine System(내분비계)

WL Nervous System(신경계)

WM Psychiatry(정신의학)

WN Radiology. Diagnostic Imaging(방사선의학, 화상진단)

WO Surgery(외과학)

WP Gynecology(부인과학)

WQ Obestrics(산과학)

WR Dermatology(피부과학)

WS Pediatrics(소아과학)

WT Geriatrics. Chronic Diseases(노년의학, 만성질환)

WU Dentistry. Oral Surgery(치과학, 구강외과학)

WV Otolaryngology(이비인후과학)

WW Ophthalmology(안과학)

WX Hospitals and Other Health Facilities(병원과 기타 보건의료시설)

WY Nursing(간호학)

WZ History of Medicine. Medical Miscellany(의학사, 기타)

소화기(消化器) 계통의 간단한 개요는 다음과 같다.

DIGESTIVE SYSTEM(소화기계)

WI 1-150 Reference Work. General(참고자료, 일반)

- WI 101-113 Anatomy. Physiology. Hygiene(해부학, 생리학, 위생학)
- WI 140-150 Diseases. Diagnosis. Signs and Symptoms(질병, 진단, 증상 및 징후)

WI 200-250 Stomatognathic System. Esophagus(구내 증상계, 식도)

WI 300-387 Stomach(위)

- WI 400-575 Intestine(장)
- WI 400-480 Intestine-General(장-일반)
- WI 500-512 Small Intestine(소장)
- WI 520-560 Large Intestine(대장)
- WI 575 Peritoneum(복막)

WI 600-650 Anus.Rectum(항문, 직장)

WI 700-770 Liver. Biliary Tract(간, 담관)

WI 800-830 Pancreas(췌장)

WI 900-970 Abdomen. Abdominal Surgery(복부, 복부 수술)

의학 분야의 개요표는 전문적인 범주를 훌륭하게 다루지만, 세부 주제가 도움이 되는 순서로 배열되어 있지는 않다. 예를 들면, WQ Obestrics(산과학) 다음에 WR Dermatology(피부과학), WS Pediatircs(소아과학)가 있다. 이는 LCC와 같은 열거식 분류 체계가 갖는 단점으로 유연성이 부족함을 나타낸다. 또한 다양한 관점을 다루는 저작은 UDC나 LCBS 같은 패싯 분류 체계처럼 저작에 관한 주제를 완벽하게 결합시킬 수 없어서 첫 번째 주제나 주된 주제에 분류할 수밖에 없다. 그럼에도 불구하고 NLMC는 광범위한 분류표에서 기호를 간단히 선정하는 방식으로 사용하기 쉬우며 의학 및 보건, 건강 분야의 세부 주제를 잘 다루고 있다.

2) 법학 분야

법학 자료를 위한 대표적인 전문 분류표로 Moys Classification and Thesaurus for Legal Materials(Moys Classification)를 들 수 있다. Betty Moys(1928-2002)가 Moys Classification을 1968년 처음 개발할 당시, LCC의 법학 분류표인 K류는 완전히 개발되지 않은 상황이었다. 그래서 Moys는 LCC의 K류와 동일한 기호를 사용하면서 하위류와 열거는 다르게 전개하는 분류표를 개발했다. 이후 이 분류표는 캐나다와 오스트레일리아, 뉴질랜드, 영국 등의 법학도서관에서 주로 사용되었는데, 최근 미의회도서관에서 대부분의 K(법학)류를 완성함에 따라 그 필요성이 감소되었다. Moys Classification의 주류는 다음과 같다.

K	Journals and reference books
KA	Jurisprudence
KB	General and comparative law
KC	International law
KD	Religious legal systems
KE	Ancient and medieval law

KF	British Isles
KG	Canada, US, West Indies
KH	Australia, New Zealand
KL	General
KM	Public law
KN	Private law
KP	Preferred jurisdiction
KR	Africa
KS	Latin America
KT	Asia and Pacific
KV	Europe
KW	EC

3) 종교 분야

대부분의 종교도서관은 매우 특정적이고 집중화된 장서를 구축한다. 특히, 신학 서적의 분류 및 배열은 복잡하여, 종교 서적의 모든 특징들을 효과적으로 다룰 수 있는 단일 분류 체계는 존재하기 어렵다. 일반분류 체계는 이 목적에 유용하지 않기 때문에 종교를 위한 특수분류 체계가 개발될 수밖에 없었다. 그래서 Jeanette Murphy Lynn은 1937년 가톨릭 도서를 위한 특화된 분류표(Alternative Classification for Catholic books: a scheme for Catholic theology, cannon law and church history, to be used with the Dewey decimal, classification or Library of Congress)를 미국도서관협회에서 발행했다. Lynn은 미의회도서관에서 종교에 관한 분류표를 개발할 때 사용하지 않았던 부분을 가져와서 3개의 주요 하위류인 BQT 신학, BQV 율법, BQX 교회사를 상세히 개발하고, 열거식 전개와 커터 번호를 통해 더 세분하여 전개했다. 이 분류표의 서론에서는 도서관에서 다른 주제들을 분류할 때 LCC나 DDC를 사용하는 경우, 이 분류표가 그 안에서 어떻게 통합될 수 있는지를 상세하게 지시해주고 있다.

4) 특허 분야

특허는 지적 재산권의 소유자에 관한 정보와 함께 특정 발명품에 대한 설명을 제공하는 중요한 형태의 자료이다. 특허를 손쉽게 검색할 수 있는 가장 효과적인 방법은 분류 검색이다. 검색할 때, 정확한 분류를 입력하면 관련기술 필수문헌을 누구나 손쉽게 검색할 수 있고, 분류가 세분화될수록 효율적으로 선행기술을 찾을 수 있다. 특허 분야 분류표(Patent Classification)는 특허 이용자의 요구를 고려한 특수한 규정을 필요로 한다. 특허의 효율적인 조직 및 검색, 그리고 특허에 관한 정보를 위해 개발된 국제적 수준의 분류 체계로는 국제특허분류(International Patent Classification, 이하 IPC)와 선진특허분류(Cooperative Patent Classification, 이하 CPC), 미국특허분류(United States Patents Classification, 이하 USPC)를 들 수 있다.

(1) 국제특허분류와 선진특허분류

국제특허분류(IPC)는 1975년 스트라스부르 협정(Strasbourg Agreement)으로 개발되었는데, 이들이 보유한 다양한 기술 분야에 따라 특허 및 유틸리티 모형 분류를 위한 언어 독립적인 기호들의 계층적 체계를 제공하고 있다. IPC의 최신판은 2016년에 간행되었으며 IPC는 전자 데이터베이스의 주제 기반 특허 검색이라는 기능까지 갖추고 있어 저장 및 검색 도구로 이용되고 있다.

그러나 특허 문헌의 증가로 인해 분류의 세분화가 부족하다는 문제가 제기되면서, 선진 특허청을 중심으로 2013년 선진특허분류(CPC)가 개발되어 사용되기 시작했다. 기존 특허분류인 IPC는 7만 개 코드로 분류되지만, CPC는 26만 개의 세분화된 코드를 제공하기 때문에, IPC로 검색된 문헌이 370개일 때, CPC로 검색하면 100개로 줄일 수 있다. 필요한 특허기술만 빠르게 확인할 수 있어 심사 효율이 높다는 장점 때문에 이미 미국·

〈표 13〉 국제특허분류와 선진특허분류 비교

항목	국제특허분류(IPC)	선진특허분류(CPC)
사용 국가	전 세계 100여 개국 이상	미국, 유럽, 중국 등 주요 45개국
제정 주체	스트라스브르그 협정에 따라 세계지식재산기구(WIPO)가 1975년 제정	미국, 유럽 특허청 공동개발 2013년 1월 1일부터 사용
장/단점	전 세계적으로 사용 특허문헌이 증가하면서 세분화 부족으로 특허분류 효용성이 저하	특허분류의 세분화를 통해 선행기술검색 효율성을 높임 CPC 도입 국가가 증가하고 있는 추세
분류코드 수	7만여 개	26만여 개

유럽·중국 등 세계 45개 주요국은 CPC 분류로 전환하는 추세다(〈표 13〉 참조). 한국의 특허청도 2015년에 CPC를 전면 도입하여 선행기술 검색 등을 위해 과거 국내 특허문헌에도 CPC를 부여하는 사업을 추진 중이다. 또한 선행기술 검색 시 활용도가 높은 특허 문건에 대한 CPC 재분류를 수행하고 있으며, 2018년까지 130만 8천 건에 대한 CPC 재분류를 모두 완료할 예정이다. 미국과 유럽은 이미 과거 특허 문헌에 대한 CPC 재분류 작업을 마무리했는데, 한국도 CPC 분류를 완료하면 주요국과 특허 정보 교환이 더욱 쉬워질 것이다.

(2) 미국특허분류

미국특허상표국(USPTO)은 미국특허분류(USPC)라고 알려진 특허분류를 위한 자체 분류 체계를 보유하고 있다. USPC의 핵심적인 구성 요소에는 산업에 의한 분류, 인접 기능에 의한 유틸리티 분류, 효과 또는 생산품에 따른 유틸리티 분류, 구조나 구성에 따른 분류 등이 포함된다. USPTO는 다양한 설비에 대한 특허를 등록하기 때문에, USPC 체계는 특허 등록된 설비의 분류를 위한 특수 부문들로 구성되고, 이는 설비 특허의 효율적인 검색을 도모하는 방향으로 조직되었다.

이러한 부문들은 USPC 체계에서 다양한 표목으로 기술되며, 목적, 분류 체계의 본표, 본표의 조직, 설계를 위한 관계와 유틸리티 특허분류, 분류 항목에 대한 정의, 검색 주기, 체계에 관한 주기, 계층 구조, 착색과 상업 및 시장에서의 영향 등 설비 특허에 대한 특수한 기능도 갖추고 있다. 예를 들어, 미국특허분류 체계에서 장식 도안의 경우, 분류표의 본표, 본표의 조직, 유틸리티 특허분류와의 관계, 도안 특허 표제, 류 및 하위류 정의, 계층 관계, 특수 기능, 모방 도안, 예술 컬렉션에 대한 상호 참조, 대체 규정을 갖고 장식 도안에 대한 검색을 가능하게 한다.

그러나 IPC와 USPC 등 전통적인 특허분류 체계가 특수 산업의 필요성을 충족시키기에는 너무 일반적이다(Lai & Wu, 2005). 또한 이러한 특허분류 체계들은 일부 특허들을 올바르지 않은 범주 아래 분류하고 있는데, 이러한 부정확한 범주화는 연구 및 개발 계획, 기술 포지셔닝, 특허 전략 수립 및 기술 예측에 안 좋은 영향을 미치기 때문에 특허 분석 및 관리에 있어 IPC나 USPC 체계를 대체할 수 있는 특허분류 체계를 생성하기 위한 새로운 접근 방안으로 특허 유사성에 기초한 특허분류 체계의 개발이 강조된다.

USPTO는 새로운 특허 적용에 있어 개별 적용을 위한 기술 영역에 가장 적절한 심사위원들을 배정하고, 새로운 문헌들을 검색 파일로 분류하며, 특허 설명서의 재분류를 자동화시켰다. 특허 문서의 수는 전 세계적으로 급격하게 증가하고 있어서 수작업으로 범주화하는 데 들이는 시간과 노동력을 대체하기 위해 자동 범주화 시스템의 필요성이 강조되고 있으며, 정확한 특허분류는 특정 분야에서 관련 특허를 검색할 때 매우 중요하다. 이러한 시스템의 이용과 개발은 대규모 특허 문서를 취급하는 데 필수적이다. 이러한 자동화의 또 다른 이점은 적절한 우선순위에 따라 서열화된 목록을 탐색할 수 있다는 것이다. 특허 문서는 구조적인 문서로서 일반 문서와 구별되는 고유한 특징을 가지는데, 이러한 고유한 특성들은 특허 범주화 과정에서 반드시 고려되어야 한다.

5) 산업 분야

(1) 국제표준산업분류

UN의 국제표준산업분류(International Standard Industrial Classification, 이하 ISIC)는 산업 변화를 반영하여 주기적으로 개편된다. 예를 들면, 2006년에는 여러 곳에 분산되어 있던 정보와 미디어, 통신이 'J. 정보와 커뮤니케이션(Information and Communication)'이라는 대항목으로 통합되었다. 제조업(Manufacturing)에 속해 있던 도서, 신문, 잡지 출판업은 소프트웨어 출판과 함께 출판업(Publishing Activities)으로, 오락, 문화 및 운동 관련 서비스업에 속해 있던 영상 관련 산업과 방송업, 별도 항목으로 분리되어 있던 통신업(Telecommunications), 그리고 IT 서비스(IT Service Activities)와 정보 서비스업(Information Service Activities)이 하나의 영역인 J. 정보와 커뮤니케이션으로 묶이게 되었다. ISIC의 21개 대분류 항목은 다음과 같이 구성된다.

A.	Agriculture, forestry and fishing
B.	Mining and quarrying
C.	Manufacturing
D.	Electricity, gas, steam and air conditioning supply
E.	Water supply; sewerage, waste management and remediation activities
F.	Construction
G.	Wholesale and retail trade; repair of motor vehicles and motorcycles
H.	Transportation and storage
I.	Accommodation and food service activities
J.	Information and communication

K.	Financial and insurance activities
L.	Real estate activities
M.	Professional, scientific and technical activities
N.	Administrative and support service activities
O.	Public administration and defence; compulsory social security
P.	Education
Q.	Human health and social work activities
R.	Arts, entertainment and recreation
S.	Other service activities,
T.	Activities of households as employers; undifferentiated goods-and services-producing activities of households for own use
U.	Activities of extraterritorial organizations and bodies

(2) 한국표준산업분류

한국표준산업분류(Korean Standard Industrial Classification, 이하 KSIC)는 생산단위(사업체단위, 기업체단위 등)가 주로 수행하는 산업 활동을 그 유사성에 따라 총 21개로 유형화한 것으로서 3가지 기준인 산출물, 투입물, 생산 공정의 일반적 결합 형태에 근거하여 분류한다. KSIC는 통계법에 의거하여 통계자료의 정확성 및 국가 간의 비교성을 확보하기 위해 UN에서 권고하고 있는 국제표준산업분류를 기초로 작성한 통계목적분류이다. 한국표준산업분류는 통계목적 이외에도 일반 행정 및 산업정책관련 법령에서 적용대상 산업영역을 결정하는 기준으로 준용되고 있다.

분류 구조는 대분류(1자리, 영문대문자), 중분류(2자리 숫자), 소분류(3자리 숫자), 세분류(4자리 숫자). 세세분류(5자리 숫자)의 5단계로 구성되며, 대분류 21개, 중분류 76개, 소분류 228개, 세분류 487개, 세세분류 1,145개로 구성되어 있다. 대분류 항목은 다음과 같다.

A.	농업, 임업 및 어업(01–03)
B.	광업(05–08)
C.	제조업(10–33)
D.	전기, 가스, 증기 및 수도사업(35–36)
E.	하수·폐기물 처리, 원료재생 및 환경복원업(37–39)
F.	건설업(41–42)
G.	도매 및 소매업(45–47)
H.	운수업(49–52)
I.	숙박 및 음식점업(55–56)
J.	출판, 영상, 방송통신 및 정보서비스업(58–63)
K.	금융 및 보험업(64–66)
L.	부동산업 및 임대업(68–69)
M.	전문, 과학 및 기술 서비스업(70–73)
N.	사업시설관리 및 사업지원 서비스업(74–75)
O.	공공행정, 국방 및 사회보장 행정(84)
P.	교육 서비스업(85)
Q.	보건업 및 사회복지 서비스업(86–87)
R.	예술, 스포츠 및 여가 관련 서비스업(90–91)
S.	협회 및 단체, 수리 및 기타 개인 서비스업(94–96)
T.	가구 내 고용활동 및 달리 분류되지 않은 자가소비 생산활동(97–98)
U.	국제 및 외국기관(99)

KSIC는 1963년 3월 경제활동 중에서 우선 광업과 제조업 부문에 대한 산업분류를, 1964년 비제조업부문에 대한 산업분류를 추가로 제정했는데, 이는 UN 통계처(UNSD)의 국제표준산업분류(1차 개정: 1958년)에 기초하여 작성한 것이다. 이와 같이 제정된 KSIC는 국내 산업구조 변화를 반영하기 위해 그동안 9차례에 걸쳐 개정되었고, 2017년 1월

13일에 제10차 개정분류가 고시되었다(통계청 고시 2017-13호, 2017년 7월 1일 시행). 전체 분류 항목 수는 제9차 개정분류와 대비하여 중분류 1개, 소분류 4개, 세분류 8개, 세세분류 51개가 증가했다. 제10차 개정의 특징은 미래 성장산업, 국가 기간산업, 동력산업 등의 지원·육성정책에 요청되는 통계작성을 위해 관련 분류를 신설, 세분했으며, 저성장·사양산업 관련 분류를 통합한 것이다. 또한, 부동산 이외 임대업, 수도업, 기계 및 장비 수리업은 국제 분류를 충실히 반영하기 위해 소속 대분류를 이동했다.

6) 기록관리 분야

모든 기관의 업무 활동 과정을 통해 다수의 기록물이 생성되며, 이러한 기록물을 효과적으로 조직, 검색, 관리하기 위해서는 기록물 분류 체계가 필요하다. 기록물 분류 체계를 바탕으로 모든 일련의 기록물 관리가 구축되므로, 이러한 토대를 강화하기 위해서는 기록물 분류 체계를 개발하기 위한 논리적이고 체계적인 접근 방식을 가질 필요가 있다. 기록물은 공통적으로 주제와 조직 구조, 지리적 위치 등에 따라 분류된다. 그러나 호주 기록물 관리 표준(Australian Records Management Standard, AS4390)과 정보 및 문서 기록물 관리 표준(Information and Records Management Standard, ISO 15489)은 기록물의 기능 기반 분류 체계에 역점을 두고 모두 기능 기반 분류 체계를 촉진시키는 데 일조했다. 이러한 기준은 기록물 분류 체계를 개발하고 구현하는 기본 틀을 제공하고 있으며, 이를 바탕으로 한 지방 정부 분류 체계(Local Government Classification Scheme, LGCS)는 유용한 기록물 관리 분류 체계 중의 하나이다.

기록물의 주제, 유형 및 형식, 조직의 구조 및 기능은 기록물 관리 체계를 설계하고 개발하는 데 고려되어야 한다. 그러나 아키비스트와 기록물 관리자들이 분류 도구를 개발하는 과정에서 이러한 요소의 일부 또는 전체를 혼합하여 참조하다 보니 비일관적인 부분이 나오게 되었다. 그래서 최근 들어 기록물 분류의 개념 및 방법, 실제에 있어서 기능의 개념을 중심으로 분류하기 시작했다. 즉 공공 영역 기록물 관리를 하다 보니 지속적으로 변화하는 조직 구조를 반영하여 기록물을 범주화하고 분류하는 방식 대신에

경영 환경을 연계시키는 도구로서 기능 기반의 분류 체계의 사용을 강조할 필요가 생긴 것이다. 기능 기반 기록물 관리 체계는 기록물 생성의 특성을 반영하기 위해 계층적 수준에 따라 조직되는 정리 및 기술 수준의 원칙과도 일맥상통한다.

7장

청구 기호

1. 청구 기호의 개념과 구성

1) 청구 기호의 의의

자료의 분류 기호를 부여하기 위해 주제를 분석하고 해석하여 분류표에 따라 분류 기호를 완성한 다음에는 각 자료의 식별, 즉 개별화에 필요한 기호나 숫자를 추가하여 분류 작업을 종료하게 된다. 청구 기호(call number, call mark, shelf mark)는 폐가제 도서관에서 도서관 이용자가 필요한 자료 이용을 위해 해당 자료의 대출과 반납을 청구하는 기호라는 의미에서 유래된 것이다. 『문헌정보학용어사전』(2010)에 따르면, 청구 기호는 '이용자가 도서를 청구하는 번호로 분류 번호 다음에 도서 기호 또는 저자 기호로 되어 있으며 개별 도서를 구별하기 위한 것으로 서가상의 위치와 다른 도서와의 관련된 위치를 일반적으로 책등 아래에 표시한다'라고 정의되어 있다.

그러므로 청구 기호는 자료를 개별화하여 서가상의 유일한 장소를 정하고, 자료의 배가 기준이 되는 동시에 서가의 접근점이 되며, 자료의 주제는 물론, 유사한 주제의 자료를 찾을 수 있게 해준다. 그러므로 청구 기호는 이용자, 사서, 도서관 목록, 자료를 연결시켜주는 도구이며 서가상의 위치 파악, 이용자의 서가 접근, 인접 자료의 브라우징 제공, 자료의 배가와 재배가 위치 결정, 자료 식별의 수단이다.

2) 청구 기호의 구성 요소

청구 기호는 개별 자료의 식별과 서가 위치를 제공하는 분류 기호, 도서나 도서 번호, 발행연도, 권호, 복본과 같은 것으로 구성되는 기호 시스템이다(Chan & Salaba, 2016). 청

〈표 14〉 청구 번호의 구성 요소

R	별치 기호(location mark) : 지정도서 Reserve, R
025.4	분류 기호(classification number, class number, class mark, class notation) 『지식정보분류론』
정64지	도서 기호(book number) = 저자 기호(author mark) + 저작 기호(work mark, title mark)
2017	부차적 기호(additional number) : 판차 기호, 역자, 권호, 복본, 연도 등의 기호

구 기호는 별치 기호, 분류 기호, 도서 기호, 기타 부차적 기호로 구성된다. 하지만 일반적인 청구 기호는 대부분의 일반 도서에 부여되는 분류 기호와 도서 기호를 의미한다(〈표 14〉 참조).

(1) 별치 기호

별치 기호는 자료의 내용이나 형태의 특수성, 이용 목적을 감안하여 별도의 공간에 배치할 경우, 이를 분류 기호 상단에 알파벳 대문자나 한글 두문자로 표시하는 소재 기호이다. 이는 이용자의 서가 접근이나 자료 이용의 편의성을 도모하면서 자료의 배가나 서고 관리의 효율성을 높이는 수단이다. 도서관에 따라 입수 자료의 종류와 공간 배치가 다양하기 때문에 이에 따라 별치 기호도 달라질 수밖에 없다. 일반적인 별치 기호와 해당하는 자료의 내용은 〈표 15〉와 같이 정리할 수 있다.

(2) 부차적 기호

기타 기호로 지칭되는 부차적 기호는 판차, 역자, 연도, 복본, 권호, 부록, 전기자 등을 각각 기호화한 것이다. 판차 기호는 개정판, 수정판, 증보판과 같이 판이 새롭게 바뀐 것을 숫자로 표시하는 기호이다. 역자 기호는 번역서를 원작과 구별할 수 있게 도서 기호 다음에 주는 번역자 기호이다. 복본 기호는 동일한 자료의 복본이 입수되었을 때 부여

〈표 15〉 자료의 유형에 따른 별치 기호 예시

자료 유형	별치 기호
참고도서	R(Reference), Ref., 참
연속간행물	P(Periodical), S(Serial), 정, 연
학위논문	T(Thesis), D(Dissertation),학, 석, 박
고문헌	O(Old books), C(Curiosity), 고, 귀, 희
비도서자료	General Material Designation(GMD)의 Specific Material Designation(SMD) 원용, F(Film), K(Kit), MA(map), MO(Model), MF(Microfilm), P(Picture), R(Record), S(Slide)
대학사료	UA(University Archive), 대학명과 사료
향토자료	L(Local) 향토
아동도서/청소년 도서	아동, 청소년, J(Juvenile), C(Child)
대 · 소형자료	L(Large), S(Small)
기증자료	기증자의 이름이나 호
문학자료	F(Fiction)
지정자료	Res(Reserve), 지정

하는 기호로, 서양서에서는 'c', 동양서에서는 등호(=) 뒤에 숫자를 부기한다. 권호 기호는 총서, 전집, 연속간행물의 권호를 나타내는 기호로 양서는 'v'나 'n', 동양서는 대시(-) 뒤에 숫자를 표기한다. 부록 기호는 자료의 부대 자료인 부록을 원저작과 구별하기 위해 별도로 '부록'으로 표시해주는 기호이다. 전기자 기호는 저자와 피전자의 관계를 알려주기 위해 피전자를 도서 기호의 대상으로 하고 전기 자료의 집필자를 표기한 기호이다.

2. 도서 기호

도서 기호는 자료가 분류된 다음 동일 분류 기호 안에서 각 도서의 서가상이나 목록상의 배열 순서를 결정하기 위해 개별화시키는 수단으로, 주로 저자 기호와 저작 기호로 구성된다. 도서 기호법의 종류는 기준 요소에 따라 등록번호순, 크기순, 입수순, 서명순, 저자순, 연대순 등 여러 가지로 구분할 수 있으나, 일반적으로 수입순 기호법, 연대순 기호법, 저자 기호법으로 나눌 수 있다.

1) 수입순 기호법

수입순 기호법은 동일한 분류 기호 안에서 입수되는 순서대로 일련번호를 부여하는 방법이다. 적용하기가 매우 단순하여 한때 많이 사용되었으나 지금은 거의 사용되지 않는다.

2) 연대순 기호법

연대순 기호법은 동일한 분류 기호 안에서 도서를 출판된 연대순으로 배열하기 위해 도서의 간행연도를 알파벳 문자나 아라비아 숫자로 기호화하는 방법이다. 동일한 분류 기호를 가지는 자료들이 서가상에서 연대 또는 연도의 오름차순으로 배열되기 때문에 학문의 발전 과정을 일목요연하게 브라우징할 수 있다. 뿐만 아니라 학문의 발전 및 퇴화 속도가 다른 분야에 비해 상대적으로 빠른 과학 기술 분야의 자료를 검색할 때는 도서 기호로 채택된 연도를 기준으로 선택적인 접근이 가능하므로 이용자의 노력과 시간을 절약할 수 있다. 대표적인 연대순 기호법으로는 Biscoe, Merrill, Brown, Ranganathan의 연대 기호법과 리재철의 새연대순 기호법 등이 있다.

(1) 리재철의 새연대순 기호법

① 기준

연대순 기호법에서는 연대가 가장 중요한 기준이 되는데, 연대 기호는 그 도서의 목록 기입에서 채기되는 발행연도를 서기 연도의 아라비아 숫자로 통일하여 1900년대의 마지막 2자리 숫자(10자리 이하의 숫자)를, 2000년대의 것은 마지막 3자리 숫자(100자리 숫자이하의 숫자)를 기호로 삼아 매긴다. 이때 서양서는 기호 말미에 'a'를 더해 동양서와 구별한다.

1960년(동양서)	→	60
1960년(서양서)	→	60a
2000년(동양서)	→	000
2000년(서양서)	→	000a

② 동일 저작의 다른 판

동일 저작의 개정판뿐만 아니라 원저작에 대한 번역판, 주해판 등도 다른 판으로 간주하여 그 특정판의 발행연도를 연대 기호로 매긴다.

민법입문 / 송덕수(2006)	→	006
민법입문 / 송덕수 제2판(2010)	→	010
민법입문 / 송덕수 제8판(2017)	→	017

③ 동일한 분류 항목 안에 동일한 연대 기호를 갖는 복본 도서

동일한 분류 항목 아래 동일한 연대 기호를 갖는 도서가 둘 이상인 경우, 두 번째 입수된 것부터 입수순으로 동양서는 '가'부터 한글 기본 음절을, 서양서는 'b'부터의 로마자 자모를 연대 기호에 덧붙여 개별화한다.

정보학개론 / 유재옥(1998)	→	98
정보학원론 / 이란주(1998)	→	98가
정보학특론 / 노정순(1998)	→	98갸
Central economics / Richard L. Brinkman(1981)	→	81a
Development economics / Gunning Collier(1981)	→	81b
Readings in economics / American Institute(1981)	→	81c

④ 전기, 인물지, 조직체에 관한 도서, 개인의 문학 및 예술작품, 철학적 논저, 1900년 이전의 도서와 그것의 영인본, 신판, 번역서, 주해서, 연속간행물

이러한 자료들은 먼저 자모순 저자 기호를 부여하고 그다음에 연대 기호를 매긴다. 전기와 인물평은 피전자나 피비평자의 성명을 대상으로 저자 기호를 부여하고 다음 줄에 연대순 기호를 매긴다.

성웅 이순신 / 강철원(1972)	→	이56 72
인간 이순신 / 김의환(1972)	→	이56 72가

⑤ 족보, 세록, 가문의 역사, 인물지 등의 도서

이러한 자료는 그 대상이 된 성씨로 저자 기호를 부여하고, 다음 줄에 연대순 기호를 매긴다.

영일 정씨 족보 / 영일 정씨 종친회(1999)	→	정93(대상은 '정해영') 99
조양조씨 세록 / 조양조씨 회수회 (1980)	→	조75(대상은 '조조혁') 80

⑥ 단체, 기관, 정당 등의 조직체에 관한 도서

이러한 자료는 도서의 대상이 된 조직체명으로 저자 기호를 부여하고 다음 줄에 연대 기호를 매긴다.

이화여대 중앙도서관사 / 이화여대 중앙도서관(2012)	→	이95 012

⑦ 연속간행물

연속간행물은 간행물명을 대상으로 저자 기호를 부여한다.

신동아 / 복간 제1호(1964년 9월) → 신25

3) 저자 기호법

저자 기호법은 수입순 기호법이나 연대순 기호법과 달리 저자명이나 단체명을 문자나 아라비아 숫자 등으로 변환하는 기호법이다. 전기 자료는 피전자를 기호화하며, 연속간행물과 같은 서명기본저록에서는 서명이 기호로 변환되기도 하지만 대부분의 자료는 저자명이 기호화된다. 저자 기호법은 열거식 기호법과 조합식 기호법의 두 가지로 구분할 수 있다.

(1) 열거식 저자 기호법

열거식 저자 기호법은 저자의 성명을 미리 숫자로 조합해놓은 표에서 적정 기호를 선택하는 방식이다. 국내에서는 박봉석의 성별 기호표, 고재창의 한국저자 기호표, 장일세의 동서저자 기호표, 정필모의 한국문헌 기호표, 이춘희의 동서저자 기호표, 박준식의 새로운 영미저자 기호표 등을 들 수 있고, 외국에서는 Olin 저자 기호표, Merrill 저자 기호표, Cutter-Sanborn 저자 기호표 등이 있다. 이 중에서 가장 대표적인 것은 Cutter-Sanborn 저자 기호표이다. 아르헨티나 코르도바 국립대학교(Universidad Nationale de Córdoba, Argentina)에서 만든 Unforbi의 cutter table은 검색창에 저자명이나 서명을 입력하면 해당 저자 기호를 자동 검색해서 제공한다.

▪ Cutter-Sanborn 저자 기호표

Cutter-Sanborn 저자 기호표의 일부 예시는 〈표 16〉과 같다.

〈표 16〉 Cutter-Sanborn 저자 기호표의 일부 예시

542	Anco	831	Duchi	831	Frankl	56	En
543	And	832	Ducho	832	Franklin, H.	57	Eng
544	Anders	833	Duci	833	Franklin, M.	58	Engl
545	Anderson	834	Duck	834	Franklin, S.	⋮	⋮
546	Anderson, D.	835	Ducke	835	Franq		
547	Anderson, J.	836	Duckw	836	Frant		
548	Anderson, M.	837	Ducl	837	Franz		
549	Anderson, R.	838	Duclo	838	Frap		
⋮	⋮	⋮	⋮	⋮	⋮		

752	Arnold	128	Lac	128	Macclu
753	Arnold, D.	129	Lacam	129	Macco
754	Arnold, G.	⋮	⋮	⋮	⋮
755	Arnold, H.				
756	Arnold, J.	697	Libr	697	697
757	Arnold, M.	698	Lic	698	698
758	Arnold, R.	699	Licht	699	699
759	Arnold, T.	⋮	⋮	⋮	⋮
⋮	⋮	⋮	⋮	⋮	⋮

〈표 16〉을 바탕으로 저자 기호를 작성하는 방법은 다음과 같다.

① 기호표에서 해당 저자의 성의 첫 머리글자를 찾아 대문자로 기재한 다음에 그 저자에 해당되는 숫자를 기재한다.

Margaret Arnold → A757

② 해당 성명에 꼭 맞는 기호가 없을 경우, 바로 앞의 기호를 사용한다.

K. Anderson → A547

③ 두 저자가 동일한 기호를 가지게 될 때는 숫자 하나(5)를 추가하여 차별화한다.

Richard Arnold, International Finance → A758i(첫 번째 입수 자료)
Richardson Arnold, International Finance → A7585i(두 번째 입수 자료)
Simon Arnold, International Finance → A7588i(세 번째 입수 자료)
John Arnold, International Finance → A756i(네 번째 입수 자료)

이 자료들의 배열 순서는 A756i, A758i, A7585i, A7588i가 된다.

④ 저자 기호 다음에 저작 기호를 부가한다. 이때 서명의 첫 글자는 소문자로 기재하며, 정관사나 부정관사는 무시한다. 판차사항은 저작 기호 다음에 부가한다.

C. D. Anderson. Organizing Knowledge, 2nd. ed. → A545o2
J. Anderson. A Modern Outline of Library Classification → A547m

⑤ Mc, Mac, M' 으로 시작되는 저자명은 모두 Mac으로 통일해서 취급한다.

McColvin → M129
M'Clinton → M127

⑥ 연속간행물이나 백과사전처럼 서명이 기본 표목인 경우는 서명을 저자 기호의 대상으로 하며, 첫 단어가 관사일 경우는 무시한다.

The Library Journal → L697

Encyclopedia of Social Science(Greenwood Press) → E56g

Encyclopedia of Social Science(Greenwood Press), 3rd ed. → E56g3

⑦ 전기서는 피전자를 기호화하고 저자의 성을 저작 기호란에 기입한다. 그러나 자서전은 저자명을 기호화하되 저작 기호를 부여하지 않는다.

A Biography of Benjamin Franklin by Andrew Morton → F831m

The Autobiography of Benjamin Franklin → F831

(2) 조합식 저자 기호법

조합식 저자 기호법은 저자명을 자음과 모음으로 분석한 다음, 기호표에 배정되어 있는 각각의 아라비아 숫자를 조합하여 도서 기호를 구성하는 방식이다. 국내에서 채용되고 있는 대표적인 조합식 저자 기호법으로 리재철의 한글순도서 기호법과 LCC 저자 기호법을 들 수 있다. LCC 저자 기호법은 제3장의 LCC에서 이미 다루었으므로 여기서는 리재철의 한글순도서 기호법을 기준으로 예시를 들어 설명하고자 한다.

- 한글순도서 기호법의 저자 기호표(제5표)

한글순도서 기호법의 저자 기호표를 적용하는 방법은 다음과 같다.

① 저자 기호의 기본 기호는 문자 기호와 숫자 기호로 이루어진다. 문자 기호는 표목으로 채택된 저자명이나 서명의 첫음절을 그대로 가져오고 둘째자의 자음(초성)과 모음(중성)을 〈표 17〉에서 숫자로 기호화하여 조합한다.

〈표 17〉 리재철의 저자 기호표(제5표)

자음 기호		모음 기호			
		초성이 ㅊ이 아닌 글자		초성이 ㅊ인 글자	
ㄱ, ㄲ	1	ㅏ	2	ㅏ (ㅐ ㅑ ㅒ)	2
ㄴ	19	ㅐ (ㅑ ㅒ)	3	ㅓ (ㅔ ㅕ ㅖ)	3
ㄷ, ㄸ	2	ㅓ (ㅔ ㅕ ㅖ)	4	ㅗ (ㅘ ㅙ ㅚ ㅛ)	4
ㄹ	29	ㅗ (ㅘ ㅙ ㅚ ㅛ)	5	ㅜ (ㅝ ㅞ ㅟ ㅠ ㅡ ㅢ)	5
ㅁ	3	ㅜ (ㅝ ㅞ ㅟ ㅠ)	6	ㅣ	6
ㅂ, ㅃ	4	ㅡ (ㅢ)	7		
ㅅ, ㅆ	5	ㅣ	8		
ㅇ	6				
ㅈ, ㅉ	7				
ㅊ	8				
ㅋ	87				
ㅌ	88				
ㅍ	89				
ㅎ	9				

정연경 → 정64

이화여대 → 이95

② 〈표 17〉의 대표 모음으로 나와 있지 않은 모음은 한글의 배열 순서(ㅏ, ㅐ, ㅑ, ㅒ, ㅓ, ㅔ, ㅕ, ㅖ, ㅗ, ㅘ, ㅙ, ㅚ, ㅛ, ㅜ, ㅝ, ㅞ, ㅟ, ㅠ, ㅡ, ㅢ, ㅣ)에서 앞에 나오는 대표모음의 기호를 선택한다.

김 교 → 김15

오세훈 → 오54

③ 기호화될 글자가 외자(단음절)인 경우에는 문자 기호 다음에 쉼표를 한 후, 그다음 글자의 자음(초성)만 숫자로 기호화한다. 배열 순서는 쉼표가 있는 기호가 앞선다.

앤, 마가레트 → 앤, 3
앤, 쥴리 → 앤, 7
앤드레이, 칸 → 앤27

④ 표목이 다른데도 기호화한 결과 동일한 분류 기호 안에서 도서 기호가 중복되면, 나중에 입수된 자료의 도서 기호는 임의의 숫자, 보통 5를 기준으로 하여 추가하여 차별화한다. 그러나 나중에 입수된 자료가 자모순으로 보아 처음에 입수된 자료보다 먼저 배가되어야 하는 경우에는 상위의 모음 기호를 차용한다. 이렇듯 표목이 다른데 도서 기호가 중복되면 저자 기호를 조정한다.

정수혁 → 정56(첫 번째 입수 자료)
정수만 → 정565(두 번째 입수 자료)
정수자 → 정568(세 번째 입수 자료)
정숙경 → 정569(네 번째 입수 자료)
정수경 → 정558(다섯 번째 입수 자료)

⑤ 저작 기호의 문자가 숫자와 같은 음을 가진 글자인 경우, 일, 이, 삼, 사, 오, 육, 칠, 팔, 구, 십의 음절은 피하고 달리 조절하여 가급적 자모순으로 유지되도록 한다.

사랑 → 산
사랑의 다이아몬드 → 살
사랑의 명성황후 → 삿
사랑의 슬픔 → 상

삼순이 → 새
이순신 → 인
이차돈의 죽음 → 임

⑥ 판차가 있을 경우, 저작 기호 다음에 판차를 숫자화하여 부가한다. 만약 서명이 기본저록의 표목으로 채택될 경우에는 저작 기호란에 출판사의 첫 자를 부기하고, 그 뒤에 판차를 병기한다.

김남석 저, 비도서자료조직법, 증보판 → 김192비2
영어대사전(민중서관), 6판 → 영64미6

⑦ 개인의 전기서 또는 비평서는 피전자나 피비평자를 기호화하고, 저자의 성을 저작 기호란에 기입한다. 그리고 전기자나 비평자는 피전자와 피비평자 다음에 성을 부가한다. 그러나 자서전은 저자명을 기호화하되 저작 기호를 부여하지 않고, 자모순으로 첫머리에 오는 음절, 예를 들면 가, 각, 간 등을 임의로 부여하여 저자를 대상으로 한 부차적 기호보다 앞서 모이도록 조절한다.

도산 안창호의 생애 / 이광수 → 안82이
나를 부른다 / 정희경 자서전 → 정97가

⑧ 번역서는 저작 기호나 판차 다음에 번역자의 성을 기입한다.

조지 오웰 저. 도정일 번역. 동물농장 → 오66동도
조지 오웰 저. 도정일 번역. 동물농장, 제2판 → 오66동2도

8장

디지털 정보원의 분류

도서관의 분류 체계는 주로 물리적 장서에 이용되지만, 분류 시스템은 정보 조직과 검색의 모든 영역에서 중요하다. 디지털 환경에서 핵심은 정보의 검색성과 발견성이며 이는 최종 이용자가 온라인 검색을 이해하고 작동할 수 있게 하는 것과 밀접히 연관된다. 분류는 일반적인 브라우징뿐만 아니라 검색에 활용될 수 있어서 웹 사이트와 인터페이스 구성에 중요하다. 분류 이론은 전자 출판물에 대한 주제 목록 도구, 디지털 자원의 발견, 상업적인 부문의 관리되는 정보 서비스에서 통제된 어휘와 택소노미의 사용, 웹 세계에서 더욱 발전된 유형의 자동 분류의 개발까지 아우른다. 디지털 환경에서 분류는 주제의 표현이나 개념, 용어, 관계, 범주화를 통해 디지털 자원의 조직, 배치, 색인, 브라우징과 검색을 돕는다.

도서관에서 디지털 정보원 분류의 필요성이 높아짐에 따라 도서관의 기술적 처리 과정에서 핵심 요소로 꼽히는 목록(메타 데이터), 분류(택소노미), 그리고 색인과 시소러스 구축(온톨로지) 등을 포함하는 정보 아키텍처(Information Architecture, 이하 IA)라는 개념에 대한 관심이 높아지고 있다. 2000년 전후에 시작된 IA는 공유된 정보 환경에서 복잡하고 다양한 데이터를 체계화하여 명확하게 정리하는 구조적 디자인을 제공하는 것으로, 유용성과 검색성을 향상시키는 예술과 과학의 조직, 웹 사이트 레이블링, 인트라넷, 온라인 커뮤니티와 소프트웨어를 통칭한다. 좀 더 쉽게 설명하자면 강력하고 효율적인 웹 사이트를 어떻게 설계할 것인가, 정보 관리를 어떻게 체계적으로 구조화할 것인가, 사용자 경험을 충실히 반영한 정보 내비게이션을 어떻게 쉽게 사용하도록 할 것인가와 같은 정보구조 설계에 관한 핵심적 내용을 다루는 것이다. IA는 활동, 용어의 고려, 필드나 도메인의 개념, 그들 간의 관계, 순서와 구조, 데이터베이스나 화면 디스플레이의 구성 등에 있어서 분류와 공통점이 많다.

따라서 IA를 사업 환경에 적용하는 분류나 지식 조직이라고 부르기도 한다. IA에서 다루는 전형적인 소주제들은 정보 모델링, 조직, 레이블링, 정보 내비게이션, 전문용어를 위한 도구, 통제 어휘, 택소노미, 내용 매핑, 패싯 분류 등이다. 정보 모델링이나 도메인 모델링의 개념에서 본질을 이해하는 절차, 포함하는 정보의 종류, 특성, 구성 개념, 보여주는 방식, 동의어, 그들 사이의 관계 파악에 패싯 구조를 사용하기 때문에 분류하는 방식과 매우 비슷하다. 도메인 모델을 만들기 위해서는 도메인의 중요한 개념이나 주제를 설정하거나 특정 범주들로 군집화해야 하므로 그 분야의 전문가 집단이 필요하다. IA에서 가장 친숙한 도메인 모델링 도구는 어려운 개념을 명백하게 해주는 택소노미다. 특히 이러한 개념은 도서관 분류와 분류 체계의 원칙을 디지털 환경에 접목시킨 것으로, 일반적으로 색인이라기보다는 오히려 분류 체계에 초점을 맞추어 개념의 범주를 탐색하는 것으로 볼 수 있다.

소셜 미디어(social media)와 협업 분류(collaborative classification)의 출현은 정보를 기술하고 조직하고 공유하는 방식의 변화를 가져오고 있다. 새로운 포맷의 발전과 함께 도서관 자원의 분류와 기술은 영미목록규칙(Anglo-American Cataloging Rules)을 넘어 자원의 기술과 접근(Resource Description and Access, 이하 RDA)의 작성과 적용으로 인식하게 되었다.

디지털 환경에서 분류의 가치를 완벽하게 이해하기 위해서는 먼저 통제 어휘와 시소러스 구축의 개념을 탐색하는 것이 필요하다. 또한 디지털 정보원의 분류를 위한 탐색 행위의 유형 역시 고려해야 한다. 따라서 이번 장에서는 주제 트리의 맥락에서 브라우징의 전략을 검토하고, 이용자 요구와 기대를 충족시키기 위한 주제 분석과 패싯 분류 체계의 활용에 대해 소개하고자 한다. 더 나아가 택소노미 생성에 있어 이용자 중심적인 주제의 탐색, 소셜 미디어와 협업 분류에 대해 깊이 있게 살펴보고자 한다.

1. 어휘 통제와 시소러스

시소러스 구축의 기본 원칙은 주제 트리, 택소노미, 온톨로지 개념이라 할 수 있다. 먼

〈표 18〉 시소러스 용어에서 약어, 정의 및 예시

약어	정의	예시
SN (Scope Note)	용어를 정의한다.	Light art SN Art that uses light as an artistic medium
UF (Use For)	해당 표목이 우선어로 사용된다.	Business UF firms (우선어는 Business) Firms USE business
BT (Broader Term)	상위 개념어로 계층 구조 상에서 상위에 있는 용어를 나타낸다.	Drama BT arts
NT (Narrower Term)	하위 개념어로 계층 구조 상에서 하위에 있는 용어를 나타낸다.	Arts NT drama
RT (Related Term)	관련어로 계층 구조 상에서 동일한 수준에 있는 용어를 나타낸다.	Drama RT performing arts

저, 시소러스는 동의어 및 계층 관계, 종속 관계 등을 보여주고, 정보 축적과 검색 시스템을 위한 표준 어휘를 제공하는 기능을 하는 어휘의 모음집이다(Rowley, 1992).

시소러스의 일차적 기능은 용어 간의 시멘틱 관계, 즉, 분류 체계와 같이 알파벳순으로 배열된 용어의 의미에 기초한 관계들을 보여주는 것이다. 또한, 시소러스는 색인 내에서 사용되거나 사용되지 않는 용어를 보여주는 어휘 통제의 중개자 역할을 한다. 용어집은 *Thesaurus of Psychological Index Terms, NSPEC Thesaurus for Physics, Electronics and Computing, ERIC Thesaurus for Education and Related Fields, Asia Thesaurus for the Social Science*와 같이 특수한 주제 영역에 집중되는 경향이 있다.

시소러스는 색인의 표목으로 우선적으로 사용할 수 있는 용어(디스크립터)와 색인의 표목으로 사용할 수 없는 용어(비디스크립터)의 관계를 제시하고 있는 자모순 리스트이다. 각각의 디스크립터 아래 제시된 다양한 단어와 약어는 다른 용어들과의 관계를 지시하거나 의미를 명확히 하는 데 사용된다. 공통적으로 사용되는 용어들은 〈표 18〉과 같다.

1) 시소러스 구축

시소러스 구축은 분류 체계를 구축하는 것과 많은 유사성을 가진다. 시소러스를 구축하기 위해서는 가장 먼저 특정한 주제 영역의 범주를 정의해야 한다. 그다음에는 그 주제 영역과 연관된 모든 용어 안에 나타나는 모든 개념을 수록하고, 다음으로 용어들 간의 관계를 파악해야 한다. 이 단계에서 용어들 간의 관계는 동등 관계와 연관 관계라는 두 가지 관계 유형으로 구분된다. 동등 관계의 식별을 통해 동의어를 제거하고, 어휘 통제를 제공할 수 있다.

두 개 이상의 용어가 동일한 개념을 기술하여 동등하게 보이는 경우, 그중 하나의 용어만이 디스크립터로 사용된다. 다른 용어들은 색인이나 시소러스 안에서 또 다른 접근점이 되어 '사용하라(USE)'나 '보라(See)' 참조 주기를 사용하여 디스크립터와 연결된다. 관계의 또 다른 유형에는 개념적으로 관련된 용어들로 이루어지는 연관 관계가 있다. 연관 관계를 갖는 용어들은 연관의 속성을 세분화하는 BT, NT, RT, 참조 주기를 사용하여 연결된다. 디스크립터로 사용된 용어들만 해당 용어에 대한 완전한 연관 관계의 집합을 가진다.

관계를 식별하는 과정에서 계층 구조는 정확성과 표현력이 높은 분류 체계에서 생성되는 계층 구조의 유형과 동일한 방식으로 생성된다. 분류표 안에서 주제의 순서는 논리적이며, 지식이 어떻게 조직화되는지 개념적으로 나타내준다. 예를 들면 DDC에서 617.5는 의학을 신체 부위별로 구분한 것으로, 분류표의 순서는 다음과 같다.

617.51	head
617.52	face
617.53	neck
617.54	thorax(chest) and respiratory system
617.55	abdominal and pelvic cavities
617.56	back
617.57	upper extremities
617.58	lower extremities

이는 신체 부위를 위에서 아래로 내려가는 방식으로 전개했다. 시소러스 내에서는 알파벳순으로 전개될 수 있다. 예를 들어, abdominal and pelvic cavities, back, face 순으로 나열하는 것이다.

알파벳순 리스트에서는 개별 디스크립터를 위한 일련의 관계가 명확하게 나타난다. 예를 들면 다음과 같다.

neck		
	BT	regional medicine
	NT	larynx and trachea
		pharynx
		throat
		thyroid and parathyroid glands
	RT	face
		hcad
		thorax and respiratory system

이렇게 설정된 관계는 〈그림 15〉와 같이 주제 트리나 계층 구조로 나타낼 수 있다.

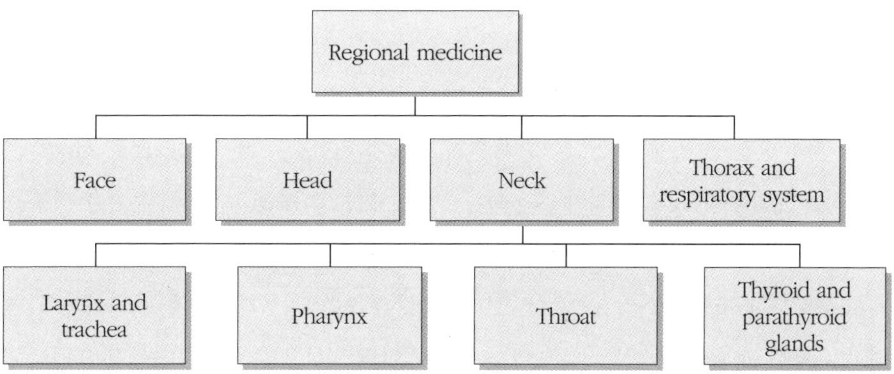

〈그림 15〉 주제 트리

2) 주제 트리

주제 트리(Subject trees)는 정보 검색을 위해 웹을 사용하는 모든 사람들에게 익숙할 것이다. 웹 디렉터리에서는 검색자들에게 브라우징 환경을 제공하기 위하여 주제 트리 구조를 사용한다. 웹 디렉터리와 검색 엔진 사이의 구별은 매우 모호하지만, 디렉터리와 검색 엔진은 정보 검색에 대해 매우 다른 접근을 가진다. 웹 디렉터리가 제공하는 주제 트리는 전통적인 열거식 분류 체계와 동일한 정보 구조를 제공하고, 계층 구조 안의 주제를 보여주며, 주제 간의 관계를 명백하게 보여준다. DDC와 같은 분류 체계가 물리적인 도서관 환경에서 도서관 이용자들이 브라우징을 할 수 있도록 도와주듯 주제 트리는 검색자들이 디지털 정보 환경이라는 가상적인 공간에서 브라우징을 할 수 있도록 도와준다.

여기서 검색 전략으로서 브라우징의 개념을 살펴볼 필요가 있다. 표현력 있는 기호를 가진 열거식 분류 체계는 브라우징이 쉽다. 브라우징은 정보를 검색하는 방법 중 하나로, 도서관 이용자들에게는 매우 익숙하고 당연시된다. 브라우징은 폭넓게 이루어지는 활동으로, 디지털 정보원도 브라우징을 위해 조직될 수 있지만, 실제 이용자들은 이를 완전하게 이해할 필요는 없다. 디지털 정보를 분류해야 하는 이유를 이해하기 위해서는 우선 검색을 지원하는 검색 행태를 살펴보는 것이 중요하다.

분류는 인간의 타고난 능력이며, 무의식적으로 세상과 소통하기 위한 활동이라고 앞서 표현했다. 이와 유사하게, 우리는 브라우징을 할 수 있는 선천적인 능력을 갖고 있다. 브라우징 활동은 다음과 같이 최소한 세 가지 유형으로 구분할 수 있다. 첫째, 탐색 혹은 우연히 발견하는 브라우징, 둘째, 특수한 주제에 관한 정보의 필요성으로 시작하는 의도적인 브라우징, 셋째, 우리가 유용하다고 알고 있는 특수한 정보원에 초점을 맞추는 포커스 브라우징이다.

사물에 대해 조용히 다가가는 것은 브라우징으로 연상되는 가장 흔한 행위이다. 완벽하고 유용한 정보를 발견할 기회는 모든 사람들이 경험하고 즐길 수 있는 것이다. 주로 이루어지는 광범위한 탐색적 브라우징의 형태는 정보를 검색하기 위한 행위이지만, 그 시작은 잘못된 이용자의 요구에서 비롯된다. 정보를 탐색하는 방법으로서 브라우징의 주된 가치 중의 하나는 이용자들이 자신을 노출시키고 관심 영역의 확대를 가능하게 한다는 것이다. 다른 한편으로 브라우징은 아주 극소수의 정보원이나 어떤 주제의 특정 관점에 대해 매우 상세한 관심을 가지는 것이 될 수 있다. 브라우징 같은 탐색적인 검색 행위는 분류를 통해서 가능해진다.

디지털 정보원을 검색하는 데 사용할 수 있는 전략의 유형은 다음과 같다(Meadow, 1970). 카드 목록을 사용하거나 서가를 훑어보는 데 있어서 흔히 브라우징이라고 부르는 복잡한 전략을 사용한다. 서명이나 저자명 같이 아주 적고 매우 특수한 디스크립터나 검색의 주제에 대한 일반적인 생각을 가지고 브라우징의 과정을 시작한다. 만약 원래의 '질문'에 기초하여 원하는 자료를 찾으면 브라우징은 바로 끝나고, 원하는 자료를 못 찾으면 분류 가능한 주제 아래에 있는 다른 분류나 주제명표목명을 변형하거나 대체 가능한 철자로 다시 검색할 수 있다.

브라우징 활동은 시스템적인 탐색 과정이자 정보를 검색하기 위한 편하고 자연스러운 방식이며, 정보 검색을 확대하고 확장하는 가치 있는 방식이다. 그러므로 브라우징은 정보 검색의 가치 있고 편안한 방법으로 디지털 정보 시스템에서도 사용된다는 점에서 택소노미나 웹 디렉터리는 매우 정교한 브라우징 인터페이스를 가진다.

3) 웹 디렉터리

웹 정보원들의 탐색과 검색이 좀 더 쉽고 효율적인 방식으로 이루어지려면 논리적이고 쉽게 탐색할 수 있는 방식으로 조직되어야 한다. 지금까지는 웹상의 정보원을 이용자가 원하는 주제로 안내하기 위해 상대적으로 간단한 분류나 범주화된 체계를 사용해왔다. 계층 구조적 체계는 검색된 항목들 사이의 링크를 조직화하거나 검색 결과를 보여주는 웹 디렉터리 안에서 사용되어왔다. 웹 디렉터리는 브라우징 환경을 제공하는데, 웹 디렉터리에서 지속적으로 증가하고 있는 특수한 정보들을 이용자가 선택할 수 있도록 안내해주고, 계층 구조를 살펴볼 수 있도록 메뉴를 제공한다. 주제 트리는 특수한 주제에 관한 정보를 브라우징 할 수 있는 항목명으로 구조화하고, 조직화된 계층 구조를 제공한다. 즉, 주제 트리는 각 항목이나 세부 항목 아래 제시된 링크를 통해 더 많은 항목이나 웹 페이지로의 연결을 제공한다. 웹 페이지는 주제 트리 운영자 또는 저자에 의해 하나의 항목에 연결된다.

실제로 검색 엔진 Yahoo는 "또 다른 계층 구조적으로 조직되어 운영되는 체계(Yet Another Hierarchically Organized Operating System)"라고 사이트를 소개하고 있다. 그리고 2017년 3월 16일까지 운영되었던 Open Directory Project(ODP)는 구조화된 브라우징을 제공했던 디렉터리이다. 1998년에 Gnuhoo 디렉터리로 시작하여 2017년 3월 17일에 사라진 ODP 사이트는 자원봉사자 편집자 커뮤니티가 링크의 다국어 오픈형 콘텐츠 디렉터리를 구성하고 유지·관리했다. 해당 사이트의 목록에는 계층적 온톨로지를 사용하여 유사한 주제의 목록을 각각의 범주로 군집하고, 그 아래 작은 범주들이 포함되었다. 웹을 조직하고자 만든 사이트는 이용자 생성 메타데이터의 좋은 예시로 언급되곤 했는데, 이제는 정체된 사이트로만 볼 수 있다. 지금까지 91,929명의 편집자, 1,031,722개

Arts Movies, Television, Music···	**Business** Jobs, Real Estate, Investing···
Computers Internet, Software, Hardware···	**Games** Video Games, RPGs, Gambling···
Health Fitness, Medicine, Alternative···	**Home** Family, Consumers, Cooking···
News Media, Newspapers, Weather···	**Recreation** Travel, Food, Outdoors, Humor···
Reference Maps, Education, Libraries···	**Regional** US, Canada, UK, Europe···
Science Biology, Psychology, Physics···	**Shopping** Autos, Clothing, Gifts···
Society People, Religion, Issues···	**Sports** Baseball, Soccer, Basketball···
Kids and Teens Arts, School Time, Teen Life···	**World** Deutsch, Français, 日本語, Italiano, Español···

〈그림 16〉 ODP의 상위 항목

범주, 3,861,210개 사이트, 90개의 언어로 구축된 내용을 〈그림 16〉과 같이 주제 구분하여 제공했음을 확인할 수 있다.

정보 검색을 위해 웹 디렉터리를 사용하고자 할 경우, 가장 먼저 필요한 정보가 포함되는 최고 단계의 항목을 결정해야 한다. 이 단계는 하나의 주제가 도서관의 분류 체계 안에서 어떤 주류에 위치할 것인지를 결정하는 것과 유사하다. 〈그림 16〉과 같은 항목명을 제공하고 있는 과거의 ODP 홈페이지를 사용하여 도서관 분류에 관한 정보를 찾는다면 그 과정은 다음과 같다.

〈그림 16〉의 상위 항목에서는 도서관 분류에 관한 주제가 어디에 위치했는지를 즉각적으로 알 수 없다. 'Libraries'는 세부항목으로 상위 항목 'Reference' 아래에 있고, 링크를 클릭하면 이용자는 'Library and information science'를 포함하는 하위 수준의 항목을 전개한 곳으로 연결된다. 해당 링크를 따라가면 이용자는 'technical service'를 포함하는 좀 더 상세한 항목들의 리스트를 얻을 수 있다. 여기서 링크를 한 번 더 클릭하면 'cataloging'이라는 항목이 나타나며, 해당 링크를 따라가면 'classification'이라는 항목과 그 세부 항목 안에 포함된 레코드를 볼 수 있다. 미지막 링크는 Bliss Bibliographic Classification, Colon Classification, Dewey Decimal, Library of Congress, Subject-Specific Schemes, SuDocs, UDC를 포함하는 세부 항목들의 최종 리스트로 연결된다. 또한 계층 구조의 수준에서 도서관 분류의 관점에 초점을 맞춘 웹 사이트, 웹 페이지, 토론 집단으로의 링크를 수록하고 있다. 또한, 소프트웨어 아래 추가적인 링크를 가지는 하위 항목인 'knowledge management' 안에서 'classification'으로 링크가 제공된다. 제시된 예시에서 이용자가 선택하게 되는 경로는 다음과 같다.

Reference → Libraries: library and information science → technical services
→ cataloging → classification

이용자가 대안적으로 선택할 수 있는 경로는 다음과 같다.

Society → Social science → Library and information science → technical services → cataloging → classification

또는 다음과 같은 경로를 선택할 수 있다.

Science → Social science → Library and information science → technical services → cataloging → classification

이와 같이 디지털 환경에서는 유연한 항목화를 통하여 이용자가 동일한 정보로 이르는 다양한 경로를 제공할 수 있다. 만약 웹상에서 출판된 광범위한 주제에 관한 것을 찾는 것이 탐색 목적이라면 ODP와 같은 웹 디렉터리에서 주제 트리를 살펴보는 것이 바람직하다. 웹 디렉터리에서 문제가 되는 것은 색인의 규모인데, 이것은 웹 디렉터리를 전반적으로 설계하고 관리하는 사람에게 달려 있다. 즉, 웹 디렉터리는 전형적으로 자동 색인된 검색 엔진보다 더 적은 수의 웹 페이지 링크를 제공한다. 구글(Google)에서 '분류'를 탐색하면 1억 3천만 건 이상의 결과가 나오는데, 이렇듯 재현율은 매우 높지만, 탐색자가 대량의 레코드 안에서 분류를 다루지 않는 많은 정보를 일일이 살펴보고 검색 결과들을 일일이 평가해야 한다는 문제가 있다. 이에 비해 작은 규모의 웹 디렉터리 색인은 인간 색인자가 중간에 개입하기 때문에 탐색자가 고품질의 정확한 정보를 검색할 가능성이 높다. 그러나 이러한 논의의 타당성과 상관없이 색인의 구축에서 인간의 중재가 편견을 가져올 수도 있으며, 특히 자원봉사자에 의존하는 경우, 개인적인 관심 주제를 증진시키는 결과를 가져올 수 있다. 그래서 전체 웹을 분류하려는 시도는 정보량이 계속해서 증가하면서 그 과정을 자동화하는 효율적인 수단과 탐색 엔진의 개선된 기능의 부족으로 줄어들었다.

(1) 문제점

고품질의 정확한 정보 검색을 실현하기 위해서는 웹 디렉터리와 주제 트리와 관련된 4가지 문제점을 고려해야 한다.

① 어휘 통제의 부족

웹 디렉터리는 기술적인 용어로 된 전조합 색인이라고 할 수 있다. 전조합 색인은 문서를 색인할 때, 색인자가 색인 용어를 먼저 조합하는 것을 말한다. 도서의 색인과 분류 체계의 색인을 포함하여 전조합 색인은 필수적으로 어휘 통제를 포함해야 한다. 웹 디렉터리 안에서 주제 항목을 명명하고 전개하는 과정에서 일부 어휘 통제가 적용되지만, 문제는 단일 웹 디렉터리에서 제공하는 주제 트리 안에서조차 용어 사용의 일관성이 부족하다는 점이다. 다른 주제 트리들과 비교할 경우, 용어 사용의 일관성 부족이라는 문제점은 훨씬 더 분명하게 드러난다.

② 항목 설정의 지나친 자율성

DDC같은 전통적인 분류 체계를 사용하는 사서들은 종종 새로운 주제가 출현할 때 해당 주제를 어디에 분류해야 하는지와 같은 문제에 직면하게 되는데, 이는 새로운 주제들을 수용할 수 있도록 분류표를 개정하는 데 시간이 걸리기 때문이다. 대조적으로 웹 색인자들은 이러한 문제에 직면할 필요 없이 간단하게 새로운 항목을 만들고, 현존하는 주제 트리 안에 새로운 주제 항목을 생성할 수 있다. 그러나 이러한 자유로움은 오히려 기이한 항목들을 생성하는 결과를 가져오기도 한다. 지금은 사라진 Lycos 디렉터리의 최상위 항목에 pokemon이 있었다. 가장 대중적인 검색을 바탕으로 최상위 수준의 항목을 생성했지만, 이는 이용자 중심의 실제적인 접근에 대한 논란을 가져왔고, 장기적으로 항목을 끊임없이 변화시켜 웹 디렉터리를 정기적으로 사용하는 이용자들을 혼란스럽게 만드는 문제를 초래했다.

③ 계층 구조의 제한성

일반적으로 계층 구조는 주제 매핑에 꽤 효율적이지만, 전통적인 계층적 분류 체계의 계층 구조는 규모와 복잡성이 증가할수록 세분화되는 경향이 있다. 또한 새로운 주제의 삽입이 어렵고 이용자들의 다양한 관심사를 반영하기 힘들다.

④ 인간 색인자의 한계

여기에는 데이터베이스의 규모, 최신성, 그리고 일관성이라는 세 요소에 대한 논의가 포함된다. 사람이 색인을 작성하는 속도는 자동적으로 웹 정보원을 색인화하는 소프트웨어 패키지보다 느릴 수밖에 없다. 상대적으로 웹 디렉터리의 데이터베이스는 검색 엔진 데이터베이스보다 그 규모가 훨씬 작다. 웹 디렉터리 중 가장 규모가 컸던 ODP는 4백만에 못 미치는 웹 페이지를 다루었던 반면, 구글 검색 엔진은 수천만 웹 페이지를 다루고 있다.

최신성의 관점에서 종종 색인 사이트나 웹 페이지에 지연이 생길 수 있기 때문에 웹 디렉터리의 이용자들을 더 이상 존재하지 않는 사이트나 페이지로 안내하는 계층 구조를 따르게 된다. 이는 상대적으로 수동 색인의 처리 속도가 느려서 계층 구조의 최신성을 유지하기 어렵기 때문이다. 웹상의 정보는 매우 일시적이기 때문에 검색 시스템의 최신성 유지를 보장할 수 없다. 따라서 인간 색인자에 의해 링크가 생성되는 웹 디렉터리 안에서 최신성을 유지하는 것은 더욱 어려운 일이 된다.

결과적으로 사람이 작성한 색인은 일관성을 유지하기 어려운데, 그 이유는 저자가 부여한 메타 태그나 자료의 문장 안의 키워드가 항목명에 의존하지 않기 때문이다. 웹 디렉터리를 색인하는 사람들이 주제 분석에 많은 시간을 투자하지 않으면, 계층 구조의 잘못된 위치에 자료를 위치시켜 자료를 제대로 분류하지 못하게 된다. ODP의 경우, 자원봉사자들이 색인된 사이트의 질을 보장했지만, 특별한 주제 관심을 가지는 색인자로 인해 오히려 더 고르지 않은 범주를 생성하기도 했다.

이러한 문제들은 쉽게 해결되지 않는다. 일반적으로 일관성을 유지하기 위한 표준적인 방법으로는 어휘 통제를 수행하는 것과 표준화된 주제 트리 구조를 제공하는 웹 정보원을 위한 공식적인 분류 체계를 사용하는 것이 있다. 그러나 이러한 표준화는 검색 도구의 다양한 제공자들 간 상호 협조의 부족으로 인해 적용하기가 매우 어렵다. 사용자들이 표준화를 요구해도 Dialog와 Orbit와 같은 전통적인 온라인 정보 검색 도구의 제공자들은 표준화를 허용하지 않는다. 왜냐하면 표준화를 하면 서비스의 차별성이 없어지고 서비스 이용자들이 언제라도 다른 서비스 제공자로 너무 쉽게 이동할 수 있기 때문이다. 하지만 이러한 표준화의 부족은 웹 디렉터리들이 이용자가 요구하는 다양한 범주의 수용을 가능하게 해주기도 한다.

다양한 연구 프로젝트는 자동 분류를 해주는 소프트웨어가 인간 색인자를 대체할 가능성에 대해 탐색하고 있다. 예를 들면, 자동 분류 소프트웨어가 인간 색인자를 대체할 수 있는지에 관해 다양한 연구가 진행되어왔으며 OCLC는 웹 자동 분류에 DDC의 활용 가능성 연구를 주로 해왔다. 그러나 아직까지 인간 분류자에 대한 진정한 대안은 없는 것으로 확인되었기 때문에, 웹 디렉터리와 주제 트리에서의 일관성은 계속해서 문제가 될 것이다.

2. 택소노미

택소노미(taxonomy)는 대부분의 사람들에게 류/속/종의 엄격한 과학적 배열이라는 의미로 통용된다. 택소노미는 그리스어 'taxis(배열, 순서)'와 'nomos(법)'에서 파생된 것으로, 분류 체계, 시소러스, 간단한 항목들의 리스트로 분류 체계, 주제명표목표, 인터넷 인명록, 주제 게이트웨이를 의미한다. 『문헌정보학용어사전』(2010)에서는 택소노미를 표준화되고 체계적으로 분류된 전통적인 분류학 기반의 분류 체계, 폭소노미에 대비되는 용어, 분류 항목을 나열한 목록이라고 정의하고 있다. 그러므로 전형적인 택소노미는 네트워크 환경에서 분류, 범주화, 조직, 브라우징, 탐색, 검색이나 다른 내용의 필터링을 위해 사용되는 계층적인 어휘이다. 택소노미는 분류와 유사하지만 다른 용어로서 개념과 용어의 모델을 만드는 것과 도메인에서의 관계를 포함한다.

택소노미와 관련해서 필요한 모든 온라인 자료를 한곳에 모아둔 택소노미 창고(taxonomy warehouse)는 택소노미에 관한 모든 것을 제공해준다. 택소노미와 그 출판사들에 대한 주제 중심의 디렉터리와 택소노미에 대한 블로그와 행사, 택소노미 책과 표준의 발견, 택소노미 소프트웨어 상품연구, 전문가와 상담 서비스 연결까지 제공해준다.

1) 정의

택소노미는 주제 영역 내에 속한 용어들의 분류 체계로, 분류의 맥락과 오랜 시간 동안 함께 사용된 개념이다. 특히 최근에는 택소노미 개념과 관련된 문헌이 늘어남에 따라 관심이 높아지고 있으며, 웹 기반의 정보와 자료 조직을 기술하는 지식 경영과 컴퓨터 분야 쪽에서 많이 등장하고 있는데, 이는 택소노미가 정보 검색의 수단으로서 구조화된 브라우징을 제공한다는 점에서 가치가 있기 때문이다. 택소노미는 통제 어휘나 시소러스를 이용하여 계층 체계가 될 수도 있지만 항상 그런 것은 아니다.

분류와 검색을 통해 지식의 공유가 많아지고 시멘틱 웹의 개발이 요구되면서 최근 몇 년 동안 택소노미의 중요성은 더욱 커지고 있는데, 그 이유는 다음과 같다. 첫째, 다의어나 동음이의어로 인해 파생되는 문제점들을 해결할 수 있다. 둘째, 웹 자원들을 보다 전문적이고 체계적으로 제공할 수 있다. 셋째, 사이트 내비게이션을 향상시킬 수 있다. 비구조화된 지식은 수집 및 조직, 공유를 하기에 불편하고 어렵기 때문에 택소노미가 이러한 지식을 조직하고 공유하는 데 도움을 준다. 즉, 택소노미는 태깅(tagging)에 대한 권위 있는 정보원으로서 유용하고, 내비게이션에 도움을 주며, 검색 엔진을 지원하는 도구가 된다. 또한 지식 지도로 활용할 수 있고, 기업 지식 저장소의 검색 언어로도 유용하다. 택소노미는 지식 관리에도 사용된다. 효율적인 경영을 위해서는 해당 경영 분야와 관련된 지식을 관리하는 것이 필수적이며, 택소노미는 비구조화된 지식을 고도로 구조화하는 과정에 활용된다.

택소노미는 도서관의 장서와 관련해 전자책과 전자 저널의 접근성을 증진하는 데 활용된다. 택소노미는 계층 구조 안에서 여러 주제 사이의 관계를 보여주는 주제 트리의 생성 수단을 제공한다. 이용자는 링크를 통하여 보다 상세한 주제나 넓은 주제의 계층 구조로 연결될 수 있다. 이는 DDC 같은 전통적인 열거식 분류 체계의 구조에서 정보를 제공하는 것 또는 웹 디렉터리에서 웹 정보원을 제공하는 것과 같은 맥락이라고 할 수 있다. 즉, '택소노미가 어떤 기능을 하는가?'라는 질문은 '도서관 분류와 웹 디렉터리가 어떤 기능을 하는가?'와 연관된다. 택소노미는 서로 연관되지 않은 주제들을 분리하여 연관된 주제들은 함께 모아서 유지하는 기능을 한다. DDC와 같은 열거식 분류 체계 안에서 택소노미의 구조는 계층 구조를 가진다.

2) 이용자 중심의 설계

정보 시스템과 정보 서비스는 도서관이나 조직의 이용자의 요구를 충족시키기 위해 고안되어야 한다. 정보 시스템과 정보 서비스, 택소노미를 사용할 사람들에 대한 분석이 충분히 연구되지 않는다면, 택소노미를 포함하여 효율적인 정보 시스템과 정보 서비스를 설계하는 것이 불가능하다. 정교한 정보 구조를 설계하고 이를 잠재적인 이용자들이 사용하길 바란다면, 그 구조에 이용자의 기대나 필요성을 담아내야 한다.

택소노미나 정보 시스템 설계 과정에 이용자 중심의 접근을 적용하기 위해서는 다음과 같은 예비 단계를 거쳐야 한다. 첫째는 정보 요구 분석(information needs analysis) 단계로, 정보 시스템 이용자가 접근하고자 하는 정보가 무엇인지를 찾아내는 것이다. 여기에는 우리가 직면할 문제와 이러한 문제를 해결하기 위해 필요한 정보가 무엇인지 결정하는 것이 포함된다. 둘째는 업무 분석(task analysis) 단계로, 이용자들이 정보 요구를 만족시키기 위하여 시스템의 이용자들이 무슨 업무를 하는지 알아내는 것이다. 여기에는 탐색 행위와 탐색 전략의 개발이 포함된다. 셋째는 자원 분석(resource analysis) 단계로, 개개인의 지식과 실무 능력이 무엇인지를 알아내는 것이다. 넷째는 이용자 모델링(user modelling) 단계로, 업무를 마치기 위해 이용자들이 사용하는 정보원과 그들이 수행하는 업무, 그들의 요구를 기반으로 이용자의 다른 항목을 식별해내는 것이다.

모든 도서관이나 조직에서는 택소노미를 생성하기 전에 요구 분석이나 상세한 정보 검사를 실행해야 한다. 이것은 많은 시간과 비용을 필요로 하지만, 적절히 이루어질 필요가 있다. 자료 자체는 택소노미 구조 안에 조직화되기 전에 면밀하게 평가되고 분석되어야 하며, 이와 동등하게 그 자료의 이용자와 생산자들의 실무 사례와 요구 분석도 중요하다. 요구 분석은 정보 시스템을 사용하는 환경, 더욱 중요하게는 잠재적 이용자가 있는 환경에 집중해야 한다.

(1) 정보 요구 분석

정보 요구를 고려할 때 문제가 되는 점은 '정보 요구'라는 용어 자체가 information needs, information wants, information demands, information uses 등으로 매우 혼동스럽다는 것이다. 일반적으로 이용자들이 묻는 것이 이용자들이 실제로 원하는 것이고, 시스템에서 제공받고자 기대하는 것을 물어볼 것이라고 추정하는 경향이 있다. 사실상 정보 필요(needs)는 정보 시스템의 이용자의 기대에 절충해서 나온 요구(demands)로 간주된다. 'needs'는 개인이 그 자신의 일, 연구, 의식 고양, 여가 등을 위해 갖고자 하는 것이다. 'wants'는 개인이 가지고 싶어 하는 것을 의미한다. 'demands'는 개인이 필요로 하지 않는 것을 요구할 수 있고, 'need'나 'want' 정보는 실제로는 'demand'하는 것이 아닐 수 있다(Line, 1974). 한편, 정보의 이용(use)은 제공 여부에 달려 있으며, 개인이 실제로 사용하는 것을 의미한다. 사람들은 이용이 가능한 것만 사용할 수 있기 때문에 여기서 타협이 발생한다. 즉, 이용자들은 조직의 정보 시스템이 제공하지 않는 것을 필요로 할 수도 있다.

따라서, 정보 요구 분석에는 좀 더 정교한 접근이 필요하다. 정보 요구 분석은 개개인의 업무 환경에서 나오며 개인이 수용하게 되는데, 개인의 정보 요구는 업무 환경과 함께 상호작용을 하면서 개발된다. 그러므로 이용자들의 환경을 이해함으로써 그들의 정보 요구를 특성화하고 예측할 수 있을 것이다. 따라서 이용자들의 요구를 완벽하게 충족시키는 효율적인 정보 시스템을 위해서는 문화적, 사회적, 조직적인 맥락에서의 이해가 선행되어야 한다.

(2) 업무 분석

업무 분석은 정보를 찾을 때 이용자가 사용하는 검색 전략이나 요령에 관한 것이다. 행동적인 측면을 고려하는 정보 검색 과정의 모델은 다음과 같다(Kuhlthau, 1993). 이 모델은 다음의 세 영역을 서로 연결시키고 있다. 첫째, 정서적인(affective) 영역은 느낌과 감정에 관한 것이다. 둘째, 인지적인(cognitive) 영역은 지적 과정과 문제 해결에 관한 것이다. 셋째, 물리적인(physical) 영역은 행동에 관련한 것이다.

정서적인 영역의 맥락에서 정보 시스템에 대한 이용자의 감정적인 응답은 정보원의 이용에 엄청난 영향을 줄 수 있다. 만약 이용자들이 화면 디스플레이가 매력적이지 않다고 생각하거나 체계적으로 구성되지 않고 유지되는 택소노미에 당황하는 경우, 해당 정보원에 대한 이용이 감소할 것이다.

인지적인 영역에는 이용자들이 사용한 키워드 탐색과 브라우징 전략이 포함된다. 초보 이용자들은 단일 키워드나 간단한 어구를 사용하는 데이터베이스를 자주 사용하는 반면, 전문가 집단에 해당하는 이용자는 정교한 탐색 질문을 구축할 수 있다. 대부분의 탐색에서는 정보 시스템이 수용할 수 있고, 식별해야 하는 키워드 탐색과 함께 주제에 대한 브라우징이 진행된다.

물리적인 영역은 이용자들이 정보를 탐색하고 검색하는 데 얼마나 많은 행동을 취해야 하는가와 관련된다. 예를 들자면, 주제 트리나 택소노미를 브라우징할 때 원하는 정보를 검색하기 위해 링크된 항목을 몇 번 클릭해야 하는지와 같은 것이다. 이용자들은 마우스를 네 번에서 다섯 번 클릭하고 난 다음에 필요로 하는 정보를 찾지 못하면 탐색을 그만둘 가능성이 높다. 이용자의 관점에서는 깊이 있는 항목화보다 얄팍한 계층 구조가 선호된다. 이상적인 방법이 아닐 수 있지만, 택소노미는 논리적이고 지적인 용어로 주제를 나타내기보다 정보 검색에 실용적인 도움이 되도록 구축되어야 한다. 이용자들이 정보 시스템을 사용할 때 수행하는 개별적인 업무를 분석하는 것은 정보 탐색 과정의 복잡성을 강조한다. 정보 탐색을 할 때, 사용하게 되는 다양한 활동을 반영하는 Kulthau의 모델은 유용하다. 왜냐하면 이용자들 대부분이 탐색 과정의 복잡성을 생각하지 않고 정보를 탐색하다가 마치기 때문이다.

(3) 자원 분석

업무 분석 다음에 그 업무를 완수하기 위해 이용자들이 사용할 자원을 파악하는 것이다. 여기서의 자원은 인쇄 또는 전자 정보원과 관련된 자원이 아니라 인적 자원을 의미한다. 사람들은 그들의 지식, 기술, 태도에 있어서 다른 자원을 소지하게 된다. 이용자 중심의 시스템 설계를 위해서는 개별 이용자들이 가지고 있는 지식과 기술 자원이 다양함을 인지해야 한다. 이용자 중심의 설계는 시스템 이용자들에게 맞추는 지식과 기술의 다른 수준을 허용해야 한다. 이러한 차이를 인식할 수 있는 간단한 사례로 전문가를 위한 명령어 방식 인터페이스와 초보자를 위해 연속되는 메뉴 방식의 인터페이스가 있다. 또한 이용자 중심의 설계는 개인의 선호도를 고려해야만 한다. 일부 이용자는 택소노미 안의 링크를 따르기보다 키워드를 직접 사용하는 시스템의 사용을 선호할 수 있다. 그러므로 융통성 있는 검색 환경과 상용화된 인터페이스를 제공함으로써 개별적인 선호도를 수용할 수 있어야 한다.

(4) 이용자 모델링

자원에 대한 정보 요구를 만족시키기 위해서는 사람들이 수행하는 다양한 업무를 식별하고, 정보 요구를 분석한 후에 이용자 또는 이용자 집단과 관련된 공통적인 정보를 수집해야 한다. 이용자의 모든 개별적인 차이를 폭넓게 수용할 수 있는 시스템을 설계하기는 매우 어렵기 때문에, 타협이 필요하다. 즉, 유사성을 식별하고, 이용자들을 항목화하여 유사성을 바탕으로 한 모델을 생성해야 한다. 개인의 탐색 행태는 정보 요구의 특성으로 결정되므로 동일인도 다른 정보 요구를 충족시키기 위해 다른 전략을 사용할 가능성이 높다.

3) 택소노미의 구축

도서관이나 기관에서 택소노미를 구축할 때, 제일 먼저 단일 계층과 복수 계층의 개념을 살펴보아야 한다. 열거식 분류 체계 같이 단일 계층을 기반으로 한 택소노미 구축에서 기본적인 원칙은 항목이 포괄적이며 상호 배타적이어야 한다는 것이다. 즉 모든 관심 주제는 포함되어야 하고 각각의 주제는 딱 한 번만 나타나야 한다. 그런데 택소노미가 커지면 이것을 유지하기가 점점 어렵고 실재로 개별 항목들이 주제 트리 안에서 다수의 장소에 나타나게 된다. 결국 항목의 중복은 논쟁을 초래하고 일부 기관은 전문가의 요구를 수용하고 중복의 문제를 해결하기 위해 다중 계층을 적용하게 된다. 그래서 다수의 택소노미가 존재하게 되고 일반적인 이용을 위한 택소노미에 전문가 이용 집단을 위한 택소노미가 추가된다. 패싯 분류 원칙에 기반한 접근 방식은 항목의 중복과 복수 계층을 받아들이는 것이다. 여기서 항목의 중복은 문제가 아니라 오히려 이용자의 필요를 충족시키고 주제 간의 관계를 표현하는 데 필수적이다. 이것은 더 많은 주제가 추가되는 대로 주제를 나누어야 하는 계층 구조 아래서 매우 실용적인 접근 방식이다.

패싯 분류에 재기되는 관심과 함께 웹 조직과 검색에 적용된다. 이 원칙은 패싯 분류 체계 안에서 주제의 수록은 열거식 체계에서 사용되는 것보다 훨씬 짧은데, 이는 패싯 분류가 복합 주제를 표현하기 위해서 개념들이 어떻게 합성될 수 있는지를 알려주는 규칙과 기본 개념만을 포함하기 때문이다. 패싯 체계는 주제 리스트를 대표하는 수많은 다른 개념에 붙는 하나의 개념을 허용한다. 더 적은 수의 주제가 수록되어도 전반적인 범주가 광범위한 것은 개별 주제가 결합되는 유연한 방식 때문이며, 이는 각각의 개념이 딱 한 번만 수록될 수 있는 단일 계층에서는 불가능하다.

웹 디렉터리는 실제로 복수 계층을 상당히 광범위하게 사용하고 있다. 예를 들면, ODP에서 보았듯이 분류 항목으로 가는 다수의 접근 방식이 있다. 이는 근본적으로 BC에서 사용한 것과 동일하게 대체 가능한 위치의 제공으로 디지털 환경에서 적용하기가 매우 쉽다. 택소노미 생성자는 계층 구조에서 상위 수준의 다른 것으로 항목을 간단히 연결하며 복수 계층의 적용이 가능한 개별 자료는 가능한 많은 항목에 수록되지만 전체 계층 구조 안에서 단계의 수는 최소한으로 유지되어야 한다(Boiko, 2004).

도서관이나 기관의 택소노미를 어떻게 구축할 것인가의 문제는 정보 요구와 문헌 분석 결과에 따라 다르지만 일반적인 원칙은 다음과 같다. 먼저 택소노미의 기본 구조는 주류, 즉 계층 구조에서 최고 수준을 항목화하고 연속되는 하위류의 낮은 단계의 항목들을 이끌어 문서 수준까지 내려가게 하는 것이다. 이때 최상위 수준의 항목들의 수를 제한하는 것이 좋은데, 이용자들은 브라우징을 시작할 때, 선택할 수 있는 게 너무 많은 것을 원치 않기 때문이다. 두 번째 단계는 상위 단계 바로 아래에 수많은 항목들을 포함하는 것이다. 계층 구조의 깊이는 5단계를 넘지 않는 것을 권하는데, 대부분의 이용자들이 계층 구조가 너무 깊으면 당황하게 되고 폭넓고 얇게 퍼진 택소노미 이용자들은 4, 5번의 클릭 이후에는 탐색을 포기하기 때문이다. 항목명의 중복이 없어야 한다는 규칙에 집착하는 것은 바람직하거나 가능하지도 않다. 그러므로 도서관은 택소노미를 단일 계층, 다중 계층, 복수 계층으로 개발할 것인지를 결정해야 한다. 택소노미의 관점은 이용이 단순하고 사람들이 필요로 하는 정보를 찾는 데 도움을 줘야 한다. 이는 일반적으로 어떤 방식을 택하던 간에 결과적으로 폭넓고 얕은 계층 구조를 갖는다는 것을 의미한다. 복수 계층이 가장 흔한 이유가 구축하기 쉽기 때문이라는 비판도 있다. 물론 항목이 중복되어도 된다면 계층 구조 생성에 좀 덜 신경을 써도 된다. 이러한 접근 방식의 지지자들은 복수 계층이 얄팍한 계층 구조로 더 다양하고 효율적인 브라우징 환경을 제공한다는 입장이다.

택소노미의 관리는 항목과 주제의 명명화 안에서 이루어져야 한다. 애매한 용어의 사용은 지양해야 한다. 택소노미는 용어에 대한 이해를 공유하는 자원을 사용하는 개별 이용자들에게 도움이 된다. 일관성은 시소러스나 어휘 통제의 형태를 제공하는 용어집을 생성하는 데 유용할 수 있다. 이것은 자료가 시스템에 추가되거나 그들 자신의 주제 항목을 생성할 때 도움을 준다. 웹 디렉터리에서 일부는 컴퓨팅이라는 항목을 사용하고, 대부분은 컴퓨터라는 용어를 사용하는 식의 비일관적인 형태는 절대 피해야 한다. 어떠한 형태의 단어를 사용할지 결정해야 하며, 그렇게 결정된 단어를 일관성 있게 사용해야 한다. 가능한 단어의 복수형을 사용하는 것이 좋다.

계층 구조를 생성하는 일은 매우 어렵고 복잡하다. 다양한 자동화 도구를 이용할 수 있지만, 이 영역의 전문가들의 견해는 이러한 도구들의 유용성이 제한적이며 택소노미 생성 안에 인간적인 요소가 개입되어야 한다는 것이다. 계층 구조를 생성하는 데 있어서 기본적이고 명확한 규칙은 그 주제들이 얼마나 넓은지, 또는 얼마나 좁은지와 다른 주제들과의 관계 등을 계층 구조에 반영해야 한다는 것이다. 택소노미는 분류 체계의 하이브리드, 시소러스로 기술되어왔고, 결국 택소노미의 계층 구조를 생성하는 것은 시소러스를 구축하는 것, 즉, 상위나 하위 개념, 연관된 개념의 용어로 연결을 제시하는 것과 매우 유사하다.

그러나 이것과 관련하여 계층 구조는 더 많은 주제가 추가될수록 세분화되는 경향이 있고 하위 단계의 일부 주제들에 있어서 표현력의 문제를 야기한다. 실제로 계층 구조 안에서 하나의 주제 수준을 일관성 있게 단계적으로 나타내기란 매우 어렵다. 이러한 계층 구조의 속성으로 인해 야기되는 문제를 완벽하게 해결할 수는 없지만, 실무에서 가능한 세구분의 일관성이 유지되도록 노력해야 한다.

패싯 분류 체계를 생성하는 것과 같이 전통적으로 계층 구조를 생성하는 방식은 크게 상향식과 하향식으로 구분할 수 있다. 상위 수준의 항목을 설정한 후, 가장 상세한 주제 기술에 도달할 때까지 다양한 단계로 세분화하려고 시도할 수 있다. 좀 더 나은 접근 방식은 상세한 것에서 일반적인 것으로 기술하는 방식이며, 또 다른 접근 방식은 중간 단계에서 시작하는 방식이다(Uschold & Gruninger, 1996). 여기서는 보다 일반적이고 상세한 용어를 찾기 전에 가장 근본적이고 기본적인 용어를 정의하는 작업이 선행되어야 한다.

4) 택소노미의 유지

택소노미는 전통적인 분류 체계와 마찬가지로 새로운 주제가 생성되었을 때 그 주제를 수용할 수 있어야 한다. 또한 분류된 새로운 자료는 소장하고 있는 기존 장서에 추가되어야만 한다. 택소노미의 생성은 유용한 정보 자원을 제공하는 첫 번째 단계로, 한번 생성된 것은 반드시 유지되어야만 한다.

(1) 새로운 항목의 생성

택소노미의 항목은 즉흥적으로 만들어져서는 안 된다. 어휘 통제는 새로운 항목들이 생성되었을 때 명명화의 일관성을 유지하는 데 중요한 역할을 한다. 그러나 가장 먼저 새로운 항목이 필요한지, 이 자료가 현존하는 항목이나 항목들 안에 수용될 수 있는지를 고려해야 한다. 첫 번째 단계로 택소노미의 생성을 고려한 후에 개발이 이루어져야 하고, 그다음에 항목이 생성되어야 한다.

(2) 계층 구조로의 항목 추가

새로운 항목이 생성되는 경우, 그 항목들은 현존하는 계층 구조에서 관련된 주제 안에 수용되어야만 한다. 문제는 새로운 항목이 추가되면 그 계층 구조가 세분화되기 시작한다는 것이다. 계층 구조의 일부는 방대하게 확장될 수 있는 반면, 다른 부분은 상대적으로 그 규모가 일정하게 유지될 수 있다. 이런 경우, 수직적으로 확장하는 것이 적합할 것인지, 아니면 수평적으로 이루어지는 것이 적합할지를 결정해야 한다. 이러한 결정 과정에서는 세구분의 일관성이 중요하며, 계층 구조 안에서 항목의 단계는 다른 항목들과의 관계를 반영해야 한다. 그러나 이용자들은 단순하고 얕은 계층 구조를 선호하기 때문에 주제 트리나 택소노미의 이용자들이 4개의 링크를 거친 후에도 원하는 정보를 찾지 못할 경우, 해당 정보에 대한 탐색을 포기할 가능성이 높아진다. 그러므로 가장 정확한 표현이나 정교한 구조를 구축하지 못하더라도 이용자들의 요구와 기대를 충족시킬 수 있도록 수평적인 확장까지 고려해야 한다.

(3) 자료의 추가

전자 환경에서 정보원의 정확한 분류는 전통적인 도서관 환경과 달리 절대적인 것이 아닐 수 있다. 하나의 정보원은 개개인의 요구와 전문성을 허용하는 몇 개의 다른 항목으로 검색되고 연결될 수 있다. 그러나 이것은 링크를 갖는 시스템을 과부하시키기 때문에 정보원의 이용에도 영향을 주어 모범 사례가 되지 못한다. 따라서 부적합하거나 반복되는 링크가 포함되지 않도록 노력해야 한다. 항목을 탐색할 때 과도하게 많은 부적절한 정보가 주어진다면, 이용자들이 필요로 하는 정보를 찾아내는 데 더 많은 시간이 걸릴 것이다.

(4) 자료의 제거

지금까지는 택소노미에 자원을 추가하는 데 중점을 두었지만, 택소노미에 더 많은 항목과 자원이 추가되는 경우, 택소노미는 효율성을 잃어버리게 된다. 그러므로 오래된 자료와 겹치는 항목을 삭제하거나, 더 이상 적합하지 않은 자료를 없애는 것이 필요한지 고려해봐야 한다. 택소노미를 유지하는 것은 도서관을 유지하는 것과 같다. 즉, 자료를 제거하거나 폐기하거나 추가해야 하는 일련의 과정이 모두 필요하다. 전통적으로 발행된 자료보다 일시적인 가치를 가지거나 시대와 맞지 않는 전자 형태의 정보는 제거해야 한다. 항목이나 자료가 제거될 때는 연결된 모든 링크도 삭제되어야 한다. 그렇게 하지 않으면 죽은 링크는 이용자들을 혼란스럽고 당황하게 만들 것이다.

분명한 것은 택소노미를 구축하고 유지하는 것이 매우 복잡한 업무이며, 그 과정에서 많은 생각이 필요하다는 점이다. 대부분의 웹 사이트는 연속되는 메뉴를 가지고 이용자들이 필요로 하는 정보를 찾도록 브라우징을 할 수 있다. 그러나 수많은 브라우징 인터페이스는 주제의 애매모호한 명칭과 엉성한 조직으로 잘못되기 쉽다. 세심하게 설계된 택사노미는 디지털 자원의 접근을 강화해줄 수 있지만 그런 경우보다는 형편없는 사례가 많다는 사실을 알아야 한다.

5) 택소노미의 관리

누가 택소노미를 관리 유지할 책임을 가지는 것이 좋을까? 이상적으로는 사서나 정보 관리자가 책임을 가지는 것이 바람직하다. 만약 조직 안에 있는 모든 사람들이 그들이 좋아하는 곳에 그들이 좋아하는 것을 추가할 수 있게 된다면, 구축된 택소노미에서의 탐색과 검색이 매우 혼란스러워질 것이다. 다시 말해 사서나 정보 관리자와 같이 전체 조직과 구성원 개개인의 요구와 요구들을 검토하는 사람들이 어떤 정보원을 포함할 것인지, 정보원을 어떻게 색인하고, 어떤 항목들을 배치할 것인지 결정하는 책임을 져야 한다. 이러한 책임은 색인할 자료를 생성하는 사람들에게 부여하는 것이 가장 좋지만, 이는 개별 저자들이 자료를 명명하고 항목화하는 데 일관성이 결여된다는 문제점을 야기한다. 주제 디스크립터나 시소러스 리스트를 제공하여 일관성을 증가시키는 데 도움을 줄 수는 있지만, 정보 전문가나 정보 관리팀에게 색인하는 책임을 부여하는 것이 더 안전하다.

그렇다면 이는 '택소노미가 모든 것을 포함해야만 하는가?'라는 질문으로 이어진다. 만약에 모든 것이 포함될 수 없다면 무엇이 포함되어야 하는지에 대해 누군가 결정을 내려야만 한다. 그러나 문제는 '엄청난 양의 자료를 생산하는 조직에서 모든 사람들이 모든 것에 접근 가능하도록 허용하는 것이 합리적인 사안인가?'라는 것이다. 택소노미는 정보의 공유와 정보 검색을 증진시키는 수단들이다. 만약에 택소노미가 너무 방대하고 복잡하다면, 또는 이용자의 대다수가 흥미를 가지지 않는 수많은 자료를 포함한다면, 택소노미는 정보 검색 도구로서의 효율성을 잃어버릴 것이다.

이는 또다시 '누가 접근하는가? 모든 사람들이 모든 것에 접근 가능해야 하는가? 조직 전체를 위한 단일 택소노미가 필요한가? 아니면 공유 택소노미에 일련의 전문가 택소노미 시리즈를 추가하는 것이 적합한가?'라는 질문들로 이어진다. 이것은 자원 공유를 촉진하는 도구로서 택소노미에 관한 개념과 대조적일 수 있지만, 일부 조직에서는 전문적인 개인들 간의 자원 공유를 촉진하기 위해 규모가 작고, 고도로 특수화된 택소노미의 장점을 누릴 수 있도록 이를 특화할 수 있다. 일부 자원은 조직 내부에서 특정한 시각을 가지는 사람들을 위해서 존재할 수 있는데, 이러한 경우 택소노미의 일부분은 다른 이용자 집단에는 폐쇄적일 수 있다. 따라서 택소노미가 조직의 인트라넷에 고정되는 것보다 엑스트라넷에 택소노미의 일부를 고정시키는 것이 더 적합할 수도 있다. 이것은 공공의 접근과 안전을 둘러싼 새로운 쟁점들로 이어진다.

'누가 무엇을 제거할지 결정하는 책임을 져야 하는가?' '택소노미 관리자들이 결정해야 할 것인가, 아니면 그 자료를 만든 사람들이 결정해야만 하는가?' '사서나 택소노미 관리자가 무엇을 추가할지 책임져야만 한다면, 무엇을 제거해야만 하는가?' 등에 대한 결정은 직접적인 것이 될 수 있다. 예를 들어, 중간보고서가 최종보고서로 대체되는 경우, 택소노미 관리자는 자료가 오래되거나 잘못된 정보를 포함하게 되는 시점을 결정하는 데 있어서 충분한 전문 지식이 부족할 수 있다. 그러므로 택소노미 관리자는 폐기해야 하는 것이 무엇인지에 대한 전문가의 의견을 받아들이고, 폐기 과정을 전문가와 함께 수행해야 한다.

이와 같이 택소노미를 관리하는 것은 매우 복잡한 업무이고 그 과정에서 많은 준비가 필요하다. 그러나 택소노미 생성과 조직에 관련된 열정이 그 과정에서 수반되는 복잡성을 필수적으로 고려하고 있지 않다. 기관에서는 정보 요구에 대한 상세한 분석을 진행하지 않고, 단순히 이용자들의 요구를 바탕으로 택소노미를 구축하거나 상업 패키지에 기초하여 택소노미를 구축한다. 이러한 택소노미의 생성과 조직에 대한 열정은 종종 '택소노미가 어떤 장점을 가지며, 우리가 정말 이것을 필요로 하는가?'라는 두 가지 근본적인 질문을 무색하게 한다.

3. 온톨로지

최근 온톨로지(ontology)에 대해 많은 관심과 연구가 진행되고 있다. 그러나 온톨로지는 많은 사람들에게 낯설고 혼란스러운 개념이기 때문에, 디지털 정보원의 분류라는 맥락 안에서 설명하는 것이 나을 듯하다. 앞서 온톨로지에 대한 일반적인 정의는 지식과 정보 관리 분야 안에서 개념의 상세화(Gruber, 1993) 또는 전통적인 분류의 재발명(Soergel, 1999)이라고 했다. 다양한 실재에 대한 사람들의 주관적인 인식을 객관화하고 개념화하여 그들 사이의 관계를 누구나 이해할 수 있도록 표준화된 용어나 기호를 통해 구체적이고 체계적인 방법으로 공유할 수 있게 해주는 것이다. 즉, 온톨로지는 분류 체계에서 기술적으로 가장 발전된 형태로 연구 분야의 개념들의 집합과 그 개념들의 관계를 통해 지식을 표현하는 것이며 분류와 택소노미의 주요 요소들을 공유하는 지식 조직 체계의 한 유형이다.

온톨로지에 대한 좀 더 상세한 정의는 분류와 시소러스 구축의 맥락 안에서 설명할 수 있다. 온톨로지가 용어들의 관계를 공식적으로 정의하는 문서나 파일로 웹을 위한 온톨로지의 가장 전형적인 형태는 택소노미와 추론 규칙의 결합을 가진다(Berners-Lee, T. and et al., 2001). 이미 우리가 살펴본 것처럼, 택소노미는 연속적인 상위류와 하위류의 계층적 디스플레이를 구성하고, 온톨로지의 추론적 규칙은 택소노미에 그 가치와 정교함을 추가한다.

동물의 계통 분류 택소노미에서 사용된 추론 규칙은 다음과 같다. 만약에 X가 Y라는 아문 안에 속하고 Z가 X라면, Z는 또한 Y라는 아문에 속한다. 즉, 포유류가 척추동물문에 속하고 개가 포유류에 속한다면, 개는 척추동물군에 속한다는 것을 추론할 수 있다. 예를 들어, DDC 안에서 614.57이 박테리아성 질병을 위한 기호이고, 진드기 전염병의 기호가 614.5746이라면, 진드기 전염병은 박테리아성 질병에 속한다고 추론할 수 있다. 택소노미에 추론의 규칙을 포함하면 검색을 계층적으로 확대하고 지원하는 시스템이 가능해진다. 즉 이용자가 이 개념에 관심이 있다면 이와 관련된 개념들에도 관심을 가질 것이라고 추론할 수 있다.

온톨로지의 힘은 동등한 관계를 포함함으로써 확대될 수 있다. 하나의 예를 들자면, TV는 텔레비전과 같다. 동등한 관계를 포함하면 이용자가 정보를 찾을 때, 동일한 개념을 나타내는 다른 용어들로 검색 질의를 변형하고 탐색에서 동의어를 상세화할 필요가 없다. 추론 규칙은 계층 구조적으로 구조화된 분류 체계나 시소러스에 포함되어 있는 개념들이 서로 어떻게 논리적으로 연관되어 있는지 표면적으로 보여주는 것을 목적으로 한다. 동위 관계는 색인이나 시소러스에서 어휘를 통제하고 동의어를 제거하는 데 있어서 'see' 또는 'use' 참조주와 같은 목적을 가진다. 온톨로지의 개념은 사서들에게 낯설게 느껴질 수 있지만, 사실상 분류, 시소러스 구축과 근본적으로 연관되어 있다.

온톨로지는 서로 다른 이름으로 만들어진 분류이다(Soergel, 1990). 서로 다른 용어를 사용하는 것은 과학적인 연구 집단 사이에서 소통의 부족으로 나타나는 증상으로, 이는 분류 구조와 분류를 보여주는 방식에 관한 엄청난 지식의 양, 그리고 많은 분류 체계의 시소러스 안에 채워진 거대한 지식 자산이 제대로 관리되지 않고 있다는 의미이기도 하다.

온톨로지는 철학적 의미에서 실재 구조를 탐구하는 학문으로, 물리적이고 생물학적이며 정신적이고 문화적인 것과 같은 일련의 통합적인 수준으로 구조화될 수 있다. 문헌정보학 분야의 전문가들은 지식 조직 도구를 개발하기 위해 다수의 이론과 사례들을 발전시켜왔다. 문헌정보학 분야에서 개발된 지식 조직 도구들은 온톨로지 개발에도 적용될 수 있다. 이용자의 대출 기록과 목록 레코드, 분류 체계를 연계해서 이용자 개인의 온톨로지를 개발할 수도 있는 것이다. 온톨로지는 지식 조식에 유용한데, 특히 인터넷에서 방대한 양의 지식을 조직하는 데 도움을 준다. 보다 구체적으로 온톨로지는 개념적 내비게이션, 의미 검색, 검색 엔진의 성능 향상, 웹 기반 검색에서 유용하게 활용될 수 있다. 온톨로지는 개인화된 추천 시스템으로도 사용될 수 있는데, 이는 도서관의 장서가 급격히 증가하고 있는 오늘날 매우 중요한 서비스가 되고 있다.

4. 폭소노미

폭소노미(folksonomy)는 'folks(대중)'과 'taxonomy(택소노미)'의 합성어로 비전문가인 일반인들이 웹 사이트나 사진, 웹 링크, 그림 등 디지털 정보에 자유롭게 주제 태그를 부여하고 이러한 태그들을 모아 웹 사이트 검색 및 탐색에 활용하는 등 가치 있는 정보를 생성하는 것을 의미한다. 이처럼 디지털 정보 기술(description)에 숙련되지 않은 일반인들이 부여한 태그나 용어들을 '폭소노미'라 하고 태그를 부여하는 과정을 '태깅'이라 하며, 태깅은 Web 3.0의 가장 보편화된 서비스 중 하나라 할 수 있다. 일반적으로 사람들이 태그를 부여한다는 점에서 사회적 참여를 나타내기 때문에 소셜 태깅(social tagging)이라고도 하며, 태그를 부여하는 과정에서 많은 사람들이 서로 참여해 협업 태깅, 협업 분류라고 부르기도 한다. 즉, 폭소노미는 정보 이용자의 관점을 시스템 구축에 활용하여 이용자 중심의 탐색 도구로 개발한다는 데 의의가 있다.

폭소노미는 사람들의 공동 작업으로 만들어지고, 웹 페이지나 온라인 이미지, 웹 링크와 같은 콘텐트를 범주화하는 데 있어 자유롭게 이름을 붙인다는 점에서 인터넷 기반의 정보 탐색 방법으로 정의되었다. 또한 주제를 부여하거나 태깅할 때 종종 협업으로 수행되는 소셜 네트워킹을 강조하기 때문에 소셜 북마킹으로도 정의된다. 폭소노미는 도서관과 이용자 양자 간에 유용한데, 도서관 및 정보센터 관점에서의 강점은 폭소노미를 통해 이용자가 정보 시스템과 상호작용하면서 정보 관리에 참여하게 한다는 것이다. 폭소노미는 지식 및 자원 발견에도 유용하며, 이용자의 용어인 태그는 도서관이 지식 조직의 관점을 파악하는 데 일조한다. 이용자를 위해 그들 자신이 선호하는 웹 정보에 그들이 자연어로부터 선택한 단어나 구를 태깅할 수 있고, 이용자가 태그에 대한 선호를 표현할 수 있다.

그러나 태깅의 단점으로 낮은 정확률과 집중성의 부족을 들 수 있다. 하지만 이용자가 만든 태그와 택소노미, 통제 어휘 같은 메타데이터는 각각의 장점과 기능을 갖고 있어 폭소노미와 통제 어휘는 공존하면서 상호 보완적인 존재가 된다. 이용자와 정보 전문가들도 폭소노미에 대한 고유한 관점을 가지고 있다. 즉 정보 전문가의 시각에서는 폭소노미가 비체계적이고 견고성이 떨어지지만, 인터넷 사용자의 관점에서는 배우기에 복잡하지 않고 계층적으로 조직화된 방식을 사용하기 때문에 이용이 쉽고, 비용 절감이 되는 도구이다. 또한 태그의 핵심 세트에 관한 무언의 동의가 있으며 이러한 태그 활동이 계속해서 개발되는 표준에 반영되는 경향을 보인다. 수많은 태그 이용자들이 공통적으로 사용하는 파워 태그는 워드 클라우드에서 많이 사용된 단어로 나타내며, 태그 이용자에게 즉각적으로 영향을 주어 전에 이용된 적이 있거나 클라우드에서 우세하게 나타나는 태그의 사용을 독려한다. 반면, 새로운 태그는 새로운 주제를 위해 자연스럽게 등장하며, 만약 대부분의 태그 이용자들이 채택하고자 하는 태그가 존재하면 동의어 통제가 비공식적으로 발생한다. 폭소노미는 계속 성장하고 있고 성격도 변화하기 때문에 택소노미를 생성하는 사람들이 이용자가 만든 태그들과 보조를 맞추는 것은 어려우며, 택소노미 개발자가 실제 사용되는 용어들에 접근할 수 있다는 점에서 소셜 태깅에는 나쁜 점보다는 좋은 점이 많다(Tebbutt, 2005).

1) 폭소노미와 통제 어휘

주제 전문가가 아닌 사람들은 나중에 웹 사이트를 검색하려는 목적으로 그들이 사용한 웹 사이트에 주제 태그를 부여한다. 웹 사이트를 기술하는 데 있어 비숙련의 비주제 전문가가 부여한 태그 또는 용어들을 폭소노미, 소셜 태깅 또는 태깅이라고 한다(Bianco, 2009). 반면, 택소노미는 주제 전문가가 전문가에 의해 공인된 권위 있는 용어로 개발된다. 통제 또는 비통제 어휘 간의 연구를 통해 이용자가 사용한 태그들은 통제 어휘인 주제 전문가의 용어들과 상응하지 않았으며, 결과적으로 두 가지 용어 유형 간에 겹치는 부분은 많지 않다.

폭소노미는 이용자 기반의 통제 어휘를 개발할 때 매우 중요한 역할을 할 수 있다. 그러나 동형이의어, 약어, 두문자어의 사용에서는 비일관성이 나타날 가능성이 높으므로 보다 효과적인 폭소노미를 개발하려면 모호하지 않은 태그와 적절한 자원에 대한 링크를 개발하기 위한 지침을 추가해야 한다.

2) 폭소노미의 적용

폭소노미는 공공도서관 목록의 상호작용성을 신장시키는 데 유용하고, 이용자가 개인정보 공간을 조직하고 기존의 통제 어휘를 보충하거나 비공식적인 온라인 관심 커뮤니티를 형성할 수 있도록 돕는다(Spiteri, 2006). 폭소노미는 이용자 중심의 독자 상담 서비스를 시작하는 데도 활용될 수 있다(Spiteri, 2007). 폭소노미의 가치를 보다 확실히 하기 위해서는 앞으로 폭소노미의 이용자 태깅 행태에 대한 양적·질적 분석이 더 필요하다. 지식 조직 커뮤니티에서 떠오르는 분류 체계로서 태그에 대한 이해를 비판적으로 분석해야 하며, 기존 지식 분류 체계를 변용하고 확장시켜 재활성화시키는 최선의 방법을 결정해야 한다.

3) 폭소노미의 특성과 활용

소셜 미디어의 발전은 디지털 자원 분류에 보다 이용자 중심적인 접근을 가져왔고, 궁극적으로 정보 구조를 제공하는 정보원의 이용자들이 중심이 되고 있다. 많은 웹 사이트와 도서관의 OPAC은 이용자가 생성한 태그 클라우드(tag cloud)가 분류의 추가적인 단계와 브라우징 인터페이스를 강화시키도록 태그 서비스를 제공하고 있다. 실무에서는 더욱 흔해지고 있으며 이로 인한 결과적인 정보 검색 도구의 질적인 측면과 유용성이 거론되고 있는 상황이다. 협업으로 이루어지는 폭소노미는 표준화에 도전이 되고 있다. 목록과 탐색도구를 구축하는 통제 어휘와 메타 데이터의 생성에 대한 개발과 사용은 전문적인 훈련과 기술을 필요로 하는 활동이며 지식 정보 전문가들은 여전히 이러한 업무를 수행한다. 협업 태깅의 관습은 누구나 자료에 대한 키워드나 태그를 부여할 수 있게 허용하는데, 이는 정보 관리에 종사하는 사람들에게 문제가 된다. 왜냐하면 사람들이 부여하는 태그는 애매모호하고 부정확하며 그 태그를 부여한 사람에게만 의미가 있는 매우 사적인 것이기 때문이다. 태그는 종종 맞춤법이 틀리고 단수형과 복수형을 서로 바꾸어 사용하거나 모든 단어를 하나의 단어처럼 연이어 쓰기도 하고 단어에 밑줄 표시를 사용하는 것과 같이 다른 관례를 사용한다. 이와 함께 일반적으로 동의어를 포함하지 않고 동일한 대상물이 달리 불릴 수 있는 모든 다른 방식을 허용한다. 그래서 폭소노미의 약점은 용어의 부정확성, 비통제 단어가 통제 어휘를 사용하는 시스템에서 탐색의 문제, 맞춤법 확인도 안 되고 단수형과 복수형을 서로 바꿔가면서 사용하고, 지나치게 사적인 개념으로 이루어지는 것과 같은 허술함이다.

그러나 폭소노미의 장점은 뜻밖의 발견(serendipity)이다. 이용자들이 탐색하는 것보다 나은 브라우징을 지원하고 비공식적인 브라우징을 통해 유용한 정보를 찾을 수 있다는 것이다. 뜻밖의 발견은 우연히 찾게 되는 것으로 그만한 가치가 있을 수도 있지만 이는 시간이 충분히 있을 때만 고려된다. 폭소노미는 논리적이고 개념적으로 의미 있는 관계를 보여주는 항목들의 덩어리와 함께 택소노미가 기능하는 의미론적인 기반을 갖는 구조를 갖지 않는다. 폭소노미 안에서 브라우징은 항상 존재하는 주제의 리스트가 알파벳순이나 인기순으로 배열되므로 이는 브라우징 인터페이스로서 원시적인 알파벳순 주제색인으로의 회귀로 볼 수도 있다. 폭소노미의 두 번째 장점은 저렴한 가격과 확장 가능성이다. 협업 태깅은 정보원의 이용자들이 생성하기 때문에 폭소노미를 생산하고 유지하는 비용이 저렴하고 그 양이 계속적으로 증가한다. 세 번째 장점은 참여 집단으로 인해 진행이 빠르고 이용자의 요구에 즉각적으로 대응한다는 것이다. 일부는 통제 어휘 개발까지 하게 되는데, 이는 그 용어가 수많은 태깅하는 사람들에 의해 수용되고 실제로 사용되기 때문이다. 그래서 시간이 지나면서 핵심 태그 세트에 관한 무언의 동의를 갖는 것처럼 보이며 태그와 태깅 패턴을 분석한 연구에 따르면 수많은 태그 이용자들이 공통적으로 사용하는 파워 태그가 있다.

대부분의 자원에 모두가 높은 수준으로 사용하는 소수의 태그와 소수의 태그 이용자들이 사용하는 아주 드문 롱 테일 태그가 있다. 태그 클라우드는 전에 이용된 적이 있거나 우세하게 나타나는 태그의 사용을 독려하는 반면에 새로운 태그는 새로운 주제를 위해 자연스럽게 등장한다. 만약 대부분의 태그 이용자들이 채택하고자 하는 딱 맞는 태그가 존재한다면 동의어 통제가 비공식적으로 발생하면서 표준을 향해 수렴하는 경향을 보이는 것이다. 택소노미는 하향식(top-down)으로 항목화가 위로부터 시작되고 기관의 구조를 반영하며 기관의 운영에서의 관심이 우선순위가 된다. 이는 일상적인 업무에서 다른 관심을 가질 수 있는 이용자들에게 소외감을 줄 수 있다. 그래서 모든 사람들은 그들의 작업 환경에서 그들의 역할 인식을 좀 더 정확하게 하는 협업으로 나온 상향식(bottom-up) 어휘를 폭소노미로 생성하는 데 참여하게 된다. 이용자 생성 메타데이터는 검색성을 향상시키고 범위의 차이를 줄이고 있다. 100억 개가 넘는 웹 정보의 규모 때문에 인간이 생성하던 목록은 자동 메타 데이터 생성으로 대체되고 있다. 생산자, 기여자, 제목, 형식, 주제어 같은 서지 데이터의 확인은 디지털 텍스트와 구조를 분석하기 위해 고안된 컴퓨터 프로그램에 의해 이루어진다. 그러므로 분류와 분류 체계 구조가 검색 효율성을 향상시키는 역할을 하며 검색 소프트웨어와 함께 분류 체계에 접목하여 사용될 가능성이 높다. 예를 들면, 추출된 용어를 분류와 짝지어 메타 데이터를 선택 또는 할당하거나 검색 기능을 향상시키는 것이다. 지나치게 많은 검색 결과나 관련 없는 정보의 높은 비율은 검색이 부정확하거나 모호한 검색어를 사용하여 잘못 구조화했을 때 자주 발생한다. 이는 검색 결과를 분류와 같이 통제된 어휘와 매칭해 검색을 재구조화하고 동의어나 검색 결과가 매우 적을 때 상위어와 하위어로 대체함으로써 검색 기능을 향상시킬 수 있다. 기관의 인트라넷이나 도서관의 홈페이지에서 협업 태깅을 연계하기 위해 다양한 시도를 할 필요가 있다. 대부분은 어휘 통제 시도를 목적으로 한다. 예컨대 동의어를 포함하고 이미 사용된 태깅 관례에 따라 다른 사람들의 필요와 자신의 사적인 필요의 균형을 고려해서 태깅하며, 일상적이고 일반적인 용어를 포함하려고 노력하는 것이다. 그리고 태깅하는 사람들을 교육하는 동시에 일관성에 도움이 되는 시스템의 특성을 적용하는 것도 가능하다. 예를 들면, 철자법 확인 기능을 넣어서 철자가 틀리면 자동으로 바로잡아주거나 최소한 사전에 없는 용어임을 강조하여 태깅하는 사람에게 잠재적 오류를 알려주는 것이다. 또는 시소러스에 기반을 둔 태그 추천 기능으로 태깅의 질을 증진시키기 위해 추가될 수 있는 동의어나 연관어를 제시해줄 수도 있다.

9장

분류의 미래

1. 분류와 기호

문헌정보학의 주제로서 분류는 종종 어렵고 매우 기술적이며 분석적인 능력을 요구한다. 그러나 분류하는 능력은 우리 모두가 가지고 있는 것으로, 세상을 분류할 수 없다면 효율적으로 살아가는 것 자체가 불가능하다. 분류는 유사한 개념이나 사물을 배열하기 위해 사용되는 구조적인 범주 체계를 의미하며, 그 적용은 일상생활에서부터 생물학적 분류법, 박물지, 백과사전, 문헌분류법에 이르기까지 다채롭다.

분류는 우리 일상생활 안에서 자연스러운 순서를 제공한다. 슈퍼마켓에서 우리는 인식하지 못할 뿐 전형적인 분류 체계와 상호작용한다. 슈퍼마켓 선반 위의 상품들은 도서관의 서가에 책이 놓여 있는 것과 같이 일정한 원칙을 사용하여 정리되어 있다. 슈퍼마켓의 분류는 슈퍼마켓을 돌아다니기에 자연스럽고 편안한 반면, 도서관 분류는 전체적으로 파악이 어렵고 복잡한 것처럼 느껴지는데, 이는 문헌을 대상으로 하는 분류가 학문적이고 기술적이며 분석적인 능력을 요구하기 때문이다.

슈퍼마켓에서 사과와 오렌지는 분리되어 선반에 놓이고 근처에 있지만, 가구 윤택제는 다른 곳에 위치한 선반에 놓인다. 도서관에서 재산법과 형법에 관한 자료는 근처 서가에 각각 놓이지만, 의학에 관한 자료는 도서관의 다른 서가에 놓인다. 이렇듯 분류는 유사성과 차별성을 인식하고 그에 따라서 내용물을 조직하는데, 슈퍼마켓이나 도서관 안에서 우리가 쉽게 돌아다닐 수 있는 이유는 바로 친숙함이다.

분류 체계 안에서 주제는 코드, 즉 기호로 나타난다. 기호는 서가의 순서를 설정하는 데 사용되는 것으로, 자료의 내용을 정확하고 철저하게 표현하는 가장 효율적인 수단이다. 기호는 전문가인 분류자만이 완전히 이해할 수 있으며, 내용을 파악하는 데 필요한 추상적인 수준을 알려준다. 그러나 우리 모두는 일상생활 속에서 추상적인 것을 다루고 있다. 즉 전화번호, 우편번호, PIN 번호, 버스 노선 번호, 텔레비전의 채널 번호 등을 기호로 쉽게 인지한다. 다시 말해, 추상화가 익숙해지면 인지되는 복잡성은 줄어든다.

2. 도서관 분류 체계

세상의 지식을 다루기 위해 고안된 도서관을 위한 분류 체계는 모두 장점과 단점을 갖고 있다. 전 세계적으로 가장 많이 사용되는 DDC도 단점을 가지고 있다. 예를 들어, DDC 분류표에서 종교 분야는 아직도 분류 체계가 생성된 시기의 문화적 맥락을 반영하고 있다. 또한, 상당히 간단한 주제조차 매우 긴 분류 번호를 가질 수 있다. 그리고 DDC의 경직적 구조와 더불어 분류 번호 합성 시 따라야 하는 많은 규칙과 지침은 분류 번호를 제한하는 것처럼 여겨질 수 있다. 컴퓨터학과 전기공학과 같이 새롭고 빠르게 발전되는 분야의 분류표가 항상 성공적으로 개발되는 것은 아니며, 여성학과 미디어학과 같은 학제적 주제들은 분류표 전반과 도서관 서가에 걸쳐 산재되어 있다. 그럼에도 불구하고 DDC는 대학도서관에서 매우 폭넓게 사용되는데, 이는 일반적으로 DDC가 도서관 서가상의 자료를 잘 구조화하고, 주제를 이해하는 데 도움이 되는 배열을 제공하기 때문이다. 또한 새로운 주제를 비교적 잘 수용하여 실용성이 높으며, 정기적인 개정을 통해 지식의 새로운 영역에 대한 최신성을 유지한다는 점도 DDC를 사용하는 주된 이유라고 할 수 있다.

주제를 매우 상세하게 열거하는 LCC는 대규모 대학도서관이나 전문도서관의 장서를 조직하기 위한 좋은 선택이 될 수 있다. 즉, 분류 이론에서 요구하는 질적인 특성이 부족할 수도 있지만 도서관 장서를 조직하는 진보적인 접근 방식으로 우수한 포괄적 범주와 훌륭한 수용성을 제공하는 데 성공적으로 평가되고 있다. 반면, 구조적으로 부족한 표현력은 브라우징을 지원하지 못해 많은 이용자에게 단점으로 여겨질 수 있다. 또한 문자와 숫자를 같이 사용하여 제공하는 개별 저자와 개별 자료에 대한 상세한 구별은 오히려 기호를 길고 복잡하게 만들 수 있다. LCC의 가장 두드러진 특징은 개별 분류표가 전문가 집단에 의해 개발되었다는 것이다. LCC는 주제 기반의 특수분류 체계로 생각할 수 있기 때문에, 미술 및 고고학과 같은 특정 주제의 전문화된 도서관에서도 사용할 수 있다. 각 분야의 전문가에 의해 상세하게 세분화가 되었다는 점, 분류표 개발 과정에서 주제 전문가들이 참여한다는 점, 강건한 기관의 뒷받침하에 지속적인 갱신이 이루어진다는 점, 그리고 이미 간행된 문헌을 분류하는 데 사용된다는 점으로 인해 LCC는 꾸준히 성장하고 이용이 확산되고 있다. LCC가 가지고 있는 가장 큰 단점은 아마도 분류 체계가 미의회도서관 장서를 기초로 하기 때문에, 지식의 새로운 영역을 다루는 간행물의 경우, 분류 기호를 할당받기 위해 우선적으로 미의회도서관에 입수되어야 한다는 것이다. LC의 웹 사이트에서는 LCC 전자본으로의 접근을 허용하고 있으며, 정기적으로 개정하여 그 유용성을 확보하고 있다. 그래서 DDC와 LCC는 공공 도서관과 대학도서관, 전문도서관의 자료를 조직화하는 데 매우 효율적인 도구이다. 이 두 가지 분류 체계는 오랫동안 성공적으로 사용되어왔고, 정기적인 지원과 개정을 바탕으로 좋은 수준을 유지하고 있다.

KDC는 한국의 실정을 반영한 십진식 표준분류표로, 초판을 개발하면서 다양한 분류표의 장점을 취하고자 노력했다. 그래서 DDC의 불합리한 구성 체계를 개선하여 어학과 문학을 가까운 주류로 이동시켜 분류표가 단순하고 이해하기 쉬우며 사용하기 편하다. 계층 구조를 통해 주제나 개념의 상하관계를 쉽게 파악할 수 있으며 본표 상호 간, 본표와 보조표 간의 조기성이 풍부하여 기억하기 쉽다. 상관색인이 있고 국내 CIP 데이터에서 KDC를 제공하므로 참고할 수 있으며 한국도서관협회에서 분류표의 유지, 관리, 개정을 주관하고 있어 일관성과 지속성을 유지할 수 있다. 그러나 십진 전개로 인해 새로운 주제의 수용이 쉽지 않으며 비논리적인 부분이 여전히 존재한다. 주기의 형식이나 기술 내용에서 부족한 부분이 많고 개정 주기가 정기적이지 않아 최신성이 낮다는 등 개선해야 할 부분이 많다.

UDC는 일반적인 장서보다는 전문적인 장서에 적합하다. UDC는 간략판에서도 상세한 분류를 제공하며, 유연성 있는 인용 순서는 자관의 필요성을 충족시킬 수 있도록 순서를 변형하는 것을 용이하게 한다. UDC는 기호 요소가 매우 유연한 방법으로 결합될 수 있으며, 특수한 주제를 기술하는 데 있어서 놀라울 정도의 상세성을 제공하기 때문에 좁은 주제 범주를 가지고 있는 도서관의 자료 분류에 가장 효율적인 방법을 제공한다. UDC는 전 세계적으로 사용되는 분류표로, 정기적으로 개정되어 최신성을 반영하며, 기호를 생성하는 규칙이 일관성 있게 적용되어 쉽게 적용될 수 있다는 장점을 가진다. 그러나 분류 번호를 합성하거나 보조표로부터 개념을 추가할 때 특수한 보조표를 항상 확인해야만 한다. UDC의 장점은 분류의 상세성, 조기성, 유연성이며, 단점으로는 복잡한 인용 순서와 배열 순서를 들 수 있다.

CC와 BC는 다소 복잡하고, 개정이 빈번하게 이루어지지 않은 탓에 분류표에 새로운 지식 영역이 반영되지 않아 도서관에서 제한적으로 이용되고 있다. 그러므로 특수 주제의 장서를 관리해야 하는 도서관을 위한 실용적인 대안은 패싯 원칙에 기초한 새로운 분류표를 생성하는 것이다. 그러나 패싯 분류 체계의 기호를 고안하는 것은 분류 체계를 생성하는 마지막 단계가 되어야 한다. 즉, 기호를 부여하기 전에 주제 개념이 분류 항목이나 패싯 안에서 세분되고 전개되어야만 한다. 이러한 접근은 주제에 맞게 현존하는 기호 구조를 가져오기 때문에 결과적으로 훨씬 더 적은 시간과 노력을 소비하게 한다. 이러한 분류표는 모든 것을 열거해야 하는 열거식 분류표에 비해 상대적으로 빨리 고안될 수 있으며, 주제 영역의 요구를 충족시키는 맞춤형으로 이루어져야 할 것이다. 그러므로 장서와 이용자들의 요구를 충족시킬 수 있는 체계 중 무엇에 중점을 둘 것인지 선택해야 한다. 예를 들어, 아동문학을 위한 분류표를 고안하는 경우, 기호에 간결성, 단순성, 문헌적 조기성을 달성하도록 해야 하며, 전문가 이용자들의 필요성을 충족시키도록 고안되는 경우, 분류의 깊이를 강조해야 한다.

주제 트리, 택소노미, 온톨로지와 폭소노미와 같은 주제들은 컴퓨터 과학과 지식 경영과 같이 다른 분야 안에서 자주 다루어지고 있을지라도 전통적인 도서관 분류에 매우 밀접하게 관련되어 있다. 주제 트리, 택소노미와 온톨로지는 계층 구조적이거나 표현력이 풍부한 분류와 시소러스의 특성을 갖는다. 그래서 그들은 구조화된 브라우징 환경을 제공하고 주제 분야 간의 개념적인 관계를 보여주며 어휘 통제를 증진시킨다. 이러한 연결을 명확하게 하기 위하여 시소러스 구축과 브라우징 전략이 검토되어왔다. 분명한 것은 전자 환경을 위한 정보 구조를 설계할 때 이용자들의 요구가 다양해진다는 것이다. 이용자 요구 분석과 개별적인 차별성의 인식은 택소노미의 생성, 유지, 관리의 실용적인 영향을 주기 때문에 반드시 함께 다루어야 한다. 이는 웹 사이트 조직에 있어서 추가적인 수단으로 협업 태깅을 고려하게 한다. 이용자가 생성한 태그 클라우드는 공식적인 택소노미를 보충하거나 대신하는 데 사용할 수 있다. 이는 기관의 정보 시스템에 효율적인 이용자 중심의 공식적인 브라우징 인터페이스를 생성하고 유지해주는 정보원이 없는 경우, 저렴한 해결 방안이 될 수 있다. 이용자에게 그들만의 분류를 만들고 관리하는 도구를 제공하는 것은 디지털 정보원으로의 접근을 강화시킬 수 있다.

3. 디지털 정보와 분류

과거에는 도서관이 지식과 정보가 모이는 집합처 역할을 수행했다. 그래서 도서관 분류의 이론과 체계는 주로 도서관이 소장한 인쇄 자료를 중심으로 정립되었으며, 현상의 실제 적용을 바탕으로 개선되어왔다. 그러나 이제는 디지털 정보가 증가하고 그 유형도 다양해지면서 분류 대상의 범주도 디지털 정보까지 확대되어 분류는 새롭게 재탄생해야 할 시점을 맞이했다. 이제 분류는 서가에 유사한 주제의 자료를 효과적으로 배열하는 것을 넘어서 지식을 관리하고 세상에 존재하는 모든 자원을 조직하며 발견할 수 있게 하는 과정으로 확장되었다.

오래전부터 사서는 정보 조직을 통한 정보로의 접근 제공, 정보 검색, 훑어보기, 색인 기술을 훈련받아왔다. 종종 '사이브러리언'으로 묘사되는 미래를 내다보는 사서는 도서관의 영역을 넘어서 새로운 영역 안에서 전문성을 발휘할 수 있어야 한다. 또한 사서는 전통적인 도서관 자원과 디지털 정보 자원을 분류함으로써 정보원의 이용성을 높일 수 있다. 분류 작업은 지식의 본성을 일반화하고 최종 이용자에게 이해될 수 있는 방법으로 조직하고 검색하게 하며 전통적인 도서관 자원과 디지털 자원을 분류함으로써 정보원의 이용성을 높인다. 웹상의 정보는 혼돈스럽고 비조직적이지만, 분류를 통해 내용에 대해 예측 가능하고 논리적인 방법으로 복잡성을 표현하고 관리할 수 있는 정보 체계를 제공할 수 있다. 분류의 논리와 구조는 이 모든 활동을 사람이 아닌 기계가 수행할 수 있는 기초를 제공한다. 예를 들면, 문장에서 자동 발췌한 비통제 단어와 구는 더 나은 검색을 위해 분류표의 통제된 어휘에 매핑될 수 있다. 게다가 소프트웨어는 내포된 지식을 추론하고 시멘틱 웹의 목표에 따라 지적인 검색을 수행하도록 방향을 설정하여 구조를 조종할 수 있다.

디지털 정보 환경 안에서 주제 트리, 택소노미, 온톨로지는 도서관 분류 체계, 시소러스와 많은 유사성을 갖는다. 정보 아키텍처에는 전통적인 도서관의 기술 봉사 요소들이 포함되고, 분류는 검색 시스템의 효율성을 증진시키는 데 핵심 요소로 작용한다. 주제 트리와 택소노미는 하나의 분류 체계로, DDC가 도서관 서가의 자료들에 대한 탐색을 돕는 것과 같은 방식으로 구조화된 디지털 정보원의 브라우징을 돕는 계층 구조 역할을 한다. 온톨로지는 시소러스와 유사한 방식으로 추론과 동격 관계를 설정함으로써 의미적 결합의 추가적인 정보를 제공할 수 있다. 개념, 용어, 관계, 논리와 같은 요소들은 분류 체계, 택소노미, 시소러스, 그리고 온톨로지에 표현되어 있다. 분류 체계 원칙과 구조는 모든 종류의 지식 조직과 검색에 있어서 중요하다. 컴퓨터는 이미 엄청난 양의 정보를 빠르게 처리하고 거의 모든 질의에 답을 제공할 수 있지만, 검색 전략에 분류나 지식 조직 체계의 단계가 포함되면 더 나은 관련성 있는 답변을 얻을 수 있다.

소셜 미디어의 발전은 협업 분류의 출현을 가져왔다. 이용자들은 개인적으로 의미 있는 태그를 정보로 제공할 수 있게 되었다. 이러한 개인적인 분류는 이제 디지털 정보와 도서관 목록의 다른 이용자들과 공유할 수 있다. 이는 기관의 추가적인 단계를 열어주고 대안이 되는 다른 관점을 허용한다. 그 결과인 태그 클라우드는 상세성이 부족하지만 장서의 이용자와 이용자 요구의 다양성을 반영하기가 용이하다.

4. 미래 사회의 분류

지난 50여 년간 사람들의 정보 탐색 방식은 급변했다. 과거에 사람들은 집에 있는 정보원으로부터 원하는 정보를 찾지 못할 때 도서관을 방문하여 카드 목록을 통해 저자명, 서명, 주제명으로 검색하여 서가에 접근했고, 대부분의 정보원은 책과 잡지였다. 현재는 다양한 유형의 비도서류를 포함하여 수많은 정보원이 전자정보원으로 원거리 접근까지 가능하다. 이제 사람들은 말할 수 없을 정도의 많은 정보를 집이나 학교 컴퓨터랩, 도서관, 인터넷 카페 등에서 손가락 하나로 이용할 수 있게 되었다.

가장 근본적인 변화의 계기는 정보 축적과 검색 처리 과정에 컴퓨터를 사용하게 된 것이다. 구글링이나 포털 사이트를 통해서 많은 정보를 검색할 수 있지만, 인터넷에서 최고의 정보나 가장 유용한 정보를 효율적으로 선정하게 해주는 장치가 없어서 많은 사람들이 만족스러운 결과를 얻지 못한다는 것은 가장 큰 단점이라 할 수 있다. 이는 곧 무제한적인 정보 공급 환경에서 쉬운 접근 방법이 갖는 취약점이다.

그렇다면 전통적으로 도서관에서 제공하는 정보 접근 방식은 무엇일까? 첫째, 수제 성보가 없는 사람들에게 도움을 주는 주제적 접근을 제공하는 것이다. 대표적인 예가 분류 번호, 주제명표목, 내용 요약 등으로 구성된 목록 레코드의 내용 정보로, 자료에 대한 정보와 관련된 충분한 정보를 제공해준다. 둘째, 목록 레코드의 저작자, 서명, 출판사, 발행 장소와 발행년, 시리즈명, 다른 통제 번호 등도 중요한 접근점이 된다. 도서관 업무가 전산화되면서 반복적인 업무가 줄어들어 단순화된 측면도 있으나 목록 레코드의 구축은 노동 집약적인 과정으로 고도의 숙련된 사서가 필요하므로 많은 비용이 소요된다. 이러한 맥락에서 분류 체계의 유용성과 필요성에 대한 논의가 발생했다. 분류 체계는 분류 구조의 안전성을 유지하면서 시대의 흐름을 적시에 반영하는 것이 무엇보다 중요하다. 특히, 정보 요구의 양과 정보 탐색에 영향을 미칠 수 있는 사회적 변화도 고려할 필요가 있다.

도서관 분류 체계는 물리적인 자료로 구성된 장서의 순서를 부여하기 위해 필요하고 그 기능을 성공적으로 수행하고 있으며 계속해서 활용될 것이다. 그러나 최근 들어 인

공지능, 새로운 지식을 추론하고 도출해내는 기계의 능력, 결과의 유용성보다는 기계의 수행 능력에 대한 관심이 커지고 있다. 그러므로 웹 환경에서 분류의 논리와 구조는 사람보다는 기계가 많은 활동을 하기 위한 기초를 제공한다. 데이터 처리의 빠른 속도와 디지털 정보의 엄청난 크기로 인해 웹에서는 전형적인 분류가 아닌, 우리가 브라우징하고 탐색하는 것과 같은 분류 체계가 적용되어야 한다는 제안이 대두되고 있다.

1) 정보 기술과 분류

조직화되지 않은 엄청난 양의 데이터가 존재하는 인터넷은 전 세계의 정보가 모이는 혼란스러운 저장소이다. 문제는 엄청난 양의 문서가 매일 전자 형태로 등장하고 있으며, 다루고 있는 주제도 갈수록 증가한다는 것이다. 그렇다면 웹 자료를 분류할 필요가 있을까? 분류의 일차적 기능을 실물 자료의 체계적인 배가를 통한 이용자의 접근 검색 지원 수단으로 한정한다면 전자 출판물을 분류할 필요는 없다. 그러나 모든 관련 주제를 군집하여 통합 검색을 지원해야 한다면 웹 자료에도 분류표가 적용되어야 한다. 따라서 기존의 분류표로 웹 자료를 분류하고 목록시스템(OPAC)에 통합하면, 그 분류 체계는 이용자의 온라인 정보 접근, 장서 개발, 서지 작성, 장서 평가, 도서관의 장서 충실화에 유용한 수단이 될 것이다.

웹 정보원의 자동 분류에 관한 연구는 2000년대 초반에 OCLC 연구소에서 지식 조직 연구 형태로 많이 수행되었다. 'DDC와 LCC와 같은 표준화된 전통적인 도서관 분류 체계가 특히 웹 정보원과 다른 디지털화된 전자 문서를 자동 분류하는 지식 조직 도구로 적용될 수 있는가?' 그리고 '자동 분류 체계가 인간이 수행하는 것과 근접하게 향상시킬 수 있는 것이 무엇인가? 그 결과는 얼마나 유용한 것인가?' '최소한의 메타데이터 레코드의 생성이나 주제 브라우징과 탐색 안에 그 결과가 사용될 수 있는가?' '자동 분류자가 웹 마스터나 다른 인간 중재 과정을 위한 도구집에 포함되어야 하는가?'와 같은 주제가 연구되었다. 그러나 이러한 연구의 결과는 기본적인 기술로 사용될 수 있는 완전한 자동 분류가 여전히 어렵다는 것이었다. 즉, 분류되지 않은 대부분의 정보원은 인간이 분류해야 한다는 것이었다.

인간의 노력을 절약하고 자동으로 메타 데이터를 할당하기 위한 목적으로 진행된 프로젝트 중에 OCLC 연구소에서 진행된 Scorpion 프로젝트가 있다. 이 연구의 목적은 웹 자원의 자동 분류 도구로 DDC와 LCC의 적용 가능성을 탐색하는 것이었다. 주제 정보가 향상된 검색, 브라우징과 클러스터링이 핵심이었기 때문에 이 프로젝트의 일차적인 관심은 DDC와 같이 잘 알려진 분류 체계를 바탕으로 자동 주제 인식을 위한 도구를 구축하는 것이었다. 그래서 이 프로젝트는 웹으로 접근할 수 있는 문서를 자동 분류하기 위한 시스템에 적용하는 소프트웨어를 제공해서 기계가독형의 분류 체계나 시소러스, 자동 분류 시스템을 탑재하고 이를 연구자들이 이용할 수 있게 했다. OCLC는 세계에서 가장 폭넓게 사용되는 도서관 분류 체계인 DDC와 LCC를 지적 노력, 자연어 처리, 웹 메타데이터 생성, 정보 검색에 관련된 연구에 활용할 수 있도록 지원하고 있다. 전자매체를 통해 좀 더 접근 가능한 인류 문화유산의 기록을 만들기 위해 전 세계 도서관과 상호협력하고 있으며 이러한 목표의 일부가 지식 조직의 원칙 적용을 통해 달성될 수 있다고 본다. 디지털 환경 안에서 인간의 지적 문화유산을 효과적으로 검색하려면 분류 체계의 재창조를 위한 탄탄한 기반이 제공되어야 한다.

분류표에 있어서 첫 번째 엄청난 발전은 DDC의 전자분류표인 *Electronic Dewey*(1993)로 이것은 우리를 분류의 전자시대로 인도해주었다(Trotter, 1995). 이후 *Dewey for Windows*(1996, 1998)가 윈도우즈 버전으로 출시되었고, 2003년에는 *WebDewey*가 DDC 제22판을 기준으로 나오게 되었다. 이러한 발전과 동등하게 LCC 역시 *Cataloger's Desktop*(1994)이 나오고 *Classification Plus*(1996), *Super LCCS*(1996), *Classification Web*이 나오게 되었다. 분명히 이러한 시스템은 서가의 공간을 절약하고 분류자들이 분류표를 좀 더 쉽게 사용할 수 있도록 도와주기 위한 키워드 검색의 적용과 효율적인 검색 인터페이스의 사용을 통하여 다소 용이하게 분류 업무를 수행할 수 있도록 만들어주었다. 이러한 전자분류표의 개발은 분류의 추가적인 가치를 좀 더 찾기 위하여, 더 높은 곳을 바라봐야 한다는 견해를 가져왔으며, 결과적으로 도서관, 사서, 정보 조직 교육의 재정의가 이루어지게 되었다.

도서관 분류 체계인 DDC와 LCC, UDC는 모두 전자 형태의 분류표로 개발되고 이제는 인쇄본 발행을 중단하는 추세이다. 이러한 분류표는 디지털 환경에서 활용할 수 있는 구조를 갖는다. 즉, 전통적인 분류표는 디지털 환경에서도 각각의 류나 개념, 표기법이나 분류 번호, 색인어, 상호 참조어, 주기와 지시사항, 상위류, 하위류, 분류 기호의 계층적 위치, 합성번호, 다른 통제어와의 상호 매핑, 분류 항목의 기술이나 용어의 변경 등과 같은 정보를 제공한다. 이러한 분류 데이터는 분류표의 확장된 버전을 제공할 수 있다. 만약 분류 항목, 용어, 관계성이 적절히 범주화된다면 지능 소프트웨어는 분류 디스플레이, 자모순 색인, 분류 데이터를 기반을 둔 시소러스 형태로 생산될 수 있다.

DDC는 수많은 프로젝트에 사용되었는데, *CyberDewey*는 David Mundie가 개발한 웹 사이트로 사서가 아닌 그는 DDC가 그의 데이터를 조직하는 데 개인적인 필요성을 해결해준 논리적인 장치라고 했다(Mundie, 1998). 이것은 그 자체로 흥미롭지만, 웹을 조직하는 데 영향을 주는 전통적인 분류 체계의 잠재성을 보여주는 지표는 아니었다. BUBL(Bulletin Board for Libraries)은 영국의 고등교육 집단에 학문적이고 연구하는 전문적인 중요성을 위한 서비스와 인터넷 자원들로의 부가가치적인 접근을 제공하려는 목적으로 마련되었다. Joint Information Systems Committee(JISC)가 영국의 고등 교육에 도움이 되는 정보원을 받아보고 연구할 수 있게 정보원에 대한 주제를 DDC 기호나 알파벳순으로 브라우징할 수 있게 만들어서 제공했다(BUBL, 1998).

한편 UDC를 웹 정보원을 조직화하기 위한 유용한 시작점으로 보는 사람들도 있다. 이는 그 분류 체계의 기계 가독형의 특성이 국제적인 관점에서 인터넷 개발자들에게 폭넓게 접근이 가능했다는 점에 기초한다. UDC는 Lund University Library의 Nordic WAIS/World Wide Web Project의 기초가 되어, 데이터베이스의 색인을 하는 데 UDC 항목과 기호를 사용하여 웹에 접근할 수 있는 데이터베이스 인터페이스를 개발했다(Ardo & Koch, 1998). 지식의 분류로 매우 상세한 분석합성식 접근을 제공하고자 하는 UDC의 목적에 맞게 이러한 사이트들의 사례는 자료의 주제를 정의하는 훨씬 더 철저한 접근 방식을 보여준다.

LCC를 적용한 사례로 *Scout Report Signpost*는 최고의 인터넷 정보원을 포함하면서

General Work [Reference]
LC Classifications: AC - AZ

Philosophy. Psychology. Religion.
LC Classifications: B - BX

Auxiliary Sciences of History
LC Classifications: C - CT

History: General Europe, Asia, Africa, Oceania.
LC Classifications: D - DX

History: America(General), United States(General).
LC Classifications: E

History: United States(Local), Canada, Central and South America.
LC Classifications: F

Geography. Anthropology. Recreation.
LC Classifications: G - GV

Social Sciences
LC Classifications: H - HX

Political Science
LC Classifications: J - JX

Law
LC Classifications: K - KZD

Education
LC Classifications: L - LT

Music
LC Classifications: M - MT

Fine Arts
LC Classifications: N - NX

Language and Literature
LC Classifications: P - PZ

Science
LC Classifications: Q - QR

Medicine
LC Classifications: R - RZ

Agriculture
LC Classifications: S - SK

Technology
LC Classifications: T - TX

Military & Naval Sciences
LC Classifications: U - UH, V - VM

Bibliography and Library Science
LC Classifications: Z - ZA

〈그림 17〉 Scout Report Signpost – LCC의 항목

효율적인 브라우징과 탐색을 위해 정리되어 있다는 인터넷 사이트이다. 이 사이트의 조직과 접근을 위한 3가지의 근본적인 방식은 첫째, 모든 Scout report 요약에 대한 전문 검색을 하는 빠른 검색과 저자명, 서명, 출판사명 등의 다양한 필드의 탐색을 제공하는 고급 탐색이며 둘째는, LCSH를 사용하는 브라우징이고, 셋째는, LCC를 통한 브라우징의 제공이다. LCC는 이용자 친화적인 항목과 해당 LCC 분류표를 〈그림 17〉과 같이 제시한다.

LCC에 기반을 둔 다른 대표적인 사례로 Gerry McKiernan이 1994년에 개발한 *CyberStacks*를 들 수 있다. *CyberStacks*는 LCC 분류 체계를 사용해서 중요한 월드와이드웹과 다른 인터넷 정보원을 범주화하고 중앙집중식으로 통합해 하나로 모은 것이다. 정보원을 하나 이상의 LCC번호와 연관된 간행물 포맷과 주제로 조직해놓은 것이다. 대부분의 정보원은 단행본이나 연속간행물, 파일, 데이터베이스나 검색 서비스에 관한 것이다. *CyberStacks*는 간략한 LCC 분류 기호를 사용해서 이용자에게 잠재적으로 적합한 정보원을 식별할 수 있는 가상 도서관 서고를 제공하여 브라우징을 할 수 있게 해준다. 대분류 안에서 범주화한 다음 하위류로 나누고 최종적으로 정보원의 컨텐츠와 범주를 가장 잘 표현해주는 주제와 특수한 분류 범주 아래 수록한다. 각각의 정보원은 간략한 요약을 제공하고 필요한 경우에는 정보원을 이용하기 위한 특수한 지시사항도 포함한다. 이러한 모든 프로젝트는 웹 정보원을 조직하기 위해 표준 분류 체계를 적용하려는 목적을 가진다.

디지털 자원을 분류할 때 굳이 인쇄 자료와 다른 방식으로 분류하려고 생각할 필요는 없다. 자료의 주제가 추상적이기 때문이다. 기존 분류표를 웹 정보원에 적용할 경우 나타나는 기대 효과는 다음과 같다(Koch & Day, 1997). 첫째는 브라우징의 편의성으로, 온라인 환경에서 전통적 분류표를 이용하여 세분한 주제 리스트는 특히 도서관을 이용한 경험이 없거나 주제의 구조 및 용어에 친숙하지 않은 이용자의 브라우징에 유용하며, 분류표의 구조는 내비게이션 도구로도 활용될 수 있다. 둘째는 탐색 범위의 확장과 축소로, 대다수의 자료 분류표는 계층 구조로 구성되어 있기 때문에 그 구조 내에서 광의 또는 협의의 주제를 선택적으로 탐색하는 데 이용될 수 있다. 즉, 분류표는 이용자의 요구 수준에 적합한 정보 및 관련 자료에 대한 검토의 기회를 제공한다. 셋째는 맥락

(context)의 제공이다. 분류표는 이용자가 웹 자료를 추적할 때 사용한 탐색어의 맥락을 제공한다. 넷째는 다국어 접근 허용의 가능성으로, 대다수 분류표는 언어와 무관한 숫자나 알파벳 문자 기호를 사용하기 때문에 이용자는 특정 언어를 몰라도 분류 기호를 통해 언어별 웹 자료에 접근할 수 있다. 다섯째는 데이터베이스의 분할과 조작의 유용성으로, 자료 분류표가 제공하는 분류 기호를 기준으로 대규모 데이터베이스를 세분하거나 조작할 수 있어서 유리하다. 여섯째는 상호운용성으로, 현존하는 많은 분류표는 기계 가독형으로도 이용할 수 있어 인쇄 자료뿐만 아니라 웹 자료에 적용할 수 있게 보장하고 있다. 일곱째는 안정성으로, 대다수 분류표는 주기적인 개정을 통하여 최신성을 유지하고 있어 분류 도구로서 안정성을 확보하고 있다. 여덟째는 친숙성으로, 이용자는 기존 문헌에 어떤 분류표가 적용되었는지를 인지하거나 이해하고 있기 때문에 웹 자료에 적용하더라도 친숙성을 유지하는 데 문제가 없다.

웹 자료를 위한 분류표로는 어떤 것이 좋을까? 대표적으로 기존의 문헌 분류표를 적용하거나 수정 변경하여 사용하는 방안과 웹 자료용 분류표를 개발하는 방안이 있다. 이 중 문헌 분류표를 웹 자료에 적용하는 방안이 가장 경제적이고 합리적이다. 웹 자료에 적용할 별도의 분류표를 만들기가 쉽지 않고 기존의 분류표에 익숙한 이용자의 접근이나 검색에 혼란을 초래하기 때문이다. 특히 한 도서관에서 이질적인 분류 체계를 사용한다면 이용자가 불편함을 느낄 수밖에 없다. 모든 도서관이 실물 서가의 아날로그 자료와 디지털 자료의 통합적 원스톱 서비스를 지향하는데 분류 체계가 서로 달라지면 정보 게이트웨이로서의 기능은 약화될 수밖에 없다. 그래서 인터넷에 존재하는 여러 주제 게이트웨이 사이트는 기존의 분류표를 적용하거나 준용하고 있다. 다양한 분류표에서 많이 적용되는 것이 DDC와 LCC로, 이 분류표에서 다루고 있는 주제 범위는 광범위한 인터넷 자원을 분류하는 데 충분한 것으로 밝혀졌다. 특히 DDC 범주 구조와 인터넷 주제 구조는 많은 공통적 속성을 가지고 있을 뿐만 아니라 장서에 대한 계층적 접근과 알파벳순 배열을 제공하며 다국어 환경에도 적용될 수 있다. 그러나 DDC는 엄격한 계층 구조, 편향성, 특정성의 부족 등과 같은 약점을 가지고 있기 때문에 역동적인 인터넷 자료를 분류하기에는 부적합하다는 비판도 제기되고 있다. 그래서 열거식 분류 체계 이외에 패싯 분류표를 대표하는 CC는 풍부한 이론과 조합으로 온라인 정보 검색에 유용한 도구로 인식되고 있다.

구글과 같은 검색 엔진은 검색 방법이 간단하고, 비교적 검색 결과에 대한 이용자의 만족도 높지만, 확장된 정보원에 대해 적합한 서지통제를 제공하는 도구로는 효율적이지 못하다. 즉, 인터넷 자원의 접근 및 검색 접근점을 제공하는 데 그치고, 검색자가 검색 엔진을 이용하여 주제별 정보를 브라우징 할 수 없다. 따라서 검색 엔진에 분류표를 적용한다면 주제 접근성이 더 확대될 수 있다.

이렇듯 분류 체계는 온·오프라인 환경에 모두 적용 가능하기 때문에, 미래 정보 환경에 더욱 적합한 분류 체계로 진화시키려면 지식 조직의 이론적 접근 개발이 필요하다. 특히 디지털 환경 안에서는 지식 지도나 이미 결정된 계층 구조로 주제를 고정시키는 분류표보다는 분류표의 융통성을 최대화하여 인쇄 자원과 디지털 자원 모두에 대한 새로운 주제와 주제 계층 구조들 사이의 적합한 연결 구조를 생성하는 것이 중요하다.

디지털 환경 안에서 분류의 적용에는 지식 조직을 위한 체계의 바탕에 대한 재고가 필요하다. 우리에게 필요한 것은 지식의 지도나 미리 결정해놓은 계층 구조의 정적인 부분에 지식을 배치하여, 주제를 고정시키는 분류 방식이라는 의미로 제한시킬 필요가 없는, 지식 조직의 이론적 접근의 개발이다. 웹 환경의 새로운 분류 체계는 새로운 주제의 배치에 있어서 보다 조직적인 접근과 주제 간 적합한 연결의 허용을 필요로 한다. 하이퍼텍스트의 링크는 전통적인 참고봉사를 대체할 수 있으며, 자료의 다중 분류는 비용이 들기는 하지만 검색으로의 대안이 되는 접근을 제공해 주는 긍정적인 혜택으로 볼 수 있다. 필요한 경우, 분류표의 전체 부분을 다시 재배치하는 장치를 제공할 수도 있다. 디지털 정보원에 적합한 분류표는 연관 개념의 자동 하이퍼텍스트를 연결할 수 있도록 유연한 패싯 접근 방식과 주요 문헌 분류표의 가장 좋은 특성을 합성한 것이어야 한다.

분류 체계는 이용뿐만 아니라 정보 관리의 측면에서도 효율적이어야 한다. 전자정보원의 분류와 효용성 평가, 유지 관련 등 현실적인 문제가 존재하기 때문이다. 인터넷 정보원을 목록하고 분류하는 데 유용한 도구와 절차를 만들어야만 사서의 집중적인 투입을 최소화할 수 있으므로 분류 체계를 비판적으로 평가하는 것은 중요하다. 특히, 기존 문헌 분류 체계의 순차적 분류로부터 벗어나 다면적 분류로 전환되어야 한다. 도서관에서는 단 하나의 측면으로 조직한다는 것이 오래된 문제였지만 인터넷에서는 정보원을 배가할 필요가 없으므로 경직된 분류 방식을 고수할 필요가 없다. 분류에 대한 수요와 요구는 정보를 관리하고 조직하고 검색하고 지식을 공유하려는 노력과 비례한다. 분류는 인간의 정신이 어떻게 작용하고 어떻게 지식 세계를 탐색할 수 있게 만드는지를 보여주는 좋은 지표가 될 것이다.

2) 분류의 아웃소싱

도서관 자동화는 전통적인 정리부서의 구조에 영향을 줄 것이며 정리사서의 역할 변화와 자질, 직무의 재편성이 필요해질 것이다. 변화와 발전을 거듭하는 기술적인 영역에서 미래 도서관에서 요구될 여러 역할을 감당하기 위한 자료 조직의 교육 내용은 매우 중요한 연구 과제이다(노옥순, 1995). 이러한 도서관 자동화는 사서의 역할과 자질, 더 나아가 문헌정보학의 교육 내용에 대한 검토를 가져왔으며 다른 한편으로는 도서관에 아웃소싱을 가져왔다.

미국의 Library Systems and Services(LS&S)는 사서들이 1981년에 설립하여 운영하고 있는 도서관 아웃소싱 위탁 업체 중의 하나이다. 80개가 넘는 많은 공공도서관과 분관 도서관이 미국의 서부와 플로리다 주에서 아웃소싱으로 운영되고 있으며 일부 정부 기관도 도서관 업무의 일부를 외부에 맡겨놓았다. 이러한 아웃소싱 업체들은 새롭게 개관한 도서관이나 기존의 도서관을 동반자의 입장에서 효과적이며 효율적으로 운영한다는 목표 아래 도서관 업무의 각 영역별 전문가 서비스를 제공하고 있다. 이들은 도서관이 책을 위한 장소를 넘어서며 늘 한 단계 앞서 나간다는 것, 그리고 단결된 커뮤니티가 무엇이든지 할 수 있다는 것을 기본 원칙으로 삼고 도서관이 새로운 세대가 행동하고 창의적으로 변화를 가져올 수 있는 이야기와 아이디어를 공유하는 장소로서 정부의 지도자, 사서, 지역사회 주민, 개개인이 함께 일하면서 새로운 해결 방법을 찾고 어려움을 극복할 수 있게 돕는 기관이라고 소개하고 있다. 미국 California주의 Riverside Country

Library는 LS&S와 동반 관계를 형성해 보다 나은 서비스와 비용 절감을 달성하고 직원의 수를 유지하면서 시스템의 고도화, 장서 접근성 증진, 도서관의 지역사회 프로그램을 확장할 수 있었다고 밝히고 있다.

도서관에서 아웃소싱은 1993년 Wright State University에서 목록 부서를 없애면서 시작되었다. 1995년에는 Baker & MacKenzie 법률 도서관 전체 업무와 하와이 주의 전체 공공도서관의 수서와 목록 업무가 아웃소싱되었다. 이후 많은 글과 논의, 토론이 도서관계에서 이루어져왔고 이 주제에 관해 미국도서관협회에서 보고서까지 발간되었다. 미국도서관협회에서는 1997년부터 Outsourcing Task Force를 구성하여 아웃소싱을 도서관의 직원이 수행해야 하는 기능을 외부의 업체나 기관과 계약하는 것이라고 정의를 내리고, 국가적 차원에서 아웃소싱 전략을 마련하는 데 앞장서서 아웃소싱을 계획할 때 고려해야 할 사항, 아웃소싱의 전략적 이용법, 아웃소싱의 효과 등을 체계적으로 분석하고 있다. 특히 이들은 아웃소싱으로 인해 비용 절감이나 혜택이 발생하지 않으므로, 아웃소싱 업체에 전적으로 위임하지 말고 도서관 운영의 일부분을 계약하도록 권고하고 있다. 특별히 짚고 넘어가야 할 사항은 정리 업무의 아웃소싱이 도서관 장서 규모와 상관관계를 갖지만, 사서 수와는 상관관계를 가지지 않는다는 점이다. 아웃소싱의 이유로 직원의 부족, 직원의 전문성 부족, 처리 속도, 비용 등을 들었는데 실제로 아웃소싱은 상당히 비싸 비용 대비 크게 효율적이지 않고 목록의 질에 문제가 생긴다는 것이다. 결국 아웃소싱의 주된 논쟁은 비용 절감과 향상된 효율성인데, 실질적인 비용 절감이 없다는 점과 질적 수준이 하락된다는 반대 의견이 계속 나오고 있는 상황이다.

국내에서도 2000년 전후로 아웃소싱이 시작되었는데, 정리 업무는 특히 노동 집약적이고 단순 반복적인 업무를 많이 차지한다는 생각에서 아웃소싱의 첫 번째 대상 업무로 고려되었다. 그러나 외국에서도 정리 업무의 아웃소싱에 대한 일반적 합의는 아직 이루어지지 않고 있으며 지금까지의 연구를 보면 비용과 시간 절약의 측면에서는 아웃소싱을 선호하나 질적인 측면에서는 반대 입장을 취한다.

국내에서는 2000년부터 도서관의 아웃소싱에 관한 본격적인 연구가 시작되었다. 윤희윤(2000), 김영귀(2001), 김포옥과 노옥림(2004), 윤정옥(2004), 노문자(2005), 노지현(2006a)

의 연구는 아웃소싱을 무비판적으로 도입하는 시행착오에 대한 우려와 우수한 전문성을 갖춘 아웃소싱 업체의 부재, 자관의 전문 인력 대신 외부 업체에 서지 데이터를 받아들이는 현실에 대해 비판적 시각을 보였다. 정혜경(2005)은 아웃소싱 업체들의 전문성 결여로 품질을 제어하는 데 사서의 시간이 많이 투입되어 실제 비용 절감 효과는 거의 없으므로 목록 아웃소싱을 무리하게 이용하지 말 것을 제안한 반면, 노지현(2006b)은 아웃소싱을 경험한 공공도서관의 사서들이 아웃소싱에 대한 정당성의 근거를 찾기 어려운 상황에서도 아웃소싱에 대해 대체로 긍정적인 평가를 하고 있다고 밝혔다. 이유정(2007)의 연구는 정리 업무의 아웃소싱이 비용 절감, 내부 인력 보충, 업무 생산성 향상, 비정규직 고용문제 해결, 누적된 미정리 자료의 해결방안으로 옹호하는 입장과 정리부서 및 담당 사서의 부재, 사기 저하, 정체성 혼란, 고용 불안, 분담 편목에 부정적 영향 및 데이터베이스의 품질 저하 등 부정적 입장으로 나누어진다고 했다. 특히 업체의 역량 부족이나 업체 직원의 자질 부족은 돈으로 환산할 수 없는 장기적 피해를 가져올 수 있고, 불만족스러운 업체를 선택할 경우 이를 교체하는 추가 업무가 생길 수도 있으므로 일시적인 예산 절감이 아닌 장기적인 측면에서 접근해야 한다고 밝혔다. 따라서 인력 부족을 아웃소싱으로 해결하는 방안은 고용 문제의 일시적 해결은 되겠지만, 궁극적으로 정리 업무 담당 사서의 비정규직 채용이란 고용 불안을 초래할 수 있음을 알 수 있다.

목록 데이터의 품질관리는 국가라는 거시적 관점에서 철저히 관리되어야만 분담편목이라는 도서관 간 협력이 지속될 수 있는데, 이러한 품질 관리에 정규직원을 배치하는 아웃소싱 업체는 거의 없다. 까다로운 품질관리를 하다 보면 업무 처리 속도는 늦어지기 마련인데, 이를 건당 대금지불로 개인별 목표량을 채우게 하면 속도는 향상시킬 수 있으나 이는 다시 품질 저하로 이어질 가능성이 높다. 또한 아웃소싱 업체에 소속된 비정규직 직원의 빈번한 교체로 업무의 흐름이 단절되거나 혼란을 야기할 가능성이 높기 때문에 업무의 신속성과 연속성이 떨어질 수밖에 없다. 그리고 필요한 전문 사서의 정규직원 채용을 외부업체 직원으로 대체하여 고용의 부담을 덜겠다는 의도로 아웃소싱이 이용될 수 있다.

결국 비용과 효율성을 보는 측면에서는 아웃소싱을 선호하고 질적 문제를 중요시하는 쪽에서는 반대할 수 있다. 그러므로 양쪽 입장에 관한 분석이 심도 있게 이루어져서 무엇을 어떻게 아웃소싱 할 것인지 결정해야 한다. 그리고 아웃소싱을 결정하기에 앞서 아웃소싱에 관한 충분한 사전 조사 및 연구가 이루어져야 한다.

노지현(2009)의 연구 결과에 따르면, 아웃소싱을 시행해온 대부분의 도서관은 업무의 효율성 증대와 추가적인 이용자 서비스 제공, 목록의 품질에 문제가 없음을 주장했으나, 실제로는 비용 절감이나 인력 축소에 있어서 효과를 입증하는 객관적 데이터가 부재하며, 목록 품질의 결함, 이용자 서비스 강화의 부재 등 편목 업무의 아웃소싱으로 인한 실질적인 변화를 입증할 만한 객관적이고 일관성 있는 증거를 찾지 못한 것으로 나타났다. 또한 아웃소싱에 대한 도서관 현장의 인식이 너무 저조하고 빈약해 아웃소싱의 채택 여부를 두고 기관 차원의 고민이 없으며 편목 업무에 대한 그릇된 인식과 행태가 더 문제임이 지적됐다. 이는 아웃소싱을 시행하기 전 철저한 사전 노력과 연구가 있었던 외국의 도서관과 매우 대조적이다. 외부의 아웃소싱 업체에 정리 업무를 전적으로 위임하고 있는 한국의 아웃소싱의 진행 상황은 너무 다르다.

도서관에서 정리 업무를 모두 아웃소싱하는 경우, 서지통정을 제어할 사서가 없어져 장기적인 정리 업무의 일관성 유지는 어려워지고, 사서의 전문 영역은 축소될 수밖에 없다. 그러므로 최고의 목록 데이터 품질 관리를 위해서는 업무의 중심이 도서관과 정리 업무 담당 사서에게 있음을 분명히 인식하고 아웃소싱이 보완적인 기능을 할 수 있게 해주는 기반인 국가서지나 서지유틸리티를 잘 구축해야 한다. 이와 함께 정리 업무를 위한 자질을 갖춘 직원으로 구성된 경쟁력 있는 아웃소싱 업체들의 마련, 아웃소싱 업무의 연속성과 일관성을 부여하기 위해서 명확한 업무 지침을 바탕으로 한 정리 업무의 표준화와 문서화가 선행되어야만 할 것이다.

3) 서지통정의 강화

해외의 국가 대표 도서관들은 국가서지정보를 종합적으로 관리하기 위해 국가 서지 데이터 작성 및 관리 체계에 관한 기능을 강화하는 추세이다. 국가 도서관의 핵심 기능

1순위로 국가 서지센터를 꼽았으며, 이를 중요한 미래 핵심 기능으로 간주하고 있다. 이는 서지 데이터의 작성 및 표준화가 국가 대표 도서관의 과거와 현재, 미래를 아우르는 핵심 역할임을 시사한다.

미의회도서관의 Working Group on the Future of Bibliographic Control(2007)에 따르면, 앞으로의 서지통정은 협력적, 분산적, 국제적인 범위를 가지는 웹 기반이 될 것이다. 도서관은 중복된 노력을 피하고 비용을 줄이기 위해 다른 곳에서 생산한 메타데이터를 활용하고, 이용자들이 빠르게 수용하고 있는 웹 지원의 서지 제어에 대한 시각을 바꿔야 한다. 또한 웹 자원으로의 접근에 있어서 분류의 활용과 접근법에 대한 연구는 앞으로 분류의 가치를 부여하는 데 매우 중요하다. 이와 관련하여 분류 번호나 분류표의 조정, 분류 번호 부여 과정에서의 협력 가능성, 디지털 환경에서 분류 기호 활용을 용이하게 하는 기준 개발 등에 관한 연구도 이루어져야 할 것이다.

특히 디지털 정보원에 분류를 적용하려면 그 과정은 모든 가능한 자원 경영이 효율적으로 발전되도록 적용되어야 한다. 디지털 형태로 저장되고 접근되는 정보 환경에서 전문적인 역량을 지속적으로 강화하려면 온라인 환경 안에서 분류의 새로운 역할을 탐색하는 정보 전문가의 보다 선제적인 접근이 필요하며 디지털 자원의 분류라는 업무에 더 많은 관심을 갖고 분투해야 한다.

계속해서 변화하고 증가하는 디지털 환경에서 세계 서지통정이 이루어지기는 쉽지 않다. 그러나 다양한 시도를 통해서 정보 전문가는 마구 엉켜진 인터넷 정보에 전략적으로 개입할 수 있다. 사서나 정보 전문가들은 주제 분석이나 기술에 있어서 전통적인 분류 체계로 웹 정보원을 분류하는 역할을 넘어서 세상에 존재하는 모든 정보원의 자동 분류 개발 가능성을 알릴 필요가 있다. 이 분야의 정보 전문가에게 가장 중요한 자질은 쉬운 검색을 촉진하고 주제 배열의 실무적 문제를 해결할 시스템을 설계하는 것과 분류 이론과 실무를 함께 이해하고 융합할 수 있는 능력이다. 100억 개가 넘는 웹의 정보량은 언젠가 자동 메타데이터 생성으로 대체될 수밖에 없다. 우리는 저자, 제목, 형식, 주제어 같은 서지 데이터를 컴퓨터로 검색하는 방식에 의존할 수밖에 없으며, 여기서 분류와 분류 구조는 검색을 향상시키는 역할을 할 수 있다. 예컨대, 검색 소프트웨어와 함께 이미 존재하는 분류 체계를 접목하여 추출된 용어를 분류와 짝지어 메타데이터를 선택하거나 할당하도록 검색 기능을 향상시킬 수 있다. 너무 많은 정보가 나오거나 관련 없는 정보의 비율이 높아지면 검색의 효율성이 떨어지는데, 부정확하거나 모호한 검색어를 사용하여 잘못 구조화되었을 때 이러한 결과가 자주 나타난다. 그러므로 검색 결과를 분류와 같이 통제된 어휘와 일치시켜 검색을 재구조화하고, 검색 결과가 매우 적을 경우, 동의어, 상위어나 하위어로 대체함으로써 검색 기능을 향상시킬 수 있다. 이러한 추세는 정보와 자료의 체계적인 조직을 통해 검색의 효율성과 편리성을 높이고자 하는 분류의 진화 과정이며, 이 과정에서 전통적인 분류 이론과 원칙들은 한층 고도화되고 새롭게 평가될 것이다.

4) 사람, 기계 그리고 분류

디지털 정보는 물리적인 제약이 없기 때문에 다양한 방식으로 계속해서 조직될 수 있다. 메타데이터는 디지털 문헌의 장서를 이용자의 질문에 따라 자모순의 저자명, 서명, 주제, 분류 번호, 등록 번호, 일자, 출판사, 인기순, 서평 평점순, 가격순, 이용가능성, 크기, 색깔 등의 리스트로 생성할 수 있다. 텍스트의 자연어 영역, 특히 단어 조합과 문장 구조를 통해 드러나는 관계의 확인에서 많은 진전이 이루어지고 있다. 기계는 텍스트의 집합체로부터 공통적으로 발생하는 용어의 계층 구조를 설계할 수 있다. 텍스트에서 자동 발췌된 비통제 단어와 구는 주제 메타데이터를 할당하거나 더 나은 검색을 위해 분류의 통제된 어휘에 매핑될 수 있다. 게다가 소프트웨어는 내재된 지식을 추론하고 시멘틱웹의 목표에 따라 지적인 검색을 수행하도록 방향을 알려주고 구조를 조정할 수도 있다.

그러나 이러한 시멘틱 웹의 출현은 생각보다 느리다. 이는 시멘틱 웹이 공식적인 택소노미와 제한된 등가와 추정의 규칙에 의존하고, 그러한 절차는 계속해서 변하는 이용자들의 정보에 대한 생각을 반영하기 어렵기 때문이다. 시멘틱 웹의 주요 필수 요소는 정보가 기계 간에 공유되고 읽을 수 있을 뿐 아니라 기계가 논리적으로 생각할 수 있는 방식으로 표시되어야 한다는 것이다. 즉, 추론자 혹은 추론 엔진이라고 알려진 소프트웨어를 이용하여 포함된 지식의 기반을 추론할 수 있도록 해야 한다.

따라서 시멘틱 웹의 주요 요소는 논리적으로 구조화되고 논리적 처리를 수용할 수 있거나 컴퓨터가 자동 추론을 수행하기 위해 쓸 수 있는 구조화된 정보 컬렉션(분류)과 추론 규칙에 접근 가능해야 한다. 시멘틱 웹을 지원하기 위해 개발된 주요 기술은 Resource Description Framework(RDF), Web Ontology Language(OWL), Simple Knowledge Organization System(SKOS) 등이다. 지식을 표현하기 위해서는 기계가 추론하고 사실 기반의 정보를 이해할 수 있는 기계의 지능이 핵심이 되어야 한다. 즉, 개념에 대한 신중한 정의와 개념들을 연결하고 조합하는 규칙으로 지식의 조직을 공유해야 하며 이는 구조화된 정보의 컬렉션인 분류를 기반으로 해야 한다.

디지털 공간에서 분류는 웹 사이트와 인터페이스를 조직하고 시각적으로 디자인한다. 분류는 주제 지도를 생성하여 그 안에서 주요한 류나 범주, 그리고 서로의 관계성을 보여주며 검색을 향상시키고 지원하는 온톨로지에서 추론하고 계산하는 것을 가능하게 한다. 그래서 디지털 환경에서 최근의 초점은 '검색성'과 '발견성'에 있다. 이는 이용자들의 온라인 검색을 이해하고 적용하는 것과 관련된다. 그러므로 분류는 정보 조직과 검색의 모든 영역에서 중요하며 주요 요소는 개념, 용어, 관계, 범주이다.

정교하고 논리적으로 조직된 지식 구조에 가치를 두는 사람들은 뒤죽박죽이고 철자도 틀린, 자모순으로 배열된 태그 클라우드가 단순히 원시적인 색인이고 분류 작업으로 고려할 일말의 가치가 없다고 할 수 있다. 그러나 공식적인 웹 택소노미의 가변적이고 질적인 측면과 이용 가능한 정보의 풍요로움 안에서 이용자의 중재는 잠재적으로 유용한 추가적인 조직을 제공한다. 이는 지식 세계를 표현하는 비공식적인 방법을 통해 분류의 개별화를 반영하고, 한 사람의 관점을 통한 정보를 강요하기보다는 합의를 바탕으로 하는 순서를 보기 시작했음을 알려준다. 다양한 환경에 걸쳐 정보를 찾는 데 이용되는 다른 종류의 도구와 시스템에 관한 모든 논의는 분류 체계의 측면을 포함하고 있다. 개념, 용어, 관계, 그리고 논리와 같은 주요 요소들은 평범한 분류 체계, 택소노미, 온톨로지로 표현되고 동시다발적으로 생겨나는 폭소노미에서는 그 중요성이 조금 덜 나타난다. 분류 체계의 원칙과 구조는 모든 종류의 지식 조직과 검색에서 중요하다. 비록 컴퓨터가 엄청난 양의 정보를 빠르게 처리하고 거의 모든 질의 응답에 답을 줄 수는 있지만, 검색 전략에 분류 원칙이 포함되는 경우 더 나은 답변을 제공할 수 있다. 텍스트 분석과 자연어 처리는 컴퓨터가 인간의 지능 없이 분류가 가능함을 보여준다. 분류에 대한 수요와 요구는 인간이 정보를 관리하고 조직하고 검색하고 발견하여 지식을 공유하려는 노력을 뒷받침한다. 그러므로 분류는 지식 세계를 어떻게 탐구할 수 있는지를 보여주는 좋은 도구이자 지표이다.

네트워크 환경에서 분류 데이터 활용을 극대화하기 위해서는 유연한 사고와 가능한 한 많은 실무 담당 사서들의 의견 제시와 반영, 그리고 이용자나 연구자, 실무자들로부터의 분류에 대한 의견 수집이 필수적이다. 다양한 분류 번호의 제공과 이러한 번호 간의 명백한 상호 관련성과 참조를 확장해서 분류의 활용 가능성을 극대화시켜야 한다. 또한 분류 체계 안의 통제 어휘에서도 이용자들이 더욱 접근하기 쉬운 용어를 활용할 수 있게 주제 접근을 용이하게 하고, 검색을 강화하기 위해 상호 어휘를 연결시키고 활용할 수 있는 절차를 개발할 필요가 있다. 이를 통해 분류 번호 부여의 효율성을 개선하고 생산 비용을 줄일 수 있는 방안을 연구해야 한다.

문헌정보학 교육 과정에서도 정보와 지식을 발견하고 관리하기 위해서 서지통정이 중요하다는 것을 가르치고, 지식 정보 조직의 기초 이론과 실무를 충분히 경험할 수 있도록 해야 하며, 계속해서 지식 조직 체계와 도구를 설계, 개발, 구현, 평가, 재설계하기 위한 끊임없는 노력이 이루어져야 한다. 최근 들어 문헌정보학에서 분류를 중요하게 다루지 않는 경향이 있다. 그러나 빅 데이터나 지식경영에 대한 관심은 분류에 대한 관심을 다시 되살리는 계기가 될 것이다. 미래에는 분류자들이 스스로를 정보 아키텍처라고 부를 수 있게 될 것이고, 분류 능력이 정보 전문가의 도전적이고 흥미로운 자질로 간주될 것이다.

분류는 전환의 시대 속에 있다. 분류를 흥미로운 연구 주제이며 필수적인 전문 기술로 보는 사람들에게 있어서 가장 큰 도전은 다양한 형태로 빠르게 변하는 정보 환경에서 자신이 원하는 정보를 가장 잘 정제된 상태로 손쉽게 제공받길 원하는 정보 이용자들을 충족시키는 것이다.

부록

1. 연습문제
2. 기출문제

부록 1.
연습문제

1. DDC 제23판을 사용하여 분류 기호를 작성하시오.

1) A bibliography of physics

2) A history of descriptive research in Library Science in Great Britain

3) A general Russian periodical

4) Children's intelligence

5) A French Bible

6) The Old Testament in Swahili

7) Social groups among the Hindis

8) Emigration from Italy to New York City

9) Foreign relations between Japan and Great Britain

10) Taxation of cork industry

11) North Dakota education law

12) Paper industry in England

13) Management of welfare services

14) The use of computers in education worldwide

15) A journal of higher education in Japan

16) Shopping centers in the United States

17) A German–French dictionary

18) Verbs in the German language

19) An English – Spanish, Spanish – English dictionary

20) A German – French, French – German dictionary

21) American Physical Society

22) American Chemical Society

23) Geology of Iceland

24) Botany for flower arrangers

25) Fractures of the rib cage bones

26) Pet keeping in the 19th century in Paris

27) Decorative arts of the Chinese

28) Textiles from medieval Egypt

29) Photograph of scientific subjects

30) Cycling past 50

31) A Collection of the 19th century literature

32) A Collection of Christmas poetry

33) A Collection of the 19th century American Christmas poetry

34) A Collection of the 18th century Spanish drama

35) Boston Tea Party

2. LCC와 커터 번호를 사용하여 청구 번호를 작성하시오.

1) Macroeconomics / Robert J. Barro. 2010

2) Techniques and applications of digital watermarking and content protection /

Michael Arnold, Martin Schmucker, Stephen D. Wolthusen. 2003

3) LeBoron James: a biography / Lew Freedman. 2008

4) Rainbow's end: the crash of 1929 / Maury Klein. 2003

5) Economic growth / Robert J. Barro, Xavier Sala-i-Martin. 2nd ed. 2004

6) My turn: the memoirs of Nancy Reagan / Nancy Reagan. 1990

7) The economic way of thinking / Paul T. Heyne. 2003

8) Canada's federal marine protected areas strategy. 2005

9) Micro enterprise development in Ghana / Richard Jinks Bani. 2003

10) Abortion – Murder or mercy? : analyses and bibliography / Francois B Gerard. (compiler)

11) Industry and society in Nova Scotia: an illustrated history / Jim Candow, editor. 2001.

12) Development of forest resources in the European part of the Russian Federation / A. I. Pisarenko... [et. al.]. 2001

13) Living standards in the past: new perspectives on well-being in Asia and Europe /edited by Robert C. Allen , Tommy Bengston, and Martin Dribe. 2005

14) The Chicago of Europe, and other tales of foreign travel / Mark Twain; edited and introduced by Peter Kaminsky. 2009

15) The adventures of Huckleberry Finn / Mark Twain ; foreword by Azar Nafisi; introduction and notes by R. Kent Rasmussen. 2014.

16) Selected stories and poems of Edgar Allen Poe. 2009.

17) More solid learning: new perspectives on Alexander Pope's Dunciad / edited by Catherine Ingrassia, Claudia N. Thomas. 2000.

18) Annual report to Parliament / Transportation Safety Board of Canada. 199?

19) Weather and transportation in Canada / edited by Jean Andrey and Christopher. Knapper. 2003.

20) Between public and private: readings and cases on Canada's mixed economy / edited by Diane Jurkowski, George Eaton. 2003

3. KDC6을 사용하여 분류 기호를 작성하시오.

1) 피카소 화집

2) 기관지 외과수술

3) 미국의 시장조사

4) 춘원 이광수 전기

5) 세계 관광지도

6) 인물사진첩

7) 교통법

8) 국립철도박물관

9) 제주도 여행안내

10) 조선백자 연구

11) 한미조약연구

12) 재미한인사회

13) 우리들의 일그러진 영웅/ 이문열(1984)

14) 옥편

15) 축산경영학

16) 수입쇠고기검사 규정집

17) 고등학교 특별활동

18) 중학교 물리교육과정 분석

19) 한국경제신문

20) 청록파 시에 대한 현대시평

4. UDC를 사용하여 분류 기호를 작성하시오.

1) Directory of medical libraries

2) Italian-English dictionary of medicine

3) Teaching mathematics in primary schools

4) International fairy tales

5) Wild flowers of Britain and Europe

6) The kangaroo in the decorative arts

7) Horses, tapir, and rhinoceros

8) Social influence of the potato

9) Bells and bell-ringing

10) Encyclopedia of curtain

11) States bordering the Great Lakes

12) Middle Atlantic states

13) Borough of Manhattan (New York County Manhattan Island)

14) Boroughs and counties of Long Island

15) English fiction in Latin

16) The 20th century Italian literature

17) Encyclopedia of underwater and maritime archaeology

18) History of Virginia and Kentucky

19) Eskimo folk tales

20) The dictionary of picture postcards in Britain, 1894-1939

5. 사진 전문도서관 패싯 분류표를 사용하여 분류 기호를 작성하시오.

(특정 지명은 알파벳으로 표시하시오.)

1) Brixton riots, 1981

2) University graduation ceremony, 2004

3) Regent Street Christmas lights, 1987

4) Football players, Hackney Marshes, 1930s

5) Houses of Parliament

6) Funfair at Battersea Park, 1950s

7) Petticoat Lane Market, 2001

8) Anti-war rally, Hyde Park, 2003

9) Street entertainment, Covent Garden, 1994

10) Big Issue seller, Strand, 2002

6. Cutter-Sanborn 저자 기호표를 사용하여 도서기호를 부여하시오.

1) Peter Wilson, ed. The Australian political almanac

2) Randall G. Holcombe. An economic analysis of democracy

3) Unesco. Higher Educaiton

4) John J. Tarrant. Drucker

5) Heartsill Young ed. The ALA glossary of library and information Science

6) Cataloging and Classification Quarterly. Vol. 23. No. 4.

7) Andre Maurice. Napoleon

8) The autobiography of Bertrand Russell

9) Herman Melville. The Whale

10) Ernest Hemingway. Fiesta

7. 한글순 도서기호법을 사용하여 도서기호를 구성하시오.

1) 송건호, 오익환, 백기완, 유인호 저. 해방 전후사의 인식

2) 한국도서관협회. 제38회 전국도서관대회 주제발표논문집

3) 교육인적자원부. 교육통계연보 2004

4) 국공립대학도서관협의회. 국공립대학도서관협의회 40년사

5) 장삼식 저. 대자원.

6) 김중규. 객관식 행정학 연습. 개정판

7) 조순 저. 개정증보 경제학원론

8) 함윤식. 고백일기 동교동 24시

9) 박청수. 한국노동법연구. 수정판

10) 김주영. 고기잡이는 갈대를 꺾지 않는다.

〈연습문제 답안〉

1. DDC 제23판

1) 016 + 530 = 016.53

2) 020 + 0723(T1, 020.1-.9) + 09(T1) + 41(T2) = 020.7230941

3) 057 + 1(037.1에서 1) = 057.1

4) 155.41 + 393 (152-158에서 153.93의 15 다음에서) = 155.41393

5) 220.5 + 41(T2) = 220.541

6) 221.5 + 96392(T2) = 221.596392

7) 305.8 + 9143(T5) = 305.89143

8) 325.2 + 45(T2, Italy) + 09(T1) + 7471(T2, New York City) = 325.245097471

9) 327 + 41(T2, Great Britain) + 0 + 52(T2, Japan) = 327.41052

327 + 52(T2, Japan) + 0 + 41(T2, Great Britain) = 327.52041

10) 336.278 + 674.9 = 336.2786749

11) 334 + 784(T2) + 07 (344.3-.9) + 02642 (342-347) = 344.7840702642

12) 338.476762 + 09 (T1) + 42 (T2) = 338.4767620942

13) 361.0 + 068(T1, 361.001-009) = 361.0068

14) 370 + 0285(T1, 370.1-.9) = 370.285

15) 378 + 52(T2) + 05(T1) = 378.5205

16) 381.11 + 09 (T1) + 73 (T2) = 381.110973

17) 43 + 3(T4, 32-39) + 41(T6, French) = 433.41

18) 43 + 56(T4) = 435.6

19) 46 + 3(T4, 32-39) + 21(T6, English) = 463.21

20) 44 + 3(T4, 32-39) + 31(T6, French) = 443.31

21) 530 + 060(T1, 530.01-.09) + 73 (T2) = 530.06073

22) 540 + 060 (T1, 540.01-09)+ 73 (T2) = 540.6073

23) 55 + 4912(T2) = 554.912

24) 580 + 024+ 745.92 = 580.2474592

25) 617.15 + 2 (611.712에서 2) = 617.152

26) 636.0887 + 0944361(T1, T2) + 09034(T1 내부보조표, 시대) = 636.0887094436109034

27) 745 + 089 (T1) + 951(T5) = 745.089951

28) 746 + 09621(T1, T2) + 0902 = 746.096210902

29) 779 + 9 (704.949에서 9) +5 (500) = 779.95

30) 796.6 + 0846 (T1) = 796.60846

31) 808.8 + 00+ 34(T1, 09034) = 808.80034

32) 808.8 + 19 + 334 (T3C, holidays) = 808.819334

33) 81 + 1(11-19) + 3(19th, American literature) + 080 (collection) + 334(T3C, holidays) = 811.3080334

34) 86 + 2 (21-29) + 4(18th, Spanish literature)+ 08(collection) = 862.408

35) 9 + 733115 = 973.3115

2. LCC 청구 번호

1) HB 172.5. B36 2010

2) QA 76.9 .A25 A76 2003

3) GV 884 . J36 F74 2008

4) HB 3717 1929 .K54 2003

5) HD 75.5 .B37 2004

6) E878. R43A3 1990

7) HB171.5 .H46 2003

8) QH 91.75 .C2 C36 2005

9) HD 2346 .G4 B36 2003

10) HQ 767 .5 .U5 A2655 2001

11) HC 117 .N8 I53 2001

12) SD 207 .D48 2001

13) HD 7048 .L58 2005

14) PS 1302 .K28 2009

15) PS 1305 .A1 2014

16) PS 2602 2009

17) PR 3625 .M67 2000

18) HE 215 . A15 T7 a

19) HE 215 .A2 W43 2003

20) HD 3616 .C23 B48 2003

3. KDC6 분류 기호

1) 653(국가별 회화) + 27(스페인) = 653.27

2) 514.42(호흡기관) + 4(511.424 인체해부학: 기관지) = 514.424

3) 325.58(시장조사) + 0942(지역 미국) = 325.580942

4) 998(전기) + 81(810 한국문학) = 998.81

   810(한국문학) + 099(표준세구분의 전기) = 810.099

5) 326.39(관광학) + 024(표준세구분의 지도) = 326.39024

6) 668(사진집) + 5(600.45 인물화) = 668.5

7) 326.3(교통) + 023(표준세구분의 법령) = 326.3023

   368(기타 제법) + 326.3(교통) = 368.03263(별법 적용)

8) 069.8(전문박물관) + 535(철도공학) = 069.8535

535(철도공학) + 069(박물관) = 535.069(별법 적용)

9) 981.199(제주도 지리) + 024(980.24 여행안내) = 981.199024

10) 631.2(도자기) + 1105(911.05 조선시대) = 631.21105

11) 361.3(국제조약) + 11(한국) + 0 + 42(미국) = 361.311042

12) 331.37(이민) + 42(미국) + 0 + 11(한국) = 331.3742011

13) 813.62(한국현대소설: 1945–1999) + 04(사회소설) = 813.6204

14) 723(중국어 사전) + 02(713.02 한국어 자전 및 옥편) = 723.02

15) 527(축산학) + 28(522.8 농업경영) = 527.28

16) 517.58(식품검사) + 243(육류: 쇠고기) + 023(규정집) = 517.58243023

17) 376.6(고등학교 교육) + 36(373.6 특별교육활동) = 376.636

18) 376.5(중학교육) + 4(374 교육과정) + 42(물리학) = 376.5442

19) 078(특정 주제의 신문) + 32(320 경제학) = 078.32

20) 810(한국문학) + 1(시) + 6(현대) + 09(문학사 평론) = 811.609

4. UDC 분류 기호

1) 026 + 61 + (058.7) = 026:61(058.7)

2) 61 + (038) + 111+ 131.1 = 61(038)111131.1

3) 373.3 + 37.016 +51 = 373.3:37.016:51

4) 398.21(100)

5) 582.5/.9 + (41) + (4) = 582.5/.9(4+41)

6) 599.224 + 74 = 599.224:74

7) 599.721/.723

8) 635.21 + 316 = 635.21:316

9) 673.5+780.633.1

10) 684.782(031)

11) (734.7/.8737.1/.6)

12) (734.7/.9)

13) (734.711.1)

14) (734.711.2/.5)

15) 821.111−3=124

16) 821.311 "19"

17) 902 + (204.1) + (26) + (031) = 902(204.1+26)(031)

18) 94 + (735.5) + (736.9) = 94(735.5736.9)

19) 398.2 + (=562) = 398.2(+562)

20) 676.813 "1894/1939"(410)(038)

5. 사진 전문도서관 패싯 분류 기호

1) Hc Ln Brixton 1981

2) Ab Hb 2004

3) Hs Ld Regent St 1987

4) Da Ll 193

5) Ad La

6) Df Le Battersea 195

7) Bl Ld Petticoat Lane 2001

8) Hd Le 2003

9) Dj Ld Covent Garden 1994

10) Kx Ld Strand 2002

6. Cutter-Sanborn 도서기호

1) A938w
2) H725e
3) U56h
4) T192d
5) A512y
6) C357v34n4
7) N216m
8) R961a
9) M531w
10) H488f

7. 한글순 도서기호법 도서기호

1) 해42
2) 도54ㅈ38
3) 교66ㄱ2004
4) 국15ㄱ
5) 장52ㄷ
6) 김76ㄱ2
7) 조56ㄱ2
8) 함66ㄱ
9) 박83ㅎ2
10) 김76ㄱ

부록 2.
기출문제

자료조직개론

문 1. 다음은 KDC 제6판 본표의 일부를 발췌한 것이다. 이를 이용하여 분류한 내용으로 옳지 않은 것은?

> 078 특정주제의 신문
> 001-999와 같이 주제구분한다.
> 별법: 도서관에 따라 해당주제 아래에 분류할 수 있다.

① 기독교신문 078.23
② 교육신문 078.37
③ 서예신문 078.65
④ 농업신문 078.52

문 2. 도서기호법에 대한 설명으로 옳은 것은?
① 도서기호는 동일한 분류기호 내에서 각 도서를 개별화할 목적으로 부가하는 기호이며, 일반적으로 저자기호와 저작기호로 구성된다.
② 수입순 기호법은 수입순 또는 등록순으로 일련번호를 부여하는 방식이며, 국내에서는 특히 서양서를 대상으로 많이 활용된다.
③ 연대순 기호법은 기호부여가 간편하고 배가작업이 편리하지만, 동일주제의 최신자료를 군집하는데 어려움이 있다.
④ 저자기호법은 학문 및 지식의 발전과정을 체계적으로 브라우징할 수 있고, 도서기호법 중 국내 도서관에서의 채택률이 가장 높다.

문 3. 다음은 DDC 제23판의 분류과정을 예시한 것이다. 밑줄 친 ㉠과 ㉡에 해당하는 보조표를 바르게 연결한 것은?

> Child psychology for parents
> → 155.4(child psychology) + ㉠ -085(parents) = 155.4085
> French folk music
> → 781.62(folk music) + ㉡ -41(French) = 781.6241

	㉠	㉡
①	Table 1	Table 5
②	Table 1	Table 6
③	Table 5	Table 5
④	Table 5	Table 6

문 4. 한국목록규칙 제4판(KCR4)의 표제와 책임표시사항에 대한 기술총칙 내용으로 옳지 않은 것은?
① 본표제는 해당 자료의 으뜸정보원에 기재된 형식 그대로 기재하되, 표제의 일부분이 '두줄쓰기'로 되어 있는 것은 '한줄쓰기'로 고쳐 쓴다.
② 종합표제나 대표표제가 기재된 자료에서는 이 종합표제나 대표표제를 본표제로 기재하고, 수록된 각 저작의 표제는 주기한다.
③ 자료의 으뜸정보원 이외의 다른 부분에서 취한 책임표시는 각괄호([ ]) 속에 기재하고, 그 자료 이외의 정보원에서 얻은 책임표시는 주기사항에 기재한다.
④ 본표제나 표제관련정보에 포함된 저작자명은 책임표시에 다시 기재하지 않는다.

문 5. RDA(Resource Description and Access)의 내용유형에 해당하는 것으로만 묶은 것은?
① 오디오(audio), 비디오카세트(videocassette)
② 오디오(audio), 컴퓨터디스크(computer disc), 정지화상(still image)
③ 악보(notated music), 텍스트(text), 정지화상(still image)
④ 악보(notated music), 컴퓨터디스크(computer disc)

문 6. 다음은 DDC 제23판과 KDC 제6판의 지역구분 내용의 일부이다. 해당 기호와 내용을 바르게 연결한 것만을 모두 고른 것은?

	기호	DDC 제23판(T2)	KDC 제6판(지역구분표)
ㄱ.	-2	Biography	유럽
ㄴ.	-3	Ancient world	아프리카
ㄷ.	-5	Asia	남아메리카
ㄹ.	-7	North America	오세아니아, 양극지방
ㅁ.	-9	Australasia	해양

① ㄱ, ㄴ, ㄷ ② ㄱ, ㄷ, ㄹ
③ ㄴ, ㄹ, ㅁ ④ ㄷ, ㄹ, ㅁ

문 7. 다음은 KORMARC 형식(통합서지용)으로 작성한 데이터의 일부이다. ㉠ ~ ㉣에 들어갈 주제명부출표목의 표시기호로 옳은 것은? (단, 지시기호와 띄어쓰기는 적용하지 않음)

> (㉠) ▾a불전.▾p화엄경▾x해석
> (㉡) ▾a한국▾x정치
> (㉢) ▾a한국방송공사▾x역사
> (㉣) ▾a베이직(컴퓨터 프로그램 언어)

① ㉠ – 630 ② ㉡ – 611
③ ㉢ – 651 ④ ㉣ – 610

문 8. 목록의 접근점에 대한 설명으로 옳지 않은 것은?
① 접근점은 서지적 기술사항을 검색하기 위한 요소를 의미하며, 전통적인 목록에서는 표목이라는 용어를 사용하였다.
② 한국목록규칙 제4판에서는 표목대신 접근점이란 용어를 사용하였고, 통일표목을 적용하지 않았다.
③ RDA에서 접근점은 특정 저작이나 표현형, 개인, 가족, 단체 등을 나타내는 이름, 용어, 부호 등을 말하며, 전거형 접근점과 이형 접근점으로 구분한다.
④ 국제목록원칙규범은 서지레코드의 필수 접근점으로 구현형의 본표제, 기술된 개체의 표준번호, 총서의 전거형 접근점, 서지레코드 식별기호 등을 포함한다.

문 9. KDC 제6판의 별법 또는 양자택일 규정을 적용한 내용으로 옳은 것만을 모두 고른 것은?

> ㄱ. 교육법: 368.037 또는 370.23
> ㄴ. 정치인의 전기: 340.99 또는 998.34
> ㄷ. 법학 서지: 016.36 또는 360.16
> ㄹ. 불교신문: 078.22 또는 220.5

① ㄱ, ㄴ ② ㄷ, ㄹ
③ ㄱ, ㄴ, ㄹ ④ ㄱ, ㄴ, ㄷ, ㄹ

문 10. KDC 제6판의 개정 사항에 대한 설명으로 옳지 않은 것은?

① 380 '풍속, 예절, 민속학'의 표목은 '풍습, 예절, 민속학'으로 수정되었다.

② 519.82 '포제학'의 표목은 '약재의 선별, 가공'으로 변경되었다.

③ '오락 및 경기 윤리' 196 아래에 카지노, 경마, 경륜, 복권 등을 포함하고 있는 '사행산업윤리' 196.5를 신설하였다.

④ 739.66에 전개되었던 '라플란드어'를 739.64 '핀란드어'에 통합하였고, 792.52의 표목을 '범어(梵語)'에서 '산스크리트어(범어梵語)'로 변경하였다.

문 11. 분류표와 분류기호에 대한 설명으로 옳은 것만을 모두 고른 것은?

ㄱ. 분류기호는 지식의 발전에 따라 새로운 주제를 적절한 위치에 삽입할 수 있도록 신축성(flexibility)을 가져야 한다.
ㄴ. 십진식 분류법은 기호를 통해 주제의 상하관계를 나타내기가 쉽고, 주제의 논리적 배열도 용이하다.
ㄷ. 열거식 분류표에 비해 분석합성식 분류표는 동일한 개념에 대해 동일한 기호를 부여하는 조기성 도입이 용이하나, 분류표의 부피는 방대해질 수 있다.

① ㄱ
② ㄱ, ㄴ
③ ㄴ, ㄷ
④ ㄱ, ㄴ, ㄷ

문 12. 다음은 리재철 저자기호표 제5표이다. 이를 적용하여 작성한 도서기호로 옳은 것은?

자음기호		모음기호			
		초성이 'ㅊ'이 아닌 글자		초성이 'ㅊ'인 글자	
ㄱ ㄲ	1	ㅏ	2	ㅏ(ㅐ ㅑ ㅒ)	2
ㄴ	19	ㅐ(ㅑ ㅒ)	3	ㅓ(ㅔ ㅕ ㅖ)	3
ㄷ ㄸ	2	ㅓ(ㅔ ㅕ ㅖ)	4	ㅗ(ㅘ ㅙ ㅚ ㅛ)	4
ㄹ	29	ㅗ(ㅘ ㅙ ㅚ ㅛ)	5	ㅜ(ㅝ ㅞ ㅟ ㅠ ㅡ ㅢ)	5
ㅁ	3	ㅜ(ㅝ ㅞ ㅟ ㅠ)	6	ㅣ	6
ㅂ ㅃ	4	ㅡ(ㅢ)	7		
ㅅ ㅆ	5	ㅣ	8		
ㅇ	6				
ㅈ ㅉ	7				
ㅊ	8				
ㅋ	87				
ㅌ	88				
ㅍ	89				
ㅎ	9				

① 우리들의 일그러진 초상 / 이청춘 지음 – 이84우
② 이순신의 생애 / 추윤발 지음 – 이56이
③ 나만의 세계 / 성규리 지음 – 성16나
④ 정치학의 이해 / 잭, 헨리 지음 – 잭94저

문 13. 주제명목록과 비교할 때, 분류목록(classified catalog)이 갖는 특성으로 옳은 것만을 모두 고른 것은?

ㄱ. 목록의 배열이 이론적이고 체계적이다.
ㄴ. 목록에서 관련된 주제가 집중된다.
ㄷ. 다른 목록들과 통합하여 사전체목록으로 편성할 수 있다.
ㄹ. 목록을 배열하거나 이용할 때 언어의 장벽을 감소시킬 수 있다.

① ㄱ, ㄷ
② ㄴ, ㄹ
③ ㄱ, ㄴ, ㄹ
④ ㄱ, ㄴ, ㄷ, ㄹ

문 14. 한국목록규칙 제4판(KCR4)의 연속간행물 기술에 대한 내용으로 옳지 않은 것은?

① 기술의 정보원은 창간호를 기준으로 하되, 창간호의 정보를 알 수 없는 경우에는 입수된 첫 호의 정보원에 의한다.

② 간행 중 판표시가 변경된 때에는 새로운 저록(레코드)을 작성하고, 변경전후의 판표시는 각각 주기사항에 기술한다.

③ 간행빈도를 나타내는 어구가 표제의 활자와 같은 크기로 표제에 나타나 있으면, 간행빈도를 포함하여 본표제로 기술한다.

④ 축약형과 완전형의 표제가 함께 기재되어 있는 경우에는 완전형을 본표제로 기술한다.

문 15. 다음은 '종합표제 없이 4개 작품을 수록하고 있는 단일 저자의 합집' 표제면이다. 한국목록규칙 제4판(KCR4)과 KORMARC 형식(통합서지용)으로 작성했을 때, 245 필드의 기술이 옳은 것은? (단, 지시기호와 띄어쓰기는 적용하지 않음)

<표제면>

위대한 유산
크리스마스 캐럴
두 도시 이야기
올리버 트위스트

찰스 디킨스 지음/이기석 옮김

① 245 ▾a위대한 유산 /▾d찰스 디킨스 지음 ;▾e이기석 옮김 … [외]
② 245 ▾a위대한 유산 /▾d찰스 디킨스 지음 ;▾e이기석 옮김. [외]
③ 245 ▾a위대한 유산 … [외] /▾d찰스 디킨스 지음 ;▾e이기석 옮김
④ 245 ▾a위대한 유산 [외] /▾d찰스 디킨스 지음 ;▾e이기석 옮김

문 16. KDC 제6판과 DDC 제23판의 분류번호가 동일한 의미를 갖는 것끼리 연결된 것은?

① KDC 320 – DDC 340
② KDC 510 – DDC 630
③ KDC 740 – DDC 420
④ KDC 860 – DDC 830

문 17. 다음은 KORMARC 형식(통합서지용)의 전거레코드 작성 예시이다. ㉠과 ㉡에 들어갈 표시기호를 바르게 연결한 것은? (단, 지시기호와 띄어쓰기는 적용하지 않음)

○ 현재 기관명: 교육부	⇒	110	▾a교육부
○ 영문 기관명: Ministry of Education		[㉠]	▾aMinistry of Education
○ 이전 기관명: 교육인적자원부		[㉡]	▾a교육인적자원부
○ 이전 기관명: 문교부		[㉡]	▾a문교부

	㉠	㉡
①	410	610
②	410	510
③	610	710
④	510	710

문 18. 다음은 KDC 제6판 본표와 보조표의 일부를 발췌한 것이다. 이를 이용하여 '전라도 요리'를 분류한 기호로 옳은 것은?

	594.5 요리(조리법) Cookery 특정음식점의 요리비결법에 관한 것은 여기에 분류한다. .51 한국요리 Korean cookery .519 한국지역 요리 지역구분표 -11에 따라 세분한다.
지역구분표	-119 전라도

① 594.5119

② 594.51119

③ 594.5199

④ 594.519119

문 19. 한국목록규칙 제4판(KCR4)의 총서에 대한 기술총칙으로 옳지 않은 것은?

① 총서의 권차를 표현한 단위어는 그 자료에 표시된 문자와 용어 그대로 기재하되, 가급적 약어화한다.

② 총서 중에서 수 개를 차지하는 저작으로 그 권호가 띄엄 번호일 경우, 해당번호 중 최초의 번호와 최후의 번호를 '짧은 붙임표(-)'로 연결하여 기술한다.

③ 하위총서가 편, 계, 보유 성격의 차서를 포함하고 있는 것은 하위총서 표제 앞에 이를 기술한다.

④ 하위총서의 대등표제, 표제관련정보, 책임표시에 대해서는 그의 기재를 원칙적으로 생략하되, 식별상 필요한 경우에는 본총서의 기술방법에 준하여 기술한다.

문 20. 다음은 KORMARC 형식(통합서지용)으로 작성한 레코드의 일부이다. 밑줄 친 연관저록 표시기호의 사용으로 옳지 않은 것은? (단, 지시기호와 띄어쓰기는 적용하지 않음)

> ㄱ. 번역서와 원저 관계
> 245 00▾a인간의 굴레 /▾d서머셋 모음
> <u>765</u> 0 ▾aMaugham, William Somerset.▾tOf human bondage,▾z0877790105
>
> ㄴ. 저작의 보유판 또는 특별호 관계
> 245 00▾a신동아
> <u>772</u> 0 ▾t현대 한국의 명저 100권,▾z97911879680XX
>
> ㄷ. 물리적 형태가 다른 저작 관계
> 245 00▾aCollege English▾h[microform]
> <u>776</u> 1 ▾tCollege English▾x0010-0994
>
> ㄹ. 해당 자료와 직접적인 관련이 있는 선행자료 관계
> 245 00▾a문헌정보학개론 /▾d정필모
> <u>780</u> 02▾t도서관학개론

① ㄱ의 765필드

② ㄴ의 772필드

③ ㄷ의 776필드

④ ㄹ의 780필드

자료조직개론

문 1. 분류법에 대한 설명으로 옳지 않은 것은?

① 해리스(W.T. Harris)의 분류법은 분류기호와 도서기호를 서가배열과 목록배열에 사용한 분류법으로 이후의 서가분류법에 영향을 주었다.

② 카터(C.A. Cutter)의 전개분류법은 꽁트(A. Comte)의 학문분류체계에 영향을 받았으며, 배열순서는 일반적으로 주제의 진화순으로 되어 있다.

③ 브리스(H.E. Bliss)의 서지분류법은 5개의 공통패싯을 이용한 분석합성식 원리를 수용하였으며, 콜론분류법에 영향을 주었다.

④ 에드워즈(E. Edwards)의 분류법은 근대 영국 공공도서관의 대표적인 분류법으로 신학, 의학, 서지 등 12개의 주류로 구분되어 있다.

문 2. 『사고전서총목제요(四庫全書總目提要)』의 사부분류법(四部分類法)에 따라 구분할 때, 경부(經部)에 해당하지 않는 것은?

① 시류(詩類)

② 악류(樂類)

③ 춘추류(春秋類)

④ 유가류(儒家類)

문 3. 다음은 KDC 제6판의 분류규정을 적용한 예시이다. 옳은 것만을 모두 고른 것은?

> ㄱ. 『한국 철학에 미친 유교의 영향』
> → '유교'가 아닌 '한국 철학'에 분류
> ㄴ. 『종교사의 기원으로서의 신화』
> → '신화'가 아닌 '종교사'에 분류
> ㄷ. 『영어 학습을 위한 셰익스피어의 로미오와 줄리엣(한영 대역서)』 → '영어'가 아닌 '영문학'에 분류

① ㄱ, ㄴ

② ㄱ, ㄷ

③ ㄴ, ㄷ

④ ㄱ, ㄴ, ㄷ

문 4. KDC가 제5판에서 제6판으로 개정되면서 변경된 분류항목으로 옳은 것만을 모두 고른 것은?

	분류항목	제5판	제6판
ㄱ.	건축사	610.9	540.09
ㄴ.	통계학	310	413
ㄷ.	양극지방	970	969
ㄹ.	국립도서관	026.2	026.1

① ㄱ, ㄴ

② ㄷ, ㄹ

③ ㄱ, ㄴ, ㄷ

④ ㄴ, ㄷ, ㄹ

문 5. 다음은 DDC 제23판 본표의 일부를 발췌한 것이다. 괄호 안에 들어갈 보조표로 옳은 것은?

> 746.7 Rugs
> .751-.758 Styles from specific Asian countries and localities other than southeast Asia
> Add to base number 746.75 the numbers following -5 in notation 51-58 from (　　), e.g., Chinese rugs 746.751

① Table 2

② Table 4

③ Table 5

④ Table 6

문 6. 다음은 KDC 제6판 본표의 일부를 발췌한 것이다. ㉠ ~ ㉣에 들어갈 조기표로 옳은 것은?

> 290 기타 제종교 Other religions
> 291 아시아
> .1 한국
> .2-.9 기타 아시아 각국
> 발상국에 따라 (㉠) -12-19와 같이 세분한다.
>
> 362 헌법 Constitutional law
> 362.001-.009는 (㉡)에 따라 세분한다.
> 예: 헌법판례 362.0023
> .01-.07 각국헌법
> .11 한국헌법
>
> 718 방언(사투리) Dialect
> .1-.9 각 지방의 방언
> (㉢) -111-1199와 같이 세분한다.
> 예: 제주도 방언 718.99
>
> 790 기타 제어 Other languages
> 별법: 도서관에 따라 각 언어에 대해 (㉣)을 적용할 수 있다.
> 792 인도-유럽어족
> .1 그리스어
> .2 라틴어

① ㉠ - 종교공통구분

② ㉡ - 표준구분

③ ㉢ - 언어공통구분

④ ㉣ - 국어구분

문 7. DDC 제23판의 분류기호에 따를 때, 해당 주제와 분류기호의 연결이 옳은 것만을 모두 고른 것은?

> ㄱ. 독일어로 된 수필(2인 이상 저자 작품) → 834
> ㄴ. 영어로 된 미국소설(2인 이상 저자 작품) → 823
> ㄷ. 스페인어로 된 서간문(2인 이상 저자 작품) → 856
> ㄹ. 고대영어로 된 문학작품(2인 이상 저자 작품) → 829

① ㄱ, ㄴ
② ㄱ, ㄹ
③ ㄴ, ㄷ
④ ㄷ, ㄹ

문 8. 다음의 주류(main classes)기호 아래에 세분되어 있는 KDC와 DDC의 분류항목으로 옳지 않은 것은?

	주류	KDC 제6판	DDC 제23판
①	300	통계자료	General management
②	400	기상학	Romance languages
③	500	제조업	Earth sciences
④	600	공예	Medicine and health

문 9. 국제십진분류법(UDC)에 대한 설명으로 옳지 않은 것은?

① 완전판, 중간판, 간략판, 특정 주제판, CD-ROM, 웹버전 등으로 출시되고 있어 선택의 여지가 많아 다양한 요구에 부응할 수 있다.
② 서가배열을 위한 분류보다는 서지에 수록될 정보를 보다 정확하고 상세하게 분류하기 위한 목적에서 고안되었다.
③ 분류기호를 부여한 후 이를 배열하기 위한 순서(filing order)를 별도로 제시하고 있다.
④ 기본주제의 배치원리는 암페르(A.M. Ampere)의 학문배열을 따르며, 주류 배열 순서를 자연과학, 인문학, 사회과학 순으로 배정하였다.

문 10. 다음은 『Cutter-Sanborn Three-Figure Author Table』의 일부분이다. 이 표를 적용하여 Robert Perry가 지은 『Public Library, third edition』의 도서기호로 옳은 것은?

Perry	462	Robert	639
Perry, G.	463	Robert, G.	641
Perry, M.	464	Robert, M.	642
Perry, S.	465	Roberts	643
Pers	466	Roberts, F.	644

① P464-3
② P464p3
③ R642-3
④ R642p3

문 11. 주요 목록규칙(편목규칙)에 대한 설명으로 옳은 것만을 모두 고른 것은?

> ㄱ. 한국목록규칙 제4판은 기본표목을 규정하지 않고 있으며, 통일표목을 적용하지 않는다.
> ㄴ. 박봉석의 조선동서편목규칙은 국제적 추세를 수용하여 저자명목록을 기본목록으로 하고 있다.
> ㄷ. C.A. Cutter의 사전체목록규칙은 이용자의 편의성을 강조한 규칙으로서 이후의 목록규칙에 많은 영향을 미쳤다.
> ㄹ. RDA(Resource Description and Access)는 IFLA의 FRBR과 FRAD의 개념모형을 기반으로 하고 있다.

① ㄱ, ㄴ
② ㄷ, ㄹ
③ ㄱ, ㄷ, ㄹ
④ ㄴ, ㄷ, ㄹ

문 12. 서지적 관계유형에서 틸렛(B. Tillett)이 주장한 파생관계(derivative relationships)에 해당하는 것은?

① 개정판, 번역서
② 영인본, 증보판
③ 해설집, 서평
④ 요약집, 색인집

문 13. 주제명표목표의 '참조'에 대한 설명으로 옳지 않은 것은?

① '참조'는 이용자가 사용한 탐색어로부터 주제명표목표에서 선정한 표목으로 안내하고 관련 표목 간을 연결하기 위한 것이다.
② '보라참조'는 표목으로 채택되지 않은 주제명에서 채택된 주제명표목으로 연결시켜 주는 역할을 한다.
③ '도보라참조'는 표목으로 채택된 주제명을 채택되지 않은 주제명으로 연결시켜 주는 역할을 한다.
④ '일반참조'는 개별 표목을 지시하는 참조와는 달리, 일단의 표목이나 범주를 지시하는 역할을 한다.

문 14. 한국목록규칙 제4판의 기술규칙 중 각종 자료의 표제관련 기술규칙에 대한 설명으로 옳지 않은 것은?

① 지도자료의 경우, 자료의 어느 부위에도 표제의 표시가 없는 경우에는 대상 지명을 나타내는 어구가 포함되도록 하여 본표제를 보기한다.
② 고서자료의 경우, 다권본으로 이루어진 자료는 첫째 권 또는 첫 책의 권수제면(卷首題面)이나 표제면을 기준으로 본표제를 기술한다.
③ 악보자료의 경우, 식별상 필요한 숫자나 문자가 표제와 불가분의 관계가 있는 경우에는 이를 본표제의 일부로 기술한다.
④ 화상자료 중 복제화는 원화의 표제를 본표제로 기술하고, 원화의 일부를 복제한 경우에는 이 사실을 부기한다.

2016년 지방공무원 임용시험문제 Ⓐ

자료조직개론

(1번~20번) (9급)

1. 다음 중 미국의회도서관분류법(LCC)의 주류 배열 순서에 따라 바르게 나열한 것은?
① Political Science → Education → Literature → Agriculture → Naval Science
② Political Science → Naval Science → Education → Literature → Bibliography
③ Geography → Language → Fine arts → Military Science → Law
④ Psychology → Language → Military Science → Music → Law

2. 다음 중 국제표준도서번호(ISBN) 부여대상 자료로만 묶인 것은?
① 지도 – 점자자료 – 마이크로형태자료
② 인쇄된 도서 – 지도 – 전자게시판
③ 점자자료 – 지도 – 인쇄악보
④ 점자자료 – 마이크로형태자료 – 음악녹음자료

3. 다음 표는 리재철의 「한글순도서기호법」 <제5표>이다. 이에 따른 "이현수 저, 한국교육의 이해"의 저자기호로 옳은 것은?

자음기호		모음기호			
		초성이 ㅊ이 아닌 글자		초성이 ㅊ인 글자	
ㄱ ㄲ	1	ㅏ	2	ㅏ(ㅐ ㅑ ㅒ)	2
ㄴ	19	ㅐ(ㅑ ㅒ)	3	ㅓ(ㅔ ㅕ ㅖ)	3
ㄷ ㄸ	2	ㅓ(ㅔ ㅕ ㅖ)	4	ㅗ(ㅘ ㅙ ㅚ ㅛ)	4
ㄹ	29	ㅗ(ㅘ ㅙ ㅚ ㅛ)	5	ㅜ(ㅝ ㅞ ㅟ ㅠ ㅡ ㅢ)	5
ㅁ	3	ㅜ(ㅝ ㅞ ㅟ)	6	ㅣ	6
ㅂ ㅃ	4	ㅡ(ㅢ)	7		
ㅅ ㅆ	5	ㅣ	8		
ㅇ	6				
ㅈ ㅉ	7				
ㅊ	8				
ㅋ	87				
ㅌ	88				
ㅍ	89				
ㅎ	9				

① 한9 ② 이68 ③ 이94 ④ 한23

4. 택소노미(taxonomy)와 폭소노미(folksonomy)에 대한 비교로 옳지 않은 것은?

	구분	택소노미	폭소노미
①	개발/참여자	권위를 가진 담당자	최종이용자
②	분류의 방식	하향식(top-down)	상향식(bottom-up), 양방향식
③	분류의 특징	협동적 분산 분류시스템	중앙집중적 분류시스템
④	참여자 수	소수	다수

5. 동일한 분류번호에 속하는 저자들의 자료가 도서관에 다음 순서대로 입수되었다. 오른쪽의 <Cutter-Sanborn 세 자리 저자기호표>로 저자기호를 작성할 때 다음 (가)~(마)에 각각 알맞은 저자기호는?

J. Campbell	((가))	Camp	186
A. Campbell	((나))	Campbell	187
K. Campbell	((다))	Campbell, H.	188
L. Campbell	((라))	Campbell, M.	189
N. Campbell	((마))	Campbell, S.	191
		Campbell, W.	192

	(가)	(나)	(다)	(라)	(마)
①	C187	C1865	C1875	C1877	C188
②	C187	C1875	C1877	C1878	C188
③	C188	C189	C1895	C1897	C191
④	C188	C187	C1885	C1887	C189

6. 콜론분류법(CC)에 대한 설명으로 옳지 않은 것은?
① 암페르(A. M. Ampere)의 학문배열을 따르고 있어 역사학보다 수학이 먼저 배치되어 있다.
② 기본범주 중 주제를 형성하는 본질적인 속성은 [P], 소재는 [M], 기능은 [E]라는 패싯기호로 나타낸다.
③ 초판은 기본주제를 26개로 구성하고 4개의 보조표(공통세목, 지역구분, 연대구분, 언어구분)를 두었으며 콜론기호(:)를 사용하였다.
④ 제2판부터 [P], [M], [E], [S], [T]를 기본범주로 채택하고 각 기본주제 아래에 패싯공식도 설정하였다.

7. 듀이십진분류법(DDC) 제23판의 다음 예에 따를 경우, 해당 자료와 분류기호의 연결이 옳은 것은?

> 314–319 General statistics of specific continents, countries, localities in modern world
> Add to base number 31 notation 4–9 from Table 2, . . .

① 유럽의 일반통계자료 – 314
② 아프리카의 일반통계자료 – 315
③ 북미의 일반통계자료 – 316
④ 남미의 일반통계자료 – 317

8. 한국십진분류법(KDC) 제6판의 다음 예에 따를 경우, "표제어가 스페인어인 스페인어–중국어사전"의 분류기호로 옳은 것은?

> 713.2–.9 2개국어사전
> 2개국어사전은 표제어에 분류하고 해설어를 국어구분의 기호를 사용하여 부가한다.

① 763.2 ② 763.3 ③ 773 ④ 773.2

9. 한국십진분류법(KDC) 제6판과 듀이십진분류법(DDC) 제23판의 적용방법을 설명한 것으로 옳지 않은 것은?
① '090'의 경우 KDC는 '향토자료', DDC는 '필사본 및 희귀본'을 분류하고 있다.
② '개인전기'는 KDC와 DDC 모두 도서관에 따라 '92' 또는 'B' 등으로 간략하게 분류할 수 있다.
③ '중등학교 화학교육과정'의 경우, KDC와 DDC 모두 370(교육학)에서 세분한다.
④ '인사관리'나 '재무관리'의 경우, KDC는 300(사회과학), DDC는 600(기술과학)에서 세분한다.

10. 다음은 듀이십진분류법(DDC) 제23판의 일부이다. 이를 참고하여 다음 주제를 분류할 때 알맞은 분류기호는?

> 분류 주제 : Canning red meat

> 641.4 Food preservation and storage
> .41 Preliminary treatment
> .42 Canning
> .44 Drying and dehydrating
> .45 Low-temperature techniques
> .452 Cold storage
> .453 Deep freezing
> .46 Pickling, brining, smoking
> .462 Pickling
> .48 Storage
> .49 Meat
> .492 Red meat
> Add to base number 641.492 the numbers following 641.4 in 641.41–641.46

① 641.42 ② 641.492
③ 641.4922 ④ 641.49242

자료조직개론

문 1. KDC 제6판의 '언어공통구분표'를 적용하여 분류할 수 있는 자료가 아닌 것은?
① 재미있는 영어 희곡 작법
② 현대 러시아어 실용 회화
③ 15세기 프랑스어 방언 연구
④ 초보자를 위한 스페인어 사전

문 2. KDC를 적용하여 전기 자료를 분류하는 원칙에 대한 설명으로 옳지 않은 것은?
① 1인에 대한 전기는 각전으로, 2인 이상 인물의 전기는 총전으로 분류한다.
② 한 중심 인물을 설명하기 위해 여러 사람의 생애에 대해 기술한 저작은 그 중심 인물의 전기로 분류한다.
③ 문학가가 아닌 개인의 서간집(書簡集)은 개인 전기로 분류한다.
④ 특정 국가나 주제에 한정되지 않은 인명사전은 전기 일반으로 분류한다.

문 3. KDC에 대한 설명으로 옳지 않은 것은?
① 주류배열은 Bacon의 학문 분류에 기초하였다.
② 언어류는 DDC에서는 400대에 배치되었으나 KDC에서는 700대에 배치되었다.
③ 십진식 분류체계에 기반한 계층적 분류표이다.
④ 기술과학의 강목 순서와 체계는 UDC를 참조하였고 의학 분야의 세목 부분은 LCC를 참조하였다.

문 4. DDC 제23판의 보조표의 번호와 내용이 옳은 것을 모두 고른 것은?

T1	T3B
ㄱ. −04 Special topics	ㄹ. −4 Essays
ㄴ. −06 Miscellany	ㅁ. −6 Speeches
ㄷ. −07 Education, research, related topics	ㅂ. −7 Letters

① ㄱ, ㄴ, ㄹ
② ㄱ, ㄷ, ㄹ
③ ㄴ, ㅁ, ㅂ
④ ㄷ, ㅁ, ㅂ

문 5. DDC 제23판을 적용한 분류에서 보조표 사용으로 옳지 않은 것은?
① 이슬람교 용어사전 : 297 + T1
② 브라질의 철도운송 : 385 + T1 + T2
③ 노르웨이어 문법 : 439.82 + T4
④ 무라카미 하루키 문학 전집 : 895.66 + T5

문 6. 분류표와 그 유형의 연결이 옳지 않은 것은?
① LCC − 비십진식 − 열거식 − 계층구조형
② DDC − 십진식 − 열거식 − 계층구조형
③ BC − 비십진식 − 분석합성식 − 계층구조형
④ CC − 비십진식 − 분석합성식 − 다차원구조형

문 7. DDC 제23판을 적용하여 다음과 같이 분류하였다면, 이 때 적용된 분류 규칙은?

> "Wooden built-in furniture"가 684.104(Wooden furniture)가 아닌 684.16(built-in furniture)에 분류되었다.

① Rule of application
② First of two rule
③ Rule of three
④ Rule of zero

문 8. KDC 제6판에 의한 분류기호에서 밑줄 친 부분이 같은 의미를 지닌 조기성 기호가 아닌 것은?
① 600.912
② 349.12
③ 071.2
④ 512

문 9 다음 보기에서 폭소노미(folksonomy)에 대한 설명으로 옳은 것을 모두 고른 것은?

> ㄱ. 자유롭게 선택된 키워드의 집합인 태그를 이용하여 이루어지는 협업적 분류이다.
> ㄴ. 택소노미(taxonomy)에 비해 계층적, 체계적 구조를 갖고 있다.
> ㄷ. 정보자료의 생산자 또는 소비자가 직접 분류하는 방식으로, 집단지성을 이용한 분류방식이다.
> ㄹ. 시소러스 등과 같은 통제어휘집을 사용하여 작성된다.
> ㅁ. 정보를 범주화하는 데 유용하며, 계층적 브라우징을 지원한다.

① ㄱ, ㄷ
② ㄱ, ㄷ, ㅁ
③ ㄴ, ㄷ, ㄹ
④ ㄴ, ㄹ, ㅁ

문 10. 분석합성식 분류표에 대한 설명으로 옳은 것은?
① 열거식 분류표에 비하여 상호배타적인 복수의 주제를 표현하는 것이 어렵다.
② 기호시스템이 복잡하지 않으며 분류표를 구조화하기 쉽다.
③ 열거식 분류표에 비하여 분류기호의 길이가 길어지고 복잡해질 수 있다.
④ 열거식 분류표에 비하여 본표가 간단하므로 완전한 분류가 어렵다.

자료조직개론

(1번~20번) (9급)

1. 듀이십진분류법(DDC) 제23판의 일부를 바탕으로 할 때 T1 표준구분표 −03(사전)을 합성할 수 없는 자료는?

378.103	Community relations Including volunteer student service Class interdisciplinary works on relations of colleges and universities with society in 306.432
.103 5	Industry relations Class here industry involvement in higher education
.106	Financial management Including tuition

① 『A dictionary of volunteer student service』
② 『A dictionary of community relations』
③ 『A dictionary of financial management』
④ 『A dictionary of industry involvement in higher education』

2. 고대에서부터 현대에 이르기까지 많은 학자들이 학문을 분류했는데, 다음 <보기> 중 학자와 그 학자가 제시한 학문 분류의 기준이 맞게 연결된 것을 모두 고르면?

<보기>
㉠ 아리스토텔레스(Aristotle) : 의무, 부, 욕망, 해탈
㉡ 베이컨(Francis Bacon) : 사학, 시학, 과학
㉢ 헤겔(Georg W.F. Hegel) : 논리학, 자연과학, 정신과학
㉣ 스펜서(Herbert Spencer) : 순수수학, 자연과학, 정신과학

① ㉠, ㉡ ② ㉠, ㉢ ③ ㉡, ㉢ ④ ㉡, ㉣

3. 다음 중 콜론분류법(CC)에서 사용하는 분류기호에 해당하지 않는 것은?
① 10개 아라비아 숫자 ② 26개 알파벳 대문자
③ 26개 알파벳 소문자 ④ 그리스문자(Δ Delta)

4. 다음은 범주화에 관한 두 가지 경향인 고전범주화와 자연범주화에 대한 설명이다. 범주화의 유형과 그 설명이 바르게 연결된 것은?
① 고전범주화 – 범주는 분명한 경계를 갖는다.
② 자연범주화 – 범주 내의 구성원은 동등한 자격을 갖는다.
③ 고전범주화 – 범주 내의 구성원의 위계는 문화와 환경에 따라 달라진다.
④ 자연범주화 – 특정 범주에 속하는 모든 성원은 그 범주의 속성을 반드시 지녀야 한다.

5. 다음 중 국제십진분류법(UDC)의 분류기호 조합이 옳은 것은?
① 수학과 음악 51/78
(수학 51, 음악 78)
② 경제학 연속간행물 33[05]
(경제학 33, 연속간행물 05)
③ 한국의 화학공업 66(519)
(화학공업 66, 한국 519)
④ 20세기 회화 75=19
(회화 75, 20세기 19)

6. 다음 중 한국십진분류법(KDC) 제6판에서 제시하는 총류와 언어, 문학을 제외한 대다수 자료의 주제분석을 위한 순서를 맞게 나열한 것은?

㉠ 출판 시 목록데이터(CIP)
㉡ 서문 또는 서론, 해설
㉢ 본문 통독
㉣ 표제
㉤ 참고문헌, 색인항목
㉥ 내용목차
㉦ 서평, 참고자료, 전문가

① ㉠ – ㉣ – ㉥ – ㉡ – ㉤ – ㉢ – ㉦
② ㉠ – ㉣ – ㉥ – ㉢ – ㉡ – ㉤ – ㉦
③ ㉣ – ㉠ – ㉥ – ㉢ – ㉡ – ㉤ – ㉦
④ ㉣ – ㉥ – ㉡ – ㉢ – ㉤ – ㉠ – ㉦

7. 리재철의 '한글순 도서기호법'에 따를 경우, 다음 중 '조지현 저, 장군 이순신전'의 도서기호로 가장 적합한 것은?
① 이52조 ② 조52장
③ 조52이 ④ 장52조

8. 분류표의 주제를 구분하는 데 있어 하위류(subordinate classes)의 조직에 적용할 수 있는 가장 적절한 규범은?
① 공간인접순 원칙 ② 전통적 규범순서
③ 외연감소 규범 ④ 양적순서 원칙

9. 아래의 <보기>를 참고하여, 듀이십진분류법(DDC) 제23판을 기준으로 다음에 제시된 주제를 분류할 때 옳은 것은?

<분류 주제 : Techniques of landscape painting in acrylics>

<보기>

751.426	Acrylic painting
.426 4	Acrylic painting techniques by subject Add to base number 751.4264 the numbers following 704.94 in 704.942–704.949
704.942	Human figures
704.943	Nature and still life
.943 2	Animals
.943 4	Plants
.943 6	Landscapes

① 751.426436 ② 751.4264436
③ 751.42646 ④ 751.42649436

10. 한국십진분류법(KDC) 제6판에서 제시한 분류규정으로 옳은 것은?
① 어떤 주제의 연구 방법이나 이론을 응용할 경우에는 연구대상이 되는 주제 아래에 분류한다.
② 문헌이 두 주제 간의 원인과 결과를 다룬 것일 때는 원인이 되는 주제에 분류한다.
③ 구체적인 주제와 추상적인 주제가 함께 내포되어 있을 경우에는 추상적인 주제 아래 분류한다.
④ 다른 저자의 학설이나 연구결과를 비판한 문헌은 비판의 대상이 되는 저작에 분류한다.

참고문헌

김영귀(2001). 「정리 업무와 대학도서관의 아웃소싱에 관한 연구: 부산, 경남지역을 중심으로」. 『한국도서관정보학회지』 32(4): 361-394.

김정현(2014). 『문헌분류의 실제』. 제3판. 태일사.

김포옥·노옥림(2004). 「목록업무의 아웃소싱에 대한 인식도 연구」. 『정보관리학회지』 21(1): 145-172.

노문자(2005). 「국립중앙도서관 정리 업무의 아웃소싱에 관한 고찰」. 『한국비블리아학회지』 16(1): 203-231.

노지현(2006a). 「편목 아웃소싱의 이론적 근거에 대한 의문」. 『한국도서관정보학회지』 37(2):231-253.

______(2006b). 「편목업무 아웃소싱의 득과 실: 공공도서관을 사례로 하여」. 『한국도서관정보학회지』 37(4): 231-253.

______(2009). 「편목업무 아웃소싱의 성과에 대한 논의」. 『한국도서관정보학회지』 40(2): 47-67.

노옥순(1995). 「정리사서의 역할 변화와 업무 재편에 관한 연구」, 『정보관리학회지』 12(2): 63-83.

오동근(2015). 『최신분류론』. 태일사.

윤정옥(2004). 「대학도서관 편목업무 외주의 동향과 논쟁」. 『한국문헌정보학회지』 38(2): 119-136.

윤희윤(2000). 「도서관의 아웃소싱에 대한 비판적 연구」 『한국도서관정보학회지』 31(3): 1-21.

______(2015). 『정보자료분류론』. 제5판. 태일사.

이유정(2007). 「국내 정리 업무 아웃소싱의 문제점 분석과 개선방안」. 『정보관리학회지』 21(2): 89-106.

정혜경(2005). 「목록 아웃소싱의 타당성 분석에 관한 연구」. 『한국문헌정보학회지』 39(2): 35-56.

한국도서관협회(2010). 『문헌정보학용어사전』. 개정판. 한국도서관협회.

______(2013). 『한국십진분류법』. 제6판. 도서관협회.

Aitchison, J. and et al.(1997). *Thesaurus Construction and Use: A Practical Manual*. 3rd ed. London: Aslib.

Allen, B. L.(1996). *Information Tasks: Toward a User-Centered to Information Systems*. London: Academic Press.

Anderson, James K. and Hofmann, Melissa A.(2006). "A fully faceted syntax for library of Congress Subject Heading," *Cataloging and Classification Quouterly*. 43(1): 7-38.

Ardo, A. and Koch, T.(1998). *Nordic WAIS/World Wide Web Project: Subproject: automatic classification of WAIS database* <http://www.ub2.lu.se/autoclass.html>

Attwood, R. and Dervin, B.(1982). "Challenge to sociocultural predictors of information seeking," in *Communication Yearbook* 5, ed. M. Burgoon. Piscataway. NJ: Transaction, 549-569.

Banerjee, Kyle(2001). "Taking Advantage of Outsourcing Options: Using Purchased Record Sets to Maximize Cataloging Effectiveness," *Cataloging and Classification Quarterly*, 32(1): 55-64.

Batley, Sue(2005). *Classification in Theory and Practice*. Oxford: Chandos.

______(2007). *Information Architecture for Information Professionals*. Oxford: Chandos.

Berners-Lee, T. and et. al.(2001). "The semantic web," *Scientific American*, 17 May. 284 (5): 34-43

Bianco, C. E.(2009). "Medical Librarian's Uses and Perceptions of Social Tagging," *Journal of Medical Library Association*, 97(2): 136-139.

Bliss Classification Association(2007). *The Bliss Bibliographic Classification: History and Description*.
<http://www.blissclassification.org.uk/bchist.shtml>

________(2011). *The Bliss Bibliographic Classification*.
<http://www/blissclassification.org.uk/>

________(2013) *Bliss bibliographic Classification: Schedules*(2nd ed., edited by J. Mills and V. Broughton). London, England: Bowker-Saur.
<http://www.blissclassification.org.uk/bcsched.shtml>

Bliss, H. E.(1939). *The Organization of Knowledge on Libraries and the Subject Approach to Books*. 2nd. ed. New York: H. W Wilson Company.

Boiko, B. (2004). *Content Management Bible*, 2nd ed. Indianapolis, IN: John Wiley & Sons.

British Standard Institution.(2005). *Universal Decimal Classification: Standard Edition*. London: BSI.

Broughton, V.(2015). *Essential Classification*. 2nd ed. New York: Neal-Schuman.

Brown, J. D.(1898). *Adjustable Classification for Libraries, with Index*. London, England: Library Supply Company

______(1939). *Subject Classification*. 3rd ed. London: Grafton

Bowker, G. C. and Star, S. L.(2000). *Sorting Things Out: Classification and Its Consequences*. Cambridge, MA: MIT Press.

Chan, L. M.(1999). *A Guide to the Library of Congress Classification*. 5th ed. Englewood, CO: Libraries Unlimited.

Chan, L. M. and Salaba, Athena.(2016). *Cataloging and Classification: An Introduction*. 4th ed. Lanham, MD: Rowman & Littlefield.

Chan, L. M. and et al.(1996). *Dewey Decimal Classification: A Practical Guide*. Albany, NY: Forest Press

Choi, Ben and Peng, Xinogang.(2004). "Dynamic and hierarchical classification of web pages," *Online Information Review,* 28(2): 139-147.

Coates, E. J.(1960). *Subject Catalogues: Headings and Structure*. London: Library Association.

Cutter, C. A.(1891-1893). *Expansive Classification: Part I: The First Six Classifications*. Boston, MA: C. A. Cutter.

Cutter, C. A., Swanson, P. K. and Swift, E. M.(1969). *Cutter-Sanborn Three figure Author Table*. Chicopee, MA: H. R. Hunting Company.

Dewey, M., and Mitchell, J. S.(2011). *Dewey Decimal Classification and Relative Index*. 23rd ed. Dublin, OH: OCLC.

_________ (2012). *Abridged Dewey Decimal Classification and Relative Index*. 15th ed. Dublin, OH: OCLC.

Dewey for Windows.(1998). Dublin, OH: OCLC.

Dittmann, H. And Hardy, J.(2000). *Learn Library of Congress Classification*. London: Scarecrow.

Electronic Dewey(1993). Dublin, OH: OCLC.

Foskett, A. C.(1996). *The Subject Approach to Information*. 5th ed. London: Library Association.

Gilchrist, A.(2004). *Information Architecture: Designing Information Environments for Purpose*. London: Facet.

Gruber, T. R.(1993). "A translation approach to portable ontologies," *Knowledge Acquisitions*, 5(2), 199-220.

Hunter, E. J.(2002). *Classification Made Simple*. 2nd ed. Aldershot: Ashgate.

Joudrey, D. N., Taylor, A. G. and Miller, D. P.(2015) *Introduction to Cataloging and Classification*. 11th ed. Santa Barbara, CA: Libraries Unlimited.

Kaiser, J.(1911). *Systematic Indexing*. London: Pitman.

Koch, T. and et al.(1997). *The Role of Classification Schemes in Internet Resource Description and Discovery.* <http://www.ukoln.ac.uk/metadata/desire/classification/>

Kuhlthau, C. C.(1993). *Seeking Meaning*. Westport, CT: Ablex.

Kuhn, Tamara J.(1999). "Classifying Newspapers using Dewey Decimal Classification," *Library Resources and Technical Services,* 43(2): 106-113.

Kumbhar, Rajendra.(2011). *Library Classification Trends in the 21st Century.* Oxford: Chandos.

Lai, K. K. and Wu, S. J.(2005). "Using the patent co-citation approach to establish a new patent classification system," *Information Processing Management*, 41(2): 313-330.

Line, M. B.(1974). "Draft definitions: information and library needs, wants, demands and uses," *Aslib Proceedings*, 26(2), 87.

Loafman, Kathryn.(1997). "Vendor-supplied Cataloging: the Pros and Cons," *Library Acquisitions: Practice and Theory,* 21(4): 528-533.

Lynn, Jeannette Murphy.(1937). *Alternative classification for catholic books.* Milwaukee: Bruce Publishing.

Marcella, R. and Maltby, A.(2002). *The Future of Classification*. Aldershot: Gower.

Marcella, R. and R. Newton(1994). *A New Manual of Classification*. Aldershot: Gower.

McIlwaine, I. C.(2000). *The Universal Decimal Classification: A Guide to Its Use.* Hague: UDC Consortium.

McKelvey, B.(1982). *Organization Systematics: Taxonomy, Evolution, Classification.* Los Angeles: University of California Press.

Meadow, C, T.(1970). *Man-Machine Communication*. London: Wiley.

Miller, G. A.(1956). "The magical number seven, plus or minus two," *Psychological Review,* 63:81-97.

Mills, J. And Broughton, V.(1977) *Bliss Bibliographic Classification: Introduction and Auxiliary Schedules*. 2nd ed. London: Butterworths.

Mitchell, J. S. and Vizine-Goetz, D.(2007). *Moving Beyond the Presentation Layer: Content and Context in the Dewey Decimal Classification(DDC) System*. Binghamton, NY: Haworth.

Moys, Elizabeth M.(2001) *Moys Classification and Thesaurus for Legal materials*. 4th ed. Munchen: K. G. Saur.

Mundie, David A. *CyberDewey: a catalogue for the World Wide Web*. <http://ivory.lm.com/~mundie/DDHC/CyberDewey.html>

Neelameghan, A. and K. S. Raghavan (2006). *Knowledge Organization, Information Systems and Other Essays*. New Delhi: Ess Ess for Ranganathan Centre for Information Studies.

Ranganathan, S. R.(1937). *Prolegomena to Library Classification*. Madras: Madras Library Association.

______(1960). *Colon Classification*. 6th ed. Bombay: Asia Publishing House.

______(1989). *Colon Classification*. 7th ed. Bangalore: Sarada Ranganathan Endowment for Library Science.

Rohde, N. F.(1986). "Information needs," in *Advances in Librarianship*, Vol. 14. London: Academic Press, 49-73.

Rosenfeld, L. and Morville, P.(2002). *Information Architecture for the World Wide Web*. 2nd ed. Sebastopol, CA: O' Reilly.

Rowley, J.(1992). *Organizing Knowledge: An Introduction to Information Retrieval*. 2nd ed. Aldershot: Gower.

Rowley, J. and J. Farrow(2000). *Organizing Knowledge: An Introduction to Managing Access to Information*. 3rd ed. Hampshire: Gower.

Satija, M. P.(2013). *The Theory and Practice of the Dewey Decimal Classification System*. Oxford: Chandos.

Scheschy, Virginia M.(1999). "Outsourcing: a Strategic Partnership," *Technical Services Quarterly*, 16(3): 31-42.

Shneiderman, B.(1998). *Designing the User Interface: Strategies for Effective Human*

Computer Interaction. 3rd ed. Harlow: Addison-Wesley.

Soergel, D.(1985). *Organizing Information: Principles of Database and Retrieval Systems*. Orlando, FL.: Academic Press.

______(1999). "The rise of ontologies or the reinvention of classification," *Journal of the American Society for Information Science*, 50(12), 1119-20.

Spiteri, Louise(2006). "The use of floksonomies in public library catalogues," *Serials Librarian,* 51(2): 75-89.

______(2007). "The structure and form of folksonomy tags: the road to the public library catalog," *Information Technology and Libraries,* 27(3): 13-25.

Taylor, A. G. and Joudrey, D. N.(2009). *The Organization of Information*. Westport, CO: Libraries Unlimited.

Universal Decimal Classification: Abridged Edition(formerly Pocket Edition)(2003). BSI London: British Standards Institution

Universal Decimal Classification: Complete Edition(2005). BSI Volume 1: Tables, Volume 2: Index, London: British Standards Institution

Uschold, M. and Gruninger, M.(1996). "Ontologies: principles, methods and applications," *Knowledge Engineering Review,* 11(2), 93-155.

Vickery, B. C.(1960). *Faceted Classification: A Guide to Construction and Use of Special Scheme*. London: Aslib.

Vizine-Goetz, D.(1996). "Using Library classification schemes for Internet resources"(position paper), *Proceedings of the OCLC Internet Cataloging Colloquium*, San Antoniam Texas, January.

______(2002). "Classification Schemes for Internet Resources Revisited," *Journal of Internet Cataloging*, 5(4), 5-18.

Wilson, T. D. and et al.(1979). "Information needs in local authority social services departments: a second report on Project INISS," *Journal of Documentation*, 35(2): 120-136.

Working group on the future of bibliographic control(2007). *Report of the Future of*

Bibliographic Control.
<http://www.loc.gov/bibliographic-future/news/lcwg-report-memo-11-30-01.pdf>

Zeeman, Deane and Turner, Glenyss.(2006). "Resource Discovery in the government of Canada using the Dewey Decimal Classification," in *Moving beyond presentation layer: content and context in the Dewey Decimal Classification(DDC) system*. edited by Joan S. Mitchell and Daine Vizine-Goetz. New York: Haworth Information Press.

홈페이지

AS 4390. <http://www.archivists.org/saagroups/ers/AS4390.ppt>

BUBL information Service. <http://www.bubl.ac.uk>

Classification Web. <http://www.loc.gov/cds/classweb/>

Cooperative Patent Clasification. <http://www.cooperativepatentclassification.org/>

Cutter-Sanborn Three Figure Author Table. <http://203.241.185.12/asd/board/Author/upfile/abcd.htm>

CyberStacks. <http://www.public.iastate.edu/~CYBERSTACKS/>

Google. <http://www.google.com>

IPC. <http://www.wipo.int/classifications/ipc/en/>

ISIC. <http://unstats.un.org/unsd/cr/registry/regct.asp?cl=27>

ISO. <http://www.iso.org/home.html>

ISO 15489. <http://www.iso.org/standard/62542.html>

KSIC. <http://kssc.kostat.go.kr:8443/ksscNew_web/index.jsp>

LGCS. <http://www.irms.org.uk/resources/information-guides/198-local-government-classification-scheme>

Library of Congress. <http://www.loc.gov>

Library Systems and Services. <http://www.lsslibraries.com>

Looksmart. <www://search.looksmart.com>

Lycos. <http://www.lycos.com>

Master Reference File. <http://www.udcc.org/index.php/site/page?view=mrf>

National Library of Medicine. <http://www.nlm.nih.gov/class/>

OCLC Office of Research. <http://www.oclc.org/research/activities/auto-class.html>

Open Directory Project. <http://www.dmoz.org>

Scout Report Signpost. <http://signpost.org/index.html>

Standard Australia. <http://www.standards.org.au>

Statistics Korea. <http://kostat.go.kr:portal/eng/index.action>

Taxonomywarehouse. <http://www.taxonomywarehouse.com>

Universal Decimal Classification Consortium. <http://www.udcc.org>

Unforbi. <http://www.unforbi.com.ar/cutteren/>

USPTO. <http://www.uspto.gov/>

WebDewey. <http://www.dewey.org/webdewey/>

Yahoo. <http://www.yahoo.com>

찾아보기

[T]

[U]

[W]

[Y]

지식 정보 분류론

펴낸날 1판 1쇄 2017년 7월 17일
지은이 정연경
펴낸이 권은미
펴낸곳 이화여자대학교출판문화원
주소 서울특별시 서대문구 이화여대길 52(우 03760)
등록 1954년 7월 6일 제9-61호
전화 02) 3277-2965(편집), 02) 362-6076(마케팅)
팩스 02) 312-4312
전자우편 press@ewha.ac.kr
홈페이지 www.ewhapress.com
책임편집 양지하
찍은곳 (주)현문자현

ISBN 979-11-5890-226-1 93300
값 29,000원

* 잘못된 책은 바꾸어 드립니다.

이 도서의 국립중앙도서관 출판예정도서목록(CIP)은 서지정보유통지원시스템 홈페이지(http://seoji.nl.go.kr)와 국가자료공동목록시스템(http://www.nl.go.kr/kolisnet)에서 이용하실 수 있습니다. (CIP제어번호 : CIP2017014708)